외국어 교수·학습론의 이해

외국어 교수·학습론의 이해

1판 1쇄 2018년 1월 31일
1판 2쇄 2021년 9월 5일
발행인 이진숙 지은이 정양수
펴낸곳 충남대학교출판문화원 주소 대전광역시 유성구 대학로 99
전화 042-821-6045 홈페이지 www.cnupress.co.kr E-mail cnupress@cnu.ac.kr

ISBN 978-89-7599-649-8 94700
ISBN 978-89-7599-648-1 94700(세트)
정가 18,000원

CORE 인문도서 01

외국어 교수 · 학습론의 이해

정양수

충남대학교출판문화원

머리말

모국어 습득의 경우, 정신적, 신체적인 특별한 예외적인 상황이 아니고서는 거의 모든 어린이들은 빠른 시간 내에 그리고 성공적으로 모국어를 습득하게 된다. 하지만, 외국어 학습은 모국어 습득만큼의 성공을 거두지 못하는 것이 현실이며, 외국어로서 영어를 배우고 있는 우리들에게도 예외는 아니다. 대부분의 어린이들이 모국어를 성공적으로 습득하는 반면에 외국어 학습에서는 많은 학습자들이 실패하는 이유는 우리들에게 중요한 의미를 부여해준다. 모국어 및 외국어의 습득/학습 과정에 대한 연구는 궁극적으로 교사들이 외국어를 보다 효율적으로 가르치는데 많은 도움을 줄 것으로 생각된다. 이러한 맥락에서 본 교재는 외국어 학습/습득 과정에 대한 이해력을 높이기 위해서 기술되었다.

본 교재는 외국어 교수 · 학습 과정의 특성, 학습자의 역할, 그리고 외국어 발달 과정에 영향을 미치는 요인들을 중심으로 기술되었다. 특히, 학습자 개개인들은 서로 다른 독특한 특성들을 갖고 있어서 단순히 교사에 의해서 일방적으로 이끌려가는 수동적인 존재가 아니라, 오히려 학습자 개개인들이 갖고 있는 동기, 학습전략 등을 활용하면서 외국어 학습 현장에서 이루어지는 학습 활동에 적극적으로 참여하고 있다는 점을 강조하였다. 그리고 모국어 습득과정에서 학습자들이 그들의 언어 체계를 적극적이고 창의적으로 발달시켜 가는 것과 마찬가지로, 외국어 학습자들 역시 그들의 언어 체계를 발달시켜 가는데 매우 적극적임을 부각시키고자 하였다.

본 교재는 총 14장으로 구성되어 있다. 1장에서는 본 교재의 주요 논점의 대상이 되는 용어 및 질문에 대해서 논의하였으며, 2장에서는 창의적 언어구성 모형과 언어 기능 학습 모형을 대조하여 외국어 학습의 기본 모형을 설명하고자 하였다. 3장에서는 행동주의 이론에 입각한 외국어 학습 과정을, 4장에서는 인지주의 이론에 입각한 외국어 학습 과정을 기술하였다, 5장에서는 최근 교육계의 화두가 되고 있는 구성주의 이론에 근거한 외국어 학습 과정을 기술하고자 하였다. 6장은 구성주의 이론의 모태가 되고 있는 Vygotsky의 사회 · 문화 이론을 외국어 학습과 접목하여 좀 더 심도 있게 다루었으며, 7장에서는 외국어 학습자들이 보여주는 습득순서의 유사성을 설명하기 위해 내적교수요목에 대해서 기술하였고, 8장에서는 성인과 어린이의 외국어 학습 과정을 상호 비교함으로써 학습자의 연령(나이)이 외국어 학습에 어떤 영향을 미치고 있는지에 대해서 살펴보았다. 9장에서는 외국어 학습자들이 외국어를 습득해 가는 과정 중에서 보여주는 오류의 유형과 출처에 대해서 살펴보았으며, 10장에서는 외국어 학습 과정에서 나타나는 학습자 개개인의 성취도 차이를 규명하기 위한 여러 요인들에 대해여 논의 하였으며, 11장에서는 의사소통전략을 포함하여 언어의 실제적 사용에 영향을 미치는 사회적 요인들에 대해서 다루었다. 12장에서는 Krashen의 이해 가능한 언어입력 가설을 포함하여 최근에 대두된 외국어 학습 이론에 대해서 살펴보았으며, 13장에서는 형태 초점 교수법에 대해서 살펴보았다. 그리고 마지막으로 14장에서는 학습자들에게 외국어를 가르칠 때 교사들이 주의 깊게 고려해야 할 여러 함축적인 면에 대해서 다루었다.

본 교재는 외국어 학습 과정에 대한 체계적이고 심층적인 이해력을 독자들에게 보다 쉽게 전달함으로써 외국어를 보다 효과적으로 가르칠 수 있는 교수 방법을 모색하는데 그 목적이 있다. 따라서 본 교재는 영어를 포함하여 외국어 교육을 전공하는 대학원생 및 교육대학원생, 외국어 교육에 관심이 있는 학부생들과 예비 교사들, 그리고 현직 영어교사를 포함한 외국어 교사들에게 적합한 교재가 되리라 생각된다. 이 교재를 통해서 외국어 학습 과정에 대한 이해가 넓어지고 학생들에게 외국어를 보다 효과적으로 가르칠 수 있는 효과적인 교수법을 찾는데 도움이 되길 소망한다.

끝으로 이 책을 출판해 주신 충남대학교 인문대학 인문역량강화(CORE) 사업단, 그리고 충남대학교 출판문화원 편집부 여러 선생님들께 감사의 말씀을 드린다.

2017년 12월

대덕 캠퍼스 연구실에서

저자 정양수

CONTENTS

CONTENTS

01

외국어 학습 과정에서 제기되는 주요 용어에 대한 논의

01

외국어 학습 과정에서 제기되는 주요 용어에 대한 논의

본 장에서는 외국어 학습 과정을 설명하는데 있어서 자주 사용되는 몇 가지 용어에 대해 논의하고자 한다. 행동주의 및 인지주의에서 자주 사용되는 용어들, 예를 들어 행동주의의 습관형성에서 시작하여 Chomsky의 언어능력과 언어수행, 그리고 언어 발달 단계의 보편성에 이르기까지 이들 용어에 대한 개괄적인 논의는 외국어 학습 과정에 대한 우리들의 이해를 돕는데 많은 도움이 될 것으로 사료된다.

1.1 언어능력과 언어수행

Chomsky(1965)에 의하면, 언어능력(linguistic competence)이란 모국어 화자가 자신의 모국어에 대해서 갖고 있는 완벽한 지식체계를 의미한다. 일반적으로 모국어를 습득하는 어린이들의 국적은 동일하기 때문에, 언어능력은 동질적인 언어사회(homogeneous speech community)의 한 구성원이 자신의 모국어에 대해서 갖고 있는 규칙체계를 지칭할 때 사용된다. 그리고 동질 언어사회의 구성원들은 그 사회에서 사용되는 모국어를 완전무결하게 사용할 줄 아는 이상적인(ideal) 화자와 청자가 된다. 따라서 Chomsky는 모국어 화자가 자신의 모국어에 대해서 내재적으로 가지고 있는 추상적이면서도 완벽한 지식을 언어능력으로 정의하였다.

한편, Chomsky는 화자가 자신이 갖고 있는 언어능력을 활용하여 구체적인 언어사용의 맥락에서 언어를 사용하는 것을 언어수행(linguistic performance)으로 정의하였다. 하지만 Chomsky는 다음 글에서 언어능력이 반드시 언어수행으로 나타나지 않는다고 주장하면서, 언어능력은 완전하지만 언어수행은 불완전하기 때문에 언어능력을 연구의 주 대상으로 삼아야 한다고 주장하였다.

> Linguistic theory is concerned primarily with an ideal speaker-listener, in a completely homogeneous speech community, who knows its language perfectly and is unaffected by such grammatically irrelevant conditions as memory limitation, distractions, shifts of attention and interest, and errors in applying his knowledge of the language in actual performance. (p. 3)

실제 언어사용 맥락에서 화자는 여러 변인들-정신적, 육체적 피로, 무의식적인 말더듬, 기억의 한계, 주의나 관심의 변화, 화제의 변화, 문법규칙에서의 이탈, 기타 외부 요인들-로 인해서 완벽한 언어능력을 갖추었다 할지라도 완전한 언어수행으로 구현하지 못한다. Chomsky는 이러한 언어수행 과정 중에 얻어지는 언어자료들은 일관성과 신빙성이 없어서 화자-청자의 참된 언어능력을 반영하지 못하므로, 인간이 가지고 있는 언어능력의 본질은 언어수행보다는 언어능력(competence)에서 찾아야 한다고 주장하였다. 이렇듯 Chomsky가 바라본 언어능력은 행위적이기 보다는 지식적이라 할 수 있다. 따라서 언어

능력은 언어의 구조에 관한 추상적이고도 총체적인 지식이며 유한의 법칙을 활용하여 무한의 문법적 문장을 생성하고 이해할 수 있는 능력을 의미한다.

이러한 점 때문에 Chomsky는 언어능력을 구체적인 상황에서 언어가 실제로 사용되는 언어수행과는 엄밀히 구별하였다. 언어능력은 화자가 내재적으로 지니고 있는 추상적이고 완벽한 언어지식을 의미하며, 언어가 실제적으로 사용되는 사회, 문화, 상황적 맥락과는 거리가 있음을 의미한다. 하지만 Chomsky는 이러한 문법적 능력은 후천적인 학습을 통해서 획득되는 것이 아니라 생득적인(innate) 것으로 보았다. Chomsky(1989)가 의미한 문법적 개념은 다음과 같다.

① 어떤 문장이 문법적인지 아니면 비문법적인지를 구별할 수 있는 능력
② 전에 들어보지도 못하고 말해 보지도 못한 수많은 문장을 듣고 이해할 수 있으며 생성해 낼 수 있는 능력
③ 표면상으로는 서로 다른 문법적 구조를 지니고 있지만 이들 문장이 의미하는 바는 서로 같다는 것을 알 수 있는 능력

예) The hunter killed the bear.
The bear was killed by the hunter.

④ 표면 구조상 한 문장이 둘 또는 그 이상의 의미로 해석되는 것, 즉 문장의 애매성(ambiguity)을 알 수 있는 능력

예) Flying planes can be dangerous.
날고 있는 비행기는 위험할 수 있다.
비행기를 타는 것은 위험할 수 있다.

Chomsky의 언어능력은 언어에 대한 지식체계, 즉 문법성, 정확성에 초점을 맞추다 보니, 언어가 사회적 맥락에서 의사소통을 목적으로 사용됨으로 인해서 언어의 기능적인 면에서 다양성을 보일 수 있다는 점을 파악하는데 한계가 있을 수밖에 없었다. 따라서 사회 · 언어학자들은 Chomsky가 주장했던 언어능력보다 더 넓은 개념의 언어능력을 재설정해야 할 필요성이 있었으

며, 또한 모국어 습득이 아닌 외국어 학습 과정에서 적용될 수 있는 새로운 개념의 언어능력을 주장하였다. 이 새로운 개념의 언어능력이 바로 '의사소통능력(communicative competence)'이다.

1.2 의사소통능력

1.2.1 Hymes의 의사소통능력

Hymes(1972)는 외국어 학습 과정에서 언어의 실제적 사용을 강조하기 위해 Chomsky의 언어능력과 구별하여 '의사소통능력(communicative competence)'이라는 새로운 개념을 제시하였다. Hymes에 의하면, Chomsky의 언어능력은 순전히 동질적인(homogeneous) 언어사회 내에서 이상적인 화자-청자의 모국어에 대한 지식 체계를 다루기 때문에 언어의 실제적인 사용 측면을 다루는데 제한이 있다. 특히, 다양한 모국어적 배경을 갖고 있는 외국어 학습자들이 외국어를 학습하는 상황을 설명하는데 한계가 있었다. 이러한 맥락에서 Hymes는 다양한 모국어 배경을 갖고 있는 학습자들이 외국어를 학습하는 상황에서 흔히 나타날 수 있는 이질적인 언어사회(heterogeneous speech community), 그리고 목표어를 완벽하게 학습하지 못한 단계이기 때문에 비이상적(non-ideal)인 화자-청자의 개입, 그리고 사회적 맥락에서 언어가 실제로 사용되는 언어행위 등을 설명하기 위해서 새로운 개념의 제시가 필요하였다. 따라서 Hymes는 Chomsky가 제시한 언어능력 이외에 언어수행의 영역으로 정의되었던 사회, 문화적 요인을 포함한 좀 더 넓은 의미의 언어능력을 설정할 필요가 있어서 '의사소통능력'이라는 용어를 사용하였다. 의사소통능력은 실제 상황에서 적절하고 합당하게 의사소통을 이끌어 나갈 수 있는 능력을 의미한다.

사회 · 언어학적인 관점에서 Hymes가 생각하였던 의사소통능력의 일반적 개념 4가지는 다음과 같다.

① 한 언어가 문법적으로 가능한 구조를 갖고 있는가를 다루는 영역
② 문법적으로 가능하지만 실제 사회적 상황에서 사용이 가능한지를 다루는 영역
③ 실제 언어사용의 맥락과 관련하여 적절한가를 다루는 영역
④ 사용된 언어가 실제로 사회 구성원들에 의해 받아들여 질 수 있는가를 다루는 영역

1.2.2 Canale과 Swain의 의사소통능력

Canale과 Swain(1980)은 가장 중요한 언어능력은 문법적이기보다는 언어가 사용되는 상황에 적절한 발화를 생성하고 이해할 수 있는 능력이라고 하면서, 다음 4가지의 하부 구성요소가 의사소통능력을 구성하고 있다고 보았다.

① 문법 능력(grammatical competence) : 어휘항목의 지식, 형태소, 통사, 문장의 의미 및 음운 등의 규칙에 관한 지식을 의미하는 것으로, 이러한 문법규칙을 설명하기 위한 것이 아니라 이런 규칙에 맞게 단어를 배열하여 문장으로 구성하는 방법을 이해하고 사용할 수 있는 능력을 의미한다.
② 담화 능력(discourse competence) : 독립된 개별적인 문장이 아니라 일련의 문장들을 연결한 담화 속에서 전체적인 의미를 이해할 수 있는 능력을 뜻한다. 때로는 문장사이의 관계가 명확하지 않은 경우가 많은데, 이때는 세상에 관해 알고 있는 여러 지식을 사용함으로써 문맥에 따라 그 언어 표현 속에 내재되어 있는 의미를 추론할 수 있는 능력까지 포함한다. 즉, 여러 문장이 연결된 가운데 전체적인 의미를 파악하는 것과 함께 일정한 상황에 맞는 말이나 글을 구성할 수 있는 능력을 지칭한다.
③ 사회 · 언어적 능력(socio-linguistic competence) : 서로 다른 사회 · 언어적 상황에서 적절한 언어사용을 위한 사회 · 언어적 규칙에 관한 지

식을 뜻한다. 외국어 학습자들은 이 규칙을 잘 알고 있어야 하며, 상황에 따라 적절한 표현을 사용할 줄 알아야 한다. 이는 언제 침묵을 지켜야 하는지, 언제 존댓말을 사용해야 하는지, 언제 주저하는 태도로 말을 해야 하는지 등의 특정한 상황에서 무슨 말을 어떻게 말해야 하는가를 아는 능력이다.

④ 전략적 능력(strategic competence) : 언어수행의 변수 혹은 불충분한 언어능력 때문에 의사소통의 좌절을 보완하기 위해 취해지는 언어적, 비언어적 소통전략에 관한 지식으로 성공적인 의사소통을 결정짓는 중요한 요소가 된다. 예를 들어, 단어가 생각나지 않을 경우 어떻게 의사소통을 지속할 것인지, 상대방의 말을 이해하지 못했을 경우 어떻게 할 것인지 등의 여러 상황에서 말을 바꾸어서 한다든지, 돌려서 말을 한다든지, 또는 반복하고, 주저하고, 회피하는 전략을 사용하는 예를 생각해 볼 수 있다.

1.2.3 Bachman의 의사소통능력

Bachman(1990, pp. 85-87)은 다음 그림에서 보는 바와 같이 의사소통능력은 세상지식, 언어능력, 전략적 능력, 심리 생리학적 기제, 그리고 언어사용 상황 등으로 이루어진 5가지 요인들의 상호작용으로 이루어진다고 주장하였다. Bachman이 뜻하는 의사소통능력은 언어적 지식뿐만 아니라 실제 언어사용에서도 이러한 지식을 직접 적용할 수 있는 능력을 포함한다. 따라서 언어를 제대로 사용하기 위해서는 언어지식인 언어능력과 화자와 청자들 둘러싼 세상지식이 필요하다. Bachman의 의사소통능력은 언어적 능력(language competence)과 전략적 능력(strategic competence)뿐만 아니라 주어진 상황을 이해하고 선험지식들을 활용할 수 있는 능력, 그리고 구어언어와 문자언어의 이해, 그리고 실제 언어를 사용하고 표현하는데 도구가 되는 심리 생리학적 기제(psychological mechanism)를 포함하는 5가지 하부 능력으로 구성된다. Bachman의 의사소통능력 모형을 도식으로 나타내면 다음과 같다.

① 세상지식(Knowledge structures: Knowledge of the world)
② 언어능력(Language competence: Knowledge of language)
③ 전략을 사용하는 능력(Strategic competence)
④ 심리 생리학적 기제(Psychophysiological mechanism)
⑤ 언어사용 상황(Context of situation)

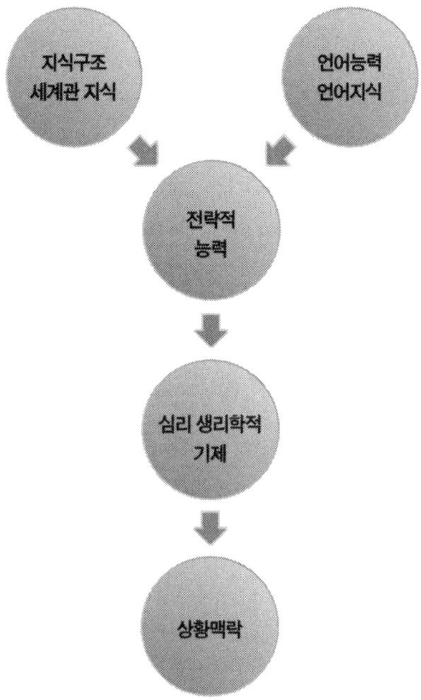

<그림 1-1> Bachman의 의사소통능력 범주

한편, Bachman의 의사소통능력은 언어적 능력이 실제적 언어사용 맥락 안에서 어떻게 사용되고 있는지를 확인할 수 있는 인지적 과정(cognitive process)에 초점을 맞추고 있는데, 이 과정은 전략적 능력이 가장 중요한 역할을 담당한다고 주장하였다. Bachman의 의사소통능력 모형에서 전략적 능력과 심리 생리학적 기제가 담당하는 역할을 구체적으로 기술하면 다음과 같다.

1) 전략적 능력: 학습자의 언어적 능력 + 화자의 세상에 대한 지식 + 언어가 사용되는 실제적 맥락을 서로 연결하는 보다 포괄적인 능력이라 할 수 있다.

① Access and evaluate the communication situation

② Decide which language competence will use

③ Decide appropriate expressions in social contexts

④ Send all information to psychophysiological mechanism

2) 심리 생리학적 기제의 역할

① Implementing and executing language competence in appropriate, contextualized communicative language use

② Instrument for interaction

Bachman이 제시한 언어적 능력은 문법 및 담화적 능력을 포함한 언어 조직적 능력(organizational competence)과 다양한 언어기능을 이해하고 발화할 수 있는 언표내적능력(illocutionary competence) 및 사회 · 언어학적 능력을 포함한 화용적 능력(pragmatic competence)으로 구성된다. 이를 도식으로 나타내면 다음과 같다.

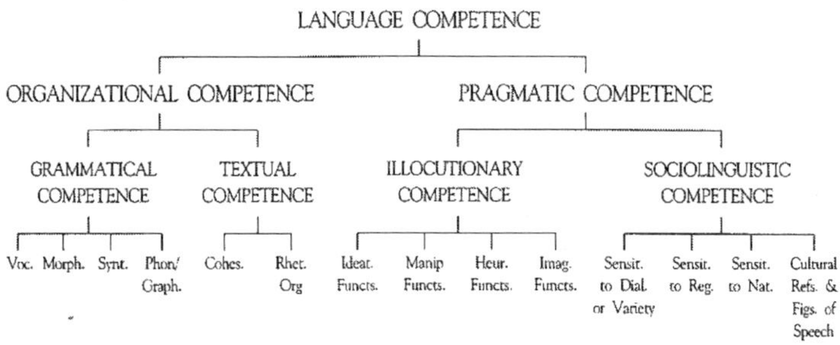

<그림 1-2> Bachman의 언어능력 구성 모형(1990, p. 87)

Bachman의 모형은 Canale과 Swain의 모형에 비해서 의사소통능력의 구성요인들을 보다 상세하게 나타내고 있으며, 무엇보다도 전략적 능력에 대

해서 새로운 시각으로 접근하고 있다는 점에서 기존 모형과 차이가 있다. Bachman은 전략적 능력의 중요성을 부각시키면서 상황맥락 안에서 언어능력과 언어수행 모두를 설명하고자 하였다. 또한, 실제 의사소통 상황에서 인지적 지식과 능력이 어떻게 활용되어 언어가 사용되는지에 대해서도 설명하고자 하였다. 하지만, 기존 모형에서도 그러했듯이 모형의 기저에 위치하고 있는 여러 요인들이 어떻게 상호작용하여 언어수행으로 이어지는지에 대해서는 설명이 미흡하다는 단점이 있다.

1.2.4 의사소통능력의 범주

사회 · 언어학적 견지에서 살펴본 의사소통능력은 Chomsky의 언어능력을 그 일부분으로 받아들이면서, 동시에 사회 문화적인 맥락과 규범에 적합한 문장을 생성해 할 줄 아는 능력까지를 포함한다. 사회 · 언어적 측면에서 의사소통능력은 다음과 같은 능력들이 포함하고 있다.

1) 문법규칙에 대한 지식

문법규칙에 대한 지식은 생성된 발화가 문법적인지 아니면 비문법적인지 그 정확성을 결정해 주는 기준이 된다. 만일 생성된 발화가 문법적이라면 그 발화는 문법이나 구문의 형식적인 규칙 등의 언어로서 갖추어야 할 모든 외적인 요인들이 맞게 구성되어 있다는 것을 의미한다. 우리가 갖고 있는 문법적 지식은 어휘 항목의 지식, 형태소, 통사적 구조, 문장, 음운 등의 언어체계에 대한 지식 등을 의미한다.

2) 적절한 언어사용에 대한 지식

적절성(appropriateness)은 언어형식의 정확성과는 차이가 있다. 만약 언어를 올바르게 사용할 수 있는 사용규칙을 모른다면 문법규칙은 쓸모가 없다. 아래 두 문장의 예를 살펴보면 적절한 언어사용이 무엇을 의미하는지를 알 수 있다.

(a) I'm Elizabeth Taylor.
(b) This is Elizabeth Taylor.

두 문장 모두 문법적으로 아무런 잘못이 없는 문장이다. 모두 "나는 Elizabeth Taylor입니다."라는 뜻을 갖고 있지만, 서로 대면하여 이야기할 때는 (a) 문장의 사용이 적절하고 (b) 문장은 부적절하다. 그리고 전화상으로는 (b) 문장은 적절하지만 (a) 문장은 사용이 부적절하다. 실제 언어행위에서 언어를 사용할 때 어떤 표현이 옳고 그른가를 판단하기 위한 협의의 문법성을 따지기보다는 용인성(acceptability)을 따져 보아야 한다. 그리고 그 표현이 사용될 때의 여러 가지 외적인 요인들, 즉 대화가 이루어지고 있는 장면이나 상황의 특성, 대화자 사이의 사회적 관계, 대화의 주제 등이 고려되어야 한다.

3) 사회적 규범에 대한 지식

의사소통에 참여하는 사람들은 대화의 전개에 따른 사회적 규범을 파악하는 것이 중요하다. 발화구조를 지배하는 통사적, 음운적 규칙은 잘 알고 있으면서도 그 상황에서 용인(acceptable)될 수 있는 발화 규범을 모르면 심각한 소통 장애를 유발할 수 있다. 따라서 대화 참여자들은 사회가 그 구성원들에게 설정해 놓은 규범(적절한 행위에 대한 공유된 믿음)을 이해할 필요가 있다.

예를 들어, 사무실에서 "It's too stuffy."라는 말을 비서가 사장에게 했다면 단순한 서술문으로 이해할 수 있지만, 반대로 사장이 비서에게 이 말을 했다면 이는 "방안이 답답하니 창문을 열어라."라는 무언의 명령문으로 이해될 수 있다. 이와 같이 언어표현은 지시적인 면 이외에 사회적 의미를 갖는데, 이는 언어표현이 나타내는 의미가 지시적인 면에 국한되지 않음을 뜻한다. 여기서 사회적 의미란 언어표현의 1차적 외연의미(denotation) 이외에 부차적인 내포의미(connotation)를 갖는 것으로, 이는 언어의 의마가 내재적 속성으로 존재하는 것이 아니라 그 표현이 사용된 사회적 상황에 의해 결정되는 것을 의미한다. 한편, 한영목(1992)은 실제 언어활동에서 화자가 자신의 의사를 가장 효율적으로 나타내 줄 수 있는 언어표현을 선택하는 과정에는 크게 두 가지 여과과정이 있다고 하였다. 첫째는 비문법적 표현을 걸러내는 것이고, 둘째는 언어행위가 이루어지고 있는 사회적 여건에 타당치 못한 표현을 걸러내는 과정이다. 이를 도표로 나타내면 다음과 같다.

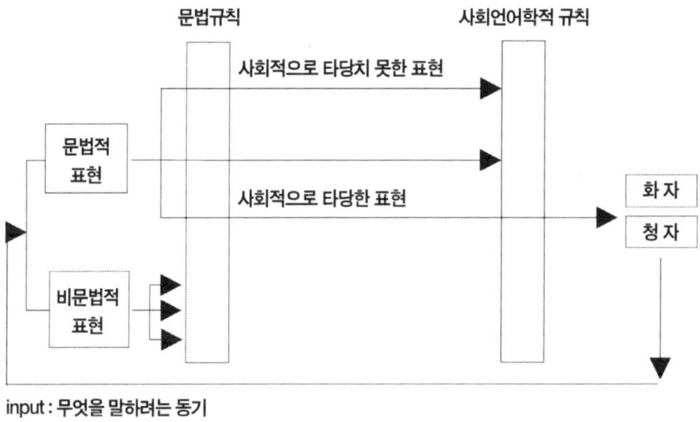

<그림 1-3> 적절한 언어사용의 절차 도식표

4) 담화분석에 대한 지식

의사소통을 위해서 언어를 가르칠 필요가 있다는 것을 받아들인다면 단지 문장의 차원에서만 언어를 생각해서는 안 되고 더 나아가 담화(discourse)의 성격과 결부된 자료들을 외국어교육의 자료로 사용하여야 한다. 기술 언어학적(descriptive linguistics) 접근방식에서 본다면 문장이란 실제 언어사용에서 그 자체로서는 의미가 없는 추상적인 단위이기 때문에 고립된 문장(sentence in isolation)이 될 수밖에 없다. 따라서 하나의 문장만 가지고서는 그 문장의 완전한 의미를 파악할 수 없으며, 완전한 의미를 파악하기 위해서는 그 문장이 사용된 전체적 문맥과 화자-청자 간의 언어적 환경을 동시에 이해하여야 한다. Widdowson(1979)은 담화를 '배합된 문장의 사용(the use of sentence in combination)'이라고 정의하면서 고립된 문장의 특성을 파악하는 관심에서 벗어나서 문장을 배합하여 쓰는 능력을 강조하여야 한다고 하였다.

언어는 화자-청자와의 연속되는 담화 속에서 사용되기 때문에 문장과 문장 사이의 관련성이 중요하고 이러한 전체적 맥락 안에서 의미를 파악하여야 한다. 따라서 담화분석에 대한 지식이란 특정 문장뿐만 아니라 앞에 나온 문장과 다음에 계속되는 양 문장사이에 언어로 표시되어 있는 의미를 정확하게 이해할 수 있는 능력을 의미한다. 담화상의 의미를 제대로 파악하기 위해서 문장 하나의 의미보다는 문장과 문장이 연결된 대화의 규칙을 이해하고 사용할 수 있는 능력을 갖추는 것이 매우 중요하다. 이러한 담화규칙이 적절히 사용되고 있는지 그 여부를 점검하는 것이 담화분석이다. 이와 같이 문장에서 담화로의 전이는 문장에 대한 지식을 효율적인 의사소통에 적용시킬 수 있도록 해주는 필연적인 과정이다.

1.3 상호작용능력

상호작용능력(interaction competence)은 일반적 의미의 언어능력을 지칭하기보다는 상호작용에 간여하고 있는 참여자들이 상호작용이 이루어지는 특정의 상황에 참여하고, 상호작용의 현실을 인식하고, 그러한 가운데 언어능력이 어떻게 구현되는가를 아는 능력이라 할 수 있다(Young, 1999). 그렇기 때문에 상호작용능력은 구체적인 언어사용 상황, 면대면(face-to-face) 상호작용 상황, 상호작용에 참여하는 참여자, 그리고 문어체보다는 구어적 언어의 사용이라는 상호작용 측면과 매우 밀접한 관련이 있다. 이러한 상호작용 가운데, 참여자들은 어휘, 통사, 의미, 문법 등의 언어적 지식을 포함하여, 어떻게 대화를 이끌어 나가고, 대화중에서 어떻게 상호작용을 지속해 나가는지에 대한 실제적인 언어지식을 습득해 나간다. 따라서 상호작용능력에서는 학습자들이 구성해 내는 어떤 의미(또는 언어능력)라도 이는 상호작용이 일어나는 사회적 실제성이라는 측면과 분리하여 생각해 볼 수 없다.

상호작용능력 측면에서의 상호작용은 앞서 살펴본 의사소통능력의 구성요소들이(문법적 능력, 사회 언어적 능력, 담화능력, 전략적 능력) 학습자들 마음속에서 서로 상호작용하는 심리적인 측면 보다는 실제 사람들이 면대면(face-to-face)으로 상호작용에 참여하는 사회적 측면이 강조된다. 이러한 맥락에서 중시되는 또 하나의 개념이 '구성(construction)'이다. '구성'이라는 개념에 대해서 Jacoby와 Ochs(1995, p. 171)는 "the joint creation of a form, interpretation, stance, action, activity, identity, institution, skill, ideology, emotion, or other culturally meaningful reality."와 같이 정의를 내렸다. 즉, 구성이란 성공적인 상호작용이 이루어지기 위해서는 상호작용에 참여하는 모두에게 책임이 있으며, 결국 습득되는 언어지식 또한 상호작용에 참여하는 모든 참여자의 노력과 협동에 의해서 이루어진다는 것을 함축하고 있다. 과거에는 성공적인 상호작용을 위해서 참여자 개개인의 책임을 중시하는 입장이었지만, 상호작용능력에서는 상호작용에 참여하는 모든 구성원들의 동등한 책임을 강조하고 있음을 알 수 있다.

최근에 많은 관심을 끌고 있는 상호작용능력은 앞서 Bachman(1990)이 제시했던 언어능력, 그리고 Canale과 Swain(1980)이 제시했던 의사소통능력과 전혀 다른 의미의 언어능력으로 해석되기 보다는 언어능력 및 의사소통능력의 보다 확장된 의미로 해석하는 경향이 강하다. 이런 맥락에서 Johnson(2004, p. 98)은 Bachman의 언어능력 중 화용적 능력(pragmatic competence)에 상호작용능력을 추가하는 모델, 그리고 Canale과 Swain이 제시한 의사소통능력을 구성하는 4가지 하위 구성 능력에 상호작용능력을 추가하는 모델을 제시하였다.

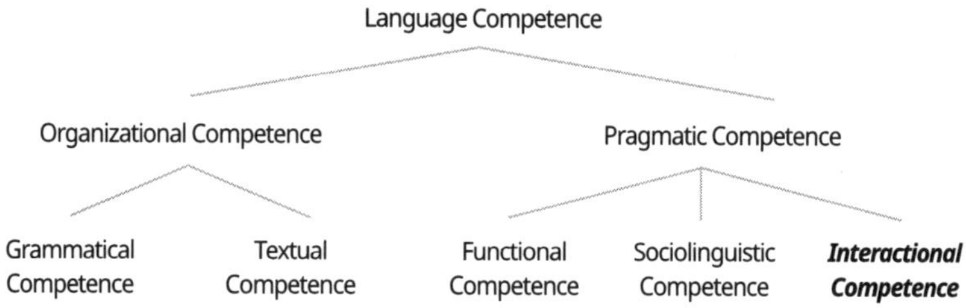

<그림 1-4> Bachman의 모델과 상호작용능력

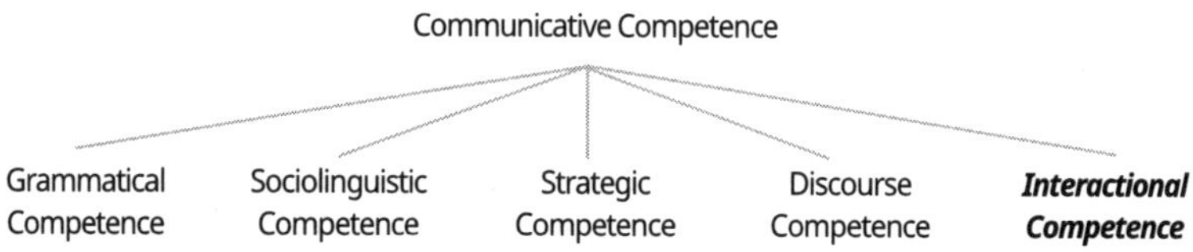

<그림 1-5> Canale & Swain 모델과 상호작용능력

1.4 주요 용어에 대한 논의

1.4.1 언어학습의 선천성과 후천성

생득론자(nativists)들은 인간의 언어학습은 LAD/UG와 같은 생득적 요인에 의해서 이루어진다고 주장한다. 인간은 태어날 때부터 언어에 대한 선천적(nature) 지식을 갖고 있거나, 또는 언어학습에 대한 생물학적인 시간표(biological timetable)가 정해져 있어서 후천적인 요인의 작용이 없어도 언어를 성공적으로 배울 수 있다는 것이다. 예를 들어, 언어를 학습해 나가면서 어린이 또는 학습자들이 보여주는 언어 발달 단계는 이미 생물학적으로 결정되어 있어서(predetermined) 보편적 또는 유사한 발달단계를 보여준다. 만약 언어입력과 언어학습 환경과 같은 후천적(nurture) 요인의 영향이 크다면, 서로 다른 언어적 환경에서, 그리고 서로 다른 언어입력을 받으면서 언어를 배워가는 어린이 또는 학습자들이 보여주는 언어 발달 단계는 각기 서로 다르게 나타날 것이라는 것은 당연해 보인다. 하지만 언어 학습자들이 보여주는 언어 발달 단계는 매우 유사하게 나타나는데, 이는 후천적 요인보다 더 강하게 작용하는 어떤 생득적 요인의 작용 때문이라고 추론해 볼 수 있다. 이를 입증할 언어적 자료를 찾기 위한 학자들의 노력이 있었으며, 이러한 노력의 일환으로 '내적교수요목(internal syllabus)'이라는 용어가 제시되었다.

LAD/UG가 선천적인 언어습득과 관련이 있다면 과학자들은 가까운 미래에 언어 유전자를 찾을 것으로 기대되지만, 그렇다고 인간의 언어학습 과정을 전적으로 생물학적이고 생득적인 요인에 의지하기에는 무리가 따른다. 무엇보다도 LAD/UG의 실체를 과학적으로 검증하기가 쉽지 않다는 점이다. 그리고 후천적으로 제공되는 언어입력이 언어학습 과정에 미치는 효과는 선천적인 언어학습 과정에 대해 근본적인 의문을 제기하기도 한다. 언어학습 환경에 따라, 그리고 학습자들이 취하는 학습전략에 따라 학습의 효율성 및 속도가 다르게 나타난다는 점은 우리로 하여금 언어학습의 후천성을 받아들일 수밖에 없게 만든다.

특히, 환경적 요인 중의 하나인 언어입력은 언어학습 과정에 지대한 영향을 미치고 있다는 것을 알 수 있다. 한 예를 들어, 밀림에서 방치된 '늑대소년'의 발견, 그리고 인간 언어의 가르침과 실패에 대한 설명은 인간 언어습득의 선천성과 후천적 요인이라 할 수 있는 언어입력 간의 관계에 대해서 다시 생각하게 만든다. 앞서 언어학습의 선천성을 주장하는 생득론자들은 외부 환경적인 요인보다는 언어학습의 생물학적인 시간표 개념을 더 중시하였다. 하지만 늑대소년의 경우는 그들이 갖는 믿음의 근간을 흔들어 놓았다. 인간임에도 불구하고 늑대소년이 인간 언어를 성공적으로 배우지 못한 이유는 무엇인가? 이에 대한 합리적인 해석은 생득론자들이 주장하는 LAD/UG 개념 이외에 환경적 요인인 언어입력이 갖는 최소한 역할을 인정하는 것도 하나의 방편이 된다. 즉, 결정적 시기 동안에 어린이들이 받아들이는 언어입력은 LAD의 작동이 촉발(ignite)될 수 있도록 해 준다고 볼 수 있는데, 언어입력이 갖는 이러한 최소한의 역할을 인정하는 것이다.

하지만 언어학습의 선천성과 후천성을 명확하게 논의하기 위해서는 다음 사항에 대해서 명확한 논의가 이루어져야 한다. 첫째, 언어학습의 생물학적인 시간표와 같이 선천적으로 제공되는 언어학습의 예와 후천적 교육에 의해서 학습되고 내재화되는 언어학습의 예는 어떤 것이 있는가? 둘째, 학습의 효율성과 성공은 학습자들이 처해 있는 학습 환경에 의해서 결정될 수 있는데 이러한 예는 어떤 것들이 있는가? 셋째, 언어는 다른 사람과 상호작용에 의해서 습득될 수 있는데, 다른 사람과 상호작용에 의해서 습득되는 경우와 학습자 개개인이 창의적으로 습득해 나가는 언어학습의 예는 어떤 것이 있는가?

분명한 것은 '보모의 말(caretaker speech)'과 같이 어린이와 학습자에게 제공되는 단순화된 언어입력은 어린이들이 쉽게 받아들이고 이해하기 쉽도록 구조적으로 단순화된 언어입력이라 할 수 있는데, 이러한 단순화된 언어입력은 학습자들이 언어를 배우는데 긍정적인 영향을 미친다. 만약 특정 유형의 언어입력이 언어학습에 영향을 미치는 중요한 요인이 된다면, 이는 어떤 유형의 언어입력이 외국어 학습을 촉진시켜줄 수 있을 것인지에 대한 실마리를 제공해 준다. 단순화된 언어입력은 학습자들이 모방을 위한 적합한 모형이 될 수 있다. 이와 같이 환경적 요인 역시 생득적 요인과 같이 언어학습에 지대한 영향을 미치고 있다는 사실을 인정해야 한다.

1.4.2 연습과 모방의 문제

행동주의자들은 모방과 연습 등의 방법은 습관형성에 이르게 하는 훌륭한 학습 원리라고 주장한다. 실제로 우리는 모방과 연습이 언어를 배우는데 있어서 매우 효과적인 방법이라는 점에 대해서는 의심할 여지가 없다. 그렇다면 어린이들은 자신의 모국어를 배우면서 얼마나 많이 연습을 하는가? 이 질문에 대한 대부분의 학자들은 어린이 역시 자신의 모국어를 배우면서 많은 연습을 하고 있다는 사실을 인정한다. 예를 들어, 어린이들은 다음과 같이 자신이 배우고 있는 언어를 연습한다. "what color ... what color blanket... what color mop... what color glass ... Mommy's home sick ... Mommy's home sick ... Where's mommy home sick... Where's Milkey sick .... Milky sick ..." 이렇게 어린이들이 혼자말로 언어를 연습하는 것은 이상한 일이 아니다. 위 예에서 보듯이 어린이의 연습은 언어습득을 위한 그들의 노력이며 언어습득 과정을 보여주는 한 단서가 된다.

그러나 생득론자들이 주장하는 언어습득 이론에 의하면, 어린이들은 행동주의에서 강조하는 반복, 모방, 강화를 통해서는 언어가 습득되는 것이 아니다. 또한, 어린이들은 어떤 언어 요소에 많이 노출되었다고 해서 그 언어 요소를 먼저 습득하는 것이 아니다. 어린이들은 먼저 단순한 언어 규칙을 습득한 후 이를 토대로 보다 복잡한 언어 규칙을 터득해 나간다. 다음에 제시되는 어린이와 어머니의 대화는 언어가 단순히 반복, 모방에 의해 습득되지 않는다는 것을 보여준다.

어린이: Nobody don't like me.
어머니: No, say "Nobody likes me."
어린이: Nobody don't like me.
(Repeated 8 times)
어머니: No, now listen carefully; say "nobody likes me."
어린이: Oh! Nobody don't likes me.

어린이: My teacher holded the baby rabbits and we patted them.
성인 : Did you say your teacher held the baby rabbits?
어린이: Yes.
성인 : What did you say she did?
어린이: She holded the baby rabbits and we patted them.

성인 : Did you say she held them tightly?
어린이: No, she holded them loosely.

행동주의에 따르면, 틀린 문장을 발화한 학습자에게 부정적 강화를 제공하면 학습자는 틀린 문장을 수정해서 후에 올바른 문장을 발화해야 하는데 위 예문은 강화 원리가 제대로 적용되지 못하고 있음을 보여준다.

단순한 반복과 연습이 단지 언어습득으로 연결되지 않는다는 것은 또 다른 경우에서도 나타난다(McNeill, 1970). 일본 어린이의 경우, 어머니가 후치사 '-wa'를 다른 후치사 '-ga' 보다 두 배 정도 많이 사용하였다. 하지만 실제로 일본 어린이들은 후치사 '-ga'를 다른 후치사 '-wa'보다 많이 자주, 그리고 더 정확하게 사용한 것으로 나타났다. 그 이유는 무엇일까? 행동주의 원리로 본다면 더 많이 반복적으로 사용된 wa를 더 자주 그리고 정확하게 사용되어야 하지만 정 반대의 결과가 나타났다. 이에 대해 McLeill은 주어 표지(subject marker)로 사용되는 '-ga'가 어린이에게 있어서는 '-wa'보다 문법적으로 더 중요하고, 또한 심층구조(deep structure)에서도 더 유의적인 것으로 인식하고 있어서 더 먼저 습득한 것으로 보인다고 설명하였다. 유의성, 중요성 등을 배제한 기계적인 반복과 연습은 결코 언어습득에 도움이 되지 않는다는 것을 보여준 예라 할 수 있다.

행동주의자들은 반복 연습을 통한 습관형성이 언어를 습득하게 한다고 주장하지만 위 예에서 보는 바와 같이 자극의 빈도수와 연습횟수는 언어습득을 위해 그다지 중요하지 않다. 따라서 생득론자들은 언어습득을 위해서는 기계적인 반복 연습보다는 유의적인 학습활동을 통해 학습자가 언어 규칙을 유추하고 일반화할 수 있도록 하는 것이 매우 중요하다고 주장하였다.

1.4.3 언어 발달 단계의 보편성

학습자들이 서로 다른 언어적 환경에서 언어를 습득해 나가더라도 그들이 보여주는 언어 발달 단계는 유사하거나 보편성(universal)이 나타난다. 언어 발달 단계의 보편성이 나타나는 가장 큰 이유는 언어 발달 과정에 대한 생물학적인 시간표(biological timetable)가 이미 태어날 때부터 정해져 있다는 것인데, 이를 위한 명칭으로 내적교수요목(internal syllabus) 이라는 개념이 사용되었다. 또한, 학습자들이 보여주는 언어 발달 단계의 유사성을 설명하기 위해서 Ellis(1994)는 발달적 패턴(developmental patterns), Krashen(1977)은 자연적 순서 가설(natural order hypothesis)이라는 용어를 제시하였다. 이러한 맥락에서 학자들은 실제적 언어 자료에 근거해서 학습자들이 보편적인 순서에 따라 형태소, 부정문 및 의문문, 그리고 관계절을 습득하고 있음을 발견하였다.

하지만 여기에서 보편성에 대한 정확한 이해가 필요하다. 보편성이라는 용어는 유사하거나 비슷한 경우를 지칭하는 것이지, 모든 학습자들이 똑같은 발달 단계를 보여주었다는 의미로 사용되지 않는다. 특히, 인지주의에서 학습자들이 보여주는 언어 발달 단계의 보편성 의미는 학습자 개개인들이 보여준 언어 발달 단계들에 대한 평균적 의미를 지칭한다. 예를 들어, 시험을 치른 한 집단의 특성을 보여주는 가장 좋은 수학적 수치는 그룹 평균(mean)이다. 정상 분포도(normal distribution)에서 최하위 및 최상위 집단에 속한 학습자들은 평균과는 가장 거리가 먼 학습자들로서 발달 단계로 본다면 평균적 의미의 발달 단계와는 상당히 거리가 있음을 의미한다. 따라서 우리가 논의하고자 하는 언어 발달 단계의 보편성 의미는 학습자 개개인이 보여주는 독특하고 다양한 발달단계에 의미를 부여하기 보다는 전체적인 경향을 보여주는 집단의 평균적 의미에서 이해될 필요가 있다.

1.4.4 습관형성과 창의적 언어구성

인간의 언어학습 과정은 전통적 견해에 의하면 행동주의에서 바라보는 습관형성(habit formation), 그리고 인지주의에서 바라보는 규칙형성(rule formation), 즉 창의적 언어구성(creative construction)에 의해서 설명될 수 있다. 먼저, 행동주의에서 바라보는 학습은 학습자들이 반복, 연습, 모방, 암기 등을 통해서 습관형성에 이르게 하는 것이다. 이런 맥락에서 모국어 습득도 습관형성이며, 외국어 학습 역시 습관형성이라 할 수 있다. 따라서 외국어를 학습하는 학습자들은 새로운 습관을 형성해야 하는데 문제는 모국어라는 이미 형성된 습관과 서로 상충되는 경우가 있다는 것이다. 이미 형성된 모국어 습관이 외국어라는 새로운 습관을 형성하는데 도움이 될 수 있지만 때로는 장애요인이 될 수 있다는 점을 앞서 살펴보았다. 따라서 행동주의에서는 외국어 학습 과정 중 모국어의 간섭요인을 극복하기 위한 방안을 교수법적 측면에서 매우 중요하게 다룬다.

그렇다면 인간의 언어학습 과정을 습관형성이라는 측면에서 충분히 설명할 수 있는가? 대부분의 학자들은 행동주의에서 주장하는 모방, 연습, 암기, 반복 등의 학습방법이 분명 모국어 및 외국어 학습 과정에서 효과적이고 여전히 학습 현장에서 사용되고 있다는 점에 대해서는 인정하고 있다. 하지만 행동주의 원리만으로 모국어와 외국어 학습 과정을 완벽하게 설명하는 것은 불가능하다고 주장한다. 특히, 인간 언어의 창의적 사용에 대해서는 행동주의 학습 원리인 반복과 연습만으로 설명하기에는 충분하지 않다고 생각한다.

한편, 인지주의에서 바라보는 언어학습 과정은 규칙발견과 규칙형성이다. 어린이들은 언어 규칙을 발견해 나가는 언어학습 과정 중에서 지속적으로 언어 규칙에 대한 가설 검증(hypothesis-testing) 과정을 거친다. 어린이들은 언어 규칙을 발견하고, 형성하고, 수정하고, 재형성해 나가는 일련의 과정을 지속적으로 행한다. 이러한 과정을 '창의적 언어구성(creative construction)'이라 한다. 예를 들어, 어느 단계에서 어린이들은 'goed' 라는 표현을 사용하는데, 이런 표현은 어린이들이 지금까지 발견한 자신만의 언어 규칙에 근거해서 만들어낸 표현에 해당된다. 다른 규칙동사의 여러 예에서 과거형을 만들기 위해서 동사 뒤에 ed 형을 붙인다는 규칙을 go 라는 동사에도 그대로 적용한 예라 할 수 있다. 왜냐하면, 어린이 주변의 성인은 goed 라는 표현을 어린이에게 사용하지 않기 때문이다. 창의적 언어구성 과정에서 규칙 적용이 적절하게 일어났다면, 이는 일반화(generalization)라 할 수 있으며, goed와 같이 규칙이 잘못 적용되어 나타났다면 이는 과잉일반화(overgeneralization)라 한다. 과잉일반화는 결국 학습자가 생성한 오류이지만, 이러한 오류는 학습이 진행됨에 따라 오류수정이 이루어진다는 특징이 있다.

습관형성이든 창의적 언어구성이든 어느 하나의 이론으로 인간의 언어학습 과정을 충분하게 설명하는 것은 불가능해 보인다. 왜냐하면, 인간의 언어학습 과정에는 다양한 요인들이 작용하기 때문이다. 생득적 요인이라 할 수 있는 LAD/UG에 의한 규칙형성 과정이 행동주의 습관형성 이론에 비해서 좀 더 설득력이 있어 보이지만, 학습자를 둘러싼 언어적 환경이 학습자들의 언어학습 과정을 촉진시킬 수 있다는 점도 인정할 수밖에 없다. 언어학습 과정에는 학습자 자신의 인지 능력, 사회 정의적 능력, 그리고 학습자가 사용하는 학습전략 등 다양한 요인들이 내재되어 있다. 이러한 다양한 요인들에 대한 고려가 적절하게 이루어질 때 인간의 언어학습 과정을 좀 더 타당하게 설명할 수 있을 것이다.

02

외국어 학습의 기본 모델

2.1 창의적 언어구성(Creative Construction) 모델
2.2 언어 기능 학습(Language Skill-Learning) 모델
2.3 의식적인 외국어 학습과 무의식적인 외국어 습득
2.4 사회적 측면의 언어학습

02

외국어 학습의 기본 모델

본 장에서는 외국어 학습 과정을 설명하기 위한 기본 모델이 될 수 있는 '창의적 언어구성(creative construction)' 모델과 '언어 기능 학습 모델(skill-learning model)'에 대해서 살펴보고자 한다. 분명 두 모델은 언어학습 과정을 설명하는데 있어서 상호 상충되는 면이 많다. 본 장의 궁극적 목적은 이들 두 모델을 살펴봄으로써, 언어학습의 과정을 보다 설득력 있게 설명하기 위해서 이들 두 모델이 어떻게 조화되고 통합될 수 있는지를 살펴보는데 있다. 이러한 과정은 외국어 학습에 영향을 미치는 다양한 요인들 간의 관계성을 찾아보고, 외국어 학습의 특성을 파악하며, 그리고 외국어 학습의 과정에 대해서 구체적이면서 전체적인 그림을 그려보는데 도움을 제공해 줄 것이다.

2.1 창의적 언어구성(Creative Construction) 모델

외국어 학습의 과정에 대한 보다 설득력이 있고 영향력이 있는 설명은 창의적 언어구성을 통해서 언어가 습득되고 학습된다는 것이다. 창의적 언어구성 모델에 의하면, 학습자들이 자연적인 의사소통 상황에 노출되고, 의사소통을 위해서 자연스럽게 언어 입력을 처리하는 전략들을 사용함으로써, 학습하고자 하는 목표어의 언어규칙들을 발견하고, 이들 규칙체계를 내면적으로 구성해 나간다. 학습자들이 자연적인 언어사용 환경에 제대로 노출만 된다면, 학습자들은 자신의 내면에 목표어의 언어규칙 체계를 점증적으로 내재화시키면서 그리고 예측 가능한 발달 단계를 거치면서 원어민 수준의 언어능력 체계에 도달하게 된다.

이 모델은 모국어 습득을 설명하는 이론과 유사한 점이 많다는 것을 발견하게 된다. 창의적 언어구성 모델을 도식으로 나타내면 다음과 같다.

Second language exposure ▶ Natural processing strategies ▶ Temporary representation of the system ▶ Utterances

<그림 2-1> 창의적 언어구성 모델

위 모델의 작동 여부에 대한 구체적인 증거의 대부분은 모형의 마지막 단계인 학습자의 발화(utterances)를 살펴봄으로써 가능하다. 왜냐하면, 학습자들의 발화를 살펴봄으로써 우리는 학습자들이 내재화하였던 목표어의 규칙 체계를 유추해 볼 수 있기 때문이다(예를 들어, 부정문이나 의문문을 형성하는 규칙). 또한, 학습자들이 자연스러운 의사소통 상황에 노출이 되면서 목표어의 규칙 체계를 내재화하기 위해서 사용하는 다양한 언어처리 전략들—일반화(generalization), 과잉일반화(overgeneralization), 전이(transfer), 모방(imitation), 잉여성 축약(redundancy reduction)—을 어떻게 사용하는지에 대해서 가설을 설정해 볼 수도 있다. 무엇보다도 성인들이 어린이들에게 말을 할 때 사용하는 발화들(예: caretaker speech), 원어민이 외국어 학습자에게 말할 때 사용하는 발화들(예: foreigner talk) 등이 갖고 있는 언어적 특성 등을 살펴봄으로써, 학습자들이 사용하는 언어학습 전략들이 어떤 유형의 언어입력에 대해서 보다 효과적으로 적용되는지에 대한 정보를 얻을 수 있다.

창의적 언어구성 모델의 가장 중요한 특징은 학습자 내면에 존재하고 있는 '언어처리 메카니즘(language processing mechanism)'이다. 이 언어처리 메카니즘은 자연적인 언어사용 환경에서 학습자들이 접하는 언어입력에 의해서 작동이 되는 것이지, 학습자 스스로 발화를 생성해 내고자하는 인위적인 시도와는 별개라는 점이다. 즉, 학습자들이 생성해 내고자 하는 발화는 학습자들이 내재화시켰던 언어규칙을 적용하여 언어를 직접 사용하는 자연스러운 결과물로 이해된다. 예를 들어, 강요된 발화 연습(pushed output) 등의 활동은 학습자들이 언어규칙을 내재화하는데 기여하는 요인이 아니라는 점이다. 이에 대한 증거는 침묵의 시기(silent period)에서 찾아볼 수 있다. 침묵의 시기는 모국어 습득 또는 자연적인 외국어 학습의 초기 단계에서 쉽게 발견할 수 있는데, 이는 최근 들어 많은 영어 교수 및 학습 프로그램에 성공적으로 도입되어 사용되고 있다. 그러나 학습자의 발화 역시 외국어 학습에서 중요한 역할을 한다는 점은 부인할 수 없다. 학습자의 발화는 학습자들이 의사소통 상황에 참여할 수 있도록 해주며, 또한 더 많은 언어입력을 얻을 수 있도록 해주는 자극이 된다.

2.1.1 창의적 언어구성 모델과 문화이식(Acculturation) 가설

언어의 가장 중요한 기능은 의사소통을 위한 수단이다. 따라서 학습자들이 보여주는 외국어 학습의 다양한 숙달도를 결정짓는 가장 중요한 요인은 학습자들이 의사소통의 필요성에 의해서 외국어 학습에 대해 갖고 있는 동기의 높고 낮음의 정도라고 할 수 있다. 의사소통의 필요성은 다음 두 가지 유형으로 분류해 볼 수 있다.

① 기능적 필요성(functional need): 오해(misunderstanding)없이 메시지를 전달하고자 함, 업무를 보다 효과적으로 수행함 등.
② 사회적 필요성(social need): 사회적으로 용인 가능한 언어를 사용하고자 함, 원어민 공동체 사회에 대해 만족스럽게 동화하고자 함 등.

이들 두 의사소통의 필요성은 상호 많은 부분들이 중복되어 있어서 이들 간에 명확한 구분은 불필요해 보인다. 그러나 우리는 외국어 학습에서 기능적 필요성(예: survival)에 관심을 기울이고 있는 학습자와 다른 언어사용 공동체 사회에 동화하는데 관심을 가지고 있는 학습자 간에는 어느 정도 구별을 하는 것이 필요하다. 바로 이러한 차이를 강조하기 위해서 Gardner(1985)는 도구적(instrumental) 동기와 통합적(integrative) 동기를 제시하였다.

그렇다면 문화이식 가설과 창의적 언어구성 모델과는 어떤 관계를 설정할 수 있는가? 특히, 통합적 동기와 관련하여 목표어 공동체 사회에 동화하고자 하는 학습자의 목표는 그 정도에서 차이가 있을 수 있지만, 이는 문화이식(acculturation) 가설을 설정하는 기초가 된다. 문화이식 가설은 창의적 언어구성 모델을 대체할 수 있는 이론이라기보다는 창의적 언어구성 모델과 상보적으로 적용해 볼 수 있는 이론이라 할 수 있다. 문화이식 가설은 학습자들이 접하는 언어입력을 실제로 처리하는 과정에 대해서 초점을 맞추기보다는, 이러한 언어입력 처리과정이 성공적으로 일어날 수 있도록 영향을 미치는 사회적 또는 학습자 개인의 심리적인 여건들을 파악하는데 초점을 맞춘다. 만약 어떤 학습자가 목표어 공동체 사회에 동화하고자 하는 열망이 강하면 강할수록 그 학습자는 목표어 언어 체계를 보다 효과적으로 발달시키게 될 것이다.

문화이식 가설에 대한 구체적인 증거는 Schumann(1976, 1978a, 1978b)의 연구를 통해서 쉽게 접할 수 있다. Schumann은 Alberto 라는 성인 영어 학습자가 영어학습을 위한 많은 기회가 주어졌음에도 불구하고 초기 언어 체계의 단계를 뛰어 넘지 못하고 언어 체계가 더 이상 발전하지 못하는 화석화(fossilization) 현상이 나타난 것을 발견하였다. 그 원인을 파악하기 위해 면담과 설문지 조사를 실시하였는데, 그 결과 Alberto는 영어권 공동체 사회와 사회적 거리감(social distance)을 두고 있었으며, 영어권 공동체 사회에 동화하고자 하는 열망이 적다는 것이 발견되었다. 또 다른 연구에서도 목표어 공동체와 사회적 접촉을 하고자 하는 학습자의 열망과 그들이 보여주는 언어적 발달 간에 매우 밀접한 관련이 있다는 것이 발견되었다.

또한, 문화이식 가설은 이해 가능한 언어입력(comprehensible input)과 정의적 여과기(affective filter) 기능을 기초로 하고 있다고 볼 수 있다. 목표어 국가에 장기적으로 체류할 목적을 가지고 있는 학습자들은 정의적 여과기를 낮추어야 보다 많은 언어입력을 받아들일 것이며, 심리적으로는 사회적 거리감을 좁혀야 목표어 원어민들과의 접촉이 보다 용이하게 될 것이다. 이는 궁극적으로 목표어 학습에 대한 긍정적 태도와 함께 목표어 학습에 대한 동기를 고취시킨다. 이렇게 목표어 문화에 동화되고자 하는 열망이 강하면 목표어 문화권과 더 많은 상호작용이 일어날 것이고 이는 목표어 습득을 촉진시키게 될 것이다. 결론적으로, 문화이식 가설은 무엇보다도 창의적 언어구성이 일어나도록 영향을 미칠 수 있는 동기 요인에 대해 설명이 가능하다는 점에서 의의가 있다.

2.1.2 단순 코드의 정교화를 통한 언어학습

외국어를 학습하는 초기단계에서 학습자들이 생성해 내는 발화는 성인이 어린이에게 말을 할 때 사용하는 발화와 상당히 많은 부분에서 유사점이 많다는 것이 발견되었다. 이러한 언어 체계를 '축약된 체계(reduced system)' 또는 '단순 코드(simple code)' 라고 부르는데, 이러한 언어 체계가 갖고 있는 특성은 다음과 같다.

① 언어적 특성의 많은 부분들이 서로 동일하다. 예를 들어, 잉여적 굴절 요소들과 기능어(예를 들어, 전치사, 관사) 등이 생략되며, 의미는 무엇보다도 어순에 의해서 나타내어지며, 복잡한 문법적 구성요인들은 회피되며, 어려운 어휘들은 쉬운 어휘들로 대체된다.
② 축약된 언어 체계는 각각의 언어사용 상황과 상응하여 제한된 의사소통의 필요성을 충족시킨다. 이를 단순 기능적 필요성(simple functional need)이라 하는데, 이때 사용되는 언어 체계는 섬세한 의미와 사회적 의미를 전달하기 위해 필요한 정교한 차이를 구별해 내는데 한계가 있다.
③ 화자의 소통적 필요성이 복잡해지고 섬세해짐에 따라, 이와 상응하여 학습자의 언어 체계도 보다 정교화 되면서 언어 발달 단계를 밟아 나간다. 만약 피진어가 특정 언어 공동체 사회의 주요 소통언어로 자리 잡게 될 경우 이때는 혼성어(creole)로 발달해 나간다.

만약, 어떤 학습자가 제한된 언어적 자원(linguistic resources)을 가지고서 현재 이용 가능한 가장 단순한 방법으로 다른 사람과 의사소통을 해야만 한다면, 학습자들은 위에서 언급된 단순화된 언어 체계를 사용하여 의사소통을 할 것 같다. 이와 관련하여 우리가 설정해 볼 수 있는 하나의 가설은 학습자들이 사용하는 단순화된 언어 체계는 일종의 '보편적인 언어적 기초(universal linguistic base)'를 가지고 있다는 것이다. 그런데 보편적인 언어적 기초는 언어학습이 시작하기 전이라도 모든 사람들의 내면에 존재하고 있으며, 나중에 언어학습을 위해서 그리고 초보적인 의사소통을 위해서 사용이 가능하다는 특징이 있다.

보편적인 언어적 기초에 대한 증거는 모국어를 배우는 학습자들이 서로 다른 언어적 공동체에 속할 지라도 초기 언어 발달 단계에서는 서로 유사한 유형의 발화를 생성해 내는데서 찾을 수 있다. 어린이들은 그들이 속한 공동체 내에서 보편적인 언어적 기초를 사용하여 초보적인 의사소통을 시작하지만 점차적으로 언어 체계를 정교화 시켜 나간다. 만약 목표어를 이제 막 배우기 시작한 학습자가 상대방 언어에 대해서 아무런 지식이 없이 의사소통을 해야만 한다면, 그들 역시 그들이 새롭게 접하는 목표어의 언어의 규칙체계를 구성해 나가는 기초단계로서 보편적인 언어적 기초에 의존할 것이다. 그런 후, 학습자들은 앞서 언급한 창의적 언어구성 과정을 거치면서 언어 체계를 정교화 시켜 나가는 과정을 밟는다.

문화이식 가설의 경우와 같이, 보편적 언어적 기초의 개념은 창의적 언어구성 모델을 대체할 수 있는 것이 아니라 창의적 언어구성 모델과 서로 상보적인 입장을 취한다. 언어학습에서 가장 핵심이 되는 부분은 아직도 일반화 또는 전이 등의 과정을 통한 창의적 언어구성이다. 문화이식 가설은 창의적 언어구성 과정이 보다 효과적으로 일어날 수 있는 여러 외적인 여건과 관련이 있다면, 보편적인 언어적 기초 개념은 창의적 언어구성 과정이 일어나기 위한 출발점을 설정해 줄 수 있는 가설이라 할 수 있다. 만약 우리가 목표어 공동체 사회에 동화하고자 하는 열망을 의사소통적 필요성에 포함시킨다면, 다음 Corder(1971, p. 102)의 인용문은 지금까지 우리가 진행해 온 논의의 지향점을 잘 보여준다고 할 수 있다.

> The model of the learning process that emerges is one in which the learners starts his learning programme from a basic, possibly universal grammar which he proceeds to elaborate in response to his exposure to the date of the target language and his communicative needs. The elaboration follows a more or less constant sequence for all learners of particular language but any particular learner's progress along the developmental continuum is significantly affected by the degree to which his existing knowledge of language may facilitate his advance.

위 인용문의 마지막 부분은 학습자의 모국어는 목표어 학습에 영향을 미칠 수 있다는 점을 부각시켜 준다. 또한, 학습자의 모국어가 목표어 학습에 영향을 미치는 정도는 두 언어가 얼마나 서로 유사점이 많이 있는가에 달려있다는 것을 말해주고 있다.

2.2 언어 기능 학습(Language Skill-Learning) 모델

창의적 언어구성 모델은 학습자들이 목표어의 언어규칙 체계를 내재화하기 위해서 학습과제를 수행하면서 학습자들이 사용하는 인지적 언어처리 전략(cognitive language processing strategy)을 강조한다. 창의적 언어구성 모델의 가장 큰 목적은 학습자들이 보여주는 실제적 언어수행 기술과는 별개로 언어에 내재된 규칙체계를 어떻게 습득하고 내재화해 나가는가를 설명하는데 있다. 이 모델이 내포하고 있는 용어에 의하면, 어떤 사람이라도 언어를 사용하여 외적으로 발화 연습을 하지 않더라도 언어를 배울 수 있다는 점을 함축하고 있다. 창의적 언어구성 모델에서 생성 기술(productive skills)이 의미하는 바는 학습자들이 특정 언어 발달 단계에서 내재화한 언어규칙 체계를 단순히 외부적으로 나타난 결과물에 불과하다는 점이다.

하지만 창의적 언어구성 모델은 대부분의 외국어 교수현장에서 적용되고 있는 언어 기능 학습 모델과는 큰 대조를 보인다. 대부분의 외국어 교수현장에서 사용되는 접근방식은 학습자들이 연습 또는 질문-대답 연습을 통해서 미리 결정된 언어의 각 부분들을 생성하여 발화할 필요가 있으며, 바로 이러한 언어 발화 활동이 목표어의 언어규칙 체계를 내재화하는데 매우 중요한 역할을 담당하고 있다는 가정에 기초하고 있다. 창의적 언어구성 모델과 언어 기능 학습 모델 간에 나타나는 차이점을 도식으로 제시하면 다음과 같다.

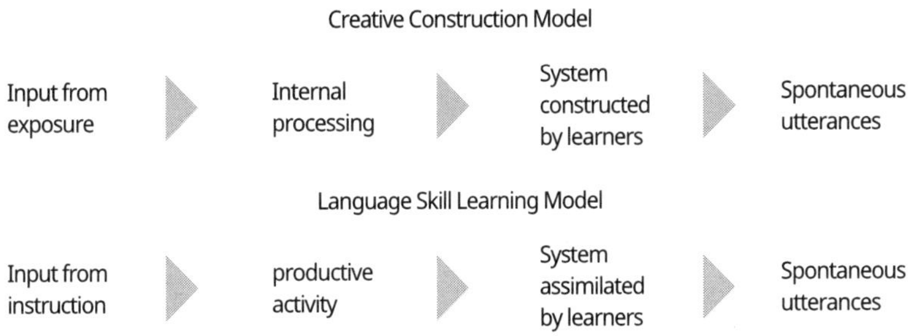

<그림 2-2> 창의적 언어구성 모델과 언어 기능 학습 모델 간의 비교

위 두 모델을 비교해 보면, 무엇보다도 학습자들이 접하는 언어입력의 성격과 출처에서, 그리고 이들 언어 체계를 내재화시키는 방법에서 서로 다르다는 것을 알 수 있다. 언어 기능 학습 모델에서 학습자들이 접하는 언어입력의 특징은 구조화되어 있고 통제되어 있다는 점이다. 이들 구조화되고 통제된 언어입력 역시 학습자들로 하여금 목표어의 내재된 언어 체계에 도달하도록 안내해 준다. 하지만 이 모델에서 학습자들은 내적 언어처리 메카니즘을 통해서 언어 체계를 스스로 구성하고 내재화시키는 것이 아니라, 등급화된 순서에 따라 그리고 교사나 교재를 통해서 선별적으로 제공되는 언어자료에 대한 의도된 발화 연습을 통해서 목표어의 언어규칙 체계를 내재화시킨다.

따라서 언어 기능 학습 모델은 언어수행 기술을 발전시키기 위해서 학습자는 언어를 직접 사용하는 것이 매우 중요하다는 것을 강조한다. 여기서 언어수행 기술은 인지적 측면과 행위적 측면에서 고려할 필요가 있다. 인지적 측면은 적절한 행위를 창조하기 위한 계획을 내재화시키는 것을 포함한다. 언어를 사용하기 위한 구체적인 계획들은 문법규칙, 어휘선별 과정, 그리고 발화를 통제하는 사회적인 관습 등과 같은 언어 체계에서 비롯된다. 한편, 행위적인 측면은 이러한 계획들을 자동화시킴으로써 각각의 언어항목에 대한 사용 계획들이 실제 상황 속에서 유창한 언어수행으로 전환되는 것을 의미한다. 이러한 자동화는 발화의 생성 연습을 통해서 언어사용 계획을 실제 언어

수행으로 전환시키는 무한한 연습을 통해서 가능해 진다.

일반적으로 언어 기능 학습 모델에서 하나의 언어 기능이 학습될 때, 학습자들은 언어의 각 구성요소들을 분리하여 각각 개별적으로 연습한다. 예를 들어, 영어를 학습하는 학습자는 부정문이나 의문문 등과 같은 문법구조들을 어떻게 사용할 것인지를 연습하게 되며, 상대방의 허락을 구하는 등과 같은 의사소통적 기능들을 어떻게 표현할 것인지를 연습하게 된다. 또한, ship와 sheep 간에 나타나는 음성적 차이를 어떻게 발음할 것인가에 대해서 연습을 하게 된다. 이러한 특성 때문에 언어 기능 학습 모델에서 주로 사용되는 학습 방법은 '부분-기능 연습(part-skill practice)'이라고 불린다. 언어수행을 하면서 각 부분들이 하나로 통합되어서 나타날 필요가 있는 어떤 상황에서 각각의 언어 기능들은 전체적으로 통합되어 연습되어 진다. 물론, 부분적인 언어 기능 연습과 언어 기능의 전체적인 연습을 하는데 광범위한 난이도가 존재한다.

언어를 각 부분의 기능으로 나뉠 수 있는 것은 언어사용에서 위계적인 순서가 있다는 점에 근거를 두고 있다. 즉, 언어를 사용한다는 것은 일종의 학습과제를 수행한다고 볼 수 있는데, 이들 학습과제들은 하위 과제들로 구성되어 있고, 또한 하위 과제들은 또 다른 하위 과제들로 구성되어 있음을 의미한다. 언어사용의 위계성에 대해서 다음과 같이 정리해 볼 수 있다.

① 위계성에서 가장 높은 상위에 위치하는 것은 의사소통의 전반적인 목적이라 할 수 있다. 예를 들어, 친구를 설득하여 오늘 저녁 영화를 보기 위해 영화관에 가는 것이 의사소통의 주된 목적이다.

② 이 목적을 달성하기 위해, 우리는 다양한 요인들로 구성된 전략을 개발하게 된다. 예를 들어, 영화가 어떤 내용이고, 무엇에 관한 영화이고, 같이 가고자 하는 친구가 이 영화에 대해서 어떻게 호감을 갖도록 할 것인지, 그리고 왜 오늘 저녁에 영화를 보는 것이 가장 좋은지에 대해서 어떻게 말을 할 것인지 등이 포함된다. 이러한 전략들의 일부는 대화 이전에 이미 효과가 나타날 것이고, 어떤 것은 대화가 진행되면서 효과가 나타날 것이다.

③ 이미 언급한 이러한 하위 과제들을 수행하기 위해서 우리는 어떤 논의가 진행되어야 하는지 등의 특정 주제를 정해야 하고, 그리고 친구를 설득하기 위해 사용할 문장의 형태를 선택해야 한다.
④ 각각의 문장 형태는 절(clause) 수준에서, 구(phrase) 수준에서, 그리고 단어(word) 선택 순으로 작동하여 결정된다. 다르게 표현하자면, 문법을 사용한다는 것은 그 자체가 과제의 위계성을 포함하고 있다고 할 수 있다.
⑤ 단어들을 발화하기 위해서는 복잡한 발성기관의 작동을 요구한다,

따라서 각각의 이러한 과제들(하위 과제들)이 수행되기 위해서는 일종의 계획이 필요하다. 위계성에 있어서 가장 높은 상위 수준에서(예를 들어, 전략 또는 의미를 결정함) 설정될 수 있는 계획에는 화자가 지금 당장 당면하고 있는 의사소통의 필요성과 이를 성취하고자 하는 의식적인 의도가 포함될 수 있다. 만약 학습자들의 장기 기억(long-term memory) 속에 하위 수준에서(예를 들어, 의사소통을 위해서 문법구조나 단어를 선택하고 올바르게 발음함) 사용가능한 언어적 항목들을 효율적으로 이용 가능한 계획들을 가지고 있다면, 학습자들은 언어수행을 하는 동안 하위 수준의 언어적 항목에 대한 작동은 자동적으로 이루어질 수 있도록 하면서 상위 수준의 학습과제에 집중할 수 있다.

그러나 대부분의 외국어 학습자들은 원어민 수준의 광범위한 언어적 자원을 자동적으로 사용할 수 있는 계획들을 갖고 있지 않다. 그렇기 때문에 학습자들은 언어수행을 하면서 의식적으로 하위 수준의 언어 작동에 주의력을 집중시킬 수밖에 없다. 만약 학습자가 이러한 하위수준의 언어적 항목에 대한 작동을 정확하게 수행하는데 주의력을 사용한다면, 그 결과는 아마도 학습자가 보여줄 유창성을 희생시킬 수도 있다. 그러나 만약 학습자가 하위 언어적 항목을 작동시키기 위한 적절한 계획에 대해 필요한 정보가 부족하거나 주의력이 결핍되어 있다면, 그 결과는 오류로 나타날 것이다.

하지만 학습자가 목표에 대한 정보를 더 많이 습득해 나가고 하위 수준의

언어적 항목에 해서 작동을 자동적으로 시행할 수 있는 능력이 증대해 감에 따라서, 학습자들이 언어수행 중에 보여줄 수 있는 정확성과 유창성은 더욱 증대될 것이다. Levelt(1978, pp. 57-58)는 이러한 과정을 다음과 같이 언급하였다.

> The acquisition of skill consists essentially of automation of low-level plans or units of activity. Initially the execution of such a unit of activity requires the allocation of a large amount of mental efforts, since it has to be designed anew. Repeated performance of the activity, however, leads to the availability of ready-made plans in long-term memory for such activities...... The result of automation is that less and less effort is to be spent on low-level patterns of action, so that more and more capacity is left for the high-level decisions.

앞서 제시하였던 창의적 언어구성 과정에 대한 Corder의 인용문과 발화 생성 중심의 언어학습에 대해서 Levelt가 이곳에서 제시한 인용문을 서로 같이 놓고 비교해 보는 것은 매우 흥미로울 것이다.

창의적 언어구성 모델과 언어 기능 학습 모델은 모두 외국어 학습 과정에 대해서 기술하고 있으며, 직감(intuition)과 경험(experience)에 근거하여 이들 두 모델들은 모두 외국어 교사와 연구자들에게 많은 의미를 부여해 주고 있다. 우리가 만약 이들 두 모델 중의 어느 하나는 언어학습 과정을 설명하는데 쓸모가 없다고 해서 그중 하나를 버리지 않는다면, 우리는 이들 두 모델들을 서로 조화시켜서 언어학습 과정을 보다 정확하게 설명할 수 있는 방안을 찾아야 한다.

2.3 의식적인 외국어 학습과 무의식적인 외국어 습득

창의적 언어구성 모델과 언어 기능 학습 모델은 외국어 학습의 기본 목적에 대해서는 서로 유사한 가정에 기초하고 있다. 이들 두 모델들이 서로 유사하게 공유하고 있는 외국어 학습의 기본 목적은 바로 학습자들이 의사소통의 필요성을 충족시키고, 의사소통의 목적에 맞게, 그러나 융통성있게 언어를 사용할 수 있는 능력을 갖추게 하는 것이다. 그러나 이들 두 모델은 이러한 목적을 달성하는데 서로 다른 경로를 제시한다. 창의적 언어구성 모델에서 학습이란 내적 언어 체계의 전체적인 정교화를 의미한다. 이때 각각의 부분들은 처음 시작단계부터 하나로 통합되어 학습된다. 이러한 언어적 발달은 자연 발생적으로 그리고 무의식적으로 이루어지며, 학습자는 언어 형태보다는 수행하는 학습과제 그 자체에 주의력을 집중한다. 한편, 기능 중심의 언어학습 모델에서는 언어 체계의 각 부분들이 단계적으로 학습되는 언어 형태 중심의 학습이 이루어진다. 궁극적으로 이러한 각 부분들은 후에 하나로 통합되며, 이때 이루어지는 언어학습은 주로 교사의 안내, 지도, 그리고 훈련 등에 의해서 의식적으로 이루어진다.

이들 두 모델들은 상당히 많은 부분에서 서로 다른 유형의 학습을 지향한다. 창의적 언어구성 모델에서는 무의식적으로 습득이 일어나는 반면에, 기능 중심의 언어학습 모델에서는 의식적인 노력을 통해서 학습이 일어난다. 이들 서로 다른 학습유형에 대한 구분은 인간 학습과 관련된 심리학에서 이루어지는 학습유형과 매우 유사하다. 예를 들어, 공식적인(formal) 학습과 비공식적인(informal) 학습에 나타나는 차이, 자연 발생적인(spontaneous) 학습과 통제된(controlled) 학습 간에 나타나는 차이, 자연적인(natural) 학습 환경과 교수적인(didactic) 학습 환경 간에 나타나는 차이 등이 이에 속한다. 언어를 가르치는데 있어서도 이들 서로 다른 학습의 유형은 매우 다양하게 나타난다. 최근에 와서는 외국어 학습을 보다 효율적으로 수행하기 위해서는 자연 발생적인 언어 학습과 교사에 의한 통제된 언어학습이 동시에 이루어져야 한다는 주장이 제기되었다.

한편, Krashen(1981, 1982a, 1982b)은 이들 두 학습 유형에 대한 명확한 구별과 함께 이들이 갖는 함축적인 면에 대해서 논의를 진행하였는데, 그 결과 많은 언어교사들과 연구자들은 무의식적으로 언어학습이 이루어지는 측면에 대해서 많은 관심을 갖게 되었다. 최근 Krashen의 논의를 통해서, '습득(acquisition)'은 무의식적인 언어학습을 지칭하는 반면에, '학습(learning)'은 의식적인 언어학습을 지칭하게 되었다. 현재 우리가 가지고 있는 지식의 수준에서는 습득과 학습 간의 관계에 대해서, 그리고 이들 각각의 학습 유형이 외국어를 학습하는 학습자의 언어능력 발달에 어떻게 기여하는지에 대해서 명확하면서도 신뢰성있는 진술은 불가능해 보인다. 하지만 학습과 습득에 대해서 몇 가지 진술이 가능한데, 이를 정리해 보면 다음과 같다.

1) Krashen(1982a, 1982b)에 의하면, 학습과 습득은 서로 다른 언어 체계 형성에 작용을 하기 때문에 학습과 습득이 담당하는 기능 또한 서로 다르다. 의사소통을 목적으로 언어를 사용하는 동안에(이는 앞서 언급한 의식적으로 행해지는 발화 연습과는 반대되는 개념임.) 학습자들은 습득을 통해 내재화된 언어 체계를 이용하여 창의적이고 자연 발생적인 발화를 하게 된다. 이와 반대로, 의식적인 발화 연습 등을 통해서 학습된 언어 체계는 단지 학습자들이 언어의 올바른 형태를 사용하고 개선시키기 위한 감시장치(monitor) 역할을 담당한다. Krashen은 이러한 감시장치가 효과적으로 작동하기 위해서는 다음 3가지 조건이 충족되어야 한다고 주장하였다. 첫째, 시간이 충분해야 한다. 둘째, 언어 규칙을 알고 있어야 한다. 셋째, 언어 형태에 초점을 맞추어야 한다. 이는 학습자들이 의사소통을 하면서 시간의 압박이 없을 경우에는 올바른 형태의 발화를 생성해 내지만, 즉각적으로 반응을 보여야 하는 실제 의사소통 상황에서는 다소 많은 오류가 발생되는 이유를 설명해 준다. Krashen은 학습과 습득은 상호 배타적이어서 학습된 지식

은 습득으로 전이되지 않는다고 하였지만, 이들 학습과 습득이라는 두 체계 간의 구별을 보여줄 수 있는 명확한 증거는 없다. 단지 많은 학자들은 우리 인간들이 행하는 일반적인 인지처리 과정에 대한 지식에 비추어 볼 때 학습과 습득의 명확한 구별은 그리 쉽지 않다는 생각이 지배적이다.

2) Stevick(1989)에 의하면, 학습자들은 언어규칙을 내재화시키는데 학습과 습득이라는 서로 다른 방식을 사용한다. 그러나 학습된 언어 체계와 습득된 언어 체계가 서로 분리되어 있는 것이 아니기 때문에, 학습과 습득은 서로 간에 전이가 가능하다는 점은 앞서 제시한 Krashen의 주장과는 큰 차이가 있다. 하지만 창의적 언어구성 모델을 언어학습의 기본 체제로 받아들일 경우, 이 이론이 함축하는 바는 의식적인 학습을 통해서 학습된 언어적 항목이나 구조들이라 할지라도 무한한 연습을 통해서 습득된 언어 체계로 전이가 가능하다는 점이다. 비록 학습된 지식이라 할지라도 무한한 연습을 통해서 습득으로 전이된 언어 체계들은 창의적 언어구성 과정을 통해서 이미 습득된 언어 체계들과 같이 자연 발생적인 언어학습 활동을 위해서 이용이 가능하다.

3) 앞서 살펴본 바와 같이, 언어 체계를 자동화시키는 방법에는 2가지가 있다. 첫째 방법은 의식적인 학습과 연습을 통해서 가능하고, 다른 방법은 습득이라는 내적 언어처리 과정을 통해서 자연 발생적으로 언어 체계를 발달시켜(자동화시켜) 나가는 것이다. Sajavaara(1981)에 의하면, 언어 체계가 학습자 내부에서 내재화되기 시작할 때 이들 습득된 언어 체계는 이미 자동화된 상태이며, 또한 이러한 습득된 언어 체계는 의식적인 주의를 기울이지 않더라도 예측 가능한 순서대로 발달해 나가는 특성이 있다. 따라서 의사소통을 목적으로 언어가 사용될 때, 학습자들은 습득과 학습을 통해서 습득된 서로 혼합된 언어 체계들을 발전시켜 나간다. 그러나 학습자들이 학습된 언어 체계를 효과적으로 사용하기 위해서 특별한 주의를 기울일 필요가 있다. 만약 주의를 기울이지 않는다면 이들 언어 체계는 의사소통 상황에서 충분히 사용될 정도로 자동화되지 못한다. 따라서 학습자들은 의사

> 소통에 필요한 언어적 항목에 대해서 특별한 주의를 기울이면서 충분한 연습과 훈련을 통해서 내재화시킬 필요가 있다. Sajavaara은 특정 언어적 항목이 비록 의식적인 훈련과 연습을 통해 학습되었다 할지라도, 이들 항목이 의사소통 목적으로 효율적으로 사용된다면 이들 언어적 항목들은 의사소통 상황에서 자동적으로 사용될 정도로 내재화될 기회를 갖는다고 주장하였다.

위에서 제시된 2번째 이론은 창의적 언어구성 과정을 기본 체제로 사용하면서 그 체제 안에 언어 기능의 의식적인 학습을 수용하고자 하였다. 반면에, 3번째 이론은 기능 위주의 언어학습 과정을 기본 체제로 사용하였으며 그 체제 안에 창의적 언어구성 과정을 수용하고자 하였다. 이들 각 이론들의 설명은 언어학습에 대한 우리들이 갖고 있는 경험과 직감을 나타내는데 잠재적인 이점을 내포하고 있다. 일반적으로 자연적인 언어학습 환경에서는 창의적 언어구성 모델이 보다 주도적인 역할을 할 것으로 생각되며, 교실에서 이루어지는 언어학습 상황에서는 의식적인 학습과 연습이 주도적인 역할을 할 것으로 기대된다. 따라서 우리가 취할 수 있는 선택은 이들 서로 다른 언어학습의 유형에 대해서 어느 하나를 취하고 버리기 보다는 이들 두 학습 환경의 내면적 특성상 언어학습에 미칠 수 있는 이점과 단점을 정확하게 파악하고 이해하는 것이 좋다.

2.4 사회적 측면의 언어학습

앞에서 제시한 두 언어학습 모델을 하나의 체제 안으로 통합시킬 수 있는 가장 효율적인 방법은 인간의 언어 발달 과정을 상호 상보적으로 포용할 수 있는 보다 큰 학습 모델 속으로 통합시키는 것이다. 이를 위해서 본 장에서는 창의적 언어구성 모델과 언어 기능 학습 모델을 사회학습의 측면으로 통합하여 살펴보고자 한다. 최근 행해진 사회적인 학습에 대한 연구 결과에 의하면, 다음과 같은 조건들이 충족될 때 학습은 보다 효과적으로 이루어질 수 있다.

① 학습하고자 하는 동기가 있어야 한다.
② 학습하고자 하는 목표어의 주요 언어적 특성들을 내면화시킨다.
③ 이러한 내면화된 주요 언어적 특징들이 실제 수행 상에서 나타날 수 있도록 연습한다.
④ 행위가 제대로 수행되었는지 그 성공 여부에 대해서 피드백을 받는다.

따라서 본 장에서는 위에서 제시한 조건들이 창의적 언어구성 모델과 언어 기능 학습 모델에서 어떻게 서로 다르게 실현되는지를 살펴보고자 한다.

1) 학습 동기

학습 동기는 언어학습이 지속적으로 이루어지게 하는 원동력이 되지만, 창의적 언어구성 모델과 언어 기능 학습 모델에 따라 학습 동기의 근원은 다를 수 있다.

① 창의적 언어구성 모델에서 동기의 근원은 학습중인 외국어를 사용하여 의사소통을 하고자하는 필요성과 관련이 있다. 소통의 필요성은 단기적인 필요성에서 대두될 수 있고 또는 장기적인 필요성에서 대두될 수 있다.
② 언어 기능 학습 모델에서 동기는 외국어 수업이 이루어지는 맥락과 직·간접적으로 관련이 있는 요인들에 의해서 영향을 받는다. 예를 들어, 자연적인 의사소통과는 별도로 학습자의 행동을 단기적으로 변화시키고자 하는 학습 목표(예: 취업, 고등교육 진학) 등이 이에 속한다.

2) 주요 언어적 특성의 내면화

주요 언어적 특성을 내면화하는 방법은 창의적 언어구성 모델과 언어 기능 학습 모델 간에 차이가 있다.

① 창의적 언어구성 모델에서 주요 언어 체계는 학습자 내면에 내재화되는데, 이는 학습자들이 자연적인 의사소통이 이루어지는 언어학습 환경에서 인지적 언어처리 전략 등을 통해서 가능해 진다. 학습자 스스로 생성해 내는 발화는 학습자가 내재화한 규칙체계의 증거로 여겨진다. 이러한 내재화 과정은 자연적으로 이루어지는 습득의 한 부분이 된다.
② 언어 기능 학습 모델에서 학습자들은 자신들의 내면에 내재화시켜야 하는 목표어의 주요 특징에 대해 인위적으로 주의를 기울이도록 가르침을 받는다. 이때 내재화 과정은 의도된 발화 연습 등과 같은 훈련 절차 등을 통해서 통제되는 경우가 많다.

3) 내면화된 언어 체계를 수행으로 전이시킴

창의적인 언어구성 모델은 자연적인 맥락에서 언어가 사용되지만, 언어 기능 학습 모델에는 주로 인위적인 교실적인 상황에서 언어를 사용하게 된다.

① 창의적인 언어구성은 인위적인 제약이 부과되는 연습 상황이 아닌 자연적인 의사소통 상황에서 성공적으로 일어난다. 또한, 창의적 언어구성은 학습자가 의사소통하고자 하는 의미 또는 의사소통을 위해서 학습자가 사용할 수 있는 언어적 자원에 따라 통제를 받는다.
② 언어 기능 학습 모델에서 행해지는 연습은 주로 특정 언어적 목표(예: 어떤 문법적 구조(문형)를 학습할 것인가?) 등과 같은 외적인 요인에 의해서 통제를 받는다. 의사소통을 목적으로 언어를 사용하기 위한 연습(whole-task practice)이 행해질 수도 있고, 또한 언어 체계의 각 부분에 대한 연습(part-skill practice)이 행해질 수도 있다.

4) 성공에 대한 피드백

여기서 중요한 요인은 학습자들이 어떤 유형의 피드백을 받아들이고, 또한 학습자들은 이들 피드백을 자신의 언어수행 목표와 어떻게 관련이 있는지를 인식하는데 있다.

① 창의적 언어구성 모델에서 가장 중요한 피드백은 얼마나 성공적으로 의사소통이 일어났는지에 대해서 주어지는 피드백과 관련이 있다. 학습자는 보다 효과적이고 적절하게 의사소통을 수행하기 위해서 자신의 언어능력을 한층 세련시킬 필요가 있다.

② 언어 기능 학습 모델에서 피드백은 상호 의미를 교환하는 것과 관련이 있다. 그러나 이 모델에서의 보편적인 피드백은 특히 정확성의 정도와 관련하여 학습자가 생성한 언어의 형식적인 면과 관련이 깊다.

따라서 사회학습 이론은 서로 다른 유형의 언어학습 모델들이 학습자의 언어능력 발달에 어떻게 영향을 미치는지를 살펴볼 수 있도록 해주는 안목을 제공해 준다. 하지만 이 이론도 앞에서 논의하였던 다음과 같은 질문, 예를 들어 의식적인 학습과 무의식적인 학습, 즉 학습과 습득, 이들 서로 다른 두 유형의 학습은 상호간에 어떻게 관련이 있는가? 이들 두 유형의 학습은 학습자의 의사소통능력을 발전시키는데 어떤 기능을 수행하는가? 에 대해서 완벽한 답변을 해 주지는 않는다.

본 장의 결론으로서 강조하고 싶은 점은 학습과 습득이라는 본질적으로 서로 대조되는 관점에서 문제점을 바라본다는 것은 너무 언어학습 과정을 단순하게 여기는 것이다. 그리고 이러한 과정은 그 결과가 아무리 유용하더라도 언어학습 과정에 대해서 잘못 이해하도록 인도할 수 있는 위험을 내포하고 있다. 무의식적인 과정에 의한 습득과 의식적인 과정에 의한 학습 간에 우리가 취할 수 있는 가장 현실적인 방안은 이들 두 모델을 연속선상의 양끝에 위치하고 있는 것으로 생각해 보는 것이다. 따라서 무의식적인 학습과 의식적인 학습은 의식이 개입되는 정도에 따라서 서로 혼합되어 나타난다고 할 수 있다. 따라서 무의식적인 학습 아니면 의식적인 학습 이렇듯 상호 배타적으로 언어학습 과정을 설명하는 것은 무의미해 보인다. 연구가 진행됨에 따라 이들 두 모델이 학습자의 언어사용 능력을 개발시키는데 어떻게 서로 상호작용을 하고, 또한 다른 요인들과 어떻게 상호작용할 수 있는지에 대한 우리들의 이해와 지식을 넓히는데 기여할 수 있을 것으로 기대된다.

03

행동주의와 외국어 학습

03

행동주의와 외국어 학습

1960년대의 행동주의 원리는 모국어 습득 과정뿐만 아니라 외국어 학습 과정을 연구하고 설명하는데 강력한 영향력을 미쳤다. 행동주의 학습원리 중 가장 핵심이 되는 이론은 습관형성(habit formation)이라 할 수 있는데, 이는 행위의 모방, 반복, 연습, 그리고 암기를 통해서 이루어진다고 생각하였다. 모국어 습득 및 외국어 학습 역시 습관형성으로 본다면, 외국어를 학습하는 학습자들은 새로운 습관을 형성해야 한다. 문제는 모국어라는 이미 형성된 습관과 서로 상충되어 장애가 될 수 있지만, 때로는 이미 형성된 모국어 습관이 외국어라는 새로운 습관을 형성하는데 도움이 될 수 있다. 따라서 많은 학자들은 모국어라는 옛 습관과 외국어라는 새로운 습관 간에 상충되는 부분을 어떻게 학습자들이 잘 극복하여 학습하게 할 것인지에 대해 많은 관심을 보이면서 대조분석을 제안하였는데, 본 장의 후반부에서는 대조분석에 대해서 논의하고자 한다.

3.1 고전적 행동주의와 신행동주의

행동주의에서 바라보는 학습은 서로 무관했던 자극(stimulus)과 반응(response) 사이에 특정의 연합(association) 관계가 형성되는 것으로 보고 있다. 만약 자극과 반응 사이에 어떤 연합 관계가 형성되었다면 이는 조건화(conditioning)가 된 것이며, 조건화를 가능케 하는 요인으로 반복(repetition), 연습(practice), 강화(reinforcement), 암기(memorization) 등이 있다. 무엇보다도 행동주의는 주어진 자극에 대한 학습의 결과로 학습자가 보여준 반응의 변화를 과학적으로 관찰하는 것을 중시한다.

3.1.1 고전적 행동주의(Classical Behaviorism)

러시아 과학자 Pavlov는 개가 음식을 보면 침을 흘린다는 점에 착안하여 개에게 음식을 줄 때마다 종소리를 듣게 하였다. 그런데 시간이 흐른 후에 개에게 음식을 주지 않고 종소리만 듣게 하여도 침을 흘린다는 것을 발견하였다. 물론 초기에 개에게 종소리를 듣게 하여도 개는 아무런 반응을 보이지 않았다. 개가 음식을 보고 침을 흘린다는 것은 자연스럽고 생리적인 반응이지만, 일정 시간동안 계속하여 음식을 주면서 종소리를 듣게 하여 습관형성을 한 후, 종소리만을 듣고도 침을 흘린다는 것은 개가 어떤 새로운 사실을 학습한 결과라고 할 수 있다.

음식이라는 자극에 대해 개가 침을 흘린 것은 생리적인 것과 밀접하기 때문에 새로운 사실을 학습한 것과는 관련이 적다. 이때 음식을 조건화되지 않은 자극(unconditioned stimulus)이라 하고 침을 흘린 개의 반응은 조건화되지 않은 반응(unconditioned response)이라고 한다. 음식을 개에게 주면서 종소리를 같이 듣게 하여 나중에 종소리만을 듣고도 개가 침을 흘렸다면 이때 종소리는 조건화된 자극(conditioned stimulus)이 되며 종소리를 듣고 침을 흘린 개의 반응은 조건화된 반응(conditioned response)이 된다. Pavlov의 실험은 자극(음식, 종소리)과 반응(침) 간의 연합 관계를 설정함으로써 인간의 학습과정을 설명하려고 하였다. 즉, 일정한 자극에 대해 일정한 반응이 일어나도록 습관을 형성할 때 유기체의 행동에 영속적인 변화를 가져올 수 있다는 점을 주장하였다. 이 때문에 Pavlov의 이론을 S(stimulus)-R(response) 이론이라고도 한다.

고전적 행동주의에 따르면 인간의 학습은 백지상태(tabula rasa)에서 시작하여 자극과 반응 간의 반복을 통한 연합 관계 설정, 그리고 습관형성이라는 결과로 나타난다고 보고 있다. 한 예를 들어, 한 사물의 이름을 듣고 그 이미지를 생각해 내는 것(예: '개'라는 소리를 듣고 '개'의 이미지를 생각해 내는 경우)은 조건화되지 않은 자극과 반응이다. 그러나 새롭게 학습한 개를 의미하는 영어 발음만 들어도 개의 이미지를 생각해 낼 수 있다면 이는 조건화된 자극과 반응이라고 할 수 있다. 이렇듯 Brown(2007)은 주어진 특정 자극에 대해 학습자가 보여주는 반응에 대해 지속적으로 강화를 받으면 습관화되고 조건화되기 때문에 효과적인 언어학습을 위해서는 자극과 반응이 지속적으로 연결되어야 한다고 주장하였다.

3.1.2 신행동주의(Neobehaviorism)

고전적 행동주의의 가장 큰 약점은 S-R 이론에서 보듯이 유기체는 항상 자극이 먼저 주어져야 하고 이에 대해 반응을 보이는 것과 같이 수동적인 입장이기 때문에 학습자의 주체성을 설명하지 못한다는데 있다. 이에 신행동주의 학파의 Skinner는 '작동적 조건화(operant conditioning)'라는 개념을 통해 인간학습의 주체성을 설명하려고 하였다. 여기서 '작동(operant)'의 의미는 어떤 환경에서 자극을 먼저 받고 행동하는 유기체의 수동적인 측면보다는 자극이 없어도 유기체가 먼저 주체적 행동, 즉 반응을 먼저 보일 수 있다는 것을 의미한다.

Skinner는 'Skinner Box' 또는 'Black Box'라 불리는 상자 안에 비둘기 한 마리를 집어넣고 상자 안에 설치된 특정 지렛대를 누르도록 하였다. 상자 안의 비둘기는 상자 밖의 상황에 대해 전혀 볼 수도 없고, 들을 수도 없으며, 또한 냄새를 맡을 수도 없다. 비둘기는 상자 안을 걸어 다니면서 여러 지렛대를 누를 수 있다. 그러나 특정 지렛대를 누르지 않는 한 아무런 강화 요인은 제공되지 않는다. 만약, 비둘기가 정해놓은 특정 지렛대를 누를 경우에만 음식이라는 강화 요인이 제공된다. 이러한 과정이 계속되면 비둘기는 이제 다른 지렛대는 누르지 않고 음식이 제공되는 특정 지렛대만 누르게 된다. 그러나 특정 지렛대를 누르더라도 음식이 제공되지 않는다면 비둘기는 더 이상 그 지렛대를 누르지 않는다.

위 실험에서 보듯이 Skinner의 신행동주의는 사건의 반응(결과)에 따른 보상(강화)을 중시한다. 예를 들어, 어린아이가 엄마 얼굴을 쳐다보면서 생애 처음으로 '엄마~'라는 발성을 하였을 경우, 그 어린아이가 엄마로부터 받는 미소, 칭찬, 포옹 등과 같은 특정한 반응(강화요인)은 어린아이의 심리적, 육체적 만족을 가져다준다. 이러한 보상은 차후에 어린아이가 '엄마~'라고 발성할 수 있는 가능성을 높여주고, 또한 '엄마'라는 어휘의 의미를 깨닫도록 해준다. 이렇듯 신행동주의에서는 어떤 반응의 결과에 대해 주어지는 강화(reinforcement)를 통해 학습이 이루어진다고 주장하였다. 강화에는 바람직한 행동이 더 많이 나올 수 있도록 하기 위해서 제공되는 칭찬, 상, 물질적 보상 등과 같은 긍정적 강화(positive reinforcement)와 바람직하지 않은 행동을 없애기 위해 주어지는 벌, 비난, 체벌 등과 같은 부정적 강화(negative reinforcement)가 있다.

3.2 행동주의 학습원리

1) 강화의 법칙

강화의 원리에서 가장 중요한 점은 인간이 자발적으로 먼저 행동할 수 있다는 것이며 그 행동이 가져온 결과에 대해 주어지는 강화 요인에 의해 인간의 특정 행동이 지속될 수도 있고 아니면 중단될 수 있다는 점이다. 예를 들어, 선행을 한 학생에게 칭찬과 물질적 보상과 같은 긍정적 강화가 주어지면 그 학생은 앞으로 다른 학생을 돕는 등과 같은 선행을 행할 가능성은 높아진다. 하지만 수업시간에 말썽을 피운 학생에게 체벌과 같은 부정적 강화를 제공함으로써 수업시간 도중에 바람직하지 못한 행동을 버리고 바람직한 방향으로 학습자를 유도할 수 있다. 예를 들어, 언어학습에서도 바람직하지 못한 발음을 한 학생에 대해서 즉각적인 피드백(강화)을 제공한다면 학생은 곧바로 올바른 발음을 생성하도록 그의 발음을 수정하게 된다.

2) 연습의 법칙

행동주의에서 의미하는 학습의 결과는 과학적으로 관찰 가능한 행동의 변화를 일컫는다. 바람직한 행동의 변화를 가져오기 위해서는 강화와 함께 지속적인 반복 연습을 통한 습관형성이 중요하다. 실제로 같은 학습내용을 여러 번 반복 연습하면 학습효과를 높일 수 있다. 반복 연습은 학습내용을 소단위로 그리고 단계별로 쪼개어 실시하는 것이 효과적이며 쉬운 과제를 먼저 성공적으로 완수하고 이에 대한 강화를 받고 나서 어려운 과제로 옮겨가는 것이 과제를 성공적으로 완수할 수 있는 가능성을 높여준다. 실제로 반복은 언어학습의 성공 여부를 결정짓는데 매우 중요한 역할을 담당한다.

3) 효과의 법칙

Thorndike는 미로상자에 실험쥐를 집어넣고 얼마나 빠르게 그 미로를 빠져 나오는가를 측정하였다. 물론 미로를 빠져 나오면 음식이라는 강화 요인을 제공하였다. Thorndike는 시간이 흐를수록 실험쥐가 미로상자를 빠져 나오는 데 걸리는 시간이 단축되었다는 것을 발견하였다. 미로상자 안에서의 경험은 어느 미로가 출구까지 이어져 있고 그에 대한 보상이 무엇인지를 학습하도록 해준다. 이와 같이 효과의 법칙은 학습자가 학습내용과 학습효과에 대한 지각이 있을 때 학습활동이 지속되고 효과적으로 수행될 수 있다는 것을 설명한다. 인간학습에 있어서도 학습결과에 대에 주어지는 보상(피드백)이 무엇인지에 대한 필요한 정보의 제공은 학습자의 학습의욕을 높여준다.

4) 부분의 법칙

부분의 법칙은 학습내용 전체를 한꺼번에 연습하기보다는 몇 개의 부분으로 나누어 한 부분 한 부분이 완전히 학습되도록 연습할 경우 학습이 보다 효과적으로 수행될 수 있다는 것을 의미한다. 부분의 법칙을 잘 반영하고 있는 학습체계로는 프로그램 학습(programmed learning)이 있다. 나일주와 정인성(1996, p. 35)은 프로그램 학습의 구성 원리를 다음과 같이 소개하였다.

> ① 학습의 기본 단위(프레임)를 작은 단계로 나눔으로써 학습자의 능력에 맞는 학습을 지향하고 성공의 확률을 높인다.
> ② 학습자의 적극적이고 능동적인 반응을 유도할 수 있도록 다양한 강화 형태를 사용한다.
> ③ 학습자의 이해를 촉진시키기 위해 단순에서 복잡, 구체에서 추상, 부분에서 전체로의 배열을 택한다.
> ④ 적절한 암시나 힌트를 제공하여 처음부터 올바른 반응을 유도하도록 한다.
> ⑤ 반응 결과에 대해 즉각적인 피드백을 제공하여 긍정적 강화와 함께 오류를 수정할 수 있는 기회를 제공한다.

행동주의 학습 원리의 가장 중요한 점은 모방과 함께 반복 연습을 통한 습관형성이며 바람직한 방향으로 습관화될 수 있도록 적절한 강화 요인이 제공되어야 한다는 것이다. 예를 들어, 부모는 어린이에게 그들이 배울 문장들을 제시하고, 어린이들은 이들 문장들을 반복하여 학습하게 된다. 물론, 학습 과정 중에서 어린이들은 실수를 하게 될 것이고 부모는 실수에 대해 적절한 수정이 이루어질 수 있도록 강화 요인을 제공한다. 어린이들은 계속적으로 이러한 문장들을 연습하게 되고 부모 또한 자녀들에게 강화 요인을 제공하는 과정을 계속적으로 반복하게 된다. 이렇게 몇 해가 지나면 어린이들은 의사소통을 하는데 전혀 어려움이 없는 인간 언어를 발화하게 된다. 행동주의 학자들은 이 원리가 외국어 학습에도 그대로 적용될 수 있다고 믿는다. 따라서 학습자가 배우고자 하는 외국어를 모방하고, 반복하여 무의식적으로 말이 나올 정도로 반복 연습하여 습관화시킬 때 외국어 역시 성공적으로 학습될 수 있다고 생각한다. 행동주의 언어학자들은 '언어란 곧 습관형성(language learning = habit formation)'이기 때문에 습관화를 위한 가장 좋은 방법으로 모방, 암기, 그리고 반복 연습을 꼽았다. 따라서 우리가 흔히 들었던 문형연습, 흉내-암기 방법 등은 외국어 학습을 위해서 사용되는 주요 교수법의 예이다.

따라서 행동주의에서 바라보는 외국어 학습은 언어 요소들을 분해하여 그 하나하나가 습관화가 될 때까지 모방, 반복, 강화를 통해 차례차례 축적해 가다보면 나중에 전체가 연쇄적으로 묶이어 새로운 언어습관을 형성하는 과정이다. 행동주의 이론에 입각한 언어학습의 원리를 다음과 같이 정리해 볼 수 있다.

> ① 하나의 발화는 하나의 자극에 대한 하나의 반응을 학습한 결과이다.
> ② 언어구조의 전체상은 이러한 발화에 대한 자극-반응-강화의 순환구조나 일반화에 의해서 서서히 모아진 체계이다.
> ③ 어린이는 자신 주위에서 들을 수 있는 음성과 문형을 모방한다.

④ 성인은 어린이의 이러한 모방에 대해서 긍정적 또는 부정적인 반응을 보임으로써 강화를 제공한다.

⑤ 어린이는 성인이 제공하는 긍정적 강화를 더 많이 받기 위해서 음성과 문형을 모방하여 반복하게 되며, 이러한 반복은 습관화가 된다.

⑥ 성인들의 강화를 통해서 어린이의 언어적 행위는 성인이 받아들일 수 있는 정도로 조건화가 된다.

⑦ 언어에는 지식이 존재하지 않고 다만 관찰 가능한 언어 행위만이 문제가 된다.

3.3 행동주의에서 바라본 외국어 학습

행동주의 학습 원리의 가장 중요한 점은 모방과 함께 반복 연습을 통한 습관형성이며 바람직한 방향으로 습관화될 수 있도록 적절한 강화 요인이 제공되어야 한다는 것이다. 외국어 학습에서도 이러한 원리는 그대로 적용된다. 행동주의자들이 주장하듯이, 학습의 결과를 습관형성으로 본다면 모국어 습득 및 외국어 학습 역시 습관형성으로 볼 수 있다. 이런 맥락에서 본다면, 외국어를 학습하고자 하는 학습자는 모국어라는 옛 습관을 버리고 외국어라는 새로운 습관을 형성할 필요가 있다. 행동주의자들에 의하면, 학습의 가장 이상적인 출발점은 백지상태(tabula rasa)이다. 따라서 새로운 습관을 형성하기 위해서는 백지상태(tabula rasa)에서 시작하여 새롭게 모방과 반복 연습을 통해 습관형성이 이루어져야 한다. 그러나 외국어 학습은 모국어를 이미 습득 한 후에 이루어지는 경우가 많아 백지상태에서 시작할 수 없다. 실제로 학습자가 가지고 있는 모국어 지식이 외국어를 학습하는데 영향을 미치고 있음을 발견할 수 있다. 이는 모국어를 습득하면서 형성된 옛 습관이 외국어라는 새로운 습관을 형성하는데 부정적 전이(negative transfer), 즉 간섭(interference) 요인으로 작용한다는 것을 의미한다.

새로운 습관을 형성하는데 옛 습관이 영향을 미치는 것은 분명해 보인다. 두 습관이 서로 비슷하다면 옛 습관이 새로운 습관을 형성하는데 그다지 큰 장애가 되지 않겠지만, 만약 두 습관의 차이가 크다면 분명 옛 습관은 새로운 습관을 형성하는데 장애(간섭)가 될 것이다. 따라서 외국어라는 새로운 습관을 형성하는 과정에서 모국어라는 옛 습관으로 인해서 나타날 수 있는 간섭 요인을 최소화할 필요가 있다. 이를 위해 행동주의 언어학자들은 대조분석(contrastive analysis) 방법을 도입하게 되었으며, 모국어와 외국어의 두 언어를 서로 비교 대조하여 외국어를 학습하는데 방해가 될 수 있는 요소를 제거하려고 노력하였다.

3.4 대조분석(Contrastive Analysis)

행동주의에 기초한 구조주의 언어학자들은 언어습득이란 계속적인 반복과 연습을 통한 습관형성에 의해 이루어진다고 주장하였다. 태어날 때부터 인간의 두뇌는 백지상태이지만 기계적인 반복과 연습을 통한 후천적 경험을 통해 언어는 습관형성에 이르게 되고 이들은 하나씩 언어지식으로 인간의 두뇌에 정착된다는 것이다. 언어습득이 습관형성의 결과라고 한다면 외국어를 학습하고자 하는 학습자는 모국어라는 옛 습관을 버리고 외국어라는 새로운 습관을 형성할 필요가 있다. 행동주의자들에 의하면, 새로운 습관을 형성하기 위해서는 백지상태(tabula rasa)에서 새롭게 모방과 반복 연습이 이루어져야 한다.

그러나 외국어 학습을 위한 새로운 습관형성이 어려운 경우가 종종 발생한다. 그 이유는 학습자들이 모국어를 배우면서 이미 가지고 있는 모국어 습관이 외국어를 배우는데 필요한 습관형성에 부정적인 영향을 미치고 있기 때문이다. 즉, 모국어가 외국어를 배우는데 장애 요인이 된다는 것이다. 이는 모국어를 습득하면서 형성된 옛 습관이 외국어라는 새로운 습관을 습득하는데 간섭(interference) 요인으로 작용한다는 것을 의미한다. 실제로 학습자가 가지고 있는 모국어 지식이 외국어를 학습하는데 영향을 미치고 있음을 발견할 수 있다. 따라서 모국어와 외국어를 상호 비교, 분석함으로써 외국어를 학습하는데 장애 요인이 될 수 있는 특정한 차이나 유사점을 미리 파악하여 학습자들이 어려움을 느끼지 않도록 도움을 줄 수 있다면, 외국어 학습을 성공적으로 이끌 수 있을 것이다. 이런 취지에서 대조분석이 대두하게 되었다.

대조분석의 대표자인 Lado(1961)는 두 언어의 유사점은 학습자가 학습하기 쉽고 차이점은 학습하기 어렵다고 주장한다. 특히, 모국어 체계와 외국어 체계 간에 차이가 크면 클수록 모국어가 외국어 학습에 미치는 간섭은 클 수밖에 없으나, 만약 두 언어 간에 유사한 점이 많으면 모국어의 언어적 항목이 외국어를 배우는데 긍정적으로 전이되어 간섭이 예견되지 않는다. 따라서 성공적인 언어학습을 위해서는 모국어와 외국어 간의 차이점을 극복하는 것이 매우 중요하다. Lado의 주장이 사실이라면 두 언어 간의 차이점(difference)과 학습상의 난점(difficulty)은 동의어라는 공식이 성립된다. 따라서 모국어와 외국어 두 언어를 체계적으로 대조하고 분석하여 그 차이점을 기술함으로써, 두 언어 간의 차이로 인해 발생할 수 있는 학습상의 난점을 예측할 수 있다고 보았다. 두 언어 간의 차이로 인해 학습이 어려울 것으로 예상되는 점들을 미리 학생들에게 강조하고 집중 연습시킬 수 있다면 학습 상의 오류를 사전에 방지할 수 있다고 생각하였다.

3.4.1 강한 입장의 대조분석과 약한 입장의 대조분석

1) 강한 입장의 대조분석(Strong Version Contrastive Analysis)

강한 입장의 대조분석은 학습자가 실제로 외국어를 학습하기 전에 모국어와 외국어 사이의 차이로 인해 발생될 수 있는 간섭의 요인들을 미리 예측해 보는 방법이다. 수업 전에 대조분석을 수행하여 학습 상의 간섭 요인을 미리 예측한다고 해서 사전(a priori) 분석이라고도 한다. 외국어를 학습하기 전에 예측되는 어려움을 미리 파악해 낼 수만 있다면 성공적인 외국어 학습을 위해서 더 바랄 나위가 없다. 그러나 언어는 수많은 항목으로 구성되어 있어서 두 언어를 정확히 분석하여 기술할 수 있는지, 예측되는 어려움을 정확하게 나열할 수 있는지 등의 현실적인 문제에 부딪히게 된다. 두 언어 사이에 존재하는 음운적 차이 등과 같이 눈에 띄는 큰 어려움은 예측이 가능하겠지만 그 외에 다른 어려움을 예측하기란 현실적으로 불가능하다. 한 예로, Whitman과 Jackson(1972)은 일본어와 영어체계 간의 대조분석을 통해 일본인들이 영어를 학습하면서 겪을 수 있는 어려움을 예측해 보려고 하였다. 이를 위해 일본인 2,500명을 대상으로 40문항의 영문법 테스트를 실시하였다. 그 결과, 일본인들이 보여준 실제 오류와 대조분석을 통해 예측된 오류 간에는 발음과 같은 음운적인 면을 제외하고는 많은 차이가 있음을 발견하였다. 이는 대조분석을 통해 언어 학습자의 간섭문제를 정확하게 미리 예측하기란 현실적으로 매우 어렵다는 것을 보여준다.

2) 약한 입장의 대조분석(Weak Version Contrastive Analysis)

약한 입장의 대조분석은 학습이 끝난 후에 학습자들이 보여준 실제적인 오류를 대상으로 분석을 하는 방법인데 이를 사후(a posteriori) 분석이라고도 한다. 외국어를 학습하면서 학습자들이 실제 어려움을 겪는 언어적 항목을 직접 관찰한 후에 그 원인을 설명하기 위해서 대조분석을 수행한다. 학습자들이 언어학습 과정에서 겪는 어려움의 원인을 대조분석을 통해서 설명이 가능하다면, 이 또한 차후에 이루어질 언어학습에 있어서도 효과적일 것이라고 생각하는 입장이다. 학습 과정 중에 관찰된 오류를 대상으로 분석이 이루어지기 때문에 관찰될 수 없는 사고, 기억 등과 같은 인지적인 영역의 오류에 대해서는 설명할 방법이 없다.

3) 중용적 입장의 대조분석(Moderating Contrastive Analysis)

Oller와 Ziahosseiny(1970)는 그들의 실험을 통해서 로마자 철자를 쓰는 스페인과 프랑스 영어 학습자들이 로마자를 쓰지 않는 일본인 영어 학습자에 비해 영어 철자를 배우는데 더 어려움을 겪는다는 것을 발견하였다. 행동주의 이론에 따르면, 두 언어 간의 차이가 클 때 간섭이 예측되었으나, Oller와 Ziahosseiny의 실험에서는 유사한 언어 체계를 학습하는 것이 전혀 다른 언어적 체계를 배울 때보다 더 많은 간섭이 있다는 것을 보여 주었다. 따라서 그들은 강한 입장의 대조분석은 너무 강하고 약한 입장의 대조분석은 너무 약하기 때문에 이를 통합할 필요가 있는데, 강한 입장과 약한 입장의 대조분석을 통합하여 중용적 대조분석을 제시하였다. 중용적 입장의 대조분석은 외국어 학습에서 발생되는 오류는 모국어의 부정적 전이로 인해 비롯되는 간섭일 수도 있겠지만 외국어 자체 내의 규칙들의 과잉일반화(overgeneralization)와 단순화(simplification) 적용으로 인해 비롯될 수 있다고 주장하면서 언어 내 간섭(intralingual interference)을 과소평가하지 않아야 한다고 주장하였다.

3.4.2 대조분석의 절차

구조주의 언어학자들은 두 언어를 구조적이고 체계적으로 대조하고 분석하여 그 차이점을 기술함으로써, 두 언어 간의 차이로 인해 발생될 수 있는 학습상의 어려움을 미리 예견하고 훈련시킬 수 있어서 학습자들은 이를 통해 외국어를 성공적으로 배울 수 있다고 주장하였다. 또한, 대조분석 방법은 학습자가 생성한 오류에 대해서 그 원인을 파악하고 설명하는데 매우 유용하다고 주장하였다. Banathy, Trager와 Waddle(1966), 그리고 Lado(1961)는 두 언어 간의 차이만 극복된다면 외국어 학습은 성공적으로 이루어질 수 있다고 하면서 대조분석의 유용성을 주장하였다. 이들이 주창한 대조분석은 다음과 같은 점에 근거를 두고 있다.

① 학습자의 모국어 체계와 학습자가 배우려는 외국어의 체계 간에 차이점뿐만 아니라 유사점이 존재한다.
② 두 언어 사이에 존재하는 유사점과 차이점은 구조주의 언어학 도구 덕분에 기술이 가능하다.
③ 학습자의 모국어 체계는 외국어를 학습하는데 긍정적으로 또는 부정적으로 전이를 한다.

대조분석의 관점에서 본다면, 두 언어 사이의 차이점은 다양하게 나타날 수 있으며, 또한 이들 차이점으로 인한 학습의 어려움도 다양하게 나타날 수 있다. 따라서 대조분석 주창자들은 두 언어 간의 다양한 차이를 근거로 해서 학습상의 어려움을 예측하기 위한 보다 체계적인 방식을 마련하고자 하였는데, 그 대표적인 예가 Prator(1967)가 마련한 '난이도 위계성(hierarchy of difficulty)'이다. Prator는 모국어와 목표어의 차이에 따라 습득의 난이도가 달라진다고 보고 다음과 같이 난이도의 위계를 6단계로 구별하였다. 단계가 높아질수록 습득이 어렵다고 보았다.

<표 3-1> 언어 간의 난이도 위계성

Level 0	전이(transfer) 모국어와 목표어 사이에 차이점이나 대조점이 전혀 없는 영역
Level 1	합체(coalescence) 모국어에서는 두 항목으로 존재하는 요소가 목표어에서는 하나의 요소로 변하는 영역
Level 2	구별부족(underdifferentiation) 모국어에는 존재하는 항목이지만 목표어에는 존재하지 않는 영역
Level 3	재해석(reinterpretation) 모국어와 목표어에 상응하는 구조가 있으나 그 사용범위 및 형태가 다른 영역
Level 4	과잉구별(overdifferentiation) 모국어에는 존재하지 않는 구조가 목표어에 존재하는 영역
Level 5	분리(split) 모국어에서는 하나인 것이 목표어에서는 둘 이상으로 구분되는 영역

위 모형에 의하면, 학습자들이 외국어를 학습하면서 가장 어려움을 겪을 수 있는 경우는 학습자의 모국어에는 없는 언어적 항목이 목표어에서는 반드시 사용되는 언어적 항목이라 할 수 있다. 하지만, 두 언어 간에 나타난 어려움의 정도가 꼭 학습 중에 학습자들이 겪는 어려움의 정도와 일치한다고는 볼 수 없다. 이론상으로 두 언어 간의 차이가 서로 같을지라도 실제 언어학습이 이루어질 때는 어느 언어적 항목이 다른 언어적 항목에 비해 더 어려움으로 작용하는 경우가 많다. 또한, 목표어 항목에는 존재하지만 학습자 모국어에는 존재하지 않는 언어적 항목이 항상 학습자에게 어려움으로 작용하는 것은 아니다. 오히려 눈에 띄는 큰 차이 때문에 학습자들은 목표어 항목을 보다 더 쉽게 학습할 수 있다. 반면에 두 언어 간에 나타나는 유사성은 학습자에게 학습의 효율성 보다는 간섭과 혼란을 유발하는 가능성이 높은 경우도 있다. 따라서 행동주의자들이 주장하듯이, 언어 간의 차이가 학습 상의 어려움과 동일시되는 개념은 아니라고 할 수 있다.

한편, Whitman(1970)은 대조분석을 수행하기 위한 절차로 다음과 같이 기술, 선택, 대조, 예측의 4단계로 나누었다.

> ① 기술(description) : 구조주의 언어학의 형식문법을 이용하여 두 언어를 명백하게 기술하는 과정이다.
> ② 선택(selection) : 두 언어의 모든 언어적 항목을 비교하기란 불가능하다. 따라서 연구자의 의도에 따라 대조하고자 하는 특정 언어 항목(음운, 문법, 구문 등)을 선택한다.
> ③ 대조(contrast) : 두 언어의 체계를 도식화하면서 유사점과 차이점의 영역을 설정한다.
> ④ 예측(prediction) : 대조분석 결과를 바탕으로 어느 언어적 항목이 쉽고 어느 항목이 어려울 것인가에 대해 학습의 난이도 위계(hierarchy of difficulty)를 결정한다.

행동주의자들은 위에서 제시한 4가지 절차에 의해서 대조분석이 이루어지면 학습자들이 겪게 될 어려움과 학습자들이 생성하게 될 오류의 유형들을 예측할 수 있다고 주장한다. 그러나 일선 현장에서 외국어를 가르치는 교사들은 행동주의자들의 이러한 주장이 맞지 않다고 생각한다. 왜냐하면, 대조분석에 의해서 학습자들의 오류를 예측할 수 없고, 또한 실제로 학습자들의 많은 오류들은 예측이 되지 않기 때문이다. Whitman과 Jackson(1972)은 앞서 대조분석에 의해서 작성된 난이도 목록과 실제 학습자들이 생성한 오류를 서로 비교해 보았는데, 그들의 결론은 학습자들이 실제로 언어를 학습하면서 생성하게 될 오류를 예측하는데 대조분석이라는 방법은 그다지 효용성이 없다는 것이었다. 여기서 주의할 점은 학습자들이 보여주는 오류가 학습자들이 겪는 어려움을 그대로 반영하고 있다고 주장하는 것은 논란의 여지가 많다는 것이다. 한 예를 들어, 외국어를 학습하면서 학습자들이 어려움을 겪는 언어적 항목에 대해서는 그 항목에 대체할 수 있는 언어적 항목에 더 의존할 수 있고 이는 학습자들로 하여금 오류를 회피하도록 할 수 있어서 오류가 나타나지 않을 수도 있다.

3.4.3 대조분석의 문제점

대조분석을 주장한 구조주의 언어학자들은 모국어와 외국어 간의 체계에서 차이가 크면 클수록 간섭이 크게 작용할 것이라고 생각하였다. 외국어를 학습한다는 것은 모국어와 전혀 다른 언어체계를 새롭게 학습하는 것이기 때문에 학습자들은 자신이 가지고 있는 선험경험 또는 지식이라 할 수 있는 모국어 지식을 활용하게 된다. 이런 맥락에서 앞서 언급된 구조주의 언어학자들의 주장은 타당하게 느껴진다. 그러나 실제 외국어 학습에 비추어 보면, 모국어와 외국어 간에 차이가 크다고 해서 항상 간섭이 작용하는 것은 아니다. Wilds(1962)는 두 언어 간에 차이가 적거나 상호 유사한 경우 오히려 간섭 요인이 최대로 작용하며, 두 언어 간의 차이가 클 경우 학습자는 그 차이를 쉽게 인식할 수 있기 때문에 간섭 요인이 줄어들거나 아예 간섭이 사라진다고 하였다. Newmark와 Reibel(1968)은 학습자들이 나타내는 오류는 모국어의 간섭으로 인해 나타나는 것이 아니라 외국어 체계와 규칙에 대한 학습 부족에서 비롯된다고 주장하였으며, Taylor(1975)와 Seah(1980)는 외국어 자체 내의 규칙의 유사성과 모호성으로 인해 규칙을 잘못 적용하여 오류가 발생한다고 주장하였다. 한편 Richards(1974)에 의하면, 외국어를 배우는 초기 단계에서 모국어 간섭은 전체 오류의 53%를 차지하고 언어내적 오류는 31%를 차지하지만, 고급 단계로 갈수록 언어 간 오류는 감소하고 언어 내 오류는 증가한다.

따라서 백지상태에서 모방과 반복 연습을 통해 외국어 습득을 위한 새로운 습관이 형성되도록 하지만, 모국어로 인해 외국어를 습득하는데 간섭이 될 수 있는 요인을 최소화할 필요가 있다. 이를 위해 행동주의자들은 대조분석(contrastive analysis) 방법을 도입하게 되었으며 모국어와 외국어의 두 언어를 서로 비교 대조하여 외국어를 습득하는데 방해가 될 수 있는 요소를 제거하려고 노력하였다. 그러나 언어는 매우 복잡한 체계로 되어 있어서 두 언어를 체계적으로 비교 대조하는 것은 매우 어려울 뿐만 아니라 어떤 특정 언어적 항목이 외국어를 학습하는데 꼭 간섭 요인이 될 것이라고 예측하는 것은 현실적으로 어렵다는 비판이 있다. 외국어를 습득하는데 간섭 요인으로 여겨졌던 항목이 촉진 요인으로 작용할 수 있고, 역으로 촉진 요인으로 여겨졌던 것이 간섭 요인으로 작용할 수 있기 때문이다.

3.5 행동주의 외국어 학습에 대한 비평

3.5.1 행동주의 언어학습 원리의 한계

행동주의에서 바라보는 모든 언어학습은 백지상태(tabula rasa)에서 시작한다. 부모나 선생님 그리고 다른 사람으로부터 받은 언어입력을 반복, 연습하고 모방함으로써 언어를 학습하게 된다. 문법적으로 올바른 문장을 생성해내면 긍정적 강화를 받게 되며 그렇지 못한 경우에는 부정적 강화를 받게 되는 것과 같이 언어학습은 강화와 보상을 받는 과정을 통해서 습관형성으로 이루어진다. 따라서 모방과 연습은 언어학습에 있어서 매우 중요하며 강화는 학습자가 보다 높은 수준의 언어적 숙련도에 도달하는데 꼭 필요하다. 그러나 행동주의 학습 원리는 인간의 창의적인 언어사용, 그리고 짧은 시간 안에 복잡한 언어체계와 규칙을 완벽하게 터득할 수 있는 천부적인 언어능력에 대해서 자극과 반응, 연습, 모방, 습관화 등의 이론으로 설명하는데 제약이 따른다. 이에 Littlewood(1987)는 행동주의 언어학습 원리는 다음과 같은 제한점이 있다고 주장하였다.

① 언어는 단순히 눈에 보이는 언어적 행동이라는 행동주의자들의 언어관은 언어적인 행동 기저에 있는 복잡한 규칙체계를 간과한 것이기 때문에 더 이상 타당한 이론으로 받아들여지지 않는다. 학습자는 언어행동 기저에 있는 복잡한 규칙체계를 이용하여 전에 들어보지도 말해 보지도 못한 수많은 문장을 이해할 수 있고 생성해 낼 수 있다. 이러한 언어 사용의 창의성은 단순히 반복, 연습, 습관화라는 행동주의 원리로는 도저히 설명할 수 없다. 인간 언어의 창의성은 학습자 내면에 내재화된 규칙체계를 활용할 때 가능하다. 언어규칙에 대해 학습자들이 알고 있는 지식은 '언어능력(competence)'이라고 불리며, 실제 상황 속에서 언어능력이 구현되는 '언어수행(performance)' 과는 구별이 된다.

② 어린이들이 언어를 배운다는 것은 언어규칙 혹은 언어능력이라 불리는 추상적인 지식을 의미한다. 이러한 언어규칙에 대한 지식은 언어들이 실제 상황 속에서 사용되는 구체적인 예라고 할 수 있는 언어수행으로부터 터득되지는 않는다. Chomsky는 언어수행은 학습자의 언어능력을 그대로 반영해 주지 않기 때문에 언어수행보다는 학습자의 언어능력을 파악하는데 더 많은 관심을 기울여야 한다고 주

장하였다. 한편, 행동주의에서는 관찰 가능한 언어행위를 중시하기 때문에 언어학습을 위해서 이루어지는 모방은 결국 언어수행을 통해서 나타난 발화를 모방하게 되는 꼴이다. Chomsky는 언어수행을 불완전한 것으로 인식하였는데, Chomsky의 주장이 사실이라면 학습자들이 하는 모방은 결국 불완전한 언어를 모방한 것이기 때문에 참다운 언어규칙을 발견하고 내재화하는데 문제가 있다. 따라서 언어수행이라는 구체적인 발화에 대한 연습, 모방 등을 통해서 추상적인 언어규칙으로의 전이가 불가능하기 때문에 행동주의 이론으로는 언어규칙의 내재화 부분을 설명할 수 없다.

③ 발화의 표층구조(surface structure)가 언어규칙을 직 · 간접적으로 반영하고 있다면 언어수행이라는 구체적인 발화의 예로부터 추상적인 언어규칙을 도출해 내는 과정은 이해할 만하다. 그러나 언어의 심층구조(deep structure)는 표층구조에서 보이는 것처럼 단순하지는 않다. 예를 들어,

① John is easy to please.
② John is eager to please.

위 두 문장은 표층구조에서 동일하다. 그러나 위 두 문장에서 기쁨(please)을 느끼는 주체가 서로 다르기 때문에 심층구조에서는 차이가 있다. 문장의 심층구조에서 나타나는 미묘한 차이점들은 단순히 행동주의에서 주장하는 모방과 연습에 의해서 터득되는 것은 아니다.

④ 언어를 학습한다는 것은 우리 인간이 수행하는 다른 어떤 학습과제보다도 매우 어렵고 복잡한 과제라고 할 수 있다. 모국어 습득의 경우, 어린이들은 어린 시기에 그리고 예외 없이 빠른 속도로 언어를 습득해 나간다. 정상적인 언어 환경에 노출된 어린이들은 생후, 3년에서 5년 정도 지나면 모국어의 언어규칙 체계를 어느 정도 내재화시키기 때문에 어려움 없이 언어를 사용할 수 있다. 이러한 언어습득의 천재성은 습관형성이라는 행동주의 이론으로는 설명할 수 없다.

⑤ 모국어를 습득해 나가는 많은 어린이들은 실제로 서로 다른 언어적 환경과 언어입력에 노출되어 있다. 하지만 같은 언어적 공동체에 속하는 어린이들은 매우 유사한 언어 발달 단계를 거치면서 궁극적으

로 서로 같은 언어규칙 체계에 도달하게 된다. 이는 환경적 요인이 아닌 다른 요인의 영향이 어린이의 언어습득 과정에 더 강하게 작용하고 있다는 것을 암시한다. 어린이들은 시작단계에서부터 외부에서 주어진 언어입력을 반복하고 연습하기 보다는 그들 나름의 언어규칙 체계를 발견하고 형성해 나가면서 점차 성인과 같은 완벽한 언어체계로 도달해 나간다. 이는 결국 어린이의 언어는 외부적인 환경에 의해 형성되기보다는 어린이 자신을 둘러싼 여러 생득적 요인, 언어적 요인과 상호작용하는 가운데 언어체계를 창의적으로 발달시켜 가는 것을 의미한다.

3.5.2 정신적 작용 고려 : 매개 이론(Mediation Theory)의 대두

행동주의의 가장 큰 약점은 언어습득 과정에서 중요한 역할을 할 수 있는 정신적인 작용에 대한 관심을 기울이지 않았다는 것이다. 따라서 행동주의자들은 행동주의 이론의 기초를 확장하기 위해서 기존의 S → R 이론을 보완할 필요성을 느끼게 되었으며, 동시에 정신적인 작용을 부분적으로 인정할 필요성을 느끼게 되었다. 이러한 맥락에서 행동주의자들은 매개이론(mediation theory)에 대해서 관심을 갖게 되었다.

기존의 S → R 이론은 일상적인 대화 상황에서 나타나는 발화의 연쇄성 측면을 설명하는데 제한이 있을 수밖에 없다. 즉, 발화의 연쇄성을 설명하기 위해서는 R 자체가 자기 자극적(self-stimulating)으로 변화하는 일종의 매개과정이 필요하다. 매개과정 모형을 제시하면 다음과 같다.

S → R
⇩ Self-stimulating mediation
S → R
⇩ Self-stimulating mediation
S → R

<그림 3-1> 매개이론 모형

이때 자기 자극적 매개과정은 정신적 작용이라 할 수 있는데, 행동주의자들은 자신들의 이론을 확대하기 위해서 부분적으로 정신적인 과정을 도입하였다. 하지만 언어의 추상성, 표층구조와 심층구조 사이에 얽혀 있는 의미 관계에 대해서 적절한 답을 하지 못하는 제한점을 여전히 갖고 있다.

한편, 매개이론은 다음과 같이 설명될 수 있다.

<표 3-2> 매개이론의 예시

S ------------> R

1. Baby cries.	1. Man eats.
2. John cries. (Baby = John)	2. Man drinks. (eats = drinks)
3. Baby eats.	3. Woman eats.
John eats.	Woman drinks.

만약, *Baby cries. John cries.* 라는 말을 학습자가 듣게 되면, 학습자는 *Baby = John* 이라는 동류 개념을 유추해 내며, 또한 *Man eats.* 와 *Man drinks.* 라는 반응을 보인다면 이때 학습자는 *eat = drink* 라는 동류 개념을 유추해 내는데, 이러한 유추 과정이 바로 정신적인 매개과정으로 일어난다고 볼 수 있다.

행동주의 원리만으로 모국어와 외국어 학습 과정을 완벽하게 설명하는 것은 불가능하다. 그렇다고 해서 행동주의 원리가 언어학습 과정을 설명하는데 전혀 쓸모가 없다는 것을 의미하지는 않는다. 행동주의에서 주장하는 모방, 연습, 암기, 반복 등의 학습방법이 분명 모국어 및 외국어 학습 과정에서 효과적이고 여전히 학습현장에서 널리 사용되고 있다는 점은 인정할 수밖에 없다. 하지만 언어학습 과정에서는 행동주의에서 주장하는 학습원리 이외에도 다양한 요인들이 내재되어 있는 것은 분명해 보인다. 따라서 인간의 언어학습 과정을 보다 타당하게 설명하기 위해서는 또 다른 철학적 사조에 의존할 필요성이 있다. 다음 장에서는 인지주의에 근거하여 인간의 언어학습 과정에 대해서 논의하고자 한다.

04

인지주의와 외국어 학습

04

인지주의와 외국어 학습

인간의 언어학습이 반복, 연습, 조건화, 그리고 습관형성에 의해 이루어진다는 행동주의 학습 원리는 언어 사용의 창의성과 복잡성을 설명하기에는 제한이 따를 수밖에 없다. 이에 생득론자(nativist)들은 인간은 태어날 때부터 언어를 습득할 수 있는 언어습득장치(LAD: Language Acquisition Device)를 가지고 태어나는데, 이 장치의 도움으로 어린이들은 단기간에 복잡한 언어규칙을 습득할 수 있으며 언어를 완벽하게 구사할 수 있는 능력을 습득할 수 있다고 생각하였다. 어린이들은 언어습득장치의 도움을 받아 언어규칙을 발견하고 형성하여 전에 들어보지도 그리고 사용해 보지도 못한 무한한 문장을 생성하고 이해할 수 있다. 따라서 많은 학자들은 이러한 언어학습의 생득성 및 선천성의 원리가 외국어 학습에도 그대로 적용되고 있다는 것을 뒷받침할 수 있는 언어적 증거(데이터)를 수집하는데 많은 관심을 기울이고 있다. Chomsky는 나중에 언어습득장치를 보편문법(UG : Universal Grammar) 개념으로 대체하게 되는데,

본 장에서는 이러한 생득적 요인에 근거하여 외국어 학습 과정을 설명하고자 한다.

4.1 생득적 언어습득 능력

Chomsky에 의하면, 인간은 외부로부터 주어지는 문장을 단순히 들음으로써 인간 언어의 복잡한 문법체계를 완벽하게 습득할 수 없다. 예를 들어, 어린이들은 그들이 알고 있는 내용을 실제로 발화를 하지 못하더라도 그들이 들었던 문장들 이상의 것을 이해하고 있다. 또한, 모국어를 습득하고 있는 어린이들은 의식적인 노력 없이 모국어의 복잡한 문법체계를 거의 완벽하게 습득해 나간다. Chomsky는 이렇게 어린이들이 모국어를 완벽하게 습득할 수 있는 것은 이미 태어날 때부터 생물학적으로 언어를 배울 수 있는 언어습득장치를 가지고 태어나기 때문에 가능하다고 주장하였다. 어린이가 모국어를 배우기 위해서는 단지 성장하고 특정 언어적 환경에 노출만 하면 되는 것이다. 그러나 언어습득이 어린이들에게 생득적이라고 할지라도 이제 막 태어난 어린아이가 생득적으로 이미 갖고 있는 언어적 체계를 발화할 수 있는 것은 아니다. 갓 태어난 어린이가 바로 걷지 못하고 시간이 흐른 후 걸을 수 있듯이, 언어 역시 언어습득장치가 언어입력을 받아 들여 언어적 규칙을 찾아낼 수 있는 충분한 시간이 흐른 후에 발화를 할 수 있도록 생물학적으로 프로그램화된 것이라고 할 수 있다.

4.1.1 언어습득장치(LAD : Language Acquisition Device)

Chomsky(1964)는 인간은 태어날 때부터 언어를 습득할 수 있는 생득적 장치의 도움을 받아 자신의 모국어를 짧은 시간 안에 완벽하게 배울 수 있기 때문에, 행동주의에서 주장하는 것처럼 단순히 언어를 반복 연습하고, 모방하고, 강화를 통해서는 습득할 수 없다고 생각하였다. 어린이들이 극히 추상적인 모국어 규칙체계를 단기간 동안 완벽하게 습득할 수 있는 것은 언어습득장치(LAD : Language Acquisition Device) 때문에 가능하다고 주장하였다. McNeill(1970)에 의하면, LAD에는 다음과 같은 4가지의 생득적 언어 특성이 포함되어 있다.

① 언어사용 환경 속에서 언어음과 비 언어음을 구별할 수 있는 능력
② 언어자료를 나중에 다듬어질 수 있는 여러 부류로 조직할 수 있는 능력
③ 어떤 유형의 언어체계는 문법적으로 가능하고 다른 유형은 그렇지 않다는 것을 알 수 있는 능력
④ 수용 가능한 언어입력 중에서 가장 간단하고 가능성 있는 체계를 구성해 내기 위해 언어체계를 끊임 없이 평가하고 발달시킬 수 있는 능력

인간이 언어습득장치를 통해 단기간에 모국어를 완벽하게 습득할 수 있지만 외부에서 주어지는 언어입력(input) 자체가 언어능력의 근원이 되지는 않는다는 것이 생득론자들의 주장이다. 예를 들어, 어린이들이 특정언어에 노출만 된다면 일정한 교육이 없어도 언어습득이 생리적으로 가능하다. 언어습득장치는 외부에서 주어지는 언어입력 중에서 공통적으로 내재되어 있는 언어의 규칙을 발견하고, 이를 토대로 무한한 문장을 이해할 수 있고 생성할 수 있도록 해주기 때문에 언어의 종류나 수량, 언어의 학습 환경에 상관없이 모국어 습득이 가능하도록 해준다. 다음은 언어습득장치의 기능을 도식으로 나타낸 것이다(신성철 외, 1999, p. 108).

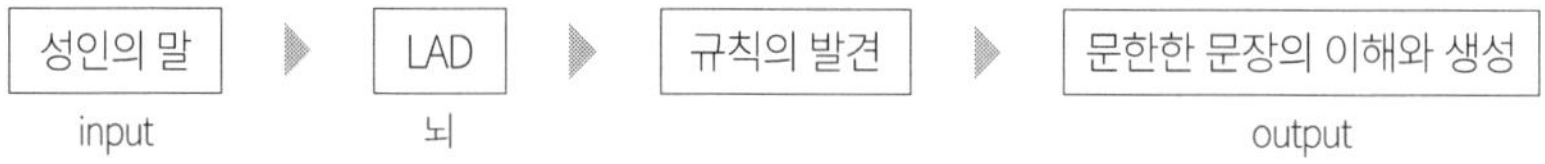

<그림 4-1> 언어습득장치의 기능

생득론자들이 생각하는 언어습득이란 언어가 가지고 있는 복잡한 규칙체계를 아는 것이다. 인간은 언어의 규칙을 사용하여 문법적인 문장과 비문법적인 문장의 이해와 생성뿐만 아니라 무한한 문장을 창의적으로 생성할 수 있다. 이렇게 인간 특유의 언어습득을 가능하게 하는 것이 바로 '언어습득장치' 이다.

한편, 언어습득장치의 구조를 파악할 수 있다면 언어습득의 모든 과정을 과학적으로 이해할 수 있다. 더욱이 언어습득장치는 해부학적으로 관찰 및 검증이 용이하지 않기 때문에, 언어습득장치가 무엇인지를 구체적이고 과학적으로 설명할 수 없는 제한점이 있다. 대신 인간 두뇌 중의 어느 부분이 이러한 기능을 담당하고 있을 것이라는 추상적인 개념에 기초하고 있다. 하지만 눈에 보이지 않은 추상적인 언어구조에 대한 접근방식을 택하였다는 점, 어린이의 언어체계를 규칙이 지배하는 체계적인 것으로 인식하였다는 점, 그리고 인간의 창의적인 언어사용을 부각하였다는 점은 언어습득장치가 가지고 있는 의의라고 할 수 있다.

언어습득장치의 개념은 이제 보편문법(UG: Universal Grammar)이라는 개념을 통해 보다 보편적 언어규칙 체계로 확장되었다. Chomsky(1965)는 '블랙박스'라는 종전의 LAD 개념을 '매개변항(parameters)'과 '원리(principles)'의 두 하위 개념으로 구성된 보편문법으로 대체하였다. 원리는 다양한 언어들 사이에 공통적으로 존재하는 언어적 항목을 지칭하는 반면에, 매개변항은 언어들 간에 서로 다르게 존재하는 다양성을 지칭한다. 매개변항이 갖는 가치(values)는 특정 언어적 환경마다 다를 수밖에 없기 때문에, 서로 다른 언어적 환경에 따라 각각의 매개변항이 설정된다. 따라서 외국어 학습은 매개변항의 가치를 목표어에 맞게 다시 설정하는 것이라 할 수 있다. 보편문법의 작동 원리를 그림으로 나타내면 아래와 같다.

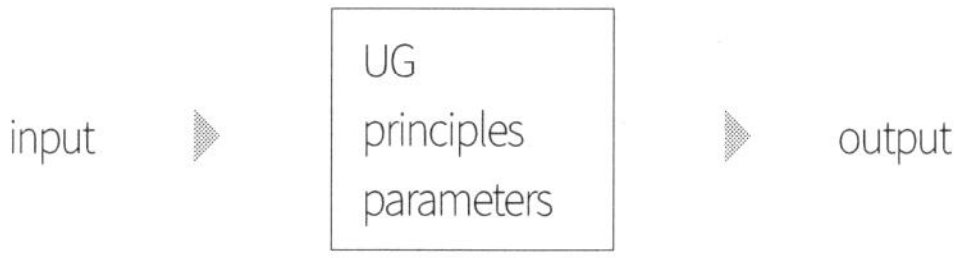

<그림 4-2> 보편문법의 작동원리

한편, 어린이들이 모국어를 완벽하게 습득할 수 있는 이유가 생득적인 보편문법을 활용할 수 있기 때문이라면, 여기서 우리가 생각해 볼 수 있는 흥미로운 질문은 외국어를 학습하는 성인 역시 보편문법을 활용하여 외국어를 성공적으로 학습할 수 있는가 이다. 하지만 많은 학자들은 보편문법은 어린이들에게만 활용 가능한 것이고 성인들은 보편문법에 도달 할 수 없기 때문에 어린이만큼 성공적으로 외국어를 학습하는데 효율적이지 못하다는 견해를 갖고 있다. 이들의 주장을 뒷받침해 주는 증거로 결정적 시기(critical period hypothesis) 가설이 있다. 결정적 시기 동안에는 뇌의 유연성이 높아서 언어를 보다 쉽게 습득할 수 있지만 이 시기가 지나고 난 후에는 언어습득을 하는데 어려움을 겪게 된다는 것이다. 보편적인 경우는 아니지만 늑대소년의 예에서 보듯이 결정적 시기 동안에 특정 언어적 환경에 충분히 노출되지 못할 경우 심각한 언어적 결손을 경험할 수 있음을 알 수 있다. 또한, 결정적 시기가 지나 외국어를 학습하기 시작한 성인 학습자의 발음은 외국어적 억양(foreign accent)에서 벗어나기가 어렵다.

이렇듯 보편문법이라는 생득적 요인에서 성인의 외국어 학습을 살펴본다면 성인 학습자들은 보편문법에 도달하지 못하는 것처럼 비쳐질 수 있다. 그러나 많은 학자들은 발음이 외국어 학습의 성공을 결정짓는 주요 요인이 될 수 없다고 주장한다. 비록 성인 학습자가 외국어 학습을 늦게 시작하여 외국어적 억양을 구사한다 할지라도, 특히 문법이나 어휘 영역에서는 어린이들 보다 더 빠르고 완벽하게 학습할 수 있다고 주장한다. 또한, 성인 학습자는 월등한 인지 능력을 활용하여 어린이들 보다 외국어 학습을 보다 빠르고 효율적으로 할 수 있다고 주장한다. 따라서 성인과 어린이들은 그 사고방식이 근본적으로 다르기 때문에 생득적인 보편문법의 활용에 의해 성인들의 외국어 학습을 평가하기보다는 다른 기준, 즉 인지 능력의 활용이라는 기준에 의해 평가해야 할 필요가 있다고 주장한다.

한편, Dulay와 Burt(1974a), Ervin-Tripp(1974), 그리고 McLaughlin(1985)은 모국어와 외국어 간의 언어습득 순서에서 나타난 유사성을 들어 성인 역시 보편문법을 활용하여 외국어를 성공적으로 학습할 수 있다고 주장한다. Dulay와 Burt(1974a)는 서로 다른 모국어를 사용하는 영어 학습자라 할지라도 그들의 영어학습 과정에서 매우 유사한 발달 단계를 보여주고 있다는 점을 발견하였다. 특히, -ed, -ing 등은 거의 같은 발달 단계를 보여주었으며, 또한 이들 영어 학습자가 보여주는 실수는 영어를 모국어로 사용하는 어린이들이 보여주는 실수와 매우 유사한 점이 많다는 것을 발견하였다. 이들 연구에 의하면, 모국어 습득 과정과 외국어 학습 과정이 매우 유사하게 나타나고 있었으며, 어린이들은 좀 일찍 모국어를 배우거나 아니면 좀 늦게 배우더라도 모국어 습득 과정에 있어서 거의 같은 순서가 나타나고 있음을 보여준다. 이는 어린이들의 생득적 언어능력은 Krashen이 제시한 언어습득 모형중의 '자연 순서 가설(natural order hypothesis)'을 그대로 반영하여 작동하고 있음을 의미한다. 따라서 외국어를 습득하는 과정에서 모국어 습득과 유사한 과정이 나타난다면 성인들 역시 생득적 보편문법에 도달하여 외국어를 배우고 있다는 증거로 받아들여질 수 있다.

물론, Krashen이 제시한 자연적 순서에 의해 모든 학습자가 모국어와 외국어 모두를 같은 순서와 절차에 의해 습득하는 것은 아니다. 언어를 배우는 학습자의 연령이 빠를 수도 있고 늦을 수도 있으며, 이에 상응하는 인지 능력의 활용을 고려 해본다면 외국어 학습의 그 순서와 과정에서 다소 차이가 있을 수 있다. 그러나 앞서 언급한 모국어와 외국어 간의 유사한 습득과정을 증거로 본다면 외국어를 학습하는 성인들 역시 어린이들이 모국어를 배울 때와 마찬가지로 보편문법에 도달하여 창의적으로 외국어를 학습하는 것이라고 할 수 있다. 이에 대한 논의는 후속 장에서 더 구체적으로 다룰 예정이다.

4.1.2 반구편중현상과 결정적 시기

인간의 두뇌는 좌, 우로 나누어져 담당하는 기능이 각각 다르다. 일반적으로 좌반구(left hemisphere)는 논리, 분석적인 사고와 정보를 수학적이고 선형적으로 처리하는 능력과 관련이 있고, 우반구(right hemisphere)는 시각, 촉각, 청각적인 면을 감지하고 정보를 정서적이고 감성적으로 처리하는 능력과 관련이 있다. 그런데 좌, 우뇌가 담당하는 이러한 기능들은 뇌가 성숙함에 따라 좌반구와 우반구 쪽으로 각각 자리를 잡게 되는데 이러한 현상을 반구편중현상(lateralization)이라 한다. 인간 두뇌의 생리적인 문제와 관련하여 Lenneberg(1967)는 반구편중현상은 어린이의 언어능력과 밀접한 관련이 있으며 이러한 반구편중현상이 완료되기 전에는 대뇌의 유연성이 뛰어나서 언어를 더 잘 배울 수 있다고 하였다. 반구편중현상이 완료되기 전에는 대뇌의 유연성이 뛰어나기 때문에 언어습득이 보다 용이하다.

이렇듯 다른 연령의 시기보다 언어를 더 잘 배울 수 있는 연령의 시기가 있는데 이를 '결정적 시기(critical period)'라고 한다. Lenneberg는 앞서 언급한 반구편중현상이 일어나는 시기와 관련하여 인간의 언어능력은 특정 시간이 지나면 발달되지 않는다고 하면서 결정적 시기를 뒷받침하는 증거로서 반구편중현상을 주장하였다. 즉, 인간의 언어능력은 신체적 성장의 복잡한 시간표에 의해 조건화되어 있는데 결정적 시기는 언어를 가장 잘 배울 수 있는 시기이며 이 시기가 지나면 생물학적으로 언어습득이 계속적으로 어려워진다는 것이다. 하지만 반구편중현상과 결정적 시기가 구체적으로 언제인지에 대해서는 학자들마다 의견이 다르다.

그러나 Krashen(1973)은 결정적 시기와 반구편중현상이 일시에 한 순간적으로 일어나는 것이 아니고 점진적으로 일어나기 때문에 반구편중현상 이후 학습자의 외국어 습득 능력이 일시에 사라지지 않는다고 주장하였다. 다양한 영역에 걸친 개개인의 언어능력이 어느 한 순간에 모두 사라진다고 가정하는 결정적 시기의 가설로는 복잡한 언어습득의 다양한 양상을 설명하는데 한계가 있음을 의미한다. 이러한 Krashen의 입장을 뒷받침하는 것으로 Long(1990)과 Seliger(1978)는 '다중 결정적 시기(multiple critical period)' 또는 '민감한 시기(sensitive period)'라는 개념을 제시하였다. 이 개념에 의하면, 인간의 두뇌가 성숙해 감에 따라 유연성이 떨어지면서 외국어 습득 능력은 점차 쇠퇴해 간다. 그러나 뇌의 유연성은 어느 한 순간에 전체가 사라지는 것이 아니라 시간이 지나감에 따라 조금씩 그리고 누적적으로 사라지는 것이기 때문에 결정적 시기 및 반구편중현상 역시 일정 시간동안 지속적으로 이루어진다.

따라서 각각의 다른 언어적 항목에 따라 원어민과 같은 언어능력에 도달하는데 요구되는 학습 시작 연령이 다를 수밖에 없다. Long과 Seliger에 의하면, 원어민과 같은 발음에 도달하기 위해서는 최소한 6세 이전까지는 학습하고자 하는 외국어에 노출이 되어야 하고, 원어민과 같은 어휘와 통사적 능력에 도달하기 위해서는 15세 이전에 외국어에 노출되어야 하며, 그리고 다른 언어적 항목에 있어서 원어민 수준에 도달하기 위해서는 최소한 6세와 15세 어느 사이에 외국어에 노출이 되어야 한다. 여기서 중요한 점은 외국어에 대한 노출 시기가 위에서 언급한 시기에서 보다 늦어질 경우 원어민과 같은 수준의 언어능력에 도달하는데 어려움이 있다.

그렇다고 해서 성인들이 항상 외국어를 완벽하게 학습하지 못한다는 것은 아니다. 성인 외국어 학습자들은 기억능력이 어린이들에 비해 월등하게 뛰어나고 외국어를 학습하고자 하는 동기가 강하다. 따라서 Hill(1970)은 성인들이 비록 외국어를 늦게 시작하였다하더라도 어린이들보다 더 효과적이고 완벽하게 습득할 수 있다고 주장하면서 언어습득을 위한 결정적 시기 개념을 반박하였다. 일반적으로 발음에 관한 한 어려서 외국어를 배울 경우 더 유리하다는 것이 지배적인 견해이지만, 발음이 언어능력을 결정짓는 유일한 기준이라고는 할 수 없다. 억양과 엑센트 때문에 원어민과 같은 발음을 낼 수 없지만 원어민에 못지않은 영어를 구사하는 성인이 많기 때문이다. 한 예를 들어, 미국 국무장관을 지냈던 헨리 키신저는 독일 엑센트가 매우 강했지만 미국인 어느 누구보다도 훌륭한 영어를 구사하였다.

인간 언어사용의 창의성을 설명하는데 보편문법(UG) 이론은 매우 유용하다. 그러나 현재까지 보편문법에 근거한 외국어 습득 이론은 주로 외국어 학습자의 통사 구조의 발달을 규명하는데 더 많은 관심을 기울인 반면에, 음운, 형태, 그리고 어휘와 관련된 면에 대해서는 상대적으로 그 관심이 미흡했다. 또한, 학습자가 습득하는 언어적 항목의 순서가 정해져있다 하더라도 외국어 습득 그 자체를 촉진시킬 수도 있고 지체시킬 수도 있는 학습자 내부 또는 학습자들 둘러싼 사회 · 심리적 변인들에 대한 설명은 부족했다는 비판을 받고 있다. 보편문법을 연구하는 학자들은 모든 어린이들이 그들이 주위에서 듣게 되는 언어적 자극에 상관없이 성공적으로 언어습득 과정을 경험하는 그 원인이 무엇인지를 규명하는 연구에 대해 여전히 많은 관심을 보이고 있다.

4.2 인지능력과 외국어 학습

언어 발달은 어린이들이 자신을 둘러싼 세상을 통해서 형성한 개념들과 어린이들이 의사소통을 통해서 전달하고자 하는 의미와 밀접한 관련을 맺고 있다. Slobin(1979)은 서로 다른 공동체에 살고 있는 어린이들이 2어 발화(two-word utterance)를 이용하여 어떻게 서로 유사한 의미를 표현할 수 있는지에 대해서 연구를 하였다. 연구결과에 의하면, 어린이의 인지능력의 발달과 언어능력의 발달 간에는 매우 긍정적인 상관관계가 있다는 증거가 발견되었다. 예를 들어, Cromer(1974)는 부모의 발화에서 완료 시제(예: *he has walked*)가 자주 발견되었다 할지라도, 그리고 설사 완료 시제가 간단한 언어적 요인으로서 어린이들의 언어적 영역 안에 조금이라도 자리를 잡았다 할지라도 4세 또는 5세 이전의 어린이들은 영어의 완료 시제를 사용하지 않는다는 것을 발견하였다. 그는 어린이들이 생성하는 다른 발화들의 예를 조사한 후에 어린이들은 완료 시제가 갖는 심층적인 개념을 터득하기 전까지는 완료 시제를 사용하지 않는다고 결론을 내렸다. 즉, 완료 시제라는 개념이 성립되지 않는다면 이를 표현하기 위한 완료 시제라는 문법적 구조가 나타나지 않는다는 것이다.

따라서 개념의 발달은 언어 발달을 유도하지만, 역으로 언어 발달이 이러한 개념의 발달을 유도하기도 한다. 예를 들어, 현재완료 시제 내에서 구체화되어 나타나는 현재의 관련성은 어린이들로 하여금 현재완료라는 개념을 터득하도록 하는데 도움을 제공한다. 한 예를 들어, 학습자들은 외국어를 학습하면서 그들의 모국어와는 다르게 나타는 언어적 현상, 즉 언어적으로 분리할 수 있는 소유와 분리할 수 없는 소유(예: my book, my arm) 등과 같이 전에 인식하지 못했던 이러한 개념상의 차이를 구별할 수 있게 된다.

하지만 성인 학습자들은 이미 자신을 둘러싼 세상에 대해서 기본적인 개념을 형성한 후에 외국어를 학습하기 때문에 인지 발달과 언어 발달 간에는 별다른 관계가 없어 보인다. 그럼에도 불구하고, 인지와 언어 간의 관계는 여전히 중요하다. 왜냐하면, 외국어 학습은 외국어 학습자들로 하여금 새로운 개념과 소통적 유의성을 위해서 자신의 모국어와는 서로 다르게 사용되는 언어적 항목들에 대한 구별을 인식할 수 있는 능력을 발전시키도록 요구하기 때문이다.

인지주의에서는 직접 관찰 가능한 학습자의 행위보다는 그 행위를 지배하는 내적인 정신활동을 규명하는데 관심을 갖고 있는데, 인지주의 심리학자들은 인간의 모든 지적인 활동의 내면에는 인지구조(cognitive structure)가 작용한다고 생각한다. 인지구조는 여러 요소들이 상호 관련을 맺고 체계적인 조직을 이루고 있어서 보다 안정적이고 광범위한 능력을 발휘할 수 있는 체계를 의미한다. 따라서 새로운 상황에 직면하거나 새로운 문제를 해결하고자 할 때 우리는 자신이 가지고 있는 인지구조를 활용하게 된다. 인지구조는 새로운 환경 또는 정보와의 상호작용을 통해 변화될 수 있고 발전할 수 있는데 새로운 지식은 결국 변화된 인지구조의 산물이다. 따라서 지식이란 개인이 가지고 있는 기존의 인지구조와 새로운 정보 및 환경과의 상호작용을 하는 가운데 만들어지는 것이다. 인지주의에서 바라보는 학습은 경험의 결과로 인해 학습자의 인지구조가 변화되는 것이다. 학습자가 기존의 인지구조 내에 존재하고 있는 정보를 활용하여 새로 학습할 내용의 구조를 파악함으로써 기존의 인지구조에 변화가 생겼다면 이는 학습이 이루어졌다고 할 수 있다.

인지구조의 변화, 즉 인지발달은 동화(assimilation)와 조절(accommodation)을 통해 일어난다. 동화란 학습자 자신이 이미 가지고 있는 인지구조를 토대로 외부의 새로운 정보나 사건을 해석하고 이해하는 것을 의미하며, 반면에 조절은 외부의 새로운 정보나 사건의 속성 그리고 이들 속성 간의 상호관계를 알아 이에 맞게 학습자 내부의 인지구조를 변화시키는 것을 의미한다. 이러한 동화와 조절 작업은 학습자 내부에 존재하고 있는 기존의 인지구조와 새로운 사실을 연결시키는 유의적 과정으로 이해할 수 있다. 학습자가 학습할 내용을 기존의 인지구조와 연결하여 의미 있는 것으로 인식할 때 유의적인 학습(meaningful learning)이 일어난다.

한편, 인간이 새로운 상황에 처하게 되면 기존의 인지구조를 활용하여 문제를 해결하고자 할 때 동화와 조절과정은 서로 상호의존 방식으로 같이 일어난다. 기존의 인지구조에 의해 동화/조절할 수 있는 것은 그렇게 하겠지만 기존의 인지구조로 동화/조절이 적용되지 않는 상황이 발생할 수 있다. 이때 인지적 불균형이 일어나는데 모든 인간은 인지적 불균형 상태에서 벗어나 자기 자신과 환경 사이에 최적의 순응상태를 유지하려는 생득적 욕구가 있다. 이렇게 인지의 불균형과 균형 상태가 반복적으로 계속되는 것은 우리가 새로운 지식을 획득해 나가는 과정이라 할 수 있다.

4.3 환경적 요인의 영향

행동주의에서 바라보는 언어습득은 어린이를 둘러싼 주위 환경이 언어습득에 지대한 영향을 미친다는 것이다. 어린이들이 주위 성인의 발화를 모방하고 이에 대한 보상과 강화를 받음으로써 언어학습이 이루어진다는 습관형성 모델은 이를 뒷받침해 준다. 반면에 인지주의 입장에서는 LAD/UG와 같은 생득적 요인에 의한 언어습득 과정을 중시한다. 인지주의자들은 LAD/UG에 의한 언어규칙의 발견과 내재화, 학습자 내면에서 이루어지는 이러한 언어습득 과정을 규명하고 설명하는데 많은 관심을 기울인다. 그럼에도 불구하고, 학습자들에게 언어자료를 제공하고 학습자 내면에서 이루어지는 습득과정을 촉진시키는 환경적 요인의 중요성을 간과할 수 없다. 또한, 모방과 강화 등과 같은 행동주의 학습 원리들이 모국어나 외국어 학습 과정의 모든 면을 설명하는데 충분하지는 않지만, 그렇다고 해서 이들 원리들이 전혀 아무런 역할을 하지 않는다는 것을 의미하지는 않는다.

4.3.1 상투적 문구와 조립식 문형

초기 학습자들은 종종 그들이 갖고 있는 현재의 언어 지식으로는 만들어 낼 수 없는 정확하면서도 복잡한 발화를 만들어내는 경우가 종종 있다. 부정문의 습득을 예로 들면, 'I no can swim'과 같이 '부정어+동사'를 사용하는 부정문 발달의 초기 단계에 있는 학습자가 종종 'I don't know'와 같이 갑자기 자신의 현재 발달 단계와는 맞지 않게 목표어에 맞는 형태를 발화하는 경우가 있다. 이러한 현상은 몇몇 학습자에게 국한되는 특이한 현상이 아니라 모국어를 습득하고 있는 어린이 및 외국어 학습자 대부분의 언어습득 초기 단계에서 매우 흔하게 관찰되어진다. 이는 학습자들이 이전에 자주 들었던 상투적인 표현을 모방이나 암기를 통해 학습자 자신의 언어 목록에 포함시켜 사용하기 때문에 가능한 일이다.

이렇듯 상투적인 표현은 학습자의 언어체계에 아직 구조화되어 있지 않은 언어 기능을 표현 가능하게 해 주므로 학습자의 학습 부담은 줄이면서 동시에 소통적 기능은 최대화시켜 주는 이점이 있다. 상투적 표현을 통해 학습자는 적절한 장소와 시간에 알맞은 표현을 할 수 있게 되는 것이다. Dechert(1985)는 '확실성의 섬(islands of reliability)'이라는 용어를 통해 화자가 발화 계획을 세우고 실행하도록 도움을 주는 상투적 표현의 심리 언어학적 기능을 강조하였다.

Ellis(1994)는 언어습득의 초창기에 모국어 습득과 외국어 학습에서 나타나는 또 하나의 공통점으로 대부분의 학습자가 세 단계로 구분되는 유사한 발달적 패턴을 거쳐 간다는 점을 지적하였다. 발달적 패턴의 첫 번째 단계는 침묵의 단계(silent period)로서 학습자들은 처음 발화를 만들어내기에 앞서 상당히 오랜 기간 동안 듣기만을 수행한다. 그러나 성인 외국어 학습자들은 침묵의 단계를 거치지 않는 경우도 많아 침묵의 단계는 임의적(optional)이라고 볼 수 있다. 이 단계에서의 침묵은 학습자가 발화를 준비할 수 있는 기회를 제공한다는 점에서 의미가 있다. 두 번째 단계는 상투어(formulaic speech) 사용 단계이다. 소수의 이견이 있기는 하나 상투어의 사용은 후에 학습자가 스스로 언어규칙을 만들어내고 또 이를 통해 창의적인 발화(creative utterance)를 만들어 내는데 기여한다는 점에서 중요한 단계로 여겨지고 있다. 마지막 세 번째 단계는 구조·의미적 간소화(structural and semantic simplification) 단계이다. 이때는 상투어에 비해 목표어의 규준에는 더 벗어날지라도 좀 더 창의적인 발화를 사용한다는 점에서 의미가 있다. 문법적 기능어(grammatical function word)나 내용어

(content word) 등을 생략한 채 한 두 단어로 이루어진 발화를 생성한다. 참고로 Ellis의 발달적 패턴의 개념은 자연적인 환경(natural setting)에서 계획되지 않은(unplanned) 언어 사용 상황에 근거하고 있다.

상투적 표현을 지칭하는 용어 및 그 개념은 학자에 따라 조금씩 다르다. Lyons(1968)는 상투어를 '분석할 수 없는 전체(unanalysable wholes)' 로서 특별한 경우에 소통적 효과를 극대화하기 위해서 사용되는 표현이라고 하였다. Nattinger와 DeCarrico(1992)는 원어민의 발화에서도 상투적 표현이 보여 진다고 하면서 상투적 표현을 '어휘구(lexical phrase)'에 견주어 설명하였다. 또한, 어휘구를 전통적으로 양극단에 존재하는 것으로 여겨지고 있는 어휘와 통사의 중간쯤에 위치하는 '다단어 어휘 현상(multi-word lexical phenomena)'이라고 정의하였다. 한편, Littlewood(1987)는 '고정된 어구'와 '조립식 문형'에 상응하는 용어로 각각 '상투적 문구(routine formula)'와 '조립식 문형(prefabricated pattern)' 이라는 용어를 사용하였다.

Littlewood가 말하는 '상투적 문구'란 학습자가 자신의 기저 언어규칙을 활용하여 창의적으로 발화를 하는 것이 아니라 특정 발화를 분석되지 않은 하나의 덩어리(chunk)로 암기하여 적당한 상황에 사용하는 표현을 의미한다. Huang과 Hatch(1976)는 학습을 시작한지 몇 주 밖에 되지 않아 'wash hand', 'this kite'와 같은 두 단어 발화를 하는 중국인 아동 Paul의 발화에서 다음과 같은 '상투적 문구'의 증거를 찾아냈다.

> Don't do that.
> It's time to eat and drink.
> Get out of here.

이런 발화는 학습자의 현재 수준과는 수준이 전혀 다른 복잡한 유형의 발화임을 알 수 있다. 이는 아동이 상투적인 문구를 일상생활에서 자주 들음으로써 그 발화의 전체적인 의미와 소통적인 기능만을 이해한 채 하나의 단위로 암기하여 사용하기 때문에 가능한 것이라 할 수 있다. 반면, 아동은 'Don't eat'나 'It's time to wash'와 같은 발화는 하지 않았는데, 이는 상투적 문구가 분석되지 않고 하나의 단위로서 암기되어 사용되고 있다는 증거가 된다. 이 때 아동은 상투적 문구의 내부 구조나 개별 요소의 의미는 파악하지 못하고 있다는 것을 보여준다.

한편, '조립식 문형'은 발화의 대부분이 암기된 덩어리라는 점에서는 상투적 문구와 유사하지만, 하나 이상의 개방된 틈(slot)을 포함하여 그 틈에 대체 항목을 메꾸는 어느 정도의 창의력(creativity)을 필요로 하는 표현이라는 점에서 차이가 있다. Hakuta(1974a, 1974b)의 연구에서 일본인 아동 Uguisu는 학습을 시작한지 3달 만에 마지막 틈에 여러 가지 어휘 항목을 허용하는 'I know how to-' 구문을 사용하였다.

> I know how to do it.
> I know how to read it this.

그러나 'Tell me how to do it'이나 'I know when to do it'와 같은 표현은 발화하지 않는다는 점으로 미루어 'I know how to-' 구문 자체가 모든 경우에 창의적으로 사용되는 것이 아니라는 점을 의미한다.

그렇다면 상투적 표현은 목표어 문법의 습득을 어느 정도로 촉진하고 혹은 방해하는 것일까? Krashen과 Scarcella(1978)는 학습자가 상투어 사용을 통해서는 목표어의 규칙을 찾아낼 수 없기 때문에 상투적 표현과 규칙에 의한 창의적 발화는 근본적으로 다른 것이라고 주장하였다. 또한, Bohn(1986)도 상투적 표현은 단기 기억을 통한 발화 전략에 불과하므로 궁극적으로 습득에는 기여하지 못한다고 말한다. 반면, Hakuta(1974a, 1974b)는 앞서 언급한 Uguisu 발화의 예를 들어 반대 입장을 제안하였다. Uguisu는 점차 'I know how do you write this'와 같은 문장을 발화하게 되었는데, 이는 표면적으로는 목표어의 기준에서 더 벗어난 듯 보이지만 학습자의 관점에서 볼 때 창의적 발화에 더 가까워진 표현이다. 왜냐하면, 'I know how to-'구문을 하나의 암기된 단위로써 사용한 것이 아니라 규칙을 적용하여 분석된 단위로서 창의적으로 문장을 구성했기 때문이다. 이를 통해 조립식 문형이 창의적 발화를 만들어내는데 직접적으로 공헌하는 것으로 보여 진다.

또한, Fillmore(1976)도 학습의 초기 단계에서 상투적 표현은 학습자의 의사소통욕구를 충족시키기 위해 반드시 필요하며 상투적 문구와 조립식 문형은 점차 창의적인 표현으로 발달된다고 주장하였다. Fillmore는 그 증거로서 Nora 라는 스페인 어린이의 발달 과정을 예로 들었다.

① How do you do dese?

(처음에는 불변의 상투적 문구를 사용)

② How do you do dese in English?

(상투적 문구에 다른 구성 요소 첨가)

③ How do you like to be a cookie cutter?

(상투적 문구가 쪼개져서 'How do you + 동사...?'처럼 조립식 문형으로 사용됨)

④ How did you...?

(시제를 나타낼 수 있도록 조립식 문형 'How do you...?'가 분석되어 사용됨)

위의 예에서 보이는 것처럼 발달 순서의 아래쪽으로 내려올수록 'How do you...?' 라는 발화는 점차 모방에 의해서가 아니라 규칙 적용에 의해 창의적으로 발화되고 있음을 알 수 있다.

이렇듯 상투적 문구와 조립식 문형이 목표어의 문법 습득에 미치는 영향에 관해서는 이견이 존재한다. 하지만 상투적 표현은 초기 학습자의 부족한 언어적 능력을 보충하면서 동시에 의사소통 기능을 수행하는 방편을 제공한다는 점에서는 분명 이점을 가지고 있다. 즉, 상투적 표현이 대부분의 학습자들에 의해 학습전략(learning strategy)으로 사용되고 있다는 점에 대해서만큼은 연구자들의 견해가 일치한다. 더 나아가 상투적 표현이 다른 구성 요소와 함께 결합될 수 있는 분리된 구성 요소로 이루어진다는 것을 학습자가 깨닫게 되면 차후의 창의적인 발화를 위한 기초로서 도움이 된다는 견해가 지배적이다.

4.3.2 연결주의(Connectionism) 이론

Chomsky의 언어습득 과정을 간단히 정의하면 규칙형성(rule-formation)이다. 즉, 언어습득의 가장 중요한 과정은 언어 입력 내에 존재하는 규칙을 발견하고 이를 내재화하는 과정이라 할 수 있다. 그런데 이러한 규칙형성에 근거하고 있는(rule-governed) 언어습득 과정의 기본 전제는 하나의 규칙이 적용되고, 그 다음에 다른 규칙이 선형적(serially)으로 적용되는 과정이라는 점이다. 하지만 많은 학자들은 '평형분배처리(PDP: Parallel Distribution Processing)' 모델을 제시하면서 선형적으로 언어규칙이 적용되는 입장에 대해서 보완적인 입장을 주장하였다. 평형분배처리 모델에 의하면, 언어학적 의미의 언어적 항목은 뇌 속의 수많은 신경세포들과 상호 연결되어 있는데, 이러한 연결이 순차적(serially)으로 연결되어 있지 않다는 점이다.

언어적 항목과 신경세포들이 병렬적이고 동시적으로 연결되어 있어서 언어적 항목에 대한 언어규칙의 적용은 선형적으로 적용되는 것이 아니라 여러 단계의 신경단위들이 동시적인 상호작용을 통해서 일어나는 결과로 보았다. 즉, 다양한 악기를 사용하여 일종의 심포니를 연주하는 오케스트라처럼 언어적 항목에 대해서 음운, 인지, 의미, 통사, 어휘, 사회 · 언어적 등의 규칙들이 순차적으로 적용되는 것이라 이들 규칙들이 동시적으로 적용되는 결과로 보았다. 이와 같이 뇌의 신경이 언어적 항목들과 다양하게 연결되어 있는데, 이러한 연결이 실제적 언어사용 경험에 의해서 강화 또는 약화된다고 보는 입장이 '연결주의(connectionism)' 라 할 수 있다.

연결주의에 의하면, 인간의 뇌신경은 언어적 항목과 다양한 연결을 이루고 있는데, 이러한 연결은 실제 언어학습 경험에 의해서 그 연결이 강화되기도 하고, 때로는 약화되기도 한다. 예를 들어, 영어를 모국어로 습득하는 어린이들은 동사 go의 과거형을 다음과 같은 순서로 습득한다.

- go의 과거형 습득 순서
  went → goed → went

위의 예에서 어린이들이 첫 단계에서 사용하는 went는 go의 과거형이라는 사실을 알고 사용한 경우는 아니다. 즉, went의 사용은 규칙 적용의 산물이 아니다. 단지 언어사용 맥락에서 과거 의미(-에 갔다)가 너무 자주 듣고 사용되기 때문에 단지 과거 의미와 went가 연결된 경우라 할 수 있다. 이후 어린이들은 과거형을 만드는 규칙을 발견하여 과거형을 만드는 어미 -ed를 붙여서 goed를 go의 과거 형태로 연결시킨다. 하지만 어린이들은 이후 이 사용법이 틀렸다는 것을 인식하고 다시 went를 사용함으로써 go의 과거형을 went로 연결시키게 된다.

본 장을 통해서 우리는 언어습득 과정을 설명하기 위해서 습관형성을 강조하는 행동주의 접근방식보다는 언어의 규칙발견과 형성을 강조하는 인지주의 접근 방식이 더 설득력이 있다는 것을 살펴보았다. 또한, 학습자들이 언어습득 과정에 보다 적극적으로 개입하고 기여를 하고 있다는 것을 알 수 있다. 이러한 과정은 '창의적 언어구성(creative construction)'이라 불리는데, 이는 학습자들이 모국어뿐만 아니라 외국어를 배우는데 유사한 발달 단계를 거친다는 것을 설명해 준다. 그리고 생득적 요인들이 언어습득에 지대한 영향을 미치고 있다는 것이 분명해 보이지만, 상투적 문구와 조립식 문형이 갖는 특징에서 살펴보았듯이 학습자를 둘러싼 언어적 환경 역시 학습자들의 언어학습 과정에 적지 않은 영향을 미치고 있음을 알 수 있다.

05

구성주의와 외국어 학습

05

구성주의와 외국어 학습

본 장에서는 최근 교육계의 관심을 끌고 있는 구성주의(constructivism)에 대해서 알아보고, 구성주의 원리가 외국어 학습에 어떻게 적용될 수 있는지에 대해서 알아보고자 한다. 또한, 구성주의 철학의 가장 대표적 학자라 할 수 있는 Vygotsky의 사회 · 문화이론에서 다루어지고 있는 일부 핵심 용어들, 예를 들어 스캐폴딩(scaffolding) 및 잠재적 발달 영역(ZPD: Zone of Proximal Development)에 대해서도 다루고자 한다. 이러한 노력은 외국어 교육의 새로운 대안을 찾아보는데 많은 도움이 될 것으로 사료된다.

5.1 구성주의 기본 원리

Wilson(1996)에 의하면, 학습자 외부에 객관적으로 존재하는 교과내용의 의미를 학습자들이 잘 받아들일 수 있도록 정리하여 전달하는 것을 객관주의(objectivism) 학습관이라 한다. 반면에 구성주의 학습관은 학습자 개개인이 외부 세계와의 상호작용을 통해 지식의 의미를 자신의 경험에 맞추어 스스로 구성해 나가는 과정이다. 구성주의는 현재 교육계에서 새로운 수업의 패러다임(paradigm)으로 등장하고 있으며, 종래 교사 위주의 교수(teaching)에서 학습자 위주의 학습(learning)으로 전환되고 있으며, 학습자의 자발적인 참여를 유발하는 학습 환경을 강조하고 있다.

5.1.1 객관주의와 구성주의

Jonassen(1991) 그리고 Duffy와 Jonassen(1991)에 의하면, 객관주의에서는 학습자가 학습해야 할 교과내용 또는 그 실체의 의미는 학습자의 개별적인 경험과는 별도로 학습자 외부의 객관적인 세계 속에 존재한다고 믿는다. 반면에 구성주의는 교과내용 또는 실체는 학습자 외부에 객관적으로 존재하는 것은 사실이나 그 실체 속에 숨겨진 의미를 인식하고 이해하는 방식은 외부 실체와의 상호작용을 통해서 그리고 학습자 개개인의 경험 세계에 의해 다양하게 구성된다고 믿는다. 결국 실체의 의미는 각 개인의 경험에 의해 결정되고 구성되는 것이다.

1) 객관주의(Objectivism)

실체(교과내용) 또는 세계는 학습자의 외부에 객관적으로 존재하고 있으며, 이들 실체가 갖는 의미 또한 학습자의 경험 세계와는 별도로 학습자 외부에 존재한다. 객관주의에서는 그 실체의 의미를 파악하는데 학습자 개인의 경험은 그다지 중요한 역할을 하지 않는다. 객관주의에서 바라보는 실체에 대한 이해는 객관적으로 존재하는 실체의 속성과 여러 실체들 간의 관계를 파악하는 것이다. 즉, 실체나 세계는 객관적으로 이미 존재하는 것이기 때문에 개인의 선험 지식 또는 경험에 의해 실체에 대한 이해가 달라지지 않는다는 것이 객관주의 입장이다.

객관주의에서 학습은 객관적으로 존재하는 실체의 속성과 구조를 파악하는데 있다. 따라서 교사의 주 역할은 학습자들로 하여금 실체가 가지고 있는 객관적 법칙을 파악하고 이해하도록 돕는데 있다. 학습자가 학습할 지식(실체)은 이미 학습자 외부에 객관적으로 존재하고 있기 때문에, 교사는 학습자가 꼭 알아야 할 실체와 그 실체가 가지고 있는 속성을 선택하여 학습자가 그 구조를 파악할 수 있도록 잘 조직하여 전달하는 것이다. 객관주의에서 본다면, 지식은 학습 과정 중에서 생성되는 것이 아니라 이미 학습자 외부에 존재하는 것이기 때문에 결과적으로 학습자가 이를 잘 파악하고 이해하였는가만 평가하면 충분하다.

2) 구성주의(Constructivism)

객관주의 입장에서 지식이란 학습자 외부에 객관적으로 존재한다고 보았다면, 구성주의 입장에서 바라본 지식은 학습자의 경험 세계에 의해 영향을 받아서 매우 다양하게 구성되는 것을 의미한다. Duffy와 Bednar(1991)는 실체(교과내용) 속에 내재된 의미는 학습자 마음속에 존재한다고 하면서 학습자 경험에 따라 실체를 파악하고 그 의미를 부여하는 것이기 때문에 학습자 개개인에 따라 구성되는 실체 또는 그 의미가 다를 수밖에 없다고 하였다.

구성주의에서 학습의 의미는 개인적이면서 개별적인 경험의 세계를 구축하는 것이다. 따라서 교사의 역할은 학습자들로 하여금 개인적인 경험을 통해 실체 또는 세계에 대해 어떻게 이해할 것인가를 보여주는 것이다. 그렇지만 이런 방법은 교사에 의해 미리 결정되어 질 수 없고 단지 학습 과정 중에서 학습자의 필요에 맞게 개발되어야 한다는 것이다. 구성주의에서는 교사에 의해 일방적으로 제공되는 어떤 실체의 구조나 의미를 맹목적으로 받아들이고 암기하는 방식은 학습에 아무런 의미가 없다고 주장한다. 따라서 구성주의에서는 학습자가 교수목적을 달성하였는가를 알아보기 위해서 실제와 동일한 복잡한 문제 상황 속에서 학습된 지식을 활용하여 문제를 해결하는 과제의 수행과정을 파악하는 것을 중요하게 생각한다.

구성주의에서 바라보는 교수 · 학습은 학습 환경을 설계하는데 많은 시사점을 준다. 학습자들로 하여금 특정 사물이나 정보에 대해 다양한 관점과 시각을 접하도록 하는 점, 그 해석이 객관적으로 존재하는 것이 아니라 개인의 경험과 문제 상황에 의존되고 그 해석도 다양해질 수 있다는 점, 학습자의 능동적인 참여를 유발하는 학습 환경을 만들 수 있다는 점을 들 수 있다. 특히, 나일주와 정인성(1996)에 의하면, 구성주의자들은 수업 환경을 복합적이고 역동적으로 제시하여 학습자들로 하여금 탐구적이고, 인지적으로 융통성이 있으며, 지식이 어떻게 실제로 사용되는지를 경험할 수 있으며, 생산적인 지식 생성 과정을 촉진하는 환경을 설계하는데 많은 관심을 갖고 있다. 다음 〈표 5-1〉은 객관주의와 구성의주의 교수설계 원리를 상호 비교한 것이다.

<표 5-1> 객관주의와 구성주의 교수설계 원리 비교(나일주와 정인성, 1996)

	객관주의	구성주의
1. 교수의 목적	· 객관적으로 존재하는 실체에 대한 법칙의 파악	· 세상에 대한 스스로의 해석을 어떻게 하는가를 보여 주는 것.
2. 교수의 내용	· 객관적인 법칙이라고 밝혀진 체계화된 지식	· 현실세계와 동일한 복잡한 문제상황 속에서 지식 제공
3. 내용의 조직	· 학습자가 지식을 잘 파악할 수 있는 방식으로 조직	· 복합적인 현실과 다양한 관점이 포함되는 환경으로 설계
4. 주요 교수전략	· 반복연습 · 피드백의 제공 · 외적 흥미요소 강조	· 다양한 문제상황 속에서의 지식활용 기회 제공 · 스스로의 의미구성 기회 제공 · 학습자의 능동적인 참여 조장

5. 교수의 평가	· 교수 후 목적달성 여부의 객관적 평가	· 학습 과정에서 지식을 이용하여 문제를 해결하는 수행 여부 파악
6. 설계의 핵심	· 교수목표 및 과제의 구체적 분석 · 목표달성을 위한 교수전략의 고안	· 현실상황의 복합성을 나타내는 환경구성 · 발생학적 지식생성의 환경 구성

5.1.2 구성주의가 추구하는 수업 패러다임

Jonassen(1991)의 구성주의적 수업 패러다임에 의하면, 학습자는 자신의 경험에 의존하여 지식(실체)을 구성하기 때문에 각 개인의 경험이 다르듯이 구성된 지식의 의미도 각 개인마다 다르다. 따라서 학습자들이 사실, 개념, 원리 등을 이해하도록 이들을 잘 조직해서 제공하는 교사의 수업방식은 의미가 없다. 오히려 학습자가 사회적 맥락 안에서 실제 생활과 상호작용하는 가운데 세상에 대한 각자 스스로의 이해를 어떻게 구성할 수 있는가를 구체적으로 보여주는 것이 중요하다. 한편, Cunningham(1991)은 개인과 따로 떨어져 객관적으로 존재하는 실제 세계나 실체는 없기 때문에 현실 세계와 동일하거나 비슷한 과제를 수행하면서 학습자 개개인 스스로 실체에 대한 관점과 이해를 구성해 가는 과정이 바로 구성주의적 학습목표를 달성하는 것이라고 하였다.

구성주의 수업 패러다임에서 추구하는 교수 · 학습 원리는 다음과 같다.

첫째, 지식은 주입식으로 학습자에게 제공되는 것이 아니다. 학습자 스스로 경험에 의해서 실체의 의미를 구성해 나갈 수 있도록 의미 있는 학습 과제를 제공해야 하며, 또한 학습자들이 적극적으로 학습 과정에 참여하도록 해야 한다. Savery와 Duffy(1995)는 학습자들이 학습 목적과 이유를 알 때 그리고 학습 내용이 학습자의 흥미와 필요에 부합할 때 학습 과제를 수행하는데 적극적으로 참여한다고 하였다. 학습자 스스로 학습 과제를 선택하고 학습 활동을 선택하는 학습 환경 안에서 학습자들은 학습 정보에 대해 스스로 의미를 부여하고 구성해 나가는 과정을 촉진시킨다. 이때 교사는 기존의 조직된 지식을 전달하는 지식의 전수자가 아닌 '인도자,' '안내자,' 그리고 '학습자와 동등한 학습자'의 역할을 담당하게 된다.

둘째, 학습자에게 주어지는 지식은 현실세계와 동일한 복잡한 문제 상황 속에서 사건이나 사물, 개념 등이 활용되고 해석될 수 있는 것이어야 한다. 이는 학습자들이 교사가 이미 조직한 지식 또는 그 의미를 수동적으로 받아들이기 보다는 능동적으로 학습 활동에 참여하여 적절한 맥락이 담긴 교수 환경 속에서 그 의미를 스스로 구성하도록 하는 것이 중요하다.

셋째, 지식은 동료와의 상호작용을 촉진하는 협동학습 환경 속에서 제공되어야 한다. 협동학습은 실제 상황에서 과제가 수행되는 과정과 비슷하다. 따라서 각 개인이 가지고 있는 관점이나 시각은 협동학습을 통해 다른 사람의 시각과 관점을 접할 수 있어서 궁극적으로 자신의 시각과 관점을 넓히고 보다 깊은 사고의 학습을 할 수 있다. 그리고 협동학습은 활발한 상호 의사소통이 이루어져서 자신의 의견을 자유롭게 제시하고 상대방으로부터 피드백을 받을 수 있다. 이러한 점 때문에 강인애(1995)는 협동학습의 모형은 구성주의 학습 원리를 잘 실현시켜주는 방안이라고 하였다. 이와 관련하여 Lebow(1993)는 상호작용 과정은 자신과 상대방 간의 서로 다른 시각과 관점을 조정할 수 있기 때문에 사회 구성원들이 인증하는 지식을 구성할 수 있다고 하였다.

넷째, 교사 이외의 다른 전문가와 상호작용이 이루어지도록 한다. 교실이라는 물리적인 학습 환경을 뛰어 넘어 실제 전문가와 상호작용을 통해 그들의 의견을 접할 수 있다면 가장 신뢰할 수 있는 최신의 정보를 습득할 수 있어서 과제에 대해 보다 관심이 깊어진다.

다섯째, 학습자들로 하여금 자신의 지식습득 과정을 반추(reflection)할 수 있는 기회를 제공한다. 자신의 학습 과정에 대한 반추는 학습자 자신이 다른 사람과 어떤 상호작용을 하였고, 자신의 학습 경험을 통해 어떤 의미를 구성하였고, 그리고 다른 학습자와 어떻게 협력하였는가를 알 수 있도록 해 준다.

한편, Honebein(1996)은 구성주의적 학습 환경을 설계하는데 있어서 다음 7가지 목표를 제시하였다.

① 학습자들로 하여금 주제, 세부 주제, 학습방법, 그리고 문제해결 전략 등을 직접 결정하게 하여 학습자 스스로 지식을 구성해 나가는 과정을 경험하게 한다.
② 습득된 지식들이 실제로 사용될 수 있는 현실적이고 적절한 상황을 제공한다.
③ 학습 과정에서 학습자가 학습의 주체자가 되며 교사는 안내자와 조언자 역할을 한다.
④ 학습자들이 다양한 관점을 접하도록 함으로써 다양한 대안을 가지고 주어진 문제점을 해결하도록 한다.
⑤ 교사와 학습자, 학습자와 학습자, 그리고 학습자와 교실 밖의 전문가들과 상호작용을 통한 사회적 경험 속에서 학습이 이루어지도록 한다.
⑥ 다양한 학습매체를 사용하도록 한다.
⑦ 학습자 자신의 학습 과정을 스스로 관찰하고 인식하게 한다.

앞에서 언급한 바와 같이, 구성주의가 추구하는 수업 패러다임은 학습자에게 다양한 학습경험을 제공하며, 학습자는 사회적 맥락 안에서 타인과의 상호작용을 통한 실제 생활의 경험을 바탕으로 나름대로의 의미를 구성해 나가는 것을 중시한다. 한편, 김정렬(1999)은 구성주의적 관점에서 수업 환경은 다음과 같은 방향으로 설계되어야 한다고 하였다.

① 학습은 개개인의 경험으로부터 구성되며 사물에 대한 개인의 해석이므로 지식은 교사가 전달하는 것이 아니라 학습자 스스로 능동적으로 구성하도록 한다.
② 여러 사람이 갖고 있는 다양한 개인적인 관점을 접하고 수용하는 협동학습을 중시한다.

③ 학습은 학습한 내용이 실제 생활 속에서 사용되는 것이 가장 효과적이므로 학습 환경은 실제 환경과 유사하게 구성되어야 한다.
④ 평가는 지식을 습득하고 활용하는 과정에서 연속적으로 이루어져야 한다.

5.2 구성주의 주요 개념

5.2.1 스캐폴딩(Scaffolding)과 근접발달영역(ZPD)

앞서 인지주의에서 살펴본 바와 같이, 학습자들은 정도의 차이는 있지만 보편적인 순서에 따라 형태소, 부정문 및 의문문, 그리고 관계절을 습득한다. 이는 학습자들이 목표어의 정확한 형태에 도달하기까지 일정한 발달 단계를 거치고 있다는 것을 보여주는 증거이다. Piaget의 인지발달 이론, 내적교수요목(internal syllabus), 생물학적인 시간표(biological timetable) 개념 등이 이를 뒷받침하고 있다. 그런데 Vygotsky(1986)는 성인 또는 또래 동료들 간의 상호작용을 통해서 학습자의 현재 인지 발달 수준을 넘어서 잠재적 인지 발달 단계에 도달할 수 있는 근접발달영역(ZPD : Zone of Proximal Development) 개념을 다음과 같은 도식을 통해서 제시하였다.

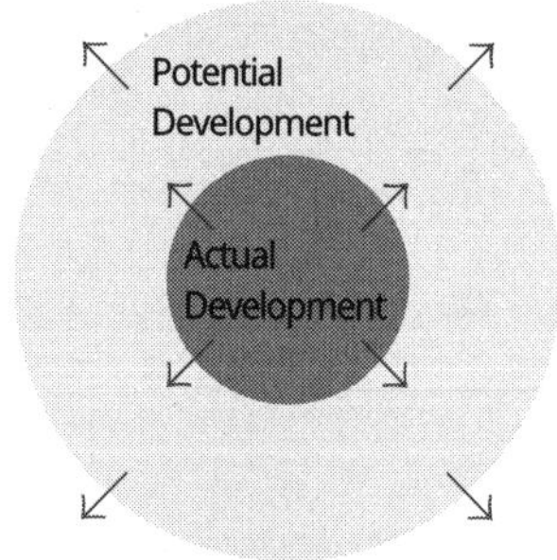

<그림 5-1> Vygotsky의 근접발달영역

근접발달영역은 어린이의 현재 인지능력과 잠재적인 인지발달 수준 간의 격차를 의미한다. 이 개념은 '스캐폴딩(scaffolding)'이라는 개념과 매우 밀접하게 관련되어 있다. 어린이의 잠재적인 인지발달 단계는 현재 인지발달 수준에서는 인지적 성숙 이외에는 스스로 도달할 수 없다. 하지만 상호작용 과정 중에서 어린이들이 성인이나 또래 친구들로부터 스캐폴딩을 받을 수 있다면 잠재적 인지발달 수준에 도달 할 수 있다고 보는데, 이렇게 도달할 수 있는 영역을 근접발달영역이라 한다. 즉, 학습자 스스로 터득하기 어려운 개념들이 학습자의 현재 수준으로부터 근접발달영역 안에 있을 때, 학습자들은 성인 또는 또래 친구들과의 상호작용을 통해 스캐폴딩을 받을 수 있다면 현재의 발달단계를 뛰어넘어 잠재적 발달영역까지 발전해 나갈 수 있다. 학습자의 현재 인지발달 수준으로부터 가까이 있는 개념일수록 상호작용을 통해서 보다 쉽게 학습할 수 있음을 의미한다. 따라서 근접발달영역은 학습자의 실제 발달수준과 잠재 발달수준 간의 차이가 되는데, 이러한 차이는 성인 또는 또래 친구들과의 상호작용 과정 중에서 받을 수 있는 스캐폴딩을 통해서 극복될 수 있다고 본다.

5.2.2 활동 이론(Activity Theory)

Vygotsky 이론의 핵심은 개인을 둘러싼 외부 환경(사회 · 문화적 요인)과 개인 간의 상호작용을 통해서 개인의 질적인 변화에 초점을 맞추고 있다. Leont'ev(1979)에 의하면, 행동 이론은 세 가지 단계로 구성 된다: 활동 체계(activity system) 단계, 구체적 행동(action) 단계, 조작(operation) 단계. 행동 체계에서 조작 단계로 갈수록 인간의 행위는 더 구체적이고 세부적으로 분석된다. 예를 들어, 외국어 학습이 이루어지는 교실에서 교수자의 기본 교수 방향이 학습자의 의사소통능력 향상에 최우선 순위를 둔다면, 이는 행동 체계 단계로서 분석이 가능하다. 학습자의 의사소통능력을 향상시키기 위해서 과제중심

언어 학습법(task-based language learning)이 사용된다면, 이는 구체적 행동 단계에서 분석이 가능하다. 그리고 외국어 학습이 이루어지는 환경적 요인들(시설 등)을 포함하여 학습자의 의사소통능력의 정확한 정의 및 평가방법 등의 시행 등은 조작 단계에서 분석이 가능하다. 하지만 이들 세 단계는 학습자 주위의 다른 요소들이 어떻게 구성되어 있고, 이들 요인들 간에 상호작용이 어떻게 이루어지고 있는가에 대한 설명이 미흡하다는 지적을 받아 왔다.

이에 대한 약점을 보완하기 위해서 Engestrom(1999)은 활동 이론을 다음 〈그림 5-2〉와 같이 시각적으로 제시 하였다(김태영, 2004, 재인용).

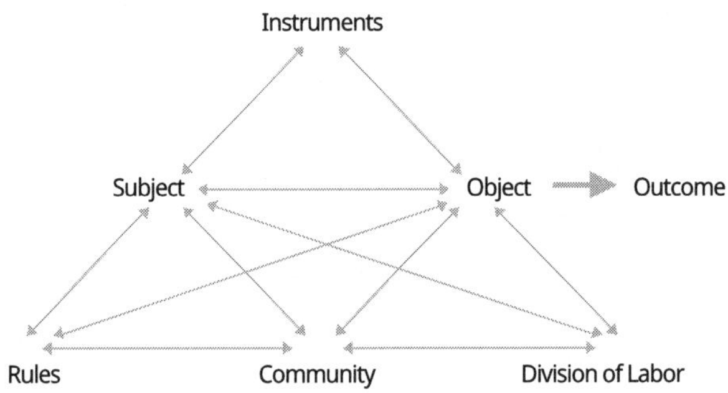

<그림 5-2> Engestrom의 활동 이론 모델

위 모형에서 주체(subject), 도구(instrument), 대상(object)은 Leont'ev 이론 중 개인과 사회 간의 상호작용을 설명하기 위해서 이미 사용된 개념이고, 규칙(rule), 공동체(community), 노력 분담(division of labor)은 Engestrom의 이론에서 새롭게 추가된 개념이다. 외국어 학습이 이루어지는 교실 환경의 경우를 살펴본다면, 주체는 학습자가 될 것이며, 도구는 학습자료, 교과내용, 동료 및 교사의 도움 등이 될 것이며, 대상은 교과내용의 이해가 될 수 있다. 규칙은 수업현장에서 적용되고 있는 여러 규칙들, 예를 들어 교재를 모두 지참해야 한다든지, 수업 시간에는 오른손을 들어 발표 신청을 해야 한다든지, 다른 학생이 발표할 때

는 조용히 경청해야 한다든지 등이 될 수 있다. 공동체는 작게는 수업이 이루어지는 교실 내에서 다른 학생들과의 교우관계, 특정 학급 및 학년, 학교 등이 될 수 있고, 넓게는 학교를 둘러싸고 있는 사회 공동체를 지칭할 수 있다. 그리고 노력 분담은 성공적인 외국어 학습을 위해서 학습자 개개인이 수행해야 할 역할과 책임을 지칭한다. 예를 들어, 영어로 발표를 한다든지, 역할극을 할 경우 학습자 개개인들이 실제 언어를 사용하여 수행하는 역할과 책임을 지칭한다. 따라서 과거에는 교실이란 다양한 능력과 배경을 지닌 학습자들이 단순히 섞여 있는 공간의 개념으로 인식하였으나, 이제는 그 이외에도 상호작용을 위한 장소로 인식되고 있다. 교실은 이제 무엇보다도 상호작용을 위한 최적의 상황이 만들어진다면 학습자 스스로 발화를 생성하여 외국어를 보다 효율적으로 습득할 수 있는 곳으로 인식되고 있다.

앞서 언급한 바와 같이, Vygotsky 이론의 핵심은 개인을 둘러싼 외부 환경(사회 · 문화적 요인)과 개인 간의 상호작용을 통해서 개인의 질적인 변화에 초점을 맞추고 있다. 따라서 Vygotsky는 학습이 이루어지는 과정 중 개인이 갖는 학습에 대한 동기(motive)를 매우 중요시하였으며, 동기가 궁극적으로는 학습 과정에 결정적인 영향을 미친다고 하였다. 학습자가 갖는 학습에 대한 동기는 개인의 과거 배경, 그리고 학습자를 둘러싼 사회적 배경과 결부되어 다양한 형태로 나타나며, 이는 학습자 개개인이 수행하는 학습에 대한 태도를 결정하게 된다. 이러한 점에서 Vygotsky는 효과적인 학습자(effective learners)와 비효과적인 학습자(ineffective learners)를 구분하는 기준으로 동기를 사용하였다.

Vygotsky에 의하면, 동기는 외국어 학습에 대해서 어떤 가치를 부여하는가에 따라서 결정되는 것이지, 언어학습이 이루어지는 교실에서 학습자가 경험하는 긍정적/부정적 경험에 의해서는 영향을 받지 않는다고 하였다. 무엇보다도 외국어 학습에 대한 동기가 강한 학습자는 교실에서 경험하는 부정적 경험에 의해서 결코 낙담하지 않는다고 하였다. 활동에 참여하는 학습자가 어떤 동기를 갖고 있는가는 매우 중요하며, 동기가 부여된 학습자는 그렇지 못한 학습자와는 다르게 활동에 적극적으로 참여하게 되는데, 이는 분명 학습에서도 서로 다른 결과를 도출해 낸다. 따라서 학습자는 무엇보다도 학습에 대한 높은 동기를 갖게 될 때 긍정적인 학습의 결과를 기대할 수 있다.

5.3 구성주의에 근거한 외국어 학습의 원리

5.3.1 인본주의적 접근

Rogers(1977)를 중심으로 하는 인본주의 심리학(humanistic psychology)에서는 학습자의 정의적인(affective) 면을 중시하면서 우리 인간을 감성을 지닌 전인적 인간(whole person)으로 보았다. 우리 인간의 내면에는 자신의 삶을 향상시킬 수 있도록 성장하는 능력을 가지고 있는데, 자아가 위협받지 않는 상황에 처하게 되면 학습자 스스로 현실에 맞춰 성장하고 학습할 수 있는 능력이 있다는 것이다. 이에 Rogers는 자신의 존재를 고양시키는 방향으로 성장하고 적응할 수 있는 사람을 '자신의 기능을 완전하게 발휘하는 사람(fully functioning human-being)'이라고 하였는데, 이런 사람은 자신의 감정과 태도를 편안하게 유지하면서 잠재력을 충분히 발휘할 수 있다.

인본주의 학습관은 우리의 교육환경에 많은 영향을 미쳤다. 무엇보다도 교육의 초점이 교사 중심의 '교수(teaching)'에서 학습자 중심의 '학습(learning)'으로 전환되었다. 또한, 교사의 역할은 과거와 같이 지시하고 교과내용을 일방적으로 전달하기보다는 학습자의 전인적 인격을 존중하면서 학습자의 학습을 도와주는 학습 촉진자 역할을 수행한다. 따라서 교사중심의 문법-번역식 수업보다는 학습자의 요구나 정의적 특성을 고려하는 수업방식이 선호되며 개별화된 수업의 개념이 언어 교실에도 도입되었다. 인본주의 학자들이 생각하는 교사의 변화된 역할을 정리하면 다음과 같다(Brown, 2007, p. 98).

① 교사는 학습자보다 낫다는 우월 의식과 모든 것을 알고 있다는 허세를 버려야 하며 학습자를 진실한 태도로 대하여야 한다.
② 교사는 학습자의 가치와 개성을 존중하고 신뢰하여야 한다.
③ 교사는 학습자와 솔직하게 그리고 상호 공감을 가질 수 있는 의사소통을 하여야한다.

교사가 위와 같은 태도로 학습자를 대할 때 교사는 자신에 대한 이해를 높일 뿐만 아니라 학습자에게 적합한 학습 상황을 설정하여 가장 효과적인 학습 분위기를 조성할 수 있다. 그러나 학습자를 너무 자유롭게 내버려두는 것은 때로 학습을 위한 소중한 시간을 허비할 수도 있으며, 너무 위협적이지 않은 수업 환경은 학습 과정 중에서 어느 정도 필요한 긴장감을 전혀 제공하지 못하는 단점도 있다.

Omaggio Hadley(1993, pp. 51-52)는 인본주의 학습관이 외국어 교실에 주는 시사점을 다음과 같이 정리하였다.

① The main function of the classroom may be to provide comprehensible input in an environment conducive to a low affective filter.
② The classroom is most useful for beginners, who cannot easily utilize the informal environment for input.
③ The requirements for optimal input are that it be (a) comprehensible, (b) interesting and relevant, (c) not grammatical sequenced, (d) provided in sufficient quantity to supply i+1, and (e) delivered in an environment where students are "off the defensive".
④ Error correction should be minimal in the classroom; it is of some limited use when the goal is learning, but of no use when the goal is acquisition.
⑤ Students should never be required to produce speech in the second language unless they are ready to do so.

5.3.2 상호작용적 접근

Vygotsky의 이론은 Swain(2000)의 상호 협력적 상호작용(collaborative interaction)으로 더 구체화되었다. 상호 협력적 상호작용은 사회적 맥락에서 이루어지는 상호작용을 의미하며 다음과 같은 이점이 있다. 첫째, 학습자의 언어사용 기회가 많아지기 때문에 목표언어의 출력이 증대된다. 둘째, 실제 언어사용을 통해서 학습자는 자신이 설정한 언어규칙에 대한 가설이 맞는지를 확인하고 수정할 수 있다. 셋째, 자신의 발화를 통해서 자신의 언어 발달 단계를 파악할 수 있다. 넷째, 발화(언어)를 통해서 자신의 사고과정을 보다 더 명확하게 할 수 있다. 즉, 상호작용적 언어학습은 학습자-학습자, 학습자-교사 간 상호작용을 통해서 자신의 현재 언어 발달 정도를 점검하고 확인할 뿐만 아니라 궁극적으로는 상대방으로부터 도움을 받아 자신의 잠재적 발달영역까지 언어능력을 발달시킬 수 있는 이점을 제공한다. 인간의 사고과정을 명확히 하는데 언어가 중요한 역할을 담당하고, 또한 인간의 사고가 언어를 통해서 구현된다는 점에서 Vygotsky는 인간의 고등정신 능력을 배양하는데 언어가 중요한 매개체 기능을 수행한다고 생각하였다.

따라서 Vygotsky는 상호 협력적 상호작용을 통해서 학습자들은 자신이 언어를 사용하여 생성해 낼 수 있는 것(언어적 표현)과 생성해 낼 수 없는 것 간의 차이점을 인식하게 된다고 하였다. 이러한 차이점의 인식은 학습자로 하여금 스캐폴딩을 받기 위한 근접발달영역을 생성하게 되는데, 무엇보다도 학습자 자신이 생성할 수 없는 언어적 항목에 대해 스캐폴딩을 받기위해 더 많은 주의력을 집중하게 된다. 결국 상호 협력적 상호작용은 학습자들이 지식을 습득하기 위한 도구가 된다. Swain(2000, p. 145)은 이 과정을 "collaborative dialogue is an important tool for language learning because it performs two functions: social (context) and cognitive (problem-solving)."로 표현하였다.

5.4 상호작용 가설과 외국어 학습

5.4.1 언어입력과 외국어 학습

행동주의 언어학자들은 외부에서 자극으로 주어지는 언어입력이 언어 습득을 결정하는 가장 중요한 요인이라고 생각하였다. 이러한 언어입력이 모방과 강화에 의해 점차 축적되어 출력 발화(output)로 나타나는데, 행동주의자들은 이러한 과정이 바로 언어학습이라는 입장을 견지하였다. 따라서 학습자는 외부에서 주어지는 이들 언어입력을 모방하고 연습하면서 습관형성에 이르게 하는 것이기 때문에 언어입력은 외국어 학습자에게 가장 중요한 언어 습득의 원천이 된다.

하지만 Chomsky 중심의 인지주의자들은 '언어습득장치'라는 언어습득의 선천성 개념을 강조하였다. 인간의 언어습득은 생득적으로 이미 정해진 생물학적인 프로그램에 따라 진행되는데, 이때 언어입력은 언어습득장치의 작동을 촉발(ignite)시키는 역할, 즉 언어습득의 방아쇠(trigger) 역할을 하는 것이라고 생각하였다. 따라서 Chomsky는 단지 언어에 노출되는 것만으로는 만족스러운 언어습득을 할 수 없다고 보았으며, 언어입력의 역할은 최소화하되 학습자 내부의 언어습득 메카니즘을 최대로 가동해야 한다고 주장했다. 인지주의자들은 규칙형성을 위해 언어습득장치의 작동을 촉발하기 위한 언어입력의 최소한의 역할만을 인정하면서 언어입력의 중요성은 생득적인 언어습득장치에 비해 상대적으로 중요하게 여기지 않았다.

한편, Krashen의 이해 가능한 언어입력 가설(comprehensible input hypothesis)이 대두되면서 언어입력의 중요성은 다시 대두 되었다. Krashen에 의하면, 성공적인 외국어 습득을 위해서는 학습자에게 이해 가능한 언어입력을 제공해야 한다는 것이다. Krashen이 주장한 이해 가능한 언어입력은 성공적인 외국어

습득을 위한 최적의 언어입력이라는 측면에서 매우 중요한 의미를 갖는다. Krashen은 학습자의 현재 언어 발달 단계(i)보다 한 단계 위(i+1)의 언어입력을 학습자에게 충분히 제공해야 하는데, 교사가 이를 인지하고 있다면 성공적인 외국어 습득이 일어날 가능성은 매우 높을 것이다.

따라서 이해 가능한 언어입력 개념은 성공적인 외국어 습득을 위한 최적의 언어입력 제공이라는 점과 연결되는데, 이는 어떤 유형의 언어입력을 학습자에게 제공할 때 가장 성공적인 언어습득이 일어 날것인가 하는 문제와 관련된다고 볼 수 있다. Hatch(1983)와 같은 학자들은 이러한 문제를 해결하기 위한 힌트를 어린이들의 모국어 습득과정에서 찾고자 했는데, 이것이 바로 성인이 어린이들에게 말하는 방식인 'baby talk, motherese, caretaker speech, child-directed speech' 등이다. 성인들이 어린이들에게 말을 할 때 이러한 유형의 말을 사용하게 되는데, 이러한 유형의 언어입력이 바로 어린이들에게는 이해 가능한 언어입력 또는 최적의 언어입력이 될 수 있다. 이러한 점에 착안하여 외국어 학습에서 가장 최적의 언어입력으로 'foreigner talk' 개념이 제안되었다. 즉, 원어민이 외국어 학습자에게 이야기할 때는 성인이 어린이에게 말하는 방식과 같이 천천히, 쉬운 어휘와 문장 구조를 사용하여, 그리고 또렷하게 발음하게 된다. 황종배(2006, p. 124)는 '외국인 말(foreigner talk)'의 특징을 다음 표로 정리하여 제시하였다.

<표 5-2> 외국인 말의 특징

언어 항목	주요 특징들
발음 영역	· Slow rate · Clear articulation 1) final stops are released 2) fewer reduced vowels 3) fewer contractions 4) longer pauses
어휘 영역	· High frequency vocabulary 1) less slang 2) fewer idioms · Fewer pronoun forms · Gestures and pictures
통사 영역	· Short and simple sentences · Movement of topics to front of sentence · Repetition and restatement · New information at the end of the sentence · Native speakers grammatically repeats/modifies learners incorrect utterances · Native speaker fills in the blank for learners' incomplete utterances
담화 영역	· Native speaker gives reply within a question · Native speaker uses tag questions · Native speaker offers correction

지금까지 언급한 언어입력 그 자체의 특징에 대해서 언급하였지만, 실제상으로 언어입력은 둘 이상의 대화 상황에서 제공된다. Krashen의 이해 가능한 언어입력은 상호 대화 상황과는 별도로 학습자에게 일방적으로 제공될 수 있지만, 외국인 말은 원어민이 외국어 학습자와 상호작용하는 과정 중에 제공된다. 따라서 외국인 말은 원어민과 외국어 학습자 간에 상호작용이 진행되면서 외국어 학습자의 수준에 따라 다양한 유형으로 나타날 수 있다는 것을

함축한다.

한편, Long(1985)은 이해 가능한 언어입력이 외국어 학습에 도움이 된다는 Krashen의 입력가설을 인정하면서 여기에 상호작용(interaction)의 중요성을 추가하였다. 즉, 단순화된 언어입력(simplified input)이 중요한 역할을 담당하기는 하지만 상호작용을 통해 조절된 언어입력(modified input)이 성공적인 언어습득을 위해서 더 유용하다는 것이다. 이는 상호작용 과정에서 소통의 문제가 발생하면 이것을 해소하기 위해 상호 협의를 하게 되고 이 과정에서 학습자의 현재 언어능력이 정확하게 파악되어 이해 가능한 언어입력이 제공될 수 있기 때문이다. Long은 이 과정을 '의미 교섭(negotiation of meaning)'이라고 칭하였다.

의미 교섭에 대한 구체적인 정의는 Pica(1987)에 의해 내려졌다. 학습자는 상호작용 과정에서 자신의 외국어 이해 수준을 넘는 입력에 접하게 될 때 이해하기 힘들다는 신호를 보내게 되고, 신호를 접한 원어민은 외국어 학습자의 이해를 돕기 위해 발화를 다양하게 조절한다. 이 과정이 의미 교섭이며 학습자는 이러한 의미 교섭 과정을 통해 이해 가능한 언어입력에 접할 수 있는 것뿐만이 아니라 '이해 가능한 언어출력(comprehensible output)'의 표출 기회도 갖게 된다.

Pica, Young, 그리고 Doughty(1987)의 연구도 이 가설을 뒷받침한다. 이들은 ESL로 영어를 배우는 초·중급의 학습자 16명에게 듣기 수업을 하면서 세 가지 형태의 언어입력을 접하게 하고 어느 경우에 이해도가 가장 높은지를 실험하였다. 원어민끼리의 의사소통에서 쓰이는 조절되지 않은 입력(unmodified input), 변형을 시키고 쉽게 풀어서 말하는 선행 조절된 입력(premodified input), 변형해서 말하지는 않으나 이해 확인을 위한 상호작용을 통해 조절되는 입력(interactionally modified input)을 주어 실험을 하였다. 연구 결과에 의하면, 의미 교섭을 위한 상호작용의 기회를 가졌을 때 이해도가 가장 높은 것으로 나타났다. 여기서 중요한 점은 언어입력 그 자체의 특성보다는 주어진 언어입력을 바탕으로 의미 교섭이 개입된 상호작용이 일어날 때 학습자들의 이해력 증진 및 성공적인 외국어 습득을 촉진한다는 것이다. 즉, 상호작용을 통해서 화자와 청자 간의 상호 이해를 위한 노력의 일환으로 의미 교섭이 일어날 때 이때 언어입력은 외국어 습득을 위한 이해 가능한 언어입력이 되고 최적의 언어입력이 될 수 있다.

5.4.2 상호작용 가설

Vygotsky에 의하면, 지식은 문화의 한 형태로 존재하는 사회적 산물이기 때문에 사회 구성원과의 사회적 상호작용을 통해서 구성된다. 학습자는 실제 세계에서 요구되는 다양한 경험을 통해서 여러 문제들을 해결하도록 요구받는데, 이를 위해서 학습자 스스로 성찰하고 판단하는 가운데 학습목표를 설정하게 된다. 이러한 과정은 학습자 주도의 학습을 이끌어낼 수 있다. 만약 학습자가 어떤 문제에 봉착하게 되면 그는 능동적으로 어떤 질문을 갖고 동료 친구나 교사 또는 전문가에게 접근할 수 있다. 이러한 상호작용을 통해 그 질문에 대한 답변을 얻음으로써 학습자는 더 깊은 이해를 갖게 되며 이를 바탕으로 새로운 정보를 더 요구하게 된다.

한편, Savery와 Duffy(1995)는 학습자가 고립된 학습 환경보다는 협동적이고 상호작용이 가능한 학습 환경에 처할 때 다른 사람의 다양한 관점과 시각을 접할 수 있으며, 이러한 과정은 사회적 협상과 공유과정을 통해 자신의 관점을 형성하고 문제를 해결하는데 매우 유익하다고 보았다. 따라서 사회적 상호작용 중에 이루어지는 사회 구성원 간의 협력은 학습에 있어서 매우 중요한 요인이 되며 그 정도에 따라 개인적 범주의 의미로 재구성되는 내재화 과정을 결정한다. 즉, 학습자 간의 협력을 통해서 학습의 효율성이 증대된다고 볼 수 있다. 이러한 측면에서 상호작용 가설(interaction hypothesis)은 학습자를 둘러싼 외부적인 환경에 대해 체계적으로 접근하여 성공적인 외국어 습득과정을 규명하려는 노력의 예라 할 수 있다.

Saville-Troike(1984)는 언어를 배운다는 것은 의사소통 활동을 통해 언어의 의미를 배워 나가는 것이라고 하면서 언어학습은 학습자에게 주어지는 언어 자료의 외형적인 형태보다는 대화자 간의 상호작용을 통해서 더 효과적으로 수행될 수 있다고 하였다. 그는 언어학습이란 개인의 인지적 활동에 국한되는 것이 아니라 다른 구성원과의 상호작용까지 포함하는 사회적인 과정이라고 하면서 사회적 상호작용을 통한 의사소통능력의 배양을 다음과 같이 강조하였다.

> Attention has now shifted to such topics as the functions language serves for children, what communicative strategies they use, and how these are developed and how input is structured in the processes of social interaction: in short, the acquisition of communicative competence. (p. 204)

따라서 상호작용은 모국어 습득뿐만 아니라 성공적인 외국어 습득을 위한 결정적인 요인이 된다. Krashen(1982a, b)은 외국어 습득을 위해서 학습자에게 이해 가능한 언어입력(comprehensible input)을 충분히 제공해 주어야 한다고 주장하였다. 그러나 Hatch(1982)와 Long(1985)과 같은 상호작용론자들은 학습자에게 주어진 언어입력 만으로는 외국어를 습득하는데 불충분하기 때문에 사회적 맥락 안에서 이루어지는 다른 구성원과의 상호작용을 강조하였다. 이 경우 학습자들은 언어에 대한 이해력(comprehension)을 높일 수 있으며, 이는 궁극적으로 성공적인 언어의 습득이나 발달에 직접적인 영향을 미친다고 주장하였다. 이때 의미 교섭을 위해서 사용되는 언어적 조절 방법에는 확인 점검(confirmation checks), 설명 요구(clarification request), 이해 점검(comprehension checks) 등이 포함된다. Long(1985)은 사회적 맥락에서 이루어지는 상호작용이 갖는 특징이 학습자의 외국어 습득에 미치는 효과를 보다 체계적으로 접근하면서 다음과 같은 기본 전제를 제시하였다.

전제 1: 상호작용을 통해서 이루어지는 (a)언어입력의 조정(linguistic adjustments)은 주어지는 (b)언어입력에 대한 이해력(comprehension)을 높인다.

전제 2: (b)이해 가능한 언어입력은 (c)언어습득을 촉진시킨다.

전제 3: 결국 상호작용을 통해서 이루어지는 (a)언어입력의 조정은 (c)언어습득을 촉진시킨다.

상호작용 가설의 핵심 내용은 언어사용의 가장 큰 목적은 의사소통을 위한 것이고 언어는 주로 사회적 맥락 안에서 사용되기 때문에 사회적 맥락 안에서 이루어지는 상호작용을 통해 외국어를 보다 더 잘 배울 수 있다는 점이다. 상호작용을 통해서 학습자들은 언어의 문법적인 면보다는 의미전달이라는 언어의 기능적인 면에 관심을 더 많이 기울이게 된다. 학습자와 학습자 간에 그리고 교사와 학습자 간에 이루어지는 '의미 교섭(negotiation of meaning)'은 결국 이해력 증진에 도움을 주어 의사소통능력 증진에 도움이 된다. 따라서 상호작용론자들은 학습자와 그들 동료 학습자, 학습자와 교사, 그리고 학습자와 다른 외부 사람과의 상호작용이라는 역동적인 성격을 매우 중요하게 생각하며 이를 규명하는데 관심을 기울인다. 앞서 Krashen 모형에서 언어입력(input)과 언어흡입(intake) 간의 차이를 구별하였는데, 언어흡입이 일어나는 정도는 학습자와 다른 학습자 간에 일어나는 상호작용에 따라 달라진다고 볼 수 있다.

한편, Wells(1981)는 상호작용을 '상호 협동적 활동(collaborative activity)'이라고 하면서 효율적인 상호작용을 위해서는 화자(speaker)가 전달하고자 하는 의미, 전달된 의미를 제대로 이해하는 청자(listener), 그리고 이러한 상호작용이 일어나는 상황(situation)에 대한 관계를 잘 이해하는 것이 필요하다고 하였다. 언어적 상호작용은 언어의 형태보다는 언어의 기능적인 면에 초점을 맞추어 전달되는 의미를 중시한다. 따라서 상호작용의 최우선 목표는 의사소통이기 때문에 언어의 실질적 의미 전달을 위한 의사소통 활동에 초점을 맞출 때 언어를 보다 효율적으로 습득할 수 있다.

5.4.3 수정된 상호작용 가설

기존의 상호작용 가설은 상호작용을 통해서 나타날 수 있는 다양한 유형의 언어입력의 특징과 상호작용이 일어나는 학습 환경 간의 연관성에 초점을 두면서 언어습득 과정을 규명하고자 노력하였다. 하지만 Long(1996)이 수정 제시한 '수정된 상호작용(modified interaction) 가설'은 이들 두 요인 이외에 학습자의 내적 언어처리 요인을 추가하여 이들 요인들이 궁극적으로 언어습득에 어떤 영향을 미치는지를 규명하고자 하였다. 즉, Long은 외국어 습득에서 언어입력과 상호작용의 중요성을 동시에 인정하면서도 학습자 자신에게 주어지는 언어입력을 이해 가능한 언어입력(comprehensible input)이 되도록 학습자가 기울이는 내적 노력들, 예를 들어 선택적 주의 집중(selective attention), 인식하기(noticing), 의식 상승(consciousness raising) 등의 학습자 내면에서 이루어지는 요인들이 이해(comprehension)를 높이는데 도움을 되며, 이는 결국 성공적인 외국어 습득으로 이어진다고 생각하였다.

외국어 학습자와 상호작용을 하는 동안 원어민은 앞서 제시한 외국인 말과 같이 그들이 하는 말(언어입력)을 학습자가 이해 가능하도록 신중하게 말을 하거나, 말하는 속도를 느리게 하거나, 또는 주어진 언어입력을 학습자가 이해하였는지에 대한 확인을 하는 등의 방법을 사용하면서 의미 교섭(negotiation of meaning)을 위해 다양한 조정 과정을 거친다. 이러한 수정되고 단순화된 언어적 자료는 학습자 측면에서 선택적 주의 집중, 인식하기, 의식 상승 등이 용이하게 일어나도록 만들어서 이해 가능한 언어입력으로 전환될 수 있도록 해준다. 결국, 학습자가 전혀 이해할 수 없는 원어민의 언어입력은 외국어 습득에 전혀 도움이 되지 않을 수 있다는 생각에 기초하고 있다. Long(1996, p. 414)은 이에 대해 다음과 같이 언급하였다.

It is proposed that environmental contributions to acquisition are mediated by selective attention and the learners' developmental L2 processing capacity, and that these resources are brought together more usefully, although not exclusively, during negotiation for meaning.

그러나, Fillmore(1991)는 모든 종류의 상호작용이 항상 외국어 습득에 도움이 되는 것은 아니라고 주장한다. ESL(English as a Second Language) 맥락과 같이 영어가 주요 의사소통 도구로 사용되는 사회적 맥락에서는 그 언어를 배우기 위해서 그 언어를 모국어로 사용하는 원어민과 사회적 상호작용을 할 필요가 있다. 이러한 상황에서는 원어민과의 상호작용이 외국어 습득에 도움이 되지만 EFL(English as a Foreign Language) 맥락과 같이 영어가 주요 의사소통 도구가 아닌 단순히 외국어로 학습되는 상황에서는 원어민과의 상호작용이 용이하지 않기 때문에 외국어 습득에는 도움이 되지 않는다고 하였다. 따라서 Fillmore는 상호작용이 외국어 습득에 미치는 영향을 검증하기 위해서 다음 2가지 요인을 고려할 필요가 있다고 했는데, 첫째는 외국인과 잘 어울리고 그들과 사회적 상호작용을 이끌어갈 만한 개인의 사회적 성격을 꼽았고, 둘째는 학습자 주위에 얼마나 많은 원어민이 있어서 그들과의 상호작용이 용이한가를 꼽았다. Fillmore는 원어민이 많을 때 그리고 언어가 자연스럽게 사용되는 사회적 맥락일 때 상호작용의 효과는 극대화된다고 하였다. 그러나 EFL 맥락과 같이 학습자 주위에 원어민이 적은 경우에는 개인의 사회적 성향이 성공적인 외국어 습득을 예측하는데 그다지 큰 영향을 미치지 못한다고 하였다. 따라서 상호작용을 통해 성공적으로 외국어를 습득하기 위해서는 학습자 주위에 접촉 가능한 원어민의 수가 매우 중요한 요인이 되기 때문에 원어민과의 접촉이 쉽지 않은 EFL 맥락에서는 원어민을 대신할 수 있는 다른 요소들을 찾아야 한다. 또한, ESL 상황에서 상호작용은 외국어를 습득하는데 매우 유익한 영향을 미치고 있으며 이와 같은 똑같은 효과를 EFL 상황에서도 기대할 수 있는 효율적인 교수 방법을 찾을 필요가 있다.

구성주의 원리 중 언어학습에 적용할 수 있는 가장 중요한 개념은 사회적 맥락에서 이루어지는 상호작용이다. 이러한 구성주의 원리에 근거한 상호작용 가설과 수정된 상호작용 가설은 언어의 사회적인 면을 중시한다. 즉, 언어는 사회적 맥락 안에서 의사소통을 위해서 사용되고 있기 때문에 외국어 역시 사회적 맥락 안에서 다른 구성원과 상호작용을 통해서 가장 잘 습득될 수 있다는 것이다. 따라서 상호작용 가설은 반복, 모방, 습관형성, 조건화에 역점을 둔 행동주의와는 근본적으로 다르며, 인간의 심리적인 작용, 보편문법, 그리고 중간언어 이론을 제시한 인지주의 학습 이론과도 차이가 있다. 이어지는 후속 장에서는 Vygotsky의 사회 · 문화 이론을 좀 더 심도 있게 살펴봄으로써 언어학습에 영향을 미치는 사회 · 문화적인 요인들에 대해서 논의하고자 한다.

06

Vygotsky의 사회·문화 이론과 외국어 학습

06

Vygotsky의 사회·문화 이론과 외국어 학습

기존의 과학 이론이 어떤 현상을 분리하여 각각의 요소들에 대한 분석적 접근 방법을 취했다면, Vygotsky(1896-1934)의 이론은 각각의 요소들과 이들 요소들과 인접하고 있는 다른 하위 요인들 간의 상호작용적 역할을 규명하는데 초점을 맞추고 있다. Vygotsky의 이론은 사회 · 문화 이론(socio-cultural theory)이라 하는데, 이 이론의 하위 요소에는 잠재적 발달영역(ZPD), 스캐폴딩(scaffolding), 공공 발화(public speech), 사적 발화(private speech), 내적 발화(inner speech), 활동 이론(activity theory) 등이 있다. Vygotsky의 이론을 살펴봄으로써 외국어 교육의 새로운 대안을 찾아보는데 많은 도움이 될 것으로 사료된다.

6.1 사회 · 문화 이론의 원리

Vygotsky의 사회 · 문화 이론은 본래 인간의 언어학습 과정을 설명하기 위한 이론이 아니다. 사회 · 문화 이론은 어린이가 태어나서 성장하면서 그 사회의 완전한 구성원으로 발전해 나가는 과정을 설명하기 위한 이론이다. 사회 · 문화 이론에 의하면, 어린이가 그 사회의 완전한 구성원으로 성장하기 위해서는 고등정신 능력을 갖추어야 한다. 따라서 아동은 계속적인 지적 발달 과정을 통해서 고등정신 능력을 발전시켜 나가면서 아동이 속한 그 사회의 완전한 구성원으로 성장해 나가는데, 사회 · 문화 이론은 이 과정을 설명하는 이론이라 할 수 있다.

Vygotsky는 아동의 지적 발달은 두 단계를 거쳐서 이루어진다고 하였다. 첫 번째 단계는 사회적 단계(social plane) 또는 인간 간 단계(interpersonal plane)로서 아동(학습자)과 성인(교사) 간의 정신적 매개 작용을 통해 학습이 이루진다. 이 단계에서 아동은 자신을 둘러싼 사회의 제도, 관습, 가치, 법률, 문화, 음식, 의복 등의 다양한 사회 · 문화적인 요소들을 받아들이며, 또한 인간 간의 정신적 상호작용이 중시되는 단계이다. 다음 단계는 심리적 단계(psychological plane) 또는 인간 내 단계(intrapersonal plane)로서 학습자 내부에서 정신 작용이 일어나는 단계이다. 이 단계는 학습자 내부에서 이미 정립된 지식과 새롭게 받아들이는 지식이 상호작용하여 새로운 지식체계를 구축하는 단계이다. 아동은 새로운 지식의 내재화를 통해서 기존 지식과는 질적으로 다르게 구축된 지식 체계를 통해서 다시 사회적 단계로 넘어가고, 사회적 단계에서 다시 상호작용을 하게 되며, 이를 통해서 새롭게 받아들이는 사회 · 문화적인 지식들은 학습자 내부의 심리적 단계를 통해서 다시 내재화 과정을 거친다. Vygotsky의 입장에서, 학습은 벽돌쌓기처럼 새로운 지식이 차곡차곡 쌓이는 것이 아니라, 기존 지식과 새로운 지식이 매개 과정을 통해서 기존 지식과는 질적으로 다른 새로운 지식 체계로 재편성되는 과정이라 할 수 있다.

그런데 Vygotsky의 이론에서 언어가 주목받는 이유는 인간의 고등정신 기능과 인간의 학습을 유도하는 매개물로 언어가 작용한다고 믿기 때문이다. 즉, 인간은 언어를 통해서 개인의 고등정신 능력을 개발하게 된다. 언어는 의사소통의 도구이며, 문제 해결을 위한 도구이며, 상호작용 및 인지 발달의 도구로 사용되며, 무엇보다도 사회적 단계에서 심리적 단계로 전이되면서 새로운 지식을 내재화시키는 매개 역할을 수행한다. 이를 그림으로 나타내면 다음 〈그림 6-1〉과 같다. 아래 그림에서 보듯이, 사회적 단계에서 심리적 단계로 전이되면서 새로운 지식이 내재화되는데, 이때 '언어'가 중요한 매개 역할을 담당한다.

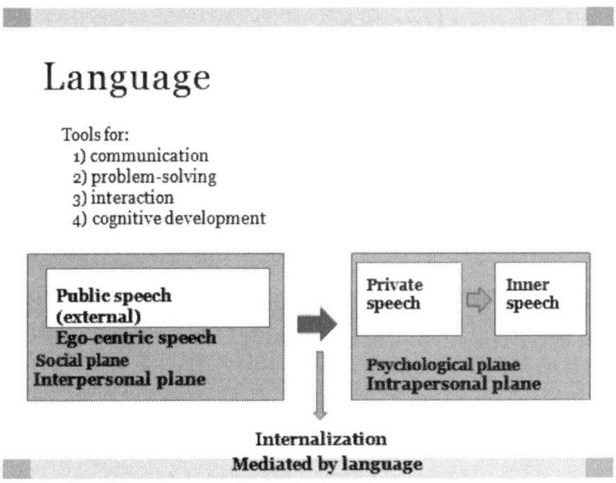

<그림 6-1> Vygotsky가 바라보는 언어의 역할

Vygotsky에 의하면, 인간이 수행하는 정신 능력에는 기억(memory), 주의(attention), 이성적 사고(rational thought), 의지(volition), 개념의 정립(formation of concepts) 등이 있다. 그런데 이들 정신 능력은 본질적으로 생리적 단계(biological plane)에서 자연스럽게 나타나는 부산물이 아니라 사회적 활동을 통해서 나타난다.

즉, 인간의 고등정신 능력 발달 과정에서 사회적 요인이 생리적 요인보다 더 우선된다는 것을 의미한다. 따라서 이러한 고등정신 능력들이 발휘되기 위해서 학습자들은 사회적 활동에 참여해야 한다. 학습자 자신을 둘러싼 외부 환경(교사, 동료, 사회적 관습 등)과 상호작용하면서 새로운 지식을 받아들이는 사회적 단계는 인간 간 단계가 되며, 이 단계에서 학습자의 정신 능력은 외부(사회 문화적 요인) 요인에 의해서 지배를 받는다. 그렇지만 이 단계는 학습자가 자기 통제(self-regulation)와 인지적 독립(cognitive independence)을 성립해 나가는 첫 단계가 되기도 한다. 사회적 단계에서 심리적 단계로 전이되는 내재화 과정을 도식으로 나타내면 다음 〈그림 6-2〉와 같다.

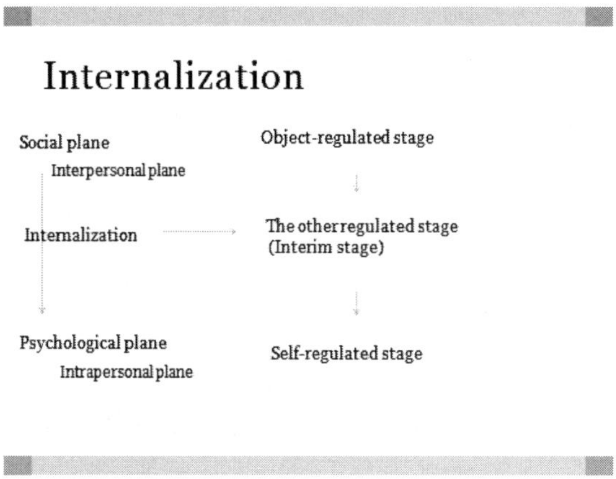

<그림 6-2> Vygotsky의 내재화 원리

Vygotsky는 인간의 고등정신 능력은 외부 환경에 의해서 지배받기 보다는 자신에 의해서 지배를 받는 심리적 단계에서 구현된다고 하였다. 사회적 단계에서 심리적 단계로 전이되는 내재화 과정은 학습자의 고등정신 능력이 구현되기 위한 전제조건이면서 기초 과정이 된다. 심리적 단계에서는 학습자들이 이전 사회적 단계에서 사회적 활동을 통해서 받아들인 사회적 관습 및 새

로운 지식을 내재화하면서 기존 지식과는 질적으로 다른 새로운 지식 체계를 구축한다. 이렇게 질적으로 다르게 재편성된 지식 체계는 새로운 지식을 받아들이기 위한 외부 세계와의 상호작용을 위해서 다시 사용된다. 즉, 사회적 단계(또는 인간 간 단계)에서 심리적 단계(또는 인간 내 단계)로 내재화되고, 질적으로 다르게 재편성된 지식 체계는 다시 외부 세계와 상호작용하기 위해 사회적 단계로 전환되는 일종의 순환 과정을 거친다. 이러한 순환 과정을 통해서 인간의 고등정신 능력은 지속적으로 발전해 나간다. 이 과정을 좀 더 자세하게 언급하면 다음과 같다.

첫째, 학습자는 사회적 단계에서 사회적 활동에 참여하면서 사회적 관습 및 법규, 행위, 새로운 지식을 받아들이게 된다. 이때 학습자를 둘러싼 외부 환경은 학습자에게 영향을 미치게 되고, 학습자는 외부 환경적 요인에 의해서 지배를 받는다.

둘째, 학습자는 사회적 활동을 통해서 관찰한 사회적 관습 및 행위, 그리고 새로운 지식을 내재화시킨다. 새로운 지식은 기존의 지식 체계와 만나서 질적으로 다른 새로운 지식 체계로 바뀌게 된다.

셋째, 학습자는 질적으로 새롭게 바뀐 지식 체계를 가지고서 다른 방식으로 자신을 둘러싼 외부 환경과 계속적으로 사회적 활동에 참여하게 되고, 사회적 관습 및 행위, 그리고 새로운 지식을 받아들인다.

넷째, 학습자는 사회적 활동을 통해서 새롭게 관찰한 사회적 관습 및 행위, 그리고 새로운 지식을 내재화시킨다. 새로운 지식은 기존의 지식 체계와 만나서 다시 질적으로 다른 새로운 지식 체계로 바뀌게 된다.

다섯째, 학습자는 질적으로 새롭게 바뀐 지식 체계를 가지고서 자신을 둘러싼 외부환경과 다른 방식으로 사회적 활동에 참여하게 된다(학습자는 이러한 순환 과정을 거치면서 고등정신 능력을 발전시키게 된다.).

학습자가 고등정신 능력을 발전시켜 나가는 이러한 순환과정을 도식으로 나타내면 다음 〈그림 6-3〉과 같다.

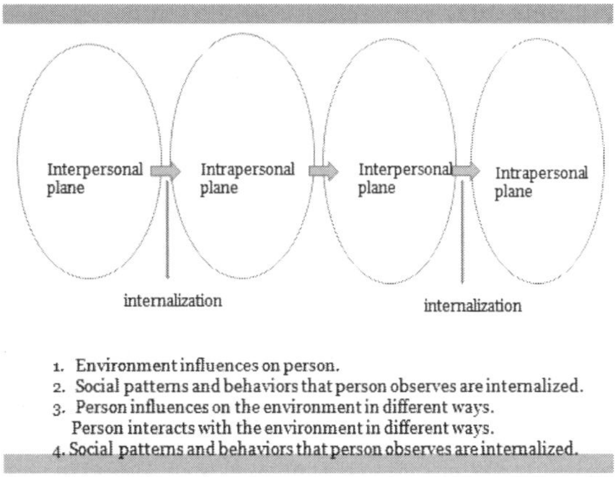

<6-3> Vygotsky의 고등정신 능력 발달 과정

6.2 공공 발화, 사적 발화, 내적 발화

Vygotsky는 아동이 자신의 고등정신 능력을 형성하는 과정에서 언어는 매우 중요한 역할을 담당한다고 주장하였다. 앞서 제시한 〈그림 6-1〉에서 보았듯이, 사회적 단계에서는 자기중심적 발화(ego-centric speech)와 공공 발화(public speech)가 사용되며, 심리적 단계에서는 사적 발화(private speech)와 내적 발화(inner speech)가 사용된다.

1) 자기중심적 발화(ego-centric speech)와 공공 발화(public speech)

이 단계에서 아동은 자신을 타인처럼 간주하여 스스로에게 발화를 하게 된다. 예를 들어, 어떤 John이라는 이름을 가진 아동이 "John likes apples."라는 발화를 했다면, 이는 타인의 존재를 인식하고 발화를 하는 것이 아니라 타인의 존재 유무와는 관계없이 자신을 타인처럼 간주하여 John인 자신에게 발화를 하는 것이다. Piaget는 어린이가 생성해 내는 이런 발화는 인지 능력이 낮은 아동이 단지 미숙한 자아를 표출하는 '자기중심적 발화'라고 주장하였다. 하지만 Vygotsky는 이런 유형의 발화를 아동이 주위 환경의 영향을 받아서 형성된 아동의 자아가 언어라는 매개체를 통해서 표현되는 증거로 보았다. 그런데 Vygotsky는 아동의 인지 발달 과정 중에서 아동이 자신을 둘러싼 외부 환경에 존재하고 있는 타인의 존재를 인식하고, 이들 타인과 상호작용하기 위한 수단으로 언어가 사용되는 점 때문에 Piaget이 제시한 '자기중심적 발화' 대신에 '공공 발화(public speech)'라는 용어를 사용하였다. 따라서 공공 발화는 아동이 외부세계에 존재하는 타인의 존재를 인지하고 이들과 상호작용하기 위한 수단이 되며, 상호작용을 통해서 사회적 관습 및 행위, 사고 체계, 가치 체계, 사회적 태도, 그리고 새로운 지식 등을 받아들여서 이들을 학습자 내부에 내재화시키기 위한 매개체 역할을 한다. 내재화 과정 중에서 공공 발화는 사적 발화 및 내적 발화로 전환되어 고등정신 능력 발달의 기반이 된다.

2) 사적 발화(Private Speech)와 내적 발화(Inner Speech)

Vygotsky에 의하면, 사적 발화와 내적 발화는 심리적 단계 또는 인간 내 단계에서 나타난다. 이들 발화의 공통적 특징은 아동을 제외한 다른 사람들은 이들 언어들을 듣지 못한다. 우리 성인들도 사적 발화와 내적 발화를 많이 생성하지만, 아동은 인지적 노력이 요구되는 과업에 직면하여 이를 해결하고자 할 때 이들 발화들을 더 많이 생성하게 되는 특징을 갖고 있다. 이는 언어가 인간의 고등정신 능력을 제어하고, 또한 인간의 정신이 주변 환경과 역동적으로 상호작용하고 있다는 점을 함축하고 있다.

Vygotsky가 바라본 사적 발화는 단지 인지 능력이 부족한 어린이들이 내면적으로 발화하는 것이 아니라, 학습자 자신의 기억, 주의 집중, 내면화, 그리고 학습에 대한 통제력을 증진시키는 역할을 한다. 사적 발화의 주요 특징은 외부인이 이들 발화 자체를 들을 수 없다는 것인데, 그렇다고 해서 학습자의 사고 과정이 중단되어 있는 상태는 아니다. 사적 발화의 특성상, 외면적으로는 침묵하는 것으로 보일 수 있으나, 내면적으로는 학습자들이 부단히 발화에 대해서 연습을 수행하는 매우 역동적인 상태로 이해될 필요가 있다.

Lantolf(2000)는 사적 발화는 초인지적 기능, 리허설(rehearsal) 기능, 그리고 외국어의 내재화 과정과 같은 3가지 기능을 수행한다고 하였다. 특히, 언어 규칙을 내재화시키는 것과 관련하여 Ohta(2000)와 Saville-Troike(1988)는 학습자들이 비록 외적으로 발화를 하지 않는 침묵의 시기임에도 불구하고, 올바른 외국어 문장을 발화하기 위해서 광범위한 사적 발화의 빈도가 증가한다는 사실을 발견하였다. Vygotsky에 의하면, 아동의 고등정신 능력 발달을 위해서 사적 발화는 다시 내적 발화(inner speech)로 전환되고, 이 과정을 통해서 학습자의 사고 과정은 더욱 정교해 지고 명확해 진다. 따라서 학습자의 사적 발화는 비록 외부자가 들을 수 없다고 해서 학습자의 내적 인지 활동이 중단된 상태로 보기 보다는 학습자가 지속적으로 인지 활동을 활발히 진행하는 과정으로 인식되어야 한다.

따라서 사적 발화는 침묵에 가까워서 다른 이들은 이를 들을 수 없지만, 아동의 내면과 대화하는 특징이 있다. 아동은 자신의 내면세계와 대화를 하면서 사회적 단계에서 받아들인 사회적 관습 및 행위, 그리고 새로운 지식들을 내면화시키거나, 또는 주어진 과업의 문제를 해결하기 위한 방법을 내면에서 찾기 위한 매개체로 내적 발화를 사용한다. 따라서 내적 발화는 아동의 고등정신 능력 발달에 있어서 매우 중요한 역할을 담당하게 된다. 예를 들어서, 자신의 능력보다 위에 있는 과업에 직면하였을 때 이를 해결하기 위한 방법으로 다음과 같은 발화를 내면의 자신에게 할 수 있다. "What is the best way?", "Where to go?", "What do I need to do?", "What do I want to find?". 내면의 자신과 대화를 하면서 이전 단계인 인간 간 단계에서 받아들인 새로운 지식체계를 내재화시킴으로써 자신의 사고 과정과 행위를 스스로 규제하게(self-regulated) 된다. 따라서 일단 문제 해결이 되면, 내적 발화는 사라지게 된다.

6.4 Vygotsky의 사회 · 문화 이론과 외국어 학습

6.4.1 외국어 학습의 기본 원리

인지주의에서 바라보는 외국어 학습은 외부에서 주어지는 언어입력을 대상으로 언어 규칙을 발견하고 형성해 나가는 가설 검증 과정에 초점을 맞추고 있어서 매우 개인적인 과정으로 이해된다. 하지만 Vygotsky의 이론은 학습자와 학습자를 둘러싼 사회적 환경과의 상호작용을 통해서 영향을 주고받는 가운데 학습자는 그 사회의 완전한 구성원이 되는데 갖추어야 할 고등정신능력을 발전시켜 나가는 것을 매우 중요하게 다룬다. 이때 언어는 기능적인 매개체 역할을 담당하기 때문에 매우 중요하게 다루어진다. 따라서 Vygotsky 이론은 외국어 학습의 성공 여부를 결정짓는데 있어서 학습자를 둘러싼 사회적 맥락을 매우 중요하게 생각하며, 또한 사회적 맥락에 따라 다양한 표현들이 적절하게 사용되는 사회 · 언어학적인 능력의 배양을 중요하게 생각한다.

Vygotsky 이론에서 바라보는 외국어 학습의 궁극적인 목표는 학습자들이 목표 언어 공동체 사회의 완전한 구성원으로서 완벽하게 의사소통할 수 있는 정도의 언어능력을 배양하는데 있다. 목표 언어 공동체 사회의 구성원이 되기 위한 과정 중에서 학습자들은 사회적 맥락에서 자신보다 언어능력이 위에 있는 동료 및 성인(선생님)과 상호작용을 하면서 스캐폴딩(scaffolding: 도움)을 받게 되고, 그런 가운데 근접발달영역(ZPD: Zone of Proximal Development)을 만들게 되면서 학습자의 현재 언어 발달 단계를 초월하여 잠재적 발달 영역까지 발달하게 된다.

6.4.2 Vygotsky가 바라본 화석화

목표어가 완벽한 규칙 체계로 발전하지 못하고 중간언어로 굳어진 상태를 화석화라 한다. 만약 화석화 현상이 진행된다면, 당장 언어적 오류가 보이지 않더라도 어느 때든지 학습자들이 오류를 생성할 가능성은 항상 존재한다. 그렇다면, Vygotsky는 화석화에 대해서 어떤 견해를 취하고 있는가?

Vygostky에 의하면, 화석화는 학습자가 오랫동안 외국어를 학습해 왔음에도 불구하고 원어민과 같은 정도의 언어적 형태를 사용할 수 없는 상태를 의미한다. 앞서 언급한 바와 같이, Vygotsky가 바라본 외국어 학습은 목표 언어 공동체의 한 구성원으로서 어려움 없이 완벽하게 의사소통할 수 있는 정도의 언어능력 습득을 목표로 한다. 이를 위해서 학습자는 목표 언어 공동체 사회 내에서 그 사회의 구성원들과 상호작용하는 것을 매우 중요시한다. 따라서 특정 학습자의 언어 발달 정도가 화석화인지, 아닌지를 구분하기 위해서는 목표 언어 공동체 사회에 얼마나 오랫동안 거주하였으며, 어떻게 목표 언어를 학습해 왔는가를 고려할 필요가 있다.

Vygotsky는 학습자들이 고등정신 능력을 배양하기 위해서는 사회적 단계(other-regulated stage)에서 심리적 단계(self-regulated stage)로 전이가 이루어져야 한다고 하였는데, 이러한 전이 단계가 지체될 때 화석화 현상이 나타난다고 하였다. 상호작용 단계에서 충분한 정도의 상호작용이 이루어지지 않았다면 결국 화석화가 일어난다는 것이 Vygotsky의 견해이다. 이를 좀 더 구체적으로 표현하면, 언어 학습자가 상호작용 중에 주어지는 언어입력 또는 상호작용적 실마리(clues)에 무관심하게 될 때 화석화 현상이 나타난다. 학습자들은 상호작용 과정 중에서 도움이 필요한지, 또는 어떤 도움이 필요한지를 보여주는 여러 유형의 실마리들을 나타내는데, 상호작용 중에 이러한 표시에 무관심하게 되면 언어능력을 발전시키기 위한 스캐폴딩을 받지 못해 결국 화석화에 이르게 된다는 것이다.

이러한 화석화 현상을 극복하기 위해서 Vygotsky는 학습자들이 상호작용 과정 중에서 정확하게 발화할 수 있는 기회를 더 많이 받을 필요가 있으며, 자신의 현재 언어 발달 단계에서 언어로 표현할 수 있는 것과 표현할 수 없는 것 간의 차이점을 보완할 수 있는 외부 도움을 받을 필요가 있다고 하였다. 즉, 정확한 언어적 표현을 생성하기 위해서 외부의 어떤 스캐폴딩을 받아야 하는데, 이러한 점이 용이하지 않을 때 화석화 현상이 나타나게 된다.

6.5 Vygotsky 사회 · 문화 이론과 문화 이식 가설 비교

Vygotsky 이론은 학습자가 배우고자 하는 목표어와 자국어 문화 사이에 존재하는 문화적 차이의 이해를 강조하는 Schumann(1978b)의 문화 이식(acculturation) 가설과 비슷한 점이 있다. 하지만 Vygotsky 이론은 단순히 목표어 문화와 학습자의 자국문화 간의 차이를 인식하는데서 그치지 않는다. 오히려 사회적 맥락에서의 적극적인 참여(participation)를 통해서 사회적 공동체의 완전한 구성원이 될 수 있는 정도의 새로운 자아 정체성을 재구성하는데 목표를 두고 있다는 점에서 기존의 문화 이식 가설과는 차이가 있다. Vygotsky의 사회 · 문화 이론과 문화 이식 이론 간의 차이점을 정리하여 표로 제시해 보면 다음과 같다.

<표 6-3> 사회 문화 이론과 문화 이식 간의 차이 비교

Socio-cultural theory	Acculturation
1. 목표 문화에 완전 흡입될 수 있는 능력 2. 구 자아를 상실하고 새로운 자아를 재구성함 3. 언어능력은 특정 언어 공동체 사회의 완전한 구성원이 될 수 있는 정도의 언어능력 습득 4. 특정 언어 공동체 사회 내의 규범에 따라 구성원으로서 행동하고 의사소통을 할 수 있는 능력 5. 목표 문화 내에서 적극적 의미의 참여자가 됨 6. 의사소통 상에서 화자-청가 간에 존재하는 힘의 불평등, 권위 등을 인식함 7. 자국 문화 경계를 넘어서 목표문화의 완전한 구성원이 됨	1. 목표 문화를 이해할 수 있는 능력을 중시함 2. 목표 언어의 문화를 이해하는 것은 목표 언어를 성공적으로 배우기 위한 조건이 됨 3. 사회적 맥락에 적절한 언어를 사용하는 것이 중시됨 4. 자국 문화와 목표 문화 간의 차이를 인식하는 것이 중요함 5. 목표 문화를 어느 정도로 이식할 수 있는가에 따라 성공적인 외국어 학습을 결정하게 됨 6. 자국 문화와 목표 문화 간에 존재하는 차이점은 왜 학습자가 성공적으로 외국어를 학습하지 못하는가를 설명하게 됨

한편, 인지주의에서 바라보는 '습득'과 Vygotsky 이론에서 바라보는 '참여'라는 메타포(metaphor) 간의 차이를 정리하여 표로 제시해 보면 다음과 같다. 앞서 언급한 바와 같이, 인지주의에서 바라보는 습득의 과정은 지극히 개인적인 과정인 반면에, 사회 · 문화 이론에서 바라보는 참여 과정은 사회적 맥락에서의 상호작용적인 과정을 중시하고 있다는 점을 알 수 있다.

<표 6-4> 습득과 참여의 Metaphor 비교

Acquisition Metaphor	Participation Metaphor
1. 제2의 자아 확립 2. 언어습득은 언어의 규칙과 어휘를 습득해 나가는 과정임 3. 언어습득 과정은 결국 학습자의 인지 발달로 귀결됨 4. 정보처리 모형으로 설명 가능	1. 원 자아의 정체성을 버리고 새로운 자아의 정체성 확립 2. 언어습득은 목표 언어 공동체 사회의 완전한 구성원이 되는 것임

6.6 Piaget와 Vygotsky 간의 비교

Piaget는 인간의 인지는 생후 16년 동안 급속하게 발달하고 그 이후에는 발달의 속도가 둔화된다고 주장하면서, 어린이의 인지적 성장에 따른 지적 능력의 발달을 감각 운동 단계(sensorimotor stage: 0-2세), 전조작 단계(preoperational stage: 2-7세), 조작 단계(operational stage: 7-16세) 등의 3단계로 분류하였다. 그리고 조작 단계는 11세 무렵을 분기점으로 하여 구체적 조작 단계(concrete operational stage)와 형식적 조작 단계(formal operational stage)로 세분화 하였다. 그에 의하면, 구체적 조작 단계에 있는 학습자는 구체적인 경험이나 직접적인 지각을 통해 언어를 습득할 수 있으며, 형식적 조작 단계에 접어들면서 추상화와 논리적인 개념을 다룰 수 있게 된다. 따라서 Piaget는 언어습득의 중요한 시기를 구체적 조작 단계에서 형식적 조작 단계로의 전환기인 사춘기 이전으로 보았다.

Piaget는 생득적인 생물학적 시간표에 따라 아동이 스스로 세계를 이해하고 인지 능력을 발달시켜 나가는 과정을 중시하였다. Piaget는 자연적이고 생물학적인 발달 과정에 따른 보편적인 인지 발달을 강조하기 때문에 아동을 둘러싼 사회 · 문화적인 요인들의 영향은 극히 제한적이라고 생각한다. 하지만 Piaget 역시 아동과 아동을 둘러싼 물리적인 세계와의 상호작용을 전혀 배제하지는 않았으며, 아동과 물리적인 세계와의 상호작용의 결과에 의해서도 아동의 인지 발달이 이루어진다고 생각하였다. 이때 아동은 독립적인 발견자가 되며, 아동의 인지 발달 정도는 아동의 학습 능력을 결정한다고 보았다.

한편, Vygotsky는 인간에 대한 이해에 있어서 사회 · 문화적 측면을 강조하였다. 즉, 아동은 타인과의 상호작용 속에서 영향을 받으면서 성장하는 사회적 존재로 인식하였다. Vygotsky는 아동을 둘러싼 사회적이고 문화적인 환경을 중시하였으며, 이들 환경이 아동에게 영향을 미치기 때문에 이들 요인들이 아동의 사고 유형을 결정한다고 보았다. Piaget가 생물학적인 시간표에 의한 아동의 인지 발달 측면을 강조하였다면, Vygotsky는 아동의 인지 능력 발달은 다른 아동 또는 성인과의 상호작용을 통해서 이루어진다고 생각하였다. 이들 다른 아동과 성인은 아동이 지적으로 발달하는데 필요한 스캐폴딩을 제공해주는 동시에 안내자 역할을 담당한다. Vygotsky는 아동은 태어날 때부터 주의력, 감각, 기억 등의 기본적인 정신 능력을 가지고 태어나지만, 이러한 능력들은 문화, 언어, 사회적 상호작용에 의해서 더욱 정교한 고등정신 능력으로 발전한다고 주장하였다. 특히, Vygotsky는 자기중심적 발화(ego-centric speech), 사적 발화(private speech), 내적 발화(inner speech), 그리고 공공 발화(public speech) 등의 역할에 대해서 언급하면서 언어가 아동의 인지 발전에 지대한 영향을 미친다고 주장하였다.

언어가 아동의 인지 발달에 영향을 미친다는 Vygotsky의 주장은 인지 능력이 오히려 아동의 언어 발달에 영향을 미친다고 주장한 Piaget의 주장과는 대조를 이룬다. 그리고 아동의 고등정신 능력의 발달은 사회적으로 더 많은 지식과 경험을 가지고 있는 교사나 성인과의 상호작용을 통해서 가능하다고 보았다. 따라서 아동의 능력 밖에 있는 과제는 아동이 스스로 수행할 수 없지만, 성인(교사)이나 동료들의 도움을 받아 같이 학습을 하게 된다면 과제를 성공적으로 수행할 수 있게 된다. Vygotsky는 이러한 영역을 근접발달영역이라고 하였다. 아동이 실패하지 않도록 충분한 도움을 제공하지만, 결국 아동이 독립적으로 과제를 수행할 수 있는 능력이 갖추어지면 도움을 제거하게 된다.

자기중심적 발화(ego-centric speech)와 관련하여, Vygotsky는 아동의 자기중심 사고를 나타낼 뿐만 아니라 문제 해결을 위한 아동의 사고 도구가 된다고 주장하였다. 반면에 Piaget는 아동의 전조작기 동안에 단지 자기중심의 사고를 보여주는 것이고, 성장과 동시에 이러한 자기중심적 발화는 감소한다고 주장하였다. 자기중심적 발화에 대한 Piaget와 Vygotsky 간의 차이를 표로 정리해 보면 다음과 같다.

<표 6-7> 자기중심적 발화에 대한 Piaget와 Vygotsky 비교

Piaget	Vygotsky
1. 자기중심적 사고를 반영함	1. 자기중심적이지만, 문제해결을 위한 사고의 도구로 사용됨
2. 타인을 고려하지 않고 자기중심적임	2. 현재 자신의 발달 단계를 넘어선 과업에 직면 하였을 때 나타남
3. 점차 성숙하면서 감소	3. 다른 사람으로부터 도움을 청할 때 나타남. 이를 통해서 ZPD를 만들어 냄
	4. 내재화 시작을 의미함
	5. 인간 간 세계에서 인간 내 세계로의 전환을 의미함
	6. 내재화 과정이 끝날 때, 인간의 고등정신 능력의 기능을 기대할 수 있음

사적 발화(private speech)와 관련하여, Piaget는 인지능력이 낮은 어린이가 사회적 맥락과는 무관하게 자신에게 말하는 발화라고 하였지만, Vygotsky는 아동이 자신의 행동과 사고를 조절하기 위해서 자기 자신과 의사소통하는데 사용하는 언어로 인식하였다. Vygotsky는 아동의 사적 발화는 혼자 말로 시작하여 나중에는 다른 사람이 들을 수 없는 내적 발화(inner speech)로 발전해 나간다고 하였다. 아동의 사적 발화는 문제 해결을 돕고, 아동의 행동을 조절하는 역할을 한다. 사적 발화에 대한 Piaget와 Vygotsky 간의 차이를 표로 정리해 보면 다음과 같다.

<표 6-8> 사적 발화에 대한 Piaget와 Vygotsky 비교

	Piaget	Vygotsky
1. 정의	인지 능력이 낮을 때 나타남	자신과의 의사소통 도구로 사용됨
2. 발달과정	성숙하면서 감소함	내재화 과정 중에서 내적 발화로 전환됨
3. Public speech와의 관계	인지 능력이 낮은 어린이들이 사용함	능력 있는 동료, 선생님과 상호작용하면서 더 발달됨
4. 사회적 맥락과의 관계	사회적 맥락은 무의미함	학습자들은 사회적 유형, 행위, 관습, 사고 등을 내재화하는 과정을 거치기 때문에 사회적 맥락은 매우 중요함. 그런 후, 고등정신 능력의 기능을 가져올 수 있는 내적 발화를 발달시킴.

지금까지 살펴본 Piaget와 Vygotsky의 인지 발달 과정을 대조하여 정리해 보면 다음 표와 같다.

<표 6-9> 인지 발달 과정에 대한 Piaget와 Vygotsky 비교

	Piaget	Vygotsky
1. 인지 구조	1. 생물학적 시간표 2. 두뇌, 인지 3. 사고가 언어에 영향을 미침	1. 사회, 문화, 역사적 환경 2. 주의력, 사고, 기억력 3. 언어가 사고에 영향을 미침
2. 사회적 맥락의 역할	1. 사회적 맥락은 무의미함 2. 성숙	사회, 문화적 맥락이 아동의 사고 유형을 결정함
3. 언어와 인지 간의 관계	인지 발달을 통해서 언어 발달이 이루어진다고 주장함	언어 발달을 통해서 인지 발달이 이루어진다고 주장함
4. 어린이에 대한 시각	성숙과 함께 인지 능력이 발달하여 독립적 학습자가 됨.	사회적 맥락에서 상호작용을 통해서 고등정신 능력을 발전시켜 나감

5. 학습의 의미	인지 발달 정도가 학습 능력을 결정함	학습이 인지 발달을 가져옴
6. 협동학습	같은 인지 능력 발달 정도를 갖고 있는 아동과 상호작용	뛰어난 동료, 또는 교사와 상호작용

Vygotsky는 아동의 인지 발달이 단지 아동의 내부에서 일어나는 정적인 존재의 학습자에 초점을 맞추기 보다는 아동과 아동 자신을 둘러싼 외부 환경 간의 역동적인 상호작용에 초점을 맞추고 있다. 아동은 외부 환경과의 상호작용을 통해 상호 영향을 주고받는 복합적인 과정을 거치면서 그 사회의 완전한 구성원이 되며, 이에 필요한 고등정신 능력을 갖추게 된다. 이러한 사회적 과정을 통해서 획득하는 자율성 및 자기 통제 등과 같은 능력들은 생물학적으로 파생되고 획득되기 보다는 환경과의 상호작용을 통해서 개발되고, 동시에 이러한 능력들은 언제든지 변화될 수 있다. 그렇다면, 지금까지 살펴본 Vygotsky 이론은 외국어 학습과 관련하여 어떤 함축성을 갖고 있는가? 이를 정리해 보면 다음과 같다.

① 교수(instruction)를 통해서 학습이 일어나고, 학문적 발전이 나타나는데, 이는 생물학적인 발전보다 더 중요하다.
② 학교 환경에서 일어나는 학습은 아동의 인지 발달에 매우 중요한 역할을 한다.
③ 아동의 현재 인지 발달 단계보다 위에 해당되는 과제를 아동에게 제공될 때 아동은 자신보다 뛰어난 동료 또는 교사와의 상호작용을 통해서 자신의 인지 발달을 더 촉진시킬 수 있다.
④ 뛰어난 동료와 교사는 상호작용을 통해서 아동에게 도움을 제공하게 되는데, 이는 아동의 인지 발달을 위한 '스캐폴딩(scaffolding)'을 만들어낸다. 이때 스캐폴딩은 학습자 수준에 적절해야 한다.
⑤ 아동이 독립적으로 과제를 수행할 수 있게 되면, 교사는 더 이상 스캐폴딩을 제공하지 않는다.

⑥ 사회적 맥락 안에서 다른 뛰어난 아동과 상호작용하도록 권장한다. 사회적 맥락은 아동에게 그 사회의 구성원으로 성장하는데 필요한 제도, 관습, 법률, 문화 등의 정보를 제공하기 때문에 매우 중요하다.

⑦ 문제 해결 과정 중에 내적 발화(inner speech)를 사용하도록 권장한다. 내적 발화는 아동이 직면한 문제를 해결하는 사고의 도구가 된다.

Vygotsky가 바라보는 학습자는 학습자 자신이 수동적인 존재이기 보다는 학습자를 둘러싼 외부 환경, 특히 사회 · 문화적 맥락 안에서 자신의 언어학습을 주도함과 동시에 자신의 변화뿐만 아니라 외부 환경까지 변화시킬 수 있는 주체적인 학습자로 이해된다. 따라서 외국어 학습의 성공 여부는 단순히 교사 요인, 학습자 요인, 교육 과정에 국한하여 생각하기 보다는 교실 현장에서 이루어지는 보다 역동적인 상호작용에 초점을 맞출 필요가 있다. 학습자-학습자 간의 상호작용, 학습자-교사 간의 상호작용, 상호 협력을 통해서 수행되는 과업, 과업을 통해 이루어지는 발화 기회의 극대화, 학습자의 현재 발달 정도를 초월하여 잠재발달영역까지 이루어지는 발달, 사적 발화의 증대 등은 학습자의 자율성 증대와 함께 학습의 책임은 학습자에게 있으며, 학습자가 학습의 주체가 되고 있다는 점을 함축해 주고 있다. 이런 점에서 Vygotsky의 이론은 학습자의 자율성을 증진하는 외국어 학습의 이론적 틀을 제공해 준다는 점에서 최근 많은 학자들의 관심을 끌고 있다.

07

어린이의 언어 발달 단계

7.1 기본 작동원리(Operating Principles)
7.2 아기 말(Baby Talk)과 보모의 말(Caretaker Speech)
7.3 언어 발달 단계의 보편성 문제
7.4 문법체계의 발달단계
7.5 문장 변형(transformation) 능력의 발달

07

어린이의 언어 발달 단계

본 장에서는 모국어를 습득하고 있는 어린이의 언어 발달 단계에 대해서 논의하고자 한다. 인지주의에 근거한 어린이의 언어 발달은 생물학적인 요인들, 예를 들어 LAD와 UG 등에 의한 규칙형성에 기반을 두고 있다. 하지만 단순히 생물학적인 시간표(biological timetable)에 근거한 어린이의 언어 발달 단계의 설명은 한계에 부딪히게 된다. 실제로 어린이들은 자신의 효율적인 언어습득을 위해서 여러 전략들을 사용하고 있다는 점은 부인할 수 없다. 또한, 어린이 주위의 성인 역시 어린이들의 이해를 돕기 위해서 보모의 말(caretaker speech)의 예에서 보듯이 어린이의 언어 수준에 맞추어 언어를 단순화시켜서 언어입력을 제공하게 되는데, 이러한 환경적인 요인들 역시 어린이의 언어 발달 단계를 설명하는데 같이 고려되어야 한다. 본 장에서는 어린이의 언어 발달 단계의 생득적 요인과 함께 환경적 요인을 같이 고려하여 논의해 보고자 한다.

7.1 기본 작동원리(Operating Principles)

앞서 우리는 어린이들이 모국어를 습득하면서 그들이 접하는 언어 자료들을 근거로 하여 어떻게 언어를 습득해 나가는지에 대해서 살펴보았다. 어린이들은 언어 규칙을 발견하면서 그 규칙을 활용하게 되는데, 어떤 경우에는 그 규칙을 적용해서는 안되는 영역까지 과잉일반화시켜서 오류를 발생하는 경우도 있었다(예: goed, mouses). 하지만 이러한 증거는 어린이들이 생성해 내는 언어 체계가 단순히 오류 체계로 이해되기보다는 어린이들이 언어를 습득해 나가는 과정 중에서 나름대로 언어 규칙 체계를 적용하고 있다는 점, 그리고 이러한 증거들은 어린이의 현재 언어적 체계를 이해하는데 중요한 단서가 되고 있다는 점을 암시해 준다.

Slobin(1973)은 다양한 언어를 대상으로 어린이들의 언어습득 순서와 그들이 보여준 다양한 오류를 연구한 후에, 어린이들은 그들이 접하는 언어 자료들을 처리하고 언어 체계를 이해하는데 몇 개의 '작동원리(operating principles)'가 있다는 것을 발견하였다. 다음과 같은 원리들이 작동원리에 속한다.

① 단어의 어미에 집중한다.
일반적으로 한 단어 뒤에 위치하는 종속 형태소(bound morpheme)가 자유 형태소(free morpheme)보다 먼저 습득된다. 하지만 관사나 전치사 같은 자유 형태소가 오히려 먼저 습득되는 경우도 있다.
② 단어의 음운적 형태는 체계적으로 수정될 수 있다.
언어학습 초기에서 no, not, donot, don't 등의 부정 불변화사의 사용이 체계적으로 변화되는 과정을 보게 된다.
③ 단어와 형태소의 어순에 집중한다.
어린이들이 학습 초기 어순에 관심을 가지면서 가능한 형태적 정보가 수동형 형태로 표현되는 것을 꺼려한다. 이는 어린이들이 왜 능동태 문장에 비해서 수동태 문장을 사용하는데 더 많은 어려움을 겪는지를

설명해 준다. 일반적으로 어린이들은 문장 중에 처음에 위치하는 명사를 주어(subject)로, 그리고 동사 뒤에 위치하는 명사를 목적어(object)로 인식하는 경향이 강하다.

④ 언어적 단위의 방해와 재조합을 피한다.

"Where is he?"와 같은 의문문에서는 주어와 동사가 도치되어 나타난다. 하지만 "Do you know where he is?" 등과 같은 간접의문문에서는 주어와 동사가 서로 도치되어 나타나지 않는다. 이 원리는 왜 어린이들이 종속절의 어순에 대해 어려움을 겪는지에 대해서 설명해 준다.

⑤ 내재된 의미관계는 유표적으로 분명하게 표현한다.

⑥ 예외적으로 적용되는 규칙을 피한다.

어린이들은 하나의 규칙을 사용하여 여러 경우에 적용하고 싶어 한다. 규칙동사의 과거형을 만들기 위해서 'v+ed' 규칙이 적용된다면, 어린이들은 이 규칙을 모든 동사에 적용하고 싶어 한다. 이 원리는 왜 어린이들이 과잉일반화 규칙을 적용하는지에 대해서 설명해 준다.

⑦ 문법적 표지(grammatical marker)의 사용은 전달하려는 의미와 직접적으로 관련시킨다.

의문문이라는 의미를 표현하기 위해서 사용되는 의문문의 형식은 주어와 동사를 도치시킴으로써 의문문 형식을 취한다.

일반적으로 어린이들은 언어 체계를 접하게 되면, 먼저 일관되게 적용할 수 있는 언어 규칙이 무엇인지를 발견하고, 의미를 분명하게 전달할 수 있는 문법적 형식을 찾게 되며, 그리고 명확한 의미 전달이라는 소통적 유의성을 위해서 그 기능면에서 분명하게 구별되어야 할 언어적 항목이 무엇인지를 발견하고자 한다. 사실, 이러한 작동원리들은 어린이의 모국어 습득을 설명하기 위해서 고안되었지만, 이들 원리들은 외국어 학습 과정에도 그대로 적용될 수 있다. 학습자들은 외국어를 학습하면서 언어 규칙을 과잉일반화(overgeneralization) 하여 적용시킬 수 있고, 또한 언어적 항목과 그 의미 간에 일치가 되지 않을 때 어려움을 겪을 수 있으며, 그리고 의미 전달을 위한 정상적인 의사소통을 하는데 꼭 필요한 요소가 아닌 언어적 항목에 대해서는 이들을 구별하는데 어려움을 겪을 수 있다.

7.2 아기 말(Baby Talk)과 보모의 말(Caretaker Speech)

보모는 유아의 출생 직후부터 밀접한 상호작용을 하면서 유아의 언어 발달을 돕는다. 보모는 유아에게 대화의 틀을 제공함과 동시에 유아와 의사소통하려는 보모의 의지로 인해서 유아 역시 언어 발달 과정에서 중요한 경험을 하게 된다. 보모는 유아와 상호작용하면서 아이가 이해하는데 어려움이 없도록 말을 조정하게 되는데, 이때 언어를 보모 입장에서는 '보모의 말(caretaker speech, motherese)' 이라 하고, 유아 입장에서는 '아기 말(baby talk, child-directed speech)'이라 한다. 하지만 분명 언어 사용의 대상은 서로 다르다. 보모의 말은 아기에게 하는 말이고, 아기 말은 보모 또는 성인에게 하는 말을 지칭한다.

보모와 유아가 상호작용하면서 서로 주고받는 언어입력은 유아의 언어능력 발달에 지대한 영향을 미친다. 아기의 말이 갖는 특징은 간단명료하고, 핵심을 나타내며, 구문에 의존하기 보다는 상황이나 맥락에 의존하게 되며, 가장 기본적인 적은 수의 어휘를 사용하면서, 대상 물체와의 연상 작용을 잘 나타내며, 동시에 반복적으로 이루어지는 특징을 갖는다. 아기 말의 특징이 그렇다면 엄마의 말 역시 어휘 선택에서 구문 선택 및 주제 선택에 이르기까지 세심한 주의를 기울이게 된다. 보모의 말이 갖는 단순화된 특징은 아기가 보모의 말을 이해하는데 중요한 역할을 하며, 이는 언어습득 과정에서 이해(comprehension)가 매우 중요하다는 것을 함축한다. 이와 관련하여 언어학자들은 어머니, 성인, 또는 나이든 어린이들이 나이어린 어린이들에게 말을 하고자 할 때 사용된 언어를 관찰하는데 많은 관심을 기울여 왔다. 연구자들은 이들 성인들이 어린이들에게 말할 때 사용하는 말은 분명 성인과 성인이 서로 대화를 할 때 사용되는 말과는 분명히 차이가 있다는 것을 발견하였다. 보모의 말이 갖는 특징은 다음과 같다.

① 일반적으로 좀 더 느리게 그리고 분명하게 말한다.
② 보다 짧은 길이의 문장을 사용한다.
③ 보다 정확한 문법적인 문장을 사용한다.
④ 절과 절이 연결되는 복잡한 문장의 구조를 사용하지 않는다.
⑤ 시제(tense)의 선택도 단순하게 사용한다.
⑥ 광범위한 어휘의 선택과 사용이 제한된다.
⑦ 보다 많은 반복이 이루어진다.
⑧ 발화는 'here and now'라는 개념과 직접적으로 연관되어 있다.
⑨ 어휘-대상 물체 간의 연상관계를 촉진하기 위해서 반복하기와 바꾸어 말하기 전략을 자주 사용한다.
⑩ 얼굴 표정과 몸짓이 자주 수반된다.
⑪ 억양과 휴지(pause) 같은 주변 언어학적인 변인을 자주 사용한다.
⑫ 이야기의 대상이 되는 물체의 조작과 이름에 관해서 이야기 중심으로 의례적이면서 연속적으로 발화가 진행된다.

그렇다면 엄마는 유아에게 말을 할 때 왜 그들의 말을 수정하게 되는가? 이로 인해 얻는 효과는 무엇인가? 물론 언어학습에 도움이 된다는 견해가 있다는 것이 앞서 우리가 살펴본 지배적인 견해이다. 또 다른 견해는 유아로 하여금 보모와의 상호작용에 주의 집중하게 한다는 것이다. 이러한 견해를 좀 더 정리하여 제시하면 다음과 같다.

① 보모는 자신의 말을 반복 또는 조정함으로써 유아의 주의 집중을 얻고자 한다. 특히 반복은 언어적 또는 비언어적인 면에서도 자주 나타난다. 이러한 면은 유아가 보모의 말에 지속적으로 관심과 흥미를 갖도록 하는데 도움이 되며, 보모는 유아가 성장함에 따라 유아의 언어능력에 맞추어 자신의 말에 변화를 주게 된다.
② 보모의 말은 단순화된 형태이며, 이는 궁극적으로 아동의 언어 발달에 도움이 된다. 특히 아동의 주위 환경에서 쉽게 접할 수 있는 의례

적인 언어 구조를 사용하게 되는데, 이는 유아의 언어 발달에 최적의 언어입력이 된다.

③ 보모는 아동의 언어능력과는 무관하게 아동을 대화의 파트너로 생각한다. 유아의 언어능력은 때에 따라서 지속적인 대화를 하는데 제약이 따른다. 하지만 보모는 아기와의 대화를 지속하기 위해서 자신의 말을 수정하게 된다.

④ 보모의 주된 관심은 아이의 언어 발달을 돕는데 있다. 보모의 말은 아동과 상호 의사소통을 지속적으로 함으로써 궁극적으로는 아동에게 언어를 가르치는데 있다. 따라서 보모의 말은 언어의 내용이나 형식보다는 언어 사용을 위한 맥락 제공에 더 많은 초점을 맞춘다.

정리해 보면, 보모(엄마)의 말은 어린이들이 언어의 규칙과 의미를 보다 쉽게 찾을 수 있도록 도움을 제공하는데 적합해 보인다. 보모의 말은 구조적으로 단순해서 어린이들이 쉽게 인식할 수 있으며, 제한된 어휘 영역에 대해 어린이들이 쉽게 적응할 수 있는 시간적 여유를 제공해 준다. 또한, 반복에 의해서 그리고 의사소통이 이루어지는 상황을 직접적으로 언급함으로써 보모가 전달하고자 하는 의미는 아이에게 보다 분명해 진다. 만약 특정 유형의 언어입력이 언어학습에 긍정적인 영향을 미치는 중요한 요인이 된다면, 이는 어떤 유형의 언어입력이 외국어 학습을 촉진시키는지에 대한 답을 찾는데 실마리를 제공해 준다.

단순화(simplification) 측면에서 볼 때, 보모의 말은 학습자들이 모방을 위한 적합한 모델이 될 수 있다. 그러나 언어습득에서 모방이 갖는 역할은 분명하지 않다. 만약, 어린이들이 방금 들었던 성인의 말을 모방한다고 할 때 그들은 당시 그들 내면에 내재화되어 있고 작동되고 있는 문법 체계에 맞추어 그들이 방금 들었던 문장을 변형시켜 모방을 하게 된다. 즉, 모든 문장을 대상으로 모방이 이루어지는 것이 아니라 어린이들이 현재 갖고 있는 문법적 수준에 맞추어 모방이 이루어진다는 것이다. 이와 유사한 연구 결과에서도 어린이들은 방금 학습하여 숙달시킨 문형을 쉽게 모방할 수 있다는 것을 보여준다. 이러한 연구 결과들은 학습자 내면에서 이루어지는 규칙을 찾고 형성하는 창의적인 과정이 언어습득에서 주된 역할을 담당하는 반면에, 모방은 언어습득에서 주된 역할이 아니라 부수적인 역할을 담당하고 있다는 것을 암시해 준다.

7.3 언어 발달 단계의 보편성 문제

7.3.1 내적교수요목(Internal Syllabus)

모국어 및 외국어를 학습하는 학습자들은 일정한 발달 순서를 보여주는데, 이때 미리 정해진 체계적인 습득 순서를 지칭하기 위해서 Krashen(1977)은 '자연적 순서(natural order)'라는 용어를 사용하였다. 학습자의 발화가 결국에는 완벽한 언어 체계로 발전해 나간다는 사실을 간과하였기 때문이었다. 그러나 학습자의 오류가 완벽한 언어 체계로 나가기 위한 중간 단계에 위치하고 있다는 사실이 밝혀지면서 학습자의 언어는 '중간언어(interlanguage)'로 그리고 학습자의 오류는 '발전적 오류(developmental error)'라는 이름으로 그 지위가 격상되었다. 그 결과, 학습자의 언어 발달 과정에서 일정한 순서가 존재한다는 사실이 주목을 받게 되었으며, 동시에 언어 규칙 혹은 그 일정한 순서를 연구해야 할 필요성도 대두된 것이다.

이렇듯 언어습득 과정에서 보여지는 일반적인 규칙성을 설명하기 위해 Ellis(1994)는 '발달적 패턴(developmental patterns)'이라는 용어를 사용하였다. Ellis의 발달적 패턴은 '습득 순서(acquisition order)'와 '발달 단계(developmental sequence)'의 두 가지 개념을 포괄적으로 지칭한다. 먼저, 습득 순서란 복수형 '-s'나 3인칭 단수 어미 '-s' 중 어떤 것이 먼저 습득되는가와 같이 서로 다른 문법적 언어 자질이 습득되는 순서를 말한다. 그리고 발달 단계란 특정한 문법 구조를 습득하면서 학습자가 거치는 습득의 단계 또는 습득 과정을 지칭한다. 예를 들어, 부정문을 완전하게 습득하기 전까지 학습자가 거쳐 가는 불완전한 경로와 같은 것이다.

학습자가 문법 구조를 습득할 때 거쳐 가는 이러한 예측 가능한 순서를 학습자의 '내적교수요목(internal syllabus)'이라 이름 붙일 수 있다. 일반적으로 교수요목(syllabus)이란 학습 내용을 어떤 순서대로 배워갈 것인가를 보여주는 일종의 시간표라 할 수 있다. 그런데 내적교수요목은 이런 시간표가 후천적인 교사나 교재의 순서에 의해 결정되는 것이 아니라 생득적으로 결정되어 있음을 의미한다. 즉, 어린이들이 언어를 발달시켜 나가는 순서가 생득적으로 이미 결정되어 있다는 것이다. 앞서 인지주의에서는 언어습득의 단계가 생득적으로 결정되어 있다는 점을 나타내기 위해서 생물학적인 시간표(biological timetable)라는 개념을 제시하였다. 따라서 많은 학자들은 내적교수요목의 존재를 입증할 수 있는 여러 연구를 진행하였다. 이런 맥락에서 개별 형태소가 습득될 때 형태소 습득에 일정한 순서가 존재하는지, 영어의 대표적 변형 통사구조라 할 수 있는 부정문과 의문문의 습득 과정에서 목표어의 정확한 형태에 도달하기까지 학습자가 유사하고 보편적인 발달 단계를 거쳐 가는지, 또한 다른 통사구조인 관계절의 습득에서도 유사하고도 보편적인 문법 발달 단계가 보여 지는지를 검증하기 위한 실제적인 언어 자료를 수집하여 분석하는 연구가 이루어졌다.

7.3.2 교수/학습 가능성 가설(Teachability/Learnability Hypothesis)

만약 학습자들이 보편적인 순서에 따라 형태소, 부정문 및 의문문, 그리고 관계절을 습득하고 있다면 이는 학습자 내면에 내적교수요목이 존재하고 있음을 보여준다. 그렇다면, 우리는 다음과 같은 질문을 해 볼 수 있다. "만일 학습자들이 자신만의 내적교수요목을 가지고 있다면 외국어 교사들은 외적교수요목에 대해서는 어떤 입장을 취할 수 있는가?" 이에 대해서 다양한 답변이 가능하겠지만, 일반적으로 3가지 정도의 답변을 생각해 볼 수 있다.

첫째, 학습자들은 자신 고유의 내적교수요목을 가지고 있기 때문에 외적교수요목을 무시할 수 있다. 둘째, 학습자의 내적교수요목을 무시하고 학교나 교사에 의해서 만들어진 외적교수요목에 따라서 학습자에게 외국어를 가르친다. 즉, 기존의 형태소 습득 연구는 자연적인 언어학습 환경에서 이루어졌기 때문에 교실이라는 학습 환경과는 맞지 않기 때문에 이에 맞는 습득 순서를 다시 마련할 필요가 있다는 것이다. 셋째, 지금까지 연구를 통해 내적교수요목에 대해서 알려진 사항을 가능한 많이 반영하여 외적교수요목을 만들어 시행하는 것이다. 즉, 형태소 습득순서에 관한 연구 결과를 통해서 알게 된 정보를 교재에서 제시되는 문법적 항목의 제시 순서에 반영하는 것이다.

일반적으로 많은 응용언어 학자들은 세 번째 입장을 지지하고 받아들인다. 이에 대한 Pienemann(1985)의 설명을 제시하면 다음과 같다. 예를 들어, 언어습득 연구의 결과에 의해서 'A'라는 언어 규칙이 가장 먼저 습득되고, 다음에 'B'라는 언어 규칙이 습득되고, 그리고 마지막으로 'C'라는 언어 규칙이 습득된다는 것을 발견하였다고 가정해 본다(A->B->C). 그런 후, 2개의 집단으로 나누어 첫 집단에게 언어 규칙 'A' 만을 가르치고, 두 번째 집단에게는 언어 규칙 'A'와 'B'를 가르친다. 그 후, 다시 첫째 집단과 둘째 집단 모두에게 언어 규칙 'C'를 가르친다. 언어 규칙 'C'에 대한 교수가 끝난 후, 이들 두 집단은 언어 규칙 'C'를 사용하는데 있어서 어떤 차이를 보일 것인가? 연구 결과에 따르면, 이전에 언어 규칙 'A'와 'B'를 배웠던 두 번째 집단이 단지 언어 규칙 'A'만을 배웠던 첫째 집단에 비해서 언어 규칙 'C'를 보다 더 정확하게 사용하고 있다는 것을 발견하였다. 이는 결국 학습자들이 언어 규칙 'C'를 보다 잘 학습하기 위해서는 그 이전에 언어 규칙 'A'와 'B'를 먼저 습득해야 한다는 것을 의미한다.

Pienemann(1985)은 내적교수요목 단계에서 특정 언어적 항목을 학습할 준비가 되어있는 학습자에게 그 언어적 항목을 가르친다면 학습자는 이를 실질적으로 학습할 수 있다고 주장하였다. 그는 이를 '교육가능성 가설'(teachability hypothesis)이라고 지칭하면서 이 가설의 특징을 다음과 같이 언급하였다.

> It predicts that instruction can only promote language acquisition if the interlanguage (evidence of learner's internal syllabus) is close to the point when the structure to be taught is acquired in the natural settings. (p. 36)

여기에서 중요한 문제는 내적교수요목에 따라 외적교수요목을 작성하는 것이 얼마나 용이한 것인지를 검토하는 것이다. 그러나 현재 상태에서 우리가 내적교수요목에 대해서 알고 있는 정보는 극히 제한적이다. 한 예를 들어, 형태소 습득순서에 관한 연구를 통해서 우리가 알게 된 정보는 언어의 극히 일부분만을 다루고 있어서 학습자의 내적교수요목에 대해서는 제한적인 면을 제공해 줄 뿐이다. 따라서 지속적인 연구를 통해서 학습자의 내적교수요목에 대한 정보를 수집하고 축적해 나가면서, 다른 한편으로는 이러한 내적교수요목에 관한 정보를 기초로 하여 외적교수요목을 작성해 나간다면 외국어 교수 및 학습에서 보다 높은 효과를 기대할 수 있을 것이다.

7.3.3 형태소 습득 순서에 관한 연구

형태소 습득 순서에 관한 연구는 영어를 모국어로 배우는 어린이를 대상으로 한 연구로부터 시작되었다. Brown(1973)은 종적(longitudinal) 연구 방법을 통해 14개의 형태소, 그리고 Jill과 Peter de Villiers(1973)는 횡적(cross-sectional) 연구 방법을 통해 14개 형태소가 유사한 자연적인 순서에 따라 습득됨을 보여주었다. 이러한 연구는 영어를 제2언어로 배우는 상황에서의 형태소 습득 순서에 관한 연구를 촉발시켰다.

제2언어로서의 영어 형태소 습득에 관한 연구는 Dulay와 Burt(1973)로부터 시작되었다. 이들은 스페인어를 사용하는 어린이 151명을 영어 접촉의 양과 학습 환경에 따라 세 집단으로 나눈 뒤 BSM(Bilingual Syntax Measure)을 통해 8개

형태소의 습득 순서를 횡적 방법으로 조사하였다. BSM은 학습자의 구어언어 자료를 이끌어내기 위해 일련의 그림과 질문을 이용하는 시험의 유형으로 '이중언어 통사측정'이라고 알려진 표준 평가 방식이다. Dulay와 Burt가 형태소 습득 순서를 알아내기 위해 사용한 횡적 방법은 한 시점에서 여러 학습자의 자료를 뽑아내 각 형태소의 평균 정확도 순서(average accuracy order)를 정하고 이러한 정확도 순서를 형태소 습득 순서로 간주(accuracy order=acquisition order)하는 방법이다. 예를 들어, 규칙 과거가 불규칙 과거보다 여러 학습자에 의해 더 정확하게 사용이 된다면 규칙 과거를 불규칙 과거보다 더 먼저 습득되는 형태소로 본 것이다. 연구 결과에 의하면, 세 집단 모두 형태소 습득 순서가 유사하여 스페인 영어 학습자의 형태소 습득 역시 자연적 순서를 따르고 있다는 것이 밝혀졌다.

Dulay와 Burt(1974a)는 자신들의 연구 결과를 뒷받침하기 위하여 스페인어를 사용하는 어린이 60명과 중국어를 사용하는 어린이 55명을 대상으로 유사한 연구를 1974년에 다시 실시하였다. 연구 대상 형태소는 1973년에 조사했던 8개의 형태소에 3개를 추가하여 모두 11개의 형태소를 대상으로 이루어졌다. 연구 결과에 의하면, 두 집단의 정확도 순서는 유사했는데 이를 통해 형태소 습득 순서가 학습자의 모국어에 의해 달라지지 않는다는 결론을 도출하였다. 즉, 모국어의 간섭은 형태소 습득 순서에 영향을 미치지 않는 요인이며 동시에 형태소 습득 순서는 자연적이고 보편적인(universal) 것임을 발견하였다.

Bailey, Madden과 Krashen(1974)은 성인도 어린이와 같은 형태소 습득 순서를 보이는지를 알아 보기위해 성인 73명을 모국어가 스페인어인 집단과 스페인어가 아닌 두 집단으로 나누어 조사하였다. 연구 결과에 의하면, 스페인 어린이를 대상으로 한 연구와 유사한 순서를 나타내어 학습자의 나이는 형태소 습득 순서에 유의미한 영향을 미치지 않는 것을 발견하였다. 또한, 모국어가 다른 두 집단 간에 유사한 습득 순서를 찾아내어 모국어 역시 습득 순서에는 유의한 영향을 미치지 않는다는 Dulay와 Burt(1974a)의 연구 결과를 다시 한 번

입증하였다.

한편, Larsen-Freeman(1975)은 자료 추출 방법이 습득 순서에 미치는 영향에 대한 관심을 가지고 아랍어, 일본어, 페르시아어, 스페인어가 모국어인 성인 ESL 학습자 24명을 대상으로 형태소 습득 순서를 연구하였다. 그녀는 Dulay와 Burt(1974a)가 사용한 BSM과는 달리 5가지 시험(독해, 작문, 청취, 모방, 말하기)을 통해 형태소 자료를 수집하였다. 연구 결과에 의하면, 말하기 시험을 제외하고는 Dulay와 Burt(1974a), Bailey외 2인(1974)의 연구 결과와 상호 연관성이 있는 어떤 일반적인 순서를 찾을 수 없었다고 보고하였다. BSM을 사용한 말하기 과업을 통해 자료를 추출했을 경우에만 Dualy와 Burt(1974a)의 습득 순서와 비슷한 반면에, 다른 시험에서는 보편적인 순서가 나타나지 않았다. 이러한 연구 결과에 대해 Krashen(1981)은 시험 중 학습자들이 감시장치(monitor)를 사용할 수 있는 조건인지 아닌지에 따라 형태소 습득 순서가 유사한지 아니면 유사하지 않은지가 결정된다고 주장하였다. 의미가 아닌 형식에 초점을 두는 과업의 경우(예: 쓰기, 독해, 모방 등), 학습자들은 감시장치를 사용하기 때문에 의식적인 문법 지식이 작용하게 되고, 이는 보편적인 습득 순서에 부정적인 영향을 준 것으로 이해된다.

그러나 의미 전달에 초점이 맞추어진 의사소통 상황이라 하더라도 여러 연구에서 밝혀진 형태소 습득 순서는 유사할 뿐 동일하지는 않으며, 또한 형태소의 순서를 결정하는데 있어서 양적인 차이를 고려하지 않았다는 점이 문제로 지적되었다. 예를 들어, 특정 형태소보다 정확도 순서에서 1 퍼센트 낮은 형태소와 30퍼센트 낮은 형태소가 단지 한 단계 차이라는 동일한 간격으로 순위가 매겨지기도 한다는 것이다. 이러한 문제점을 보완하기 위해 Krashen(1985)은 자신이 연구한 9개 형태소의 습득 순서를 다음과 같이 그룹화하여 재정리하였다.

Group 1 : present progressive *-ing*
plural *-s*
copula 'to be'
Group 2 : auxiliary 'to be'
articles the and *a*
Group 3 : irregular past forms
Group 4 : regular past *-ed*
third-person-singular *-s*
possessive *-s*

여기서는 각각의 형태소에 대한 습득 순서를 하나씩 보여주는 것이 아니라 비교적 같은 시기에 습득되는 형태소를 그룹별로 묶어 각 그룹이 특정한 발달 단계를 구성하도록 하고 있다. 여기서 Group 1의 형태소는 Group 2의 형태소보다, Group 3의 형태소는 Group 2의 형태소보다 먼저 습득된다는 것이다.

이상의 여러 연구를 통해 영어 형태소가 예측 가능한 자연적 순서에 따라 습득된다는 사실이 명확해졌다. 또한, 그 습득 순서는 학습자의 모국어나, 나이에 상관없이 유사하다는 것도 여러 연구에서 증명되었다. 그러나 의미 전달이 아닌 언어 형식에 초점을 두는 과업인 경우에는 보편적인 습득순서를 찾을 수 없었다. 형태소의 보편적인 습득 순서는 학습자의 언어 지식이 아닌 의미 전달과 같은 기저의 언어능력이 작용하는 경우에만 유효하다는 사실을 함축한다.

그러나 비교적 분명해 보이는 형태소의 자연적 습득 순서에도 몇 가지 해결되지 않은 논쟁점이 남아 있다.

첫째, 대부분의 형태소 습득 연구에서는 횡적 방법을 통해 정확도 순서를 매기고 그것을 그대로 습득 순서로 간주하였는데, 어느 한 시점에서 관찰된 정보를 가지고 전반적인 언어 발달 단계를 예측하는 것이 타당한 것인지에 대한 문제점이 제기된다. 즉, 종적인 의미가 내포될 수밖에 없는 습득 순서를 조사하기 위해 사용된 횡적 방법의 타당성이 문제시된다. Rosansky(1976)는 각

각 종적 방법과 횡적 방법에 따라 행해진 연구 결과 사이에 상관관계가 낮다고 지적하면서 습득 과정 중 한 단면만을 포착하여 연구하는 횡적 연구가 습득 과정의 전체를 대변할 수 없다고 지적했다.

둘째, 대부분의 연구에서 자료 추출 도구로 쓰인 BSM 자체에 대한 신빙성 여부도 문제시된다. Porter(1977)는 BSM을 통해 추출한 모국어 형태소 습득 순서와 자연 발화에서 추출한 습득 순서 사이에 상당한 차이가 있다는 것을 지적하면서, BSM을 통해 도출된 형태소 습득 순서는 그 신뢰성에 문제가 있을 수 있다고 반박하였다.

셋째, 형태소의 습득 순서가 학습자의 모국어와 무관하다는 주장에도 반박의 여지가 있다. 일본인 어린이를 대상으로 한 Hakuta(1974a)의 연구 결과는 Dulay와 Burt(1974a)에서 밝혀진 형태소 습득 순서와 다르게 나타났는데, 그 이유는 모국어인 일본어가 간섭으로 작용했기 때문이라고 설명하였다. Larsen-Freeman(1975) 또한 형태소 습득 순서는 모국어의 영향을 받을 수 있다고 설명한다. 따라서 형태소의 습득 순서가 전적으로 모국어와 무관하다고 보기보다는 간섭의 경우처럼 부분적으로는 모국어에 의해 영향을 받을 수 있는 것으로 보는 게 옳을 것이다.

위와 같은 여러 가지 문제점에도 불구하고 형태소 습득에 관한 연구는 자연적인 발달 순서가 언어 습득 과정에 실재함을 입증한 가장 획기적인 연구라고 할 수 있다. 단, 학습자의 모국어나 개인적 요인 등이 변수로 작용할 수 있다는 점과 학습자들이 의미가 아닌 형식에 초점을 맞추게 되면 그 순서가 달라진다는 점은 염두에 두어야 한다.

7.4 문법체계의 발달단계

생득론에 근거한 언어습득 이론이 언어습득 과정을 설명하는데 끼친 가장 큰 공헌은 어린이의 언어습득 체계가 발달해 나가는 과정을 보다 구체적이고 체계적으로 보여주었다는데 있다. 어린이의 언어체계는 성인의 기준으로 볼 때 오류가 있기 마련이다. 그러나 이러한 어린이의 언어체계가 언어 규칙에 근거를 두고 있고 체계적으로 발달해 나가고 있다는 것이 생득론자들의 주장이다. 그들에 따르면, 어린이는 어느 단계에서든지 그들이 받아들인 언어입력을 토대로 끊임 없이 가설을 세우고 발화를 하면서 이 가설을 시험하게 된다. 어린이의 언어가 발달해 가면서 어린이들이 세운 가설은 계속 검증되고, 수정되며, 재형성되고, 그리고 때로는 폐기되는 매우 체계적인 과정을 거쳐 나간다.

7.4.1 추축문법에 의한 발화

생후 1년이 되면 어린이들은 단어 하나로 의미를 전달하는 '1어 = 1문(one word utterance)' 단계를 거친다. 이때 단일어 발화는 구문형성 이전의 단계이지만 첫 언어적 발화를 위한 구문 형성의 준비 과정으로 이해된다. 이 단계에서 어린이들이 사용하는 언어 목록은 그들이 일상생활 속에서 쉽게 접할 수 있는 언어를 중심으로 이루어지며 그들이 실제로 발화하는 목록보다 이해하고 있는 목록이 더 많다는 것이 지배적인 견해이다. 그리고 생후 2년이 지나면 '2어 발화 단계(two-word utterance)'를 거친다. 이때 어린이들이 사용하는 초기 문법을 '추축문법(pivot grammar)'이라고 하는데, 단순히 두 낱말이 제멋대로 결합되어 쓰여 지는 것이 아니라 두 개의 서로 다른 단어류가 매우 체계적으로 배열되어 사용된다는 것을 발견할 수 있다. 예를 들면 다음과 같다.

allgone sticky(어린이가 자신의 손을 씻은 후에)
allgone outside(어린이가 문을 닫은 후에)
more page(책을 더 읽어 줄 것을 성인에게 요구할 때)
sweater chair(스웨터가 있는 곳을 가리키면서)

어린이가 사용한 추축문법에서 왼쪽에 위치한 낱말들은 오른쪽에 위치한 낱말과는 서로 다른 유형의 단어이다. 보통 오른쪽에 위치한 낱말들을 '개방어(open word)'라고 하며 주로 서술적인 역할을 담당한다. 그리고 왼쪽에 위치한 낱말들은 개방어에 속하는 낱말의 축을 이루고 있다고 해서 '추축어(pivot word)'라고 한다. 이러한 추축어는 성인 언어의 내용어(content word) 역할을 한다. 따라서 이 단계에서 어린이들이 갖고 있는 생성문법의 첫 번째 규칙은 다음과 같이 기술된다.

문장(sentence) = 추축어(pivot word) + 개방어(open word)

추축문법 단계에서 어린이들이 사용하는 문법 체계는 상당히 축약되어 있기 때문에 성인의 기준으로 볼 때 부정확한 문법 체계로 이해될 수밖에 없다. 그러나 어린이의 구문 구성은 잘못된 낱말의 배열이라기보다는 그들 나름의 문법 체계를 갖고 있는 것으로 이해되어야 한다. 이때 의미를 전달하기 위해 발화가 생성된 상황은 중요한 역할을 담당한다. 왜냐하면, 같은 두 단어가 서로 결합되어 사용되었다 하더라도 상황에 따라 서로 다른 의미를 전달할 수 있기 때문이다. 예를 들어, 첫째 상황은 어린이가 어머니의 양말을 들어 올리면서, 그리고 두 번째 상황은 어머니가 어린이에게 옷을 입히고 있을 때, 이렇게 서로 다른 두 상황에서 어린이가 "mommy sock"이라고 발음하였다고 가정해 보자. 첫 번째 상황에서 두 단어 간의 관계는 소유(이 양말은 어머니의 것이다)를 나타내는 반면에, 두 번째 상황에서는 주체자(agent)와 목적어(object) 관계를 나타내 준다(어머니가 나에게 양말을 신겨주고 있다). 이 단계에서도 어린이들은 전에 들어보지 못한 문장들을 생성하고 있기 때문에 언어를 창의적으로 사용하고 있다고 말할 수 있다. 따라서 어린이들이 이 단계에서 생성해 내는 문장들은 주위의 성인 말을 부정확하게 모방한 결과로 보기는 어렵다. 사실, 성인들은 "allgone sticky"와 같이 두 단어가 결합된 이러한 표현들을 사용하지 않으며,

이들 두 단어의 결합은 어린이 자신이 창의적으로 고안한 것이라 할 수 있다. 어린이들도 성인들과 같이 의미를 전달하고 의사소통을 하기 위해 자신들이 가지고 있는 제한된 언어 목록들 가운데서 단어들을 서로 결합하여 사용할 수 있는 문법적 능력을 이미 활용하고 있다.

두 단어를 결합하여 사용하는 어린이의 문법 체계를 규명하려는 노력은 추축어와 개방어 위치에 놓이는 단어들의 유형을 파악하는데 집중되었다. 그러나 단어의 유형만을 파악하고자 했던 과거의 이러한 노력은 어린이들이 생성해 내는 추축문법의 모든 것을 설명해 주지는 못한다. 따라서 추축문법을 설명하기 위한 보다 효과적인 방법으로 각각의 발화가 전달하고자 하는 의미가 무엇인지를 파악하는데 초점이 맞추어졌다. 예를 들어, Bloom(1970)은 두개의 명사로 이루어진 문장들은 다음 5가지의 관계를 나타낸다고 하였다.

- 접속(conjunction) : cup glass, cf. cup and glass
- 묘사(description) : party hat, cf. a party hat
- 소유(possession) : daddy hat, cf. daddy's hat
- 위치(location) : sweater chair, indicating where the sweater is
- 주체자-목적어(agent-object) : mommy book, cf. mommy is reading a book

이와 유사하게 Slobin(1979)은 6개의 서로 다른 언어를 습득하고 있는 어린이들의 발화를 관찰한 후에 두 단어로 결합된 문장이 수행하는 의사소통적 기능 6가지를 다음과 같이 제시하였다.

- 명명하기(naming) : e.g. three books
- 요구 또는 소망(demanding or desiring) : e.g. more milk
- 부정하기(negating) : e.g. not hungry
- 사건 또는 상황 묘사하기(describing) : e.g. block fall
- 소유(possession) : e.g. my shoe

· 질문하기(questioning) : e.g. where ball

한편, Halliday(1975)는 어린이의 발화를 의사소통적 기능 측면에서 분석하였는데, 어린이들은 언어를 사용하여 무엇을 할 수 있는지를 인식할 때 언어습득이 이루어진다고 하였다. 따라서 어린이들의 언어습득은 다음 순서에 따라 서로 다른 언어적 기능들을 배우면서 시작된다. 첫째, 어린이들은 그들이 원하는 것을 얻기 위해 언어를 사용하게 되는데 이를 '도구적 기능(instrumental function)'이라고 한다. 둘째, 어린이들은 다른 사람들의 행위를 통제하기 위해 언어를 사용하는데 이를 '규정적 기능(regulatory function)'이라고 한다.

7.4.2 굴절과 기능어의 발달

생후 3년이 지나면 어린이들은 '전보문식 발화(telegraphic speech)'를 하게 된다. 전치사, 관사, 조동사 등은 생략되어 있고 주로 내용어를 중심으로 발화가 구성되어 있다. 예를 들면 다음과 같다.

Andrew want that.
Cat stand up table.

그러나 이 단계에서 어린이들은 굴절(want 또는 stand 뒤에 오는 -s)과 기능어(a 또는 the 등의 관사)의 사용에 대해서도 어느 정도 숙달되어 있다. 이와 같은 작은 문법적 항목들은 형태소(morpheme)로 불리는데, Brown(1973)은 3명의 어린이들이 자신들의 모국어를 습득하면서 14개의 형태소를 어떤 순서에 따라 습득하는지를 조사하였다. Brown의 연구 결과는 모국어 습득 연구뿐만 아니라 외국어 학습 연구에도 지대한 영향을 미치게 되었다.

어린이들은 형태소들을 갑작스럽게 습득하지는 않으며, 점차적으로 그리고 오랜 시간을 두고 습득해 나간다. 따라서 이들 연구에서 대두되는 한 가지 문제점은 어느 시점을 어린이들이 해당 형태소를 완벽하게 습득한 시점으로 결정할 것인지가 어렵다는데 있다. Brown은 성인 수준의 문법이 요구되는 상황(obligatory context)에서 어린이들이 특정 형태소를 90% 이상 올바르게 사용한 시점을 완벽하게 형태소를 습득한 기준으로 사용하였다. 이 기준을 적용시켜 볼 때, Brown은 3명의 어린이들이 매우 유사한 순서에 따라 14개의 형태소들을 습득하였다는 것을 발견하였다. 3명의 어린이들이 평균적으로 보여준 형태소들의 습득순서는 다음과 같다.

① 현재 진행형 -ing (예: She is running.)
② 전치사 on
③ 전치사 in
④ 복수 -s (예: three books)
⑤ 불규칙 과거형 (예: She went.)
⑥ 소유격 's (예: daddy's hat)
⑦ 축약되지 않은 copula (예: yes, he is)
⑧ 관사 a, the
⑨ 규칙 과거형 -ed (예: She walked.)
⑩ 규칙 3인칭 단수 -s (예: She runs.)
⑪ 불규칙 3인칭 단수 (예: She has-)
⑫ 축약되지 않은 조동사 be (예: She was coming.)
⑬ 축약된 copula (예: She's tired.)
⑭ 축약된 조동사 be (예: She's coming.)

Brown은 이들 어린이들의 부모들이 생성하는 발화에서 나타나는 위 형태소들의 빈도(frequency)를 계산하였다. 그 결과, 이들 빈도의 순서는 습득의 순서와 별다른 상관관계가 없었기 때문에 어린이들이 보여준 습득순서의 유사성은 환경적 요인 측면에서는 설명할 수가 없다. 결국 이는 어린이들이 언어를 습득하는데 보다 적극적이고 창의적으로 언어를 습득해 나가는 증거가 된다.

또한, 동사의 굴절 규칙을 습득해 나가는 과정은 어린이들이 그들의 언어 학습 과정에 대해 매우 적극적으로 기여하고 있다는 매우 흥미로운 증거를 제공해 준다. 어린이들이 규칙동사의 과거형 굴절 규칙을 터득하기 전에(예: She walked.), 그들은 "went" "came" 등과 같은 보편적인 동사의 불규칙 과거형을 상당히 많이 생성하게 된다. 이 단계에서 어린이들은 생성 규칙에 따라 동사의 기본형에서 불규칙 과거형을 생성한 것이 아니라 단순히 개별적인 단어로 인식한다. 그런 후, 어린이들은 "Where it goed?" "It comed off."와 같이 올바른 동사 형태를 사용하지 않고 비정상적인 형태의 발화를 생성하여 마치 어린이들의 언어 규칙 체계가 퇴보한 것처럼 보이게 된다. 그러나 심층적인 면에서 이들 형태들은 어린이들의 언어 규칙 체계가 퇴보한 것이 아니라 한층 더 발달하고 있음을 보여준다. 어린이들은 동사 기본형에 ed를 붙여서 과거형을 만드는 규칙을 터득하게 되었는데, 이 규칙을 활용하여 "walk -> walked" "climb -> climbed" 등과 같은 과거형 형태를 생성하게 된다. 같은 맥락에서 어린이들은 "come -> comed" "go -> goed" 등과 같은 동사 형태를 생성한 것이다. 후에 어린이들은 "go"와 "come"은 이들 규칙 과거형에서 예외적인 규칙이 적용된다는 것을 알게 된다.

Brown의 연구는 어린이들이 이들 형태소들을 학습하는 실제 시기 동안에 어린이들의 수행 정도를 대상으로 연구가 이루어졌기 때문에 종적(longitudinal) 연구 성격을 띈다. 반면에 24명의 어린이들이 똑같이 형태소들을 어떻게 습득해 나가는지를 파악하기 위해 Jill과 Peter de Villers(1973)에 의해서 이루어진 연구는 횡적(cross-sectional) 연구 성격을 띄고 있다. 이들은 어떤 특정 시기에 학습자들의 발화를 대상으로 연구를 진행하였는데, 어린이들이 이들 형태소를 사용하여 얼마나 잘 언어 수행을 하였는지, 그리고 정확하게 사용하였는지에 따라 점수를 부여하였다. 그 결과, 이들 연구자들은 어린이들이 보여준 정확성 순서(accuracy order)는 Brown이 발견한 습득 순서(acquisition order)와 어느 정도 유사성이 있다는 것을 발견하였다. 한편, de Villers의 연구는 다음 2가지 측면에서 의미가 있다. 첫째, Villers의 연구는 Brown이 발견한 형태소의 습득 순서를 다시 확인시켜 준다. 둘째, 횡적 연구 방법에 의해서 확인된 형태소의 정확성 순서와 종적 연구에 의해서 확인된 습득 순서 간에 어느 정도 유사성이 있을 것이라는 가정을 정당화시켜 주는 것처럼 보인다. 그러나 이들이 모두 사실인 것으로 받아들이기 어려운 부분이 있는 것은 사실이다. 여기서 우리가 생각해볼 점은 다음과 같다. 첫째, Villers의 연구 방식은 Brown의 연구 방식과 본질적으로 다르기 때문에 정확성 순서와 습득 순서는 서로 다른 개념을 지칭하고 있다. 둘째, 횡적 연구는 종적 연구에 비해서 훨씬 적은 시간이 소요되기 때문에 횡적 연구 측면에서 위 두 번째 가정은 매우 손쉽게 생각해낼 수 있다는 점이다.

7.5 문장 변형(transformation) 능력의 발달

전보문식 발화 단계를 거쳐 5-6세가 되면 어린이들은 모국어의 음 조직과 구문 조직을 통달하게 된다. 이 단계에서는 모국어를 무의식적으로, 자유스럽게, 그리고 문법적인 문장을 자유자재로 구사하고 이해할 수 있는 단계가 된다. 어휘 및 언어 경험이 많아짐에 따라 그 수가 점차 증가하게 되며, 기본 문형에서 보다 복잡한 문형으로 문장을 변환시킬 수 있는 능력이 발전하게 된다. 본 장에서는 특별히 부정문과 의문문, 그리고 관계절의 습득 순서에 대해 언급하고자 한다.

7.5.1 부정문의 발달 단계

먼저 Klima와 Bellgui(1966)를 중심으로 영어를 모국어로 사용하는 어린이들의 부정문 발달 단계를 알아보기 위해서 세 명의 아동으로부터 영어 부정문 습득 과정을 조사하였다. 이들은 어린이들의 부정문 습득이 문두 부정("No the sun shining."), 문장 내 부정("The sun don't shining.")의 과정을 거쳐 후 완전한 부정문 습득("The sun isn't shining.") 등의 세 단계로 나타난다는 것을 발견하였다. 따라서 영어 모국어 화자라 하더라도 부정문의 발달 과정에서 그들이 보여주는 오류는 보편적인 과정임을 알 수 있다.

제2언어로서 영어 부정문의 발달 단계를 다룬 연구는 각기 다른 모국어 배경을 가진 여러 연령대의 학습자를 대상으로 이루어졌다(Ravem, 1974; Wode, 1976; Adams, 1978; Cancino, Rosansky & Schumann, 1978). 이 중 Ravem, Wode, 그리고 Adams는 모국어가 각각 노르웨이어, 독일어, 스페인어인 아동을 대상으로 연구하였다. 또한, Cancino 외 2인은 모국어가 스페인어인 어린이, 청소년, 어른 각 두 명을 대상으로 하여 자료를 추출하였다. 부정문의 보편적인 발달 단계를 제시하면 다음과 같다.

1) Stage 1

1단계에서는 부정문을 만들기 위해 주로 no나 not와 같은 부정어를 동사 앞에 위치시킨다.

I no can see him.

I not see him.

그런데 이 경우 스페인 학습자는 스페인어 부정문과 유사하게 주로 no를 부정어로 사용하는 반면, 노르웨이 학습자는 not를 사용하고 있음이 발견되었다. 이를 통해 부정문의 습득에 있어서 모국어의 영향을 배제할 수 없음을 알 수 있다. 특히, 모국어가 스페인어인 영어 학습자는 'no+동사'를 사용한 부정을 부정문 발달의 마지막 단계까지 사용하기도 했는데, 이를 통해 모국어의 전이가 오류를 화석화(fossilization)시키는 중요한 원인임을 알 수 있다. 독일인 영어 학습자를 대상으로 부정문의 발달 단계를 연구한 Wode(1976)는 독일어 부정문을 만들 때처럼 동사 뒤에 부정어를 첨가하는 오류("I see not him.")를 발견하였다. 이를 통해 외국어 학습에 미치는 모국어의 영향이 다시 한 번 확인되었다.

2) Stage 2

2단계에서는 'don't+동사' 구조를 사용하여 부정문을 만든다. 그러나 인칭이나 시제를 고려한 'doesn't'나 'didn't'는 나타나지 않으며, 또한 조동사 앞에서도 'don't'가 그대로 사용된다. 이를 통해 부정형이 'don't'가 'do+not'의 결합이 아닌 'no'의 변이형으로서 분석되지 않은 하나의 덩어리로 사용됨을 알 수 있다.

I don't can see him.

He don't see me.

3) Stage 3

3단계에서는 부정어가 'be동사'나 'can'과 같은 조동사 뒤에 위치하여 '조동사+부정어'의 구조가 사용된다. 그러나 3단계에서도 'don't'는 여전히 분석되지 않은 형태로 굴절 없이 사용된다.

I am not swimming.

I can't see him.

4) Stage 4

마지막 4단계에서는 'don't'가 인칭과 시제를 반영하여 굴절된 형태로 사용되고 또한 분리된 형태('do not', 'does not', 'did not')로도 사용된다.

He doesn't see me.

Did you swim yesterday?

그러나 이때에도 시제가 조동사와 본동사 양쪽에 표시되는 오류가 나타나기도 한다.

It didn't rained.

He doesn't knows it.

앞서 제시된 4단계의 언어 발달 단계에 의하면, 화자들은 일정한 순서를 거쳐서 부정문을 습득하고 있음을 알 수 있었다. 또한, 초기에 모국어 부정문의 영향을 강하게 받는 것으로 나타났으며, 모국어로서의 영어 부정문 발달 단계와도 유사한 보편성이 있다는 것을 찾을 수 있었다. 이처럼 부정문 습득에 있어 학습자는 목표어의 정확한 형태에 도달하기까지 발달 단계를 보여주는 여러 중간 형태(interim form)를 거쳐 간다. 그런데 이 중간 단계들은 계속적인 형태로 진행되는 전이적 구조(transitional structure)로 일어나기 때문에 발달 단계의 구분은 사실상 명확하지 않다. 또한, 학습자는 한 시점에서 여러 형태의 부정문을 동시에 발화하기 때문에 발달 단계를 구분하는 것은 발달 단계를 단순화시키는 문제점을 가지고 있다. 앞서 언급한 바와 같이, 단계를 명확히 구분하는 것이 어렵고 또 모국어와 같은 개인적인 변인에 의해 발달 순서에 차이가 생길 수 있다 하더라도 부정문은 대개 유사한 순서를 보이면서 발달하는 것으로 간주된다.

7.5.2 의문문의 발달 단계

모국어로서 영어 의문문 발달에 대해서 먼저 Klima와 Bellgui(1966)의 연구를 중심으로 살펴보고자 한다. 의문문 습득의 1단계는 "Cookie?", "Mommy book?" 등과 같이 한 단어나 두 세 단어에 억양만을 올려 묻는 단계이다. 이때에는 한 문장을 마치 하나의 단어처럼 덩어리째 습득하여 "What's that?"와 같은 문장을 정확히 발화하기도 한다. 2단계는 yes/no 의문문의 문장 끝을 올려 묻거나 문장 앞에 wh- 의문사를 덧붙이는 단계로 "You like this?"나 "Why you catch it?" 등이 그 예이다. 3단계는 의문문의 구조를 이해하기 시작하여 동사가 도치되어 문장의 앞쪽에 위치한다는 것을 인식하고 "Can I go?", "Is the teddy is tired?" 등의 문장을 발화한다. 4단계에서는 서술문 앞에 do를 덧붙여 의문문을 만들며 wh-의문문에서도 도치가 일어나기도 하여 "Where is the pig?"와 같은 문장은 습득하나, yes/no 의문문보다는 wh-의문문의 도치가 늦게 일어난다. 5단계에서는 대부분의 의문문을 습득하나 부정 의문문의 경우 "Why he can't go out?"와 같은 문장이 발화되기도 한다. 마지막 6단계에서는 내포문이 있는 의문문까지 완전하게 이해한다.

한편, Wells(1981)는 의문문의 발달 과정에서 처음으로 습득되는 의문문은 의문사 'what'과 'where'가 포함되는 wh-의문문과 문장 끝만을 올려 묻는 yes/no 의문문이라는 것을 발견하였다. 그 다음으로 여전히 문장 끝을 올려 묻기는 하나 좀 더 복잡한 요구를 표현하기 시작하며 의문문에 쓰이는 조동사는 'do, can, will'의 순서로 습득되며, 그 후 도치된 wh-의문문이 습득된다는 것을 발견하였다. 이와 같이 모국어로서의 영어 의문문 습득에 관한 연구를 통해 의문문 습득에서도 일정한 발달 과정이 있음을 알 수 있고, 또한 이 발달 과정은 예상 가능하다는 것을 짐작할 수 있다.

앞에서 제2언어로서 영어 부정문의 발달 단계에 대한 연구에서 언급되었던 Adams(1978), Cancino 외(1978), Ravem(1974), 그리고 Wode(1976)는 제2언어로서 영어 의문문 발달 단계에 대해서도 연구하였다. 각기 다른 모국어 배경을 가진 학습자들을 대상으로 한 연구들이었지만 그들의 발달 단계는 모국어와 상관없이 유사한 발달 양상을 나타내고 있다는 것을 발견하였다. 여기서는 Ellis(1985)에 소개된 wh-의문문과 yes/no 의문문에 공통으로 적용될 수 있는 의문문의 발달 단계를 살펴보고자 한다.

1) Stage 1

의문문 습득의 첫 번째 단계에서는 주어-동사의 도치 없이 평서문의 어순을 그대로 사용하되 끝을 올리는 억양만을 통해 의문문을 표현한다. 종종 wh-의문문이 나타나기는 하지만 이 단계에서의 wh- 의문문은 규칙 적용을 통해 형성되기보다는 모방에 의한 하나의 덩어리(chunk)로 인식되어 발화된다.

I am colouring?

Sir plays football today?

I writing on this book?

What's this?

2) Stage 2

학습자 자신의 규칙을 적용하여 만들어낸 wh-의문문이 사용되기 시작한다. 여전히 주어와 동사의 도치는 일어나지 않으며 'do'의 사용도 나타나지 않는다.

What you are doing?

What 'tub' mean?

What the time?

Where you work?

3) Stage 3

이 단계에서는 yes/no 의문문과 wh-의문문에서 공통적으로 도치가 일어난다. 이 때 'be'동사의 도치가 먼저 나타나고 'do'를 이용한 도치는 나중에 발견된다.

Are you a nurse?

Where is the girl?

Do you work in the television?

What is she's doing here?

4) Stage 4

의문문 발달의 마지막 단계로서 내포된 형태의 의문문(embedded question)이 발화된다. 그러나 처음에는 일반적인 wh-의문문에서와 같이 주어와 동사를 도치시키는 오류를 범하기도 한다. 그러다가 점차로 일반적인 의문문의 어순과 삽입된 wh-의문문의 어순 차이를 알고 내포된 의문문에서도 올바른 어순을 사용하기 시작한다.

I tell you what did happen.

I don't know where do you live.

I don't know what he had.

이상에서 살펴본 바와 같이 학습자의 모국어와 개인적인 변인에 따라 발달 단계에서 약간의 차이는 존재하지만 의문문의 발달도 부정문의 발달과 마찬가지로 모국어 학습자와 외국어 학습자들 간에 유사한 습득 순서가 나타났다. 또한, 의문문의 발달처럼 발달 단계상 경계선이 명확하지 않고, 단계와 단계가 오랜 기간 동안 중첩되어 나타나기도 하면서 점차적으로 발달하게 된다.

7.5.3 관계절의 발달 단계

관계절의 습득에 관한 연구는 제2언어 연구에서 최근 관심을 끌고 있는 분야이다. Schumann(1980)은 5명의 스페인 어린이를 대상으로 종적 연구 방법을 통해 관계절의 발달 순서를 연구하였다. Schumann은 상위문의 주어를 수식하는 관계절("We met the man who lives next door.")보다 상위문의 목적어를 수식하는 관계절("The man who lives next door is getting married.")이 먼저 습득된다고 주장하였다. 그러나 학습자들은 상위문의 목적어를 수식하는 관계절의 습득 초기에

'명사구 복사(pronominal copy)'를 사용한다. 만약, 학습자가 명사구 복사를 생략하게 되면 목적어를 수식하는 관계절이 습득되었다고 볼 수 있으며 그 이후에 주어를 수식하는 관계절 습득이 가능하게 된다. 이 과정을 예문으로 정리하면 다음과 같다.

I know the man who he coming.
I know the man who is coming.
The man who is coming is my friend.

그런데 명사구 복사를 허용하는 모국어를 가진 페르시아 학습자들은 명사구 복사를 허용하지 않는 모국어를 가진 스페인 학습자보다 명사구 복사를 더 오랫동안 사용한다(Hyltenstam, 1984). 이를 통해 관계절의 습득도 학습자 모국어의 영향을 받음을 알 수 있다. 또한, 관계대명사의 사용과 관련하여 처음에는 관계대명사를 생략하고, 그러다가 관계대명사 대신 인칭대명사를 사용하다가 마지막으로 관계대명사를 올바르게 사용하게 된다고 하였다.

I got a friend speaks Spanish.
I got a friend he speaks Spanish.
I got a friend who speaks Spanish.

한편, 관계대명사 내에서의 선행사의 문법적 기능에 따라 습득의 난이도가 달라지기도 한다. Comrie와 Keenan(1979)은 이를 횡적 방법을 사용하여 연구를 하였는데, 그 결과를 '명사구 접근 위계(Noun Phrase Accessibility Hierarchy)'라고 이름 지었다. 이를 도식으로 나타내면 다음과 같다.

<표 7-1> 명사구 접근 위계 순서

명사구 접근 위계(Noun Phrase Accessibility Hierarchy)
SU > DO > IO > OBL > GEN > O COMP

기호	관계대명사 기능	예문
SU	주어	The man that kicked the dog ...
DO	직접목적어	The tree that the man cut down ...
IO	간접목적어	The man that she cooked the cake for ...
OBL	전치사의 목적어	The house that she lives in ...
GEN	소유격	The dog whose owner has died
O COMP	비교급의 목적어	The man that I am richer than ...

즉, 주격 기능을 가진 관계대명사가 가장 먼저 습득되고, 비교급의 목적어 기능을 하는 관계대명사가 가장 나중에 습득된다는 것이다. 그들은 이 가능성이 특정 언어에만 적용되는 것이 아니라 모든 언어가 가지고 있는 보편적인 특징이라고 하였다.

본 장에서 언급된 연구는 L2 학습자가 L1 학습자나 다른 L2 학습자와 유사한 일정한 발달 순서를 따르고 있다는 것을 언급하고 있다. 형태소 습득이나 문법 발달의 경우 자연적인 순서에 따라 습득이 이루어졌고, 부정문 및 의문문, 관계절의 경우 목표어의 정확한 형태에 도달하기까지 일정한 단계를 거쳐 가고 있었다. 독일인의 부정문 습득처럼 학습자의 모국어가 발달 패턴에 영향을 미치기도 하지만, 대체적으로 발달 순서에서 학습자의 모국어가 미치는 영향은 적은 것으로 보여 진다.

7.5.4 늦게 발달되는 언어능력 영역

어린이들이 모국어를 습득해 나가면서 다른 언어적 항목에 비해서 상대적으로 늦게 습득하는 언어적 항목이 무엇인지에 대한 연구는 다소 심층적으로 이루어지지 못했다. 분명히 모국어 습득 초기에 어린이들은 모국어를 사용하는데 많은 제한이 있어 보이지만 시간이 흐름에 따라 점차 복잡한 문장을 생성하고 이해할 수 있는 능력을 갖추게 된다. 예를 들어, 처음에는 1개의 절(clause)을 포함하는 문장을 생성하지만 점차 2개의 절 또는 그 이상의 절을 포함하는 복잡한 문장을 생성하고 이해할 수 있게 된다. 또한, 문장 중의 절이 동사의 목적어로 사용되는 경우는 분명 습득 순서상 늦게 발달하는 것은 분명해 보인다(예: I think it's the wrong way.).

어린이들은 10세 이전에는 미묘한 문법적 차이를 가져오는 언어적 항목을 완전히 습득할 수 없는데, 예를 들면 다음과 같다. 아래에 제시된 각각의 2개의 문장은 표층 구조가 같지만 심층 구조에서 그 의미하는 바가 달라진다.

John is eager to please. (기쁨을 느끼는 주체는 다른 사람들)
John is easy to please. (기쁨을 느끼는 주체는 John)
John asked Bill to come. (오는 사람은 Bill)
John promised Bill to come. (오는 사람은 John)

모국어 경우와 마찬가지로 영어를 외국어로 학습하는 경우에서도 학습자들은 위의 예에서 제시된 미묘한 문법적 차이를 다소 늦게 배운다.

한편, 사람들은 주제에 따라, 청중에 따라, 그리고 주위 상황에 따라 언어 사용을 달리하는데, 서로 다른 상황에 알맞은 문체를 선택하여 언어를 사용하는 능력도 매우 중요하다. 따라서 학습자들은 점차 다른 사람과의 상호작용 기회를 가짐으로써 언어의 다양한 형태가 갖는 사회적 의미를 인식하게 되고 사회적 상황에 따라 다소 다양한 방식으로 발화를 하는 사회적 관습에 대한 지식을 증대시키게 된다. 복잡한 문장을 생성하고 이해하는 능력과 사회적 맥락에 따라 적절한 언어를 구사할 수 있는 능력은 언어습득의 시기에서는 다소 늦게 발달된다. 하지만 이들 항목들은 개인이 갖는 의사소통의 필요성이 보다 증대되고 확장됨에 따라 성인이 될 때까지 그리고 일생에 걸쳐 계속적으로 발달시켜 나가야할 언어적 항목이라 할 수 있다.

학습자는 노출된 언어 자료를 근거로 나름대로 규칙을 형성하고 내재화된 규칙을 적용하는 창의적인 방법 이외에도 특정 발화를 모방하거나 암기함으로써 언어를 습득하기도 한다. 앞서 제시된 상투적 문구나 조립식 문형의 사용 역시 외국어 학습자에게서 보편적으로 나타나는 현상이었다. 상투적 표현의 사용은 생득적 요인이외에 환경적 요인 역시 언어학습에 기여하는 역할을 무시할 수 없다는 점을 보여준다. 이처럼 외국어 학습에서도 모국어 습득 때와 같은 체계적이며 보편적인 순서가 나타난다는 주장은 앞서 살펴본 자연적 순서 가설과 그 맥을 같이 한다고 하겠다. 그렇다면 어린이와 성인은 똑같은 방식으로 외국어를 배우는가? 이어지는 후속 장에서는 언어습득 과정에서 어린이와 성인이 보여주는 차이점에 대해서 논의하고자 한다.

08

어린이와 성인 간의 언어학습 비교

8.1 어린이와 성인 간의 언어학습 비교
8.2 언어적 입력을 근거로 한 학습 환경 비교
8.3 어린이와 성인 간의 영역별 성취도 비교
8.4 조기 언어교육

08

어린이와 성인 간의 언어학습 비교

많은 언어학자들은 언어습득과 관련된 제반 여러 조건이 동일한 상황에서 어린이와 성인의 외국어 학습과 관련하여 성취도가 유사하게 나타날 것인지 아니면 다르게 나타날 것인지를 파악하는데 관심을 기울여 왔다. Lenneberg(1967)가 사춘기를 기점으로 제2언어 혹은 외국어 학습이 어려워진다는 결정적 시기 가설(critical period hypothesis)을 발표하면서 이를 둘러싸고 학자들 사이에서는 찬반 논쟁이 일어났다. 물론, 이 문제는 아직도 결론이 나지 않은 채 논란이 지속되고 있는 상황이다. 본 장에서는 언어학습 과정에서 어린이와 성인이 보여주는 장점과 단점을 4가지 영역으로 나누어 비교해 보고자 한다. 또한, 학습자의 연령에 따라 어떤 언어적 입력의 환경이 높은 성취도를 나타내는지를 알아보며, 그리고 전 세계적으로 불고 있는 조기 언어 교육 열풍을 나이와 언어학습의 측면에서 어떻게 바라볼 것인지에 대해서도 논의해 보고자 한다.

8.1 어린이와 성인 간의 언어학습 비교

여기서는 현재까지 진행된 나이와 언어 학습의 관계를 신경 · 생리학적 측면, 인지적 측면, 정의적 측면, 그리고 언어적 측면의 네 가지 측면에서 논의해 보고자 한다.

8.1.1 신경 · 생리학적 측면의 비교

신경 · 생리학적 측면에서 성인과 어린이의 언어학습을 비교할 때 가장 많이 고려되는 사항은 반구편중현상(lateralization)과 결정적 시기(critical period)에 관한 것이다. Lenneberg(1967)를 비롯한 많은 학자들은 2세에서 시작하여 사춘기를 전후하여 반구편중현상이 일어난다고 주장하였다. 반구편중현상이란 인간 대뇌의 좌반구와 우반구가 각각 담당하는 그 자체의 고유한 역할이 대뇌의 각 반구로 자리를 잡아가는 기능 양분화 현상을 가리킨다. 그 결과, 좌반구는 언어 기능, 계산 기능 등의 분석적, 지적, 논리적 기능을 담당하는 반면에, 우반구는 음악, 예술 기능 등의 통합적, 정서적, 사회적 기능을 총괄하게 된다. 이 중 Lenneberg가 강조하고자 했던 것은 인간의 두뇌가 성장하면서 두뇌의 좌반구에서 맡게 되는 언어 중추 기능이라 할 수 있다. 따라서 사춘기 이전이라면 어린이가 좌반구 쪽에 손상을 입게 되더라도 우반구가 그 기능을 이어 받아 언어습득에 큰 지장이 없으나, 사춘기 이후에 좌반구가 손상되면 언어능력의 회복이 거의 불가능하며, 또한 성인의 70% 정도가 실어증을 경험하게 된다고 주장한다. 이는 신경 · 생리학적 측면에서 볼 때 사춘기 이후에는 대뇌의 유연성(brain plasticity)이 거의 없어지기 때문이라고도 설명할 수 있다.

따라서 Lenneberg는 반구편중현상이 종결되고 두뇌의 유연성이 사라지는 사춘기 이전의 시기가 외국어 학습에 있어서 결정적 시기(critical period)임을 제안하였다. 즉, 사춘기 이전은 인간의 두뇌가 가진 유연성 때문에 외국어를 학습하는데 효율적이지만 사춘기 이후에는 그렇지 않다는 것이다. Scovel(1969) 역시 Lenneberg의 입장을 지지하면서 반구편중현상이 완결되는 사춘기 이전의 학습자는 뇌의 유연성으로 인해 모국어뿐만 아니라 외국어를 용이하게 습득하지만 사춘기 이후에는 외국어의 유창한 구사가 어렵다고 하였다.

그러나 어린이의 언어습득 용이성을 뇌의 유연성으로 설명하려는 전통적 견해를 부정하는 많은 연구들이 있다. Krashen(1973)은 반구편중 시기와 관련하여 반구 편중화가 사춘기 경에 종료되는 것이 아니라 그보다 훨씬 앞선 만 5세 경에 종료되며 5세 이후에도 언어습득이 가능하다는 연구를 통해 반구편중현상 시기와 언어 습득 간에는 관련성이 없음을 주장하였다. 또한, 결정적 시기가 끝나면 언어습득 능력이 갑자기 떨어진다는 주장 역시 반박을 받고 있다.

Krashen(1973)과 Johnson과 Newport(1989)는 언어를 습득하는 능력은 점진적으로 떨어지는 현상이라고 주장하였다. 이는 다양한 영역에 걸친 학습자의 언어능력이 어느 한 순간에 사라진다는 결정적 시기 가설로는 다양하고 복잡한 언어습득의 양상을 설명하는데 한계가 있음을 의미한다. 이를 뒷받침하기 위해 Seliger(1978)와 Long(1990)은 '다중 결정적 시기(multiple critical period)' 또는 '민감한 시기(sensitive period)'라는 개념을 제시하였다. 이 개념에 따르면, 뇌의 유연성은 한 순간에 동시적으로 떨어지는 것이 아니기 때문에 외국어 습득능력도 점진적으로 쇠퇴해 간다. 하지만 점진적으로 떨어지는 뇌의 유연성에 맞추어 각각의 언어적 능력이 쇠퇴해 가는 속도 역시 다르다는 것이다. 이는 각각의 언어적 항목별로 원어민과 같은 언어능력에 도달하는데 요구되는 연령이 다르다는 것을 의미한다. 예를 들어, 원어민과 같은 발음능력을 습득하기 위해서는 최소한 6세 이전에, 원어민과 같은 어휘와 통사적 능력에 도달하기 위해서는 15세 이전에 외국어에 노출되어야 한다는 것이다.

한편, 발화 근육(speech muscle)의 발달을 통한 원어민과 비슷한 발음 능력의 습득과 관련하여 사춘기 이후의 언어 학습자는 원어민과 같은 발음 능력을 습득하는데 어려움이 있다는 점에 대해서는 학자들 간에 큰 이의가 없어 보인다. Brown(2000)은 음성을 발성하고 조절할 수 있을 만큼의 발화 근육이 성숙되는 5세부터 발화 근육의 유연성이 지속되는 사춘기 동안에 외국어를 배우는 것이 원어민과 같은 발음과 억양에 도달하는데 효과적이라고 보았다. 학자에 따라서는 결정적 시기가 단지 발음 영역에 국한되는 것이기 때문에 어른이 되어도 외국어 학습에서 높은 성과를 나타낼 수 있다고 주장한다. 그러나 어린이가 신경 · 생리학적으로 많은 유연성과 적응 능력을 가지고 있다는 사실을 부인할 수는 없다. 따라서 어린이를 대상으로 한 조기 외국어 교육의 높은 효과를 기대할 수 있을 것이다.

8.1.2 인지적 측면의 비교

많은 사람들은 성인들이 어린이에 비해 인지적으로 더 성숙하기 때문에 성인이 외국어를 배우는데 더 유리할 것이라고 생각한다. 그러나 인지적인 성숙은 때로는 성인들이 외국어를 학습하면서 겪을 수 있는 어려움의 원인이 되기도 한다.

Piaget(1952)는 인간의 인지는 생후 16년 동안 급속하게 발달하고 그 이후에는 발달의 속도가 둔화된다고 주장하면서 어린이의 인지적 성장에 따른 지적 발달을 3단계, 즉 감각 운동 단계(sensorimotor stage: 0-2세), 전조작 단계(preoperational stage: 2-7세), 조작 단계(operational stage: 7-16세)로 분류하였다. 그리고 조작 단계는 11세 무렵을 분기점으로 하여 구체적 조작 단계(concrete operational stage)와 형식적 조작 단계(formal operational stage)로 구분된다. Piaget에 의하면, 구체적 조작 단계에 있는 학습자는 구체적인 경험이나 직접적인 지각을 통해 언어를 습득할 수 있으나, 형식적 조작 단계로 접어들면서 추상화와 논리적인 개념을 다룰 수 있게 된다. 따라서 Piaget는 언어습득의 중요한 시기를 구체적 조작 단계에서 형식적 조작 단계로의 전환기인 사춘기 이전으로 보았다.

또한, Piaget는 인간의 인지 능력은 '불균형(disequilibrium)'과 '균형(equilibrium)'의 계속적인 순환 과정을 거쳐 발달한다고 보면서 언어습득을 균형의 개념과 결부하여 설명하였다. 인지적 불균형의 단계는 의심과 불확실의 단계이며, 이것이 해결되면 해결과 확신의 상태인 균형의 단계로 이동하고, 다시 의심과 불확실에 의해 불균형 단계로 이동한다. 이 때 의심과 불확실은 불균형-균형의 순환 과정을 촉진시키는 원동력으로서 학습 동기를 부여해 주는 역할을 한다. Piaget는 불균형-균형의 인지 진행 상태가 가장 활발한 시기를 청소년기라고 하면서 이 때 외국어를 배우면 보다 효과적이라고 하였다.

Krashen(1985)은 '습득(acquisition)'과 '학습(learning)'을 구별함으로써 아동이 외국어를 배우는데 왜 유리한 지에 대해서 설명하고자 했다. Krashen에 의하면, 습득은 어린이가 자신의 모국어를 습득할 때와 마찬가지로 무의식적으로 자연스럽게 해당 언어에 대한 규칙을 내재화하는 과정 중에 외국어를 배우는 것이다. 반면에 학습은 성인 학습자가 교실 상황에서 외국어의 규칙을 명시적으로 배우듯이 외국어를 의식적으로 배우는 과정이다. Krashen은 이 두 과정 중에서 습득 과정을 통한 언어 지식만이 유창한 언어 사용의 토대가 된다고 주장하였다. 학습된 지식(learned knowledge)은 단지 보조적인 감시장치(monitor) 역할을 할 뿐이며, 학습된 지식은 습득된 지식으로 전환될 수 없다고 주장하였다. 따라서 성인의 인지 능력이 때로는 외국어를 학습하는데 장애요인이 된다고 보았다.

한편, Rosansky(1975)는 '주의분산(decentration)'이라는 용어를 통해 어린이와 성인의 언어학습 차이를 설명하였다. 어린이는 새로 학습하는 언어적 항목을 단지 학습의 대상으로 여기지 않고 의사소통을 위한 도구로 인식하므로 모국어든 외국어든 효율적으로 습득할 수 있다. 그러나 나이가 들고 인지 구조가 성숙해감에 따라 성인은 자신의 인지 능력을 활용하여 모국어와 외국어 간에 존재하는 유사점과 차이점을 찾기 위해서 언어를 분석적으로 접근한다.

Rosansky는 이를 주의분산이라고 칭하며 주의분산 정도가 심할수록 외국어 학습에 장애 요인이 된다고 하였다.

그러나 인지적 측면에서 어린이에 비해 성인이 갖는 이점을 제시하는 학자들도 있다. Rivers(1981)는 성인의 뛰어난 기억력과 논리력은 어린이들이 몇 달 걸려 학습할 내용을 단시간 내에 학습할 수 있는 원천이 된다고 하였다. 또한, Burstall(1975)은 성인이 어린이에 비해 인지 능력이 발달하였기 때문에 연역적인(deductive) 인지 과정을 활용함으로써 귀납적(inductive) 인지 과정을 선호하는 어린이들보다 외국어를 더 효과적으로 습득할 수 있다고 주장하였다. Brown(1973)도 인지 발달을 어린이 대 성인으로 보지 않고 성인 대 성인으로 보았을 때 인지가 덜 발달한 성인이 인지가 더 발달한 성인보다 언어습득을 더 잘 수행할 것인가와 관련한 질문에 대해 그렇다고 답하는 것이 어렵다는 비유를 들었다. 따라서 아동에 비해 지적으로 우수한 성인은 고도의 인지적 전략들을 사용함으로써 어린이에 비해서 더 성공적으로 외국어를 배울 수 있을 것이라고 반박하였다.

이상의 연구를 통해 아동이 인지적 측면에서도 성인에 비해 여러 장점을 지니고 있음을 확인할 수 있다. 물론, 성인의 뛰어난 기억력과 논리력, 연역적 사고 및 인지 전략의 사용 등은 외국어 학습에 긍정적인 영향을 낸다. 그러나 성인이 갖는 지나친 분석적 태도는 외국어를 배우는데 있어 장점으로 작용하고 있지 않음을 알 수 있다.

8.1.3 정의적 측면의 비교

인간은 지적인 존재이기도 하지만 감정을 가지고 있는 정의적인 존재이기 때문에 학습자 개개인의 정의적 상태에 대한 이해는 외국어 학습을 이해하는데 도움을 준다.

어린이는 확고한 자아의식(self-identity)이 확립되어 있지 않기 때문에 새로운 언어의 습득이 어린이에게는 위협으로 작용하지 않는다. 따라서 어린이들은 외국어를 학습하더라도 자아를 보호하려는 억압 현상이 일어나지 않는다. 그러나 성장과 함께 자아의식이 발달되면서 오류에 대한 불안감을 느끼며 타인을 의식하게 됨으로써 불안정한 자신을 노출시키지 않으려는 억압(inhibition) 의식을 발전시키게 된다. 이러한 억압 현상은 외국어 습득의 지연을 초래할 수 있다.

언어자아(language ego)란 언어에 관하여 발달해 가는 자아의식을 일컫는다(Guiora, Brannonm & Dull, 1972). 대체적으로 어린이의 언어자아는 사춘기까지 성장이 계속되어 유동적이며 활동적인 특징을 갖는다. 따라서 어린이의 경우 새로운 언어가 언어자아에 위협으로 작용하지 않아 새로운 언어에 대한 적응이 용이하다고 보여 진다. 그러나 사춘기 때 일어나는 여러 가지 신체적, 정의적, 인지적 변화는 방어기제(defense mechanism)를 만들어내 사춘기 이후의 언어자아는 방어적이 된다. 그래서 그 시기의 언어자아는 나약한 자아를 보호하기 위해 모국어라는 안전한 장치에 매달리게 되고, 거듭되는 시행착오 속에서 자신을 낮게 평가하게 되므로 외국어 학습에 불리하게 작용한다.

언어와 그 문화에 대한 학습자의 태도 역시 학습 효과에 영향을 끼치는 중요한 요인 중의 하나가 된다. Macnamara(1975)는 아동의 경우 인종, 문화, 사회에 대한 태도가 아직 형성되지 않아 태도의 영향을 덜 받는 반면, 성인의 경우에는 목표어 문화권에 대한 태도를 갖게 되고 그것이 언어습득에 긍정적 또는 부정적 영향을 미칠 것이라고 주장한다. 하지만 어린이는 태도의 영향을 덜 받으므로 외국어에 대한 선입견이나 편견 없이 언어를 성공적으로 습득할 수 있어 더 유리하다는 것이다. 한편, Stern(1984)은 동기의 측면에서도 어린이가 성인에 비해서 언어학습에 더 유리하다고 주장하였다. 어린이들은 그들의 흥미에 맞도록 동기만 부여되면 새로운 경험에 더 민감하고 열성적이므로 다른 연령층보다 우월한 자의적 동기(self-initiated motivation)를 갖는다고 보았다. 따라서 아동들에게 적절한 동기만 부여되면 제2외국어는 물론 제3외국어의 학습도 가능하다.

어린이와 성인의 언어 학습 상의 차이를 정의적 측면에서 설명하고자 할 때 '동료압력(peer pressure)'의 개념도 중요한 작용을 한다. 동료 압력이란 언어를 학습하면서 주위의 동료나 또래 친구들로부터 받는 무언의 압력이라고 할 수 있다. 그런데 아동은 성인에 비해 동료압력의 영향이 크다. 즉, 아동은 또래 집단의 행동이나 말에 대해 더 민감하게 반응하고 쉽게 용납해 주지 않는다. 이러한 특성이 동료들에게 놀림을 당하거나 소외당하지 않으려는 욕구를 더욱 자극하여 외국어 학습에 대해서 긍정적인 압력으로 작용한다는 것이다.

Krashen과 Terrell(1983)도 언어습득과 정의적 요인 간의 관계를 중요시하였다. 그들은 개인차가 있기는 하지만 아동이 사춘기가 지나면 외국어 습득에서 장애 요인이 되는 정의적 여과기(affective filter)의 작동이 급격히 증가한다고 생각하였다. 따라서 사춘기 이전에 외국어를 배우기 시작하면 비록 정의적 여과 장치가 영향을 준다고 해도 그렇게 강력하지 않아 완벽하게 그 언어를 습득할 수 있다고 주장하였다.

8.1.4 언어적 측면의 비교

구조주의 언어학자들은 연습, 모방과 반복으로 이어지는 습관형성에 의해 언어 습득이 가능하다고 보았다. 그러나 구조주의 언어학자들은 학습자가 한 번도 들어보지 못한 문장을 이해하고 또 창의적으로 사용할 수 있다는 점에 대해서는 설명하지 못했다. 이에 대해 Chomsky(1965)는 인간은 태어날 때부터 언어를 습득할 수 있도록 도와주는 장치를 가지고 태어나기 때문에, 불충분한 언어입력의 양이나 질에도 불구하고 무한한 수의 창의적인 문장을 생성하면서 언어를 습득할 수 있다고 보았다. Chomsky는 언어습득을 가능하게 만드는 기제를 '언어습득장치(LAD: Language Acquisition Device)'라 명명하였다. 언어습득장치는 어린이가 태어날 때부터 가지고 태어나며, 언어의 보편적 항목들이 이미 프로그램 되어 있어서 13세 이전의 어린이는 모국어든 외국어든 언어적 환경에 노출만 된다면 자동적으로 언어를 습득할 수 있다고 보았다. 한편, Chomsky(1965)는 언어습득장치의 역할을 보다 구체적으로 설명하기 위해 '블랙박스'라는 종전의 언어습득장치 개념을 '원리(principles)'와 '매개변항(parameters)' 이라는 두 하위 요소를 포함하고 있는 '보편문법(UG: Universal Grammar)'이라는 개념으로 대체하였다.

그렇다면 언어습득장치와 보편문법은 성인과 어린이의 언어학습 과정에서 어떻게 기능할까? Lenneberg(1967)는 유아가 출생할 당시에는 언어습득장치의 60% 정도만이 작동하다가 10대 초에는 100%까지 작용하며 사춘기에 접어들면서 점차 감소되어 사춘기가 지나면 그 기능이 없어진다고 하였다. 따라서 Elliot(1981)는 이러한 언어습득장치의 기능이 가장 왕성한 유아기에 외국어 교육을 실시하는 것이 가장 효과적이라고 주장하였으며, 무엇보다도 보편문법은 어린이들에게만 활용이 가능하므로 성인들은 보편문법에 도달할 수 없는 것으로 보았다. Schachter(1988)는 보편문법이 신체적 성장과 함께 소멸되기 때문에, 이는 언어습득의 결정적 시기와 관련을 맺고 있다고 주장하였다.

한편, Felix(1985)는 언어습득을 위해서 인지 능력과 보편문법 간에 서로 경쟁하는 경쟁 이론을 제시하였다. Felix에 의하면, 성인도 생득적인 보편문법을 가지고 있지만 인지 능력이 보편문법에 비해서 더 발달되어 있어서 언어습득 시 인지 능력에 더 많이 의존하게 된다. 즉, 성인은 보편문법보다는 인지 능력에 더 많이 의존하게 되며, 어린이는 인지 능력보다는 보편문법에 더 많이 의존하게 된다. 보편문법과 인지 능력이 서로 경쟁하는 가운데, 인지 능력에 의존하는 성인은 보편문법에 의존하는 어린이에 비해서 불리한 언어습득이 이루어진다고 보았다. 따라서 언어습득장치와 보편문법의 측면에서 성인은 어린이만큼 외국어를 습득하는데 성공적이지 못하다는 견해가 지배적이다.

그러나 Dulay와 Burt(1974a), Ervin-Tripp(1974), McLaughlin(1985)은 모국어와 외국어의 언어 발달 단계에서 나타나는 유사점을 들어 성인 역시 보편문법을 활용하면 외국어를 성공적으로 학습할 수 있다고 반박하였다. 특히, Dulay와 Burt는 그들의 연구에서 성인도 어린이와 유사한 순서로 형태소를 습득하고 있음을 발견하였는데, 이는 Krashen이 제시한 '자연순서 가설'을 반영하여 언어습득이 이루어지고 있음을 뜻한다. 이와 같이 외국어를 학습하는 과정에서 모국어 습득과 유사한 과정이 나타난다면, 성인 역시 생득적 보편문법에 도달하여 외국어를 배울 수 있다는 증거로 받아들일 수 있음을 의미한다.

언어적 측면에서 고려해야 할 또 하나의 중요한 요인은 외국어 학습 과정에서 나타날 수 있는 모국어의 간섭 현상이다. 어린이 경우 모국어와 외국어를 동시에 습득하고 두 언어 모두 창의적인 언어구성 과정을 거치기 때문에 모국어에 의한 간섭 현상은 일어나지 않는다. 그러나 성인의 경우에는 모국어를 습득한 후 외국어를 배우는 것이기 때문에 창의적인 언어구성 과정을 통해 외국어를 습득한다 하더라도 모국어의 간섭을 전혀 배제할 수는 없다. 따라서 언어습득장치의 기능이 가장 왕성한 시기이면서 모국어 간섭의 영향을 배제할 수 있는 어린이가 외국어 학습에서도 성인에 비해서 더 유리하다는 설명이 언어학적 측면에서도 가능하다. 그러나 모국어가 완전히 습득되기 전에 외국어를 학습하는 것이 어린이의 언어 발달 과정에 오히려 방해가 된다는 주장을 펴는 학자도 있다. 또한, 성인 학습자가 겪는 모국어의 간섭은 외국어 습득에 있어서 반드시 장애 요인이 아니라 외국어 습득을 돕는 요인이 될 수도 있다.

8.2 언어적 입력을 근거로 한 학습 환경 비교

어린이와 성인의 언어학습 여건을 비교할 때 고려되어져야 할 또 다른 요소로 언어적 입력과 관련된 학습 환경을 들 수 있다. 즉, 어린이와 성인은 각자에게 주어진 언어적 입력에 따라 서로 다른 학습 효과를 보일 수 있다는 것이다.

앞서 우리는 모국어를 배우는 어린이에게 건네지는 성인의 발화가 성인들 간에 건네지는 발화와 어떻게 다른지를 살펴보았다. 어린이에게 건네지는 발화는 구조상 더 간단하고, 한정된 어휘를 사용하며, 더 많은 반복을 포함했고, '지금-여기'라는 즉각적인 상황과 더 밀접하게 관련된 특징을 갖고 있었다. 이러한 언어적 입력은 어린이들의 입장에서 이해하기가 더 쉽고 기억하기도 용이하여 언어습득에 이로운 특징을 지니고 있었다.

그런데 성공적인 외국어 학습을 위한 이상적인 언어입력 역시 어린이가 받는 언어입력의 특징과 유사하다는 점을 알 수 있다. 즉, 언어입력이 학습자의 수준에 비추어 이해 가능한(comprehensible) 입력이고, 학습자의 즉각적인 관심과 관련이 있으며, 또한 너무 복잡하지 않아야 한다는 것이다. 이는 이런 종류의 언어입력에 노출될 경우에 학습자의 자연적인 언어습득 기제가 더 쉽게 작동하여 언어습득에 유리하다고 보기 때문이다. 여기서 우리는 자연적인 언어습득 환경에서 어린이들이 어른보다 언어습득에서 좀 더 성공적인 이유를 찾아낼 수 있다. 단순하고 구체적 사실과 관련된 입력을 잘 처리하는 어린이들은 자연적인 상황에서 이런 종류의 입력을 쉽게 받아들인다. 그러나 일반적으로 성인의 경우에는 더 복잡하고 추상적인 발화를 이해하도록 기대받기 때문에 그들에게 주어지는 언어적 입력은 아동에게 주어지는 입력과는 다르다.

한편, 언어적 입력의 환경을 ESL과 EFL로 나누어 각각의 환경에서 어린이와 성인 학습자 성취도가 어떻게 달라지는지를 살펴보는 것도 의미가 있다. ESL(English as a Second Language)은 영어를 제2언어로 배우는 상황을, 그리고 EFL(English as a Foreign Language)은 영어를 외국어로 배우는 상황을 일컫는 용어이다. ESL은 인도나 유럽에서와 같이 영어가 모국어와 함께 일상생활의 언어로 쓰이고 있는 경우에 영어를 제2언어로서 배우는 경우이다. 반면에 EFL은 우리나라나 일본처럼 일상생활에서는 사용되지 않는 영어를 학교나 학원 등 일정한 곳에서 외국어로서 배우는 경우이다. ESL 환경은 주로 원어민과 상호작용을 통해서 영어를 배우기 때문에 자연적인 언어학습 환경 혹은 비공식적인(informal) 언어학습 환경으로 인식된다. 그리고 EFL 환경은 주로 교실이라는 인위적인 학습 환경 내에서 명시적인 언어 규칙의 교수를 통해 영어를 배우기 때문에 비자연적인 언어학습 환경 혹은 공식적인(formal) 언어학습 환경으로 인식된다. 따라서 ESL 환경에서는 일상생활 속에서 주로 원어민과의 상호작용을 통해 더 많은 이해 가능한 언어입력이 제공될 것이므로 성인보다는 어린이가 영어를 습득하는데 더 유리할 것이다.

그러나 자연적인 언어습득 상황이라 하더라도 학습자에게 제공되는 언어입력이 충분히 이해 가능한 것이 아니라면 이 경우에는 성인이 어린이보다 유리하다. Asher(1977)는 전신반응(Total Physical Response) 교수법으로 접근했을 때 습득의 초기 단계에서 나타나는 성인과 어린이의 침묵의 시기(silent period)를 비교했다. 그 결과, 성인은 침묵의 시기가 약 10시간 정도였으나 어린이의 경우에는 약 6개월 정도가 소요되었다(Krashen, 1982a, 1982b). 이처럼 어린이가 성인에 비해 상대적으로 긴 침묵의 시기를 가진 이유에 대해 습득의 초기 단계에서 이해 가능한 언어입력이 충분히 제공되지 않았기 때문이라고 설명한다. 즉, 자연적인 환경, ESL 상황에서의 습득 자체는 어린이가 어른보다 더 유리하다는 것이 일반적인 견해이지만 이해 가능의 차원에서 보면 나이가 많을수록 이해의 정도가 높을 수도 있다.

이처럼 외국어 학습에 있어서 학습자에게 제공되는 언어적 환경이나 입력의 유형 역시 연령에 따른 학습자의 성취도를 결정하는 중요한 요인이 될 수 있다.

8.3 어린이와 성인 간의 영역별 성취도 비교

앞 절에서는 외국어 학습과 관련하여 어린이와 성인 간에 보여지는 여러 가지 차이점을 신경·생리학적 측면, 인지적 측면, 정의적 측면, 언어적 측면이라는 네 가지 측면에서 살펴보았다. 그렇다면 어린이와 성인 간의 이러한 네 가지 측면의 차이점이 외국어 학습의 영역별 성취도에는 어떠한 영향을 미칠까?

학습자의 성취도를 알아보기 전에 확실해 해 두어야 할 기준이 두 가지 있다(박기표, 2000). 첫째, 외국어 능력의 측정 기준을 무엇으로 삼을지에 관한 것이다. 외국어 능력이라 하면 외국어를 습득하는 속도와 발달이라는 두 능력 모두가 포함되는 개념이기 때문에 둘 중 무엇을 측정의 기준으로 삼아야 할지를 결정해야 한다. 여기서는 외국어를 습득하는 속도가 아닌 최종적인 언어능력을 외국어 능력의 기준으로 삼고자 한다. 왜냐하면, 외국어를 습득하는 속도를 측정 기준으로 할 경우 십중팔구 성인이 어린이보다 뛰어날 가능성이 높기 때문이다. 따라서 습득 기간에 관계없이 습득 상태, 즉 원어민과 같은 수준의 언어를 습득할 수 있는 능력이 있는가를 언어능력의 기준으로 정할 필요가 있는 것이다(Birdsong, 1999; Long, 1990). 둘째, 앞서 제2언어 습득의 결정적 시기가 언어의 구성 요소에 따라 달라진다는 Seliger(1978)의 '다중 결정적 시기' 이론을 살펴보았다. 여기서는 다중 결정적 시기 이론을 토대로 가장 활발하게 논의되고 있는 영역인 발음과 문법, 그리고 사회 · 언어학적 측면에서의 성인과 어린이의 성취도를 비교하고자 한다.

8.3.1 발음 측면에서의 비교

나이가 어린 학습자일수록 원어민과 비슷한 외국어의 발음 습득에 유리할까? 같은 기간 동안 어린이와 성인이 외국어를 습득한다고 가정할 때 결정적 시기가 지나지 않은 어린이일수록 원어민에 가까운 발음을 습득할 수 있다고 보는 것이 일반적인 견해이다. 그렇다면 발음 습득의 결정적 시기는 언제이고, 나이라는 변수 외에 발음에 영향을 미치는 요인에는 어떤 것이 있으며, 성인 학습자의 경우에는 원어민과 같은 발음의 습득이 절대 불가능한지와 관련된 문제점들을 이 절에서 살펴보고자 한다.

Seliger, Krashen과 Ladefoged(1975)는 영어나 히브리어를 제2언어로 학습하고 있는 다양한 모국어 배경을 지닌 364명의 학습자를 대상으로 발음과 관련된 결정적 시기가 있는지를 조사하였다. 피험자들은 목표어를 사용하는 나라에 도착한 시기, 즉 제2언어를 습득하기 시작한 나이를 기준으로 세 개의 집단 — 10세 이전, 10-15세, 16세 이상 — 으로 분류되었다. 이들은 "영어나 히브리어를 사용하는 원어민들이 피험자가 원어민이 아니라는 것을 식별할 수 있겠는가?" 라는 질문에 자기 보고(self-report)를 하도록 요구되어졌다. 그 결과, 10세 이전에 이주해 온 집단의 85%, 10-15세에 이주해 온 집단의 50%, 16세 이상에 이주해 온 집단의 8%가 자신과 원어민 발음의 차이를 식별할 수 없다고 응답하였다. 이 실험은 피험자가 자신의 발음을 스스로 평가했다는 점에서 연구의 한계점을 갖기는 하지만, 거주한 기간이 아닌 나이가 원어민과 비슷한 발음 습득에 중요하다는 점을 시사해 주었으며, 발음 습득의 결정적 시기가 10세 이전이라는 사실을 밝혀 주었다.

Oyama(1976)는 이민 후 최소 5년 내지 18년 정도 미국에서 거주한 이탈리아인 60명의 발음을 조사하였다. 연구결과에 의하면, 원어민과 같은 발음을 하는데 영향을 미치는 주요 요인은 미국에 거주한 년 수가 아니라 미국으로 이주해 올 때의 나이라는 사실을 발견하였다. 즉, 12세 이전에 미국으로 이주해 온 이민자들은 원어민과 같은 발음을 구사하는 반면에, 12세 이후에 이주해 온 이민자들은 약간의 외국인 엑센트가 있었다고 보고하였다. 또한, Asher와 Garcia(1969), Patkowski(1980) 등도 발음과 관련된 결정적 시기를 몇 살로 보느냐에 대해서는 연구자 간에 약간의 차이가 있었지만 나이와 발음 능력 간에는 높은 상관관계가 있다고 주장하였다.

Scovel(1969)은 나이가 어린 학습자일수록 발음 습득에 유리한 이유를 뇌의 유연성과 관련하여 설명하였다. Scovel에 따르면, 반구편중현상이 완결되는 사춘기 이전의 학습자는 뇌의 유연성으로 인해 모국어뿐만 아니라 외국어를 용이하게 습득할 수 있지만 사춘기 이후에는 외국어의 유창한 구사력 습득이 어려워진다고 하였다. 또한, Brown(2000)은 성인의 경우 발화 근육의 유연성을 잃어버리기 때문에 일반적으로 원어민과 동일한 수준의 발음을 습득하기 어렵다고 주장하였다.

그러나 이에 대한 반대 주장도 있다. 일부 학자들은 발음 습득에 있어서 나이가 아닌 다른 변인들이 더 결정적인 영향을 미친다고 주장하였으며, 일부 학자들은 성인 학습자가 원어민과 같은 발음을 구사하는 것이 불가능한 것은 아니라고 주장하기도 하였다. Neufeld(1978)는 일본어와 중국어를 배우려는 동기가 매우 높고 교육 수준이 높은 성인 미국인 학습자를 대상으로 18시간 동안 집중적으로 훈련을 시켰는데, 그 결과 성인들도 원어민과 같은 발음 수준에 도달할 수 있었다고 주장하였다. 또한, Snow(1987)는 실험실과 같은 인위적인 환경에서 이루어진 연구의 결과이기는 하지만 외국어의 음운적 항목을 원어민과 비슷하게 발음하도록 집중적인 훈련을 시킨 결과 성인이 오히려 어린이들보다 더 잘 발음할 수 있었다고 보고하였다. Klein(1995) 역시 학습자들이 받아들이는 언어입력과 원어민과 같은 발음을 하고 싶어 하는 동기의 두 가지 요건만 충족되면 성인도 원어민과 같은 발음을 구사하는 것이 가능하다고 하였다.

이상의 연구 결과들을 종합해 볼 때, 학습자의 나이가 발음 습득의 성취도를 결정하는 유일한 요인이 아님을 알 수 있다. 그러나 나이가 발음 습득에 있어서 큰 영향을 미치고 있다는 점은 부인할 수 없다.

8.3.2 문법 측면에서의 비교

문법이나 통사적인 측면에서도 성인이 되어 외국어를 학습할 경우 원어민과 같은 통사적 수준에 도달하는 것은 어렵다는 것이 지배적인 견해이다.

Patkowski(1980)는 15세 이전과 15세 이후에 미국으로 이주하여 최소한 5년

이상 거주한 사람들을 대상으로 그들이 가진 통사적 능력에서 어떤 차이가 있는지를 조사하였다. 연구 결과에 의하면, 미국에 도착한 나이와 문법 능력 간의 상관관계가 r = -.74로 높게 나타나 15세 이전에 이주한 사람들이 15세 이후에 이주한 사람들보다 원어민과 비슷한 통사적 수준에 도달할 수 있다고 보고하였다.

Coppieters(1987)는 18세 이후에 불어를 습득하였으나 의사소통 능력과 듣기 능력이 불어 원어민 화자와 유사한 21명의 외국인을 대상으로 그들의 문법 능력을 검증해 보았다. 이들이 프랑스에 거주한 기간은 적어도 5년 이상이 되었고 평균 거주 기간도 17년에 달했기 때문에 원어민과 비슷한 문법 능력에 도달했을 것으로 생각되었다. 하지만 이들 가운데 원어민과 같은 문법적 능력을 나타낸 사람이 없었다. 이는 성인이 되어 원어민과 비슷한 문법 능력을 습득하는 데는 한계가 있음을 보여준다. 특히, 이들의 문법 능력은 보편문법으로 간주되는 형식적 문법보다는 불어에만 나타나는 기능적 문법에서 더 큰 차이를 보인 것으로 나타났다.

문법 습득의 결정적 시기에 관한 연구로 Johnson과 Newport(1989)의 연구를 들 수 있다. 이들은 3세에서 39세 사이에 미국으로 이주해 와서 최소 3년에서 최장 26년 동안 미국에 거주한 중국인과 한국인들을 대상으로 실험을 진행하였다. 피험자들에게 문법성 판단(grammaticality judgement)을 해보도록 한 결과, 3-7세에 미국에 도착한 집단이 8-10세 집단과 11-15 세에 미국에 도착한 집단보다 문법적인 능력이 뛰어난 것으로 나타났다. 따라서 어린 나이에 미국에 도착한 사람일수록 원어민과 같은 통사적 능력을 갖추는 것이 더 유리하며, 그 결정적 시기는 8-10세 이전이라는 결론이 도출되었다.

그러나 나이와 상관없이 원어민과 같은 수준의 문법 능력 습득이 가능하다는 주장들도 있다. Fathman(1975)은 영어를 제2언어로 사용하는 다양한 모국어 배경의 6-15세 학습자를 대상으로 문법 능력 평가를 실시하였다. 연구 결과에 의하면, 6-10세 아동들이 발음 측면에서는 성인보다 높은 점수를 받았지만, 영어에 노출된 기간이 비슷한 피험자들의 경우 연령이 높을수록 더 좋은 문법 능력을 보여 주었다. 또한, Birdsong(1999)은 11세에 프랑스에 도착한 20명의 영어 모국어 화자를 대상으로 이들의 불어 문법 능력을 실험하였다. Birdsong은 이들의 문법 능력이 원어민과 비슷한 수준이라고 밝혀 앞서 언급된 결정적 나이보다 늦은 시기에 문법을 습득해도 원어민과 같은 수준의 문법 능력 습득이 가능하다는 사실을 보여주었다.

이상의 연구들은 모두 문법을 습득하는데 나이가 중요한 역할을 한다는 것을 보여줌으로써 원어민과 비슷한 문법 능력을 습득하기 위한 결정적 시기가 있음을 입증해 주었다. 그러나 연구마다 문법 습득의 결정적 시기에 대한 결론이 다르기 때문에 그 정확한 시기를 단정 지을 수는 없다.

8.3.3 사회 · 언어학적 측면에서의 비교

Scarcella(1983)는 7세 경에 미국에 건너와 12년 내지 17년 거주한 10명을 대상으로 이들의 담화능력을 조사하였다. 적절한 대화 주제를 선택하고, 대화를 지속하며, 대화를 종결하는 등의 담화 능력을 조사하였는데, 연구결과는 이들 모두에게서 원어민과 같은 담화 능력을 발견하지 못하였다. Scarcella는 원어민과 같은 담화 능력에 도달하는 것이 학습자의 연령과 밀접한 관련이 있음을 보여주는 증거로 해석하였다. 즉, 학습자가 7세 이전에 미국으로 건너와서 영어를 배웠더라면 원어민과 같은 담화 능력에 도달할 수 있을 것이라고 예상하였다.

8.4 조기 언어교육

아동이 외국어 학습에 더 유리하다는 Lenneberg(1967)의 결정적 시기 가설이 발표되자 많은 학자들은 이를 근거로 조기 외국어 교육의 당위성을 주장하였다. Stern(1984)은 제2차 세계대전 후 국가 간 교류가 증대된 국제화 시대를 대비하여 성인에 비해 놀랄만한 언어습득 능력이 있는 아동들을 대상으로 외국어 교육이 일찍 시작되어야 한다고 주장하였다. Rivers(1981)도 외국어 교육의 궁극적인 목표라 할 수 있는 의사소통능력을 함양하기 위해서는 조기 외국어 교육을 실시하는 것이 유익하다는 입장을 견지했다.

이와 같은 여러 학자들의 주장에 힘입어 현재 세계적으로 약 50여개의 나라에서 초등학교부터 외국어 교육을 실시하고 있다. 이러한 맥락에서 조기 언어교육의 개념을 정립하고, 또 현재 조기 언어 교육이 안고 있는 문제점을 살펴보는 것은 매우 중요한 일이 될 것이다.

'언어 조기 교육(early language education)'은 이중 언어 교육(bilingual education)이나 제2언어 교육(second language instruction), 또는 외국어 학습(foreign language learning) 등의 용어에서 보듯이 12세 이전의 아동들에게 외국어를 가르치는 경우를 일컫는다(Rivers, 1981). 특히, 미국에서는 초등학교에서 실시하는 외국어 조기 교육을 FLES(Foreign Languages in the Elementary School), FLEX(Foreign Language Experience), 혹은 몰입 프로그램(Immersion Program)이라 칭하고 있다.

우리나라에서 조기 언어 교육은 주로 조기 영어 교육을 일컫는 말이다. 우리나라에서의 조기 영어 교육의 개념은 학자마다 조금씩 다른데, 배두본(1997)은 조기 영어 교육을 '초등학교의 영어교육(Teaching the English in the Elementary School: TELES)'이라고 하였다. 또한, 이혜란(1995)은 취학 전 아동부터 초등학교 상급 학년 아동까지의 영어교육을 '영어 조기 교육'이라는 용어로 표현하였다. 국제 공용어인 영어를 학습하는 시작 연령을 낮추려는 세계적인 추세와 발맞추어 우리나라도 중학교 1학년부터 시작했던 영어교육을 1997년부터 초등학교 3학년으로 낮추어 실시해 오고 있다.

그러나 현재 우리나라에서 조기 영어 교육을 실시할 즈음에 이에 대한 의견은 찬성과 반대로 나뉘어져 어떤 뚜렷한 합의점에 도달하지 못했었다. 반대론자들은 조기 영어 교육 실시에 따른 문제점을 다음과 같이 요약하였다(배두본, 1995). 첫째, 한국의 문화나 가치관이 채 형성되지 않은 아동에게 서양의 문화나 가치관이 부정적인 영향을 끼치지 않을까 하는 우려이다. 극단적인 경우 문화 식민지화의 위험이 있다고 보기도 하였다. 둘째, 영어 교육 환경과 관련하여 현재와 같이 능력 있는 교사의 수급, 교재나 보조 자료의 개발 및 보급, 설비 및 시설의 확보 등이 미비한 상태에서 교육을 실시했을 때의 그 효율성에 대한 의문을 제기하였다. 셋째, 영어교육을 실시한다 하더라도 지속적으로 영어를 사용할 장치가 없어 그 실효성에서 논란이 되기도 한다. 우리나라와 같은 EFL 환경에서 영어교육의 가장 큰 난점은 교실 밖에서는 영어를 접할 기회가 거의 없다는 것인데, 초등학교라는 제한된 공간에서 제한된 기간 동안 배운 영어가 실제 사용 능력으로 얼마나 연계될 수 있을지 우려되었다.

조기 외국어 교육의 실시로 인해 많은 아동들이 외국어를 보다 쉽게 습득하는 것은 분명해 보인다. 이러한 점 때문에 우리나라에서는 현재 초등학교 3학년부터 시작하고 있는 영어교육의 시작 연령을 초등학교 1학년 또는 유치원 연령으로 낮추는데 따른 찬 · 반의 논의를 시작하고 있다. 특히, 영어교육의 시작 연령을 낮추려는 논의를 위해서는 우리나라에서 일어나고 있는 영어교육에 대한 광풍, 조기 영어교육을 위해 많은 아동들이 영 · 미 문화권 국가로 조기 유학을 떠나는 상황, 취업 등의 이유로 인해 더 중요해 지고 있는 영어능력의 습득 등의 특수한 요인들을 좀 더 신중하게 고려할 필요가 있어 보인다.

본 장에서는 학습자의 연령이 외국어 습득에 미치는 영향을 신경 · 생리학적 측면, 인지적 측면, 정의적 측면과 언어적 측면으로 나누어 각각의 측면이 학습자의 성취도와 어떤 연관이 있는지 검토해 보았다. 또한, 언어학습에 있어 중요한 역할을 담당하는 언어적 입력의 양상이 어떻게 다르고 어떤 유형의 언어입력이 학습자에게 유리한 것인지에 대해서도 생각해 보았다. 이상의 연구에서 얻어진 일반적인 견해는 특히 발음 분야에서만큼은 학습자의 나이가 어릴수록 외국어 습득에 유리하다는 것이다. 그러나 우리나라의 경우 조기 영어 교육의 열풍이 거세게 불고 있는 특수한 상황, 또한 EFL 이라는 특수한 상황에 처해 있으므로 앞서의 연구 결과들은 우리의 현실에 맞게 신중하게 재해석될 필요가 있다.

09

학습자의 오류분석

09

학습자의 오류분석

Chomsky의 변형생성 문법이 대두된 이후 학습자가 언어습득 과정 중에서 생성하는 오류에 대한 인식이 변화되었다. 성인 발화의 기준에 비추어 볼 때 오류체계로 여겨졌던 어린이의 발화에도 학습자 나름의 언어 규칙 체계가 존재한다는 사실을 인정하게 된 것이다. 성인 발화의 관점에서 볼 때 어린이의 발화는 분명 완벽한 규칙 체계에서 벗어난 개인 특유의 언어 규칙 체계이다. 하지만 이들의 언어 체계는 일정한 규칙을 바탕으로 하고 있어서 어린이들이 언어학습을 위해서 전략이나 언어학습의 메카니즘이 사용되고 있다는 것을 엿볼 수 있다. 이러한 맥락에서 외국어 학습자의 언어 체계에 대해서도 새롭게 인식되기 시작하였다. 즉, 외국어 학습자도 그가 접하는 언어적 자료로부터 창의적으로 규칙을 구성하고 이를 적용해 나가는데, 그 규칙이 점차 목표어의 체계에 근접해 간다고 본 것이다. 따라서 학습자가 생성한 오류를 단순히 학습 실패의 증거로 보기보다는 학습자가 언어 체계를 발전시키고 있다는 증거, 그들이 언어적 자료를 어떻게 처리하는지를 보여주는 자료로 인식할 필요가 있다. 이러한 맥락에서 언어학자들은 학습가가 보여주는 모든 오류를 모국어 규칙 전이의 결과로 발생하는 언어 간 전이(interlingual transfer)에 의한 오류 보다는 외국어에 대한 학습자 나름의 독자적인 규칙 체계를 반영하는 언어 내 전이(intralingual transfer)에 의한 오류에 대해 많은 관심을 갖게 되었다.

9.1 오류의 출처와 원인

9.1.1 간섭(Interference)과 전이(Transfer)의 문제

새로운 내용을 학습하거나 주어진 문제를 해결하고자 할 때 학습자는 자신이 이미 가지고 있는 선험 경험 지식을 활용한다. 이러한 선험 지식은 새로운 지식을 습득하는데 긍정적으로 작용하여 새로운 학습을 촉진시킬 수도 있고, 아니면 부정적으로 작용하여 선험 지식이 새로운 지식을 학습하는데 오히려 장애 요인이 될 수 있다. 이와 같이 선험 학습의 경험이 다른 후험 학습에 직접적 또는 간접적으로 영향을 미치는 것을 '전이(transfer)'라고 한다. 선험 지식이 새로운 학습을 하는데 촉진적 역할을 하는 경우 이를 긍정적 전이(positive transfer)라고 하고, 선험 지식이 새로운 지식을 학습하는데 장애 요인으로 작용하는 경우 이를 부정적 전이(negative transfer) 또는 간섭(interference)이라고 한다.

구조주의 언어학자들에 의하면, 모국어와 외국어 체계에 있어서 차이가 클수록 외국어를 배우는데 간섭 현상은 많이 나타날 것이고, 차이가 적으면 간섭이 적을 것이라고 생각하여 두 언어 간의 차이를 분석하는 대조분석을 제안하였다. 대조분석을 사용하여 두 언어 간의 유사점 및 차이점을 기술하려고 하였다. 따라서 대조분석을 주장한 구조주의 언어학자들은 긍정적 전이보다는 오히려 간섭이 되는 부정적 전이를 규명하는데 더 많은 관심을 보였다.

또한, 대조분석은 두 언어 간의 차이를 기술하는데 그 목적이 있기 때문에 언어 내 간섭보다는 언어 간 간섭을 규명하는데 더 많은 관심을 보인다. 하지만 외국어 학습에서 나타나는 오류는 모국어와 외국어 간의 차이보다는 목표어 내의 언어규칙을 불완전하게 학습했거나, 목표어 내 여러 언어규칙 간의 혼란으로 인해 오류가 나타나는 경우가 있다. 하지만 인지주의에서 제안된 오류분석에서는 오류의 원인을 언어 간 전이에 의한 간섭에 대해서도 관심을 갖지만, 언어 내 간섭에 의해 발생되는 오류의 유형에 대해서 더 많은 관심을 보였다.

9.1.2 언어 간 전이에 의한 오류

전이(transfer)란 선행 학습이 후속되는 다른 학습에 직접 또는 간접으로 영향을 주는 것을 의미한다. 이 경우 선행 학습이 다음 학습에 도움을 주어 촉진적 효과를 낳는 경우를 긍정적 전이(positive transfer)라 하고, 선행 학습이 다음 학습에 간섭(interference)을 주어 방해를 일으키는 경우를 부정적 전이(negative transfer)라고 한다. 전이의 역할은 외국어 학습에서도 크게 나타난다. 왜냐하면, 학습자는 외국어 학습을 효과적으로 수행하기 위해서 자신이 이미 알고 있는 모국어 지식을 활용하게 된다. 즉, 외국어를 학습하는데 있어서 자신의 모국어 지식을 일종의 전략으로 이용하는 것이다.

Taylor(1975)는 중급 수준의 학습자에 비해 초급 수준의 학습자에게서 모국어에 의한 전이 오류가 더 많이 발생하고 있다는 것을 발견 하였다. 이는 초급 수준의 학습자일수록 목표어에 대한 지식이 부족하여 모국어에 더 많이 의존하여 언어 규칙에 대한 가설을 만들기 때문이라고 분석하였다. 이 때 모국어의 간섭이 학습자의 오류를 일으키는 원인이 되므로 이러한 간섭 현상만 학습하면 외국어 습득이 용이하다는 입장에서 20세기 중반에 대조분석(contrastive analysis)이 등장하게 되었다.

한국어와 영어의 두 언어 체계의 차이로 인해 부정적 전이를 유발시킬 수 있는 항목에는 다음과 같은 것들이 있다.

① 한국어는 관사의 개념이 불분명하지만 영어에서는 관사의 사용에 대한 개념이 명확하다. 따라서 한국의 영어 학습자들은 관사의 사용법을 습득하는데 어려움을 느낀다.

Sun is very hot.

He is tallest boy in the class.

He is good boy.

② 한국어의 표준적인 어순은 "주어+목적어+동사"이고 또한 많은 경우 그 어순이 비교적 자유롭다. 이에 비해 영어의 기본 어순은 "주어+동사+목적어"로서 한국어와 다르고, 또한 어순이 한국어와는 달리 고정되어 있다. 그리고 한국어에서는 주어 사용이 의무적이지 않아 주어를 생략하고 말을 해도 이해하는데 별 어려움이 없다. 그러나 영어에서는 꼭 주어를 사용하여 표현해야 한다.

I always English study hard.

③ 한국어에서는 문법 범주로서의 명사의 수(number)를 별로 의식하지 않는데 비해 영어에서는 명사의 단수와 복수를 엄격히 구분한다. 따라서 한국인 영어 학습자는 복수어미 형태소인 '-s'의 사용에서 오류를 자주 범한다.

Three book are interesting.

그러나 대조분석에서 주장하는 바가 항상 올바르게 언어습득 과정에서 나타나는 것은 아니기 때문에 대조분석에 대한 반론이 제기되기 시작하였다. 첫째, Richards(1971)는 일반적으로 오류는 언어 간 전이보다는 목표어 내의 규칙 혼란으로 인한 오류의 경우가 더 많다고 하여 대조분석의 효율성을 비판하였다. 즉, 오류의 대부분은 과잉일반화나 단순화 같은 과정에서 발생되기 때문에 대조분석의 효율성에 대해서 의문이 제기된다는 것이다. 따라서 모국어와 목표어 사이의 관계를 찾아내는 것보다는 외국어 학습자가 새로운 규칙 체계를 만들어내는 과정에 더욱 주목할 필요가 있다고 주장하였다. 둘째, 두 언어의 차이점이 아닌 유사점이 오히려 학습의 어려움이 될 수도 있다. Whitman과 Jackson(1972)은 로마자를 모국어로 쓰고 있는 어린이들과 그렇지 않은 아이들을 대상으로 영어 철자 실험을 한 결과, 로마자를 쓰지 않는 학습자들이 로마자를 쓰는 학습자들에 비해서 더 높은 점수를 보여준 사실을 발견하였다. 이처럼 학습의 난이도가 모국어와 목표어 간의 차이로 인해서 나타나는 간섭 현상과 일치하지 않는다는 것을 의미하며, 이로 인해 대조분석 이론은 점차 그 설득력을 상실해 갔다.

이런 이유들로 인해 대조분석이 공격받고 있지만 전이는 분명 학습자가 사용하는 학습전략 중의 하나이다. 또한, 모국어의 전이는 초기 학습자에게 목표어에 대한 특정한 가설 설정의 근거를 제공한다는 점에서 의미가 있다. 이 경우, 학습자는 학습을 백지상태에서 출발하지 않게 되므로 학습이 더욱 경제적이고 생산적일 수 있다. Corder(1977)는 모국어가 학습자에게 목표어 학습에 사용할 수 있는 풍부한 가설을 제공한다고 하여 전이가 언어학습에서 중요한 역할을 담당하고 있다고 주장하였다.

9.1.3 언어 내 전이에 의한 오류

구조주의 언어학자들은 외국어를 배우는데 있어서 언어 간 전이의 부정적인 간섭을 오류의 가장 큰 원인으로 삼았다. 그러나 생성문법 학자들은 언어학습을 반복과 연습 및 습관형성을 통한 기계적인 과정이 아니라 학습자가 새로운 규칙을 형성하는 창의적인 과정으로 보았다. 따라서 학습자가 만들어내는 오류의 대부분은 모국어 간섭에 의한 것이 아니라 학습자가 외국어 자체의 규칙을 잘못 이해하거나 적용하는데서 비롯되는 것으로 간주하였다. 이러한 관점에서 학습자가 생성한 오류를 분석하고 그 이유를 설명하고자 했던 노력이 오류분석(Error Analysis)이다.

Corder(1977)는 오류분석을 다음과 같이 5단계로 나누었다.

① 학습자 언어 자료 수집(collection of a sample of learner language) : 분석의 대상이 되는 학습자 언어 자료와 자료 수집 방법 결정
② 오류의 확인(identification of errors) : 오류의 구성 요소 결정
③ 오류의 기술(description of errors) : 학습자의 개인 특유적 방언을 목표어로 재구성한 발화와 비교
④ 오류의 설명(explanation of errors) : 오류가 발생한 원인에 대한 고찰
⑤ 오류의 평가(evaluation of errors) : 오류가 청자에 미치는 영향 고찰

오류분석에서는 많은 수의 오류가 목표어 내의 언어 자료를 과잉일반화(overgeneralization) 하는데서 유래한다고 보았다. 학습자가 학습하는 언어적 항목들은 하나의 문법 규칙에 의해 공통적으로 다루어지는 것끼리 하나의 범주를 이루고 있다. 학습자는 이미 학습된 항목의 범주들을 기초로 하여 새로운 언어적 항목에도 적용되는 규칙을 찾으려 한다. 이 때 학습자가 목표어의 어떤 규칙을 새로운 학습 문제에 적용시킬 때, 만약 그 문제가 그 규칙이 적용되는 범주에 속하는 것이라면 올바른 학습이 이루어지는데, 이 경우를 일반화(generalization)라 한다. 그러나 그 예측은 종종 틀릴 수 있다. 그 이유는 특정 항목을 적절한 범주에 할당했다 하더라도 이들 특정 항목에는 일반적인 규칙이 적용되지 않는 경우가 있기 때문이다. 이 경우를 과잉일반화(overgeneralization)라 한다. 또한, 그 언어적 항목이 다른 규칙에 의해 적용되는 범주인 경우도 있는데, 이 경우 새로운 범주와 규칙을 만들어야 한다(예: (a.) learned). 이렇듯 새로운 항목이 그 범주에 속하는 것이 아니거나 예외인 경우 과잉일반화에 의한 오류가 나타나게 된다(Littlewood, 1987). 일반화의 한 양상인 과잉일반화는 학습자가 새로운 목표어를 보다 쉽게 학습하려는 목적에서 목표어의 특정한 문법 규칙을 그 규칙이 적용되는 경계를 넘어서까지 부적절하게 사용하는 전략인 것이다(Brown,1980).

영어의 규칙을 과잉일반화하여 만들어진 오류에는 다음과 같은 것들이 있다.

① 동사의 과거형은 동사 뒤에 '-ed'를 붙여 만들어진다. 그러나 불규칙 동사의 경우는 이러한 규칙 적용에 있어 예외가 된다. 그럼에도 불구하고 이 규칙을 적용하여 'goed', 'comed' 등과 같은 오류를 범하는 경우이다.

② 명사의 복수형은 명사에 '-s'를 붙여 만든다. 그런데 'mouse' 나 'child'에 이 규칙을 적용하여 'mouses'나 'childs'라고 한다면 이는 명사의 복수형 규칙을 과잉일반화시킨 것이다.

③ 진행형을 만드는 규칙을 과잉일반화하여 'know'나 'remember'와 같이 진행형을 만들 수 없는 동사까지 확대하여 진행형을 만들기도 한다('I am not knowing the rules.').

④ 3인칭 현재 단수 동사의 뒤에는 '-s'를 붙인다. 그러나 이 규칙을 과잉일반화시켜 'He can sings'와 같은 오류를 범하기도 한다.

⑤ 의문문을 만들기 위해 'do'동사를 삽입한다. 그러나 'do'가 필요 없는 경우에도 'do'를 과잉일반화시켜 사용하는 오류를 만든다('Who did write the book?').

그러나 앞서 살펴본 전이와 과잉일반화는 서로 별개의 무관한 개념이 아니다. 왜냐하면, 전이나 과잉일반화 모두 선행 학습 경험에 의존하여 새로운 학습을 이루려는 학습자의 심리적인 과정이 전제되어 있기 때문이다. 목표어 학습을 위해 학습자가 의존하는 선행 학습 경험이 언어 간 전이에서는 모국어의 지식이 되는 것이고, 과잉일반화에서는 목표어의 지식이 되는 것이다. 이와 같이 전이와 과잉일반화는 학습자가 자신의 학습 부담을 덜기 위해 사용하는 학습전략으로 이해될 필요가 있으며, 이를 통해 학습자는 일정한 체계를 갖춘 독특한 규칙 체계를 발달시켜 나간다.

그러나 학습자가 생성해 내는 오류가 전이에 의한 것인지 아니면 과잉일반화에 의한 것인지를 결정하는 것은 쉽지 않다. 예를 들어, 영어를 배우는 독일인 학습자가 소란을 피우고 있는 아이를 향해 "Are you stupid, there?" 라고 말하지 않고 대신 "Are you being stupid there?"라고 말한 경우를 살펴보자. 이 경우 오류의 원인은 be동사를 현재 진행형으로 쓰지 않는 영어의 규칙을 과잉일반화 시킨 것에서 찾을 수도 있고, 동시에 진행형을 갖지 않는 독일어의 규칙을 영어로 전이시킨 것에서도 찾을 수 있다. 또 다른 예로, 같은 화자가 "Did it strike you to be funny?"라고 했다면 이 경우는 어떠한가? 이 경우에도 역시 오류의 원인이 무엇인지를 결정하기는 쉽지 않다. 영어의 'seem' 동사가 취하는 구조("Did it seem to you to be funny?")를 과잉일반화시킨 것으로도 볼 수 있고, 동형의 독일어 구조("Schien es dir, komisch zu sein?")를 전이시킨 것으로도 볼 수 있기 때문이다. 또 다른 예로, 동사 앞에 'no'를 첨가하여 부정문을 만드는 오류("No look my care.")는 학습자들의 모국어와 상관없이 보편적으로 발견되는 오류이지만, 모국어가 스페인어인 학습자들은 이 오류를 더 많이 더 오래 사용한다. 이를 통해 전이와 과잉일반화의 오류가 복합적으로 일어날 수도 있음을 알 수 있다.

오류의 경계가 모호한 경우에는 오류의 출처가 무엇인지를 애써 따져 밝히는 일은 무의미하다. 그보다는 전이와 과잉일반화 두 가지가 함께 작용하여 서로를 강화하는 것으로 보는 것이 옳을 것이다. 위 예의 경우 'be'동사가 진행형으로 쓰이는 일이 많지 않다는 사실, 즉 과잉일반화가 학습자로 하여금 독일어의 단순 시제 형태를 전이시키도록 유도했다고 볼 수 있다. 오류의 원인을 전이와 과잉일반화 중 어느 한 가지로 귀결시키기 어려운 이유는 아마도 앞서 설명한 전이와 과잉일반화가 갖는 공통적 속성 때문인 것으로 보인다. 따라서 여러 학자들의 연구에서 사용된 전이와 과잉일반화에 대한 구분 자체에 의문이 들게 된다. 연구자에 따라 동일한 오류를 달리 분류할 가능성이 있기 때문이다. 또한, 전이와 과잉일반화가 전체 오류 중 얼마만큼의 비율을 차지하는가에 대한 결과도 그 신뢰성에서 의문이 된다. 실제로 언어학습은 심리적인 과정을 다루기 때문에 이를 수치화하는 것은 무의미하다.

9.1.4 교수의 영향에 의한 오류

학습자가 형식적인 교실 수업을 통해 언어를 배우는 상황에 있다면 교사나 교재 또한 오류의 원인이 될 수 있다. 즉, 학습자가 사용하는 교재에 잘못된 내용이 수록되어 있을 때, 혹은 교사가 잘못된 내용을 학습자에게 가르칠 때 학습자는 오류를 발생할 수도 있다는 것이다.

Richards(1971)는 이런 오류가 학습 내용이 담고 있는 '허위개념(false concept)'에서 비롯된 것이라 칭했다. 또한, Stenson(1974)은 학습자 의도와는 무관하게 외적 환경 요인에 의해 오류가 발생하는 것이기 때문에 이를 '유인된 오류(induced error)'라고 불렀다. 또한, Dulay와 Burt(1974b)는 '특이한 오류(unique error)'라는 용어를 사용하여 발달상의 오류도 아니고 간섭에 의한 오류도 아닌 다른 형태의 오류로 분류하였다. Brown(2000)은 이를 학습 환경(context of learning)과 관련된 오류라고 하였다.

교수의 영향으로 오류가 발생되는 예로 Richards(1971)는 많은 교재나 교사에 의해 영어의 현재 진행형이 강조되고 있다는 사실을 제시하였다. 이는 모국어에 진행형이 없는 경우가 많기 때문에 특별히 강조를 하는 것인데, 이럴 경우 학습자는 다른 시제를 사용해야 할 곳에까지 진행형을 과도하게 사용하는 오류를 범한다. 실제로 과잉일반화의 경우 이와 같이 학습자에게 주어진 언어입력이 오류의 원인이 되는 경우가 많이 있다. 학습자에게 노출된 언어 자료를 기록해 보면 이런 언어입력의 빈도와 같은 외적인 요인 때문에 과잉일반화가 많이 일어나고 있음을 알 수 있다. 이런 사실을 통해 교재와 교사의 역할이 얼마나 중요한지 엿볼 수 있다.

9.1.5 비체계적 오류

학습자의 발화는 목표어에 관해 학습자가 나름대로 내재화한 규칙, 즉 학습자 기저의 언어능력을 직접적으로 반영해 주는 구체적인 증거라는 점을 앞서 살펴보았다. 따라서 학습자의 오류를 통해 학습자가 목표어를 어떻게 처리하는지 그 과정을 알 수 있다. 그러나 이러한 가정이 항상 옳은 것은 아니다. 학습자는 종종 그들의 기저 언어체계로 부터 기인하지 않는 다른 피상적인 영향에 의해서도 오류를 범하기 때문이다. 이러한 종류의 오류를 비체계적인 오류(non-systematic error)라고 하는데, 이는 다시 의사소통전략(communication strategy)과 수행 오류(performance error)로 구분된다.

9.1.5.1 의사소통전략(Communication Strategy)

학습자는 그가 가진 현재의 언어능력으로는 표현할 수 없는 언어적 항목과 규칙을 사용하여 의미를 전달해야 할 상황에 종종 부딪힌다. 이때 학습자는 의도한 의미를 전달하기 위해 임시방편적인 전략을 사용한다. 예를 들어, 사전 등에서 언어 항목을 찾아 사용한다거나, 또는 제스쳐 등의 신체언어를 통해 의사소통 목적을 실현한다. 이러한 경우 발생되는 학습자의 오류는 학습자의 기저 규칙 체계를 반영하는 오류라기보다는 일반적인 문제 해결의 전략으로 간주되어야 한다. 즉, 의사소통전략이란 학습자가 자신의 부족한 외국어 지식을 보충하면서 자신의 의사를 상대방에게 전달하기 위하여 임시방편의 언어적 · 비언어적 방법을 동원하는 전략이라 할 수 있는데, 이때 표준적인 언어에서 벗어날 경우 오류가 된다.

의사소통전략은 잉여성 축약(redundancy reduction)의 경우에도 적용될 수 있다. 동사의 굴절형 생략은 학습자가 습득한 규칙의 증거가 아니라 그가 습득한 능력에서 벗어난 그 이상의 의미를 전달하기 위해 사용하는 소통 전략인 것이다. 실제로 전이와 과잉일반화도 학습자의 기저 문법 체계를 보여준다기보다는 의사소통 문제를 해결하기 위한 즉각적인 의사소통전략의 결과인 경우가 많다.

따라서 오류가 의사소통전략의 결과인지 아니면 내재화된 규칙 체계의 결과물인지를 구분하는 것은 쉽지 않다. 그러나 의사소통전략에 대한 여러 연구들을 검토해 볼 때 비교적 일관성 있게 언급되는 분류의 기준은 문제 지향성(problem-orientedness), 의식성(consciousness), 그리고 비규칙성(irregularity)이다. 먼저, 의사소통전략의 개념으로 문제 지향성이 지적되는 이유는 학습자의 의사소통 의도와 학습자가 지닌 언어적 자원 간의 부조화라는 문제에서 기인했기 때문이다. 즉, 의사소통전략은 학습자가 의사소통 문제를 극복하기 위해 의식적으로 사용하는 전략으로 본 것이다. 둘째, 의사소통전략은 소통적 목적을 달성하기 위해 사용되는 의식적인 기술이라는 점이다. 셋째, 오류가 규칙적으로 일관성 있게 나타나면 나타날수록 그것은 학습자의 기저 언어체계를 반영하는 오류일 것 같다. 반대로 오류가 덜 규칙적으로 나타날수록 그 오류는 의사소통전략 사용으로 인한 임시방편의 언어사용과 관련이 깊다. 그러나 이러한 분류 기준은 신뢰할만한 것이 못된다. 왜냐하면, 학습자 발화는 학습자 발화의 본질 중 하나인 변이성(variability)을 반영하고 있기 때문이다.

9.1.5.2 수행 오류(Performance Error)

오류분석에서는 오류분석의 대상을 결정하는 과정에서 오류(error)와 실수(mistake)를 구별하고자 했다. Brown(2000)에 따르면, 오류는 화자의 불완전한 언어 지식에서 비롯되는 언어능력 상의 잘못(competence error)인 반면, 실수는 이미 알고 있는 언어적 항목을 언어수행 상에서 잘못 활용함으로써 생겨나는 순간적인 잘못이다. 특히, 실수는 원어민을 비롯하여 누구라도 범할 수 있으며 알고 있는 체계를 잘못 활용한 것에 불과하므로 전이나 과잉일반화 같은 체계적인 오류와 구별되어져야 한다. 따라서 Brown은 실수를 체계적인 오류와 구별하기 위해 수행 오류(performance error) 혹은 혀가 미끄러진 것(slips of tongue)으로 칭하였다. 따라서 오류분석에서는 분석의 대상을 실수가 아닌 오류로 한정하고자 하였다.

그러나 오류와 실수, 즉 체계적인 오류와 비체계적인 오류를 실제로 구별하고 그 경계를 정하기란 쉽지 않다. 예를 들어, 한 학습자가 때로는 "John cans sing." 이라고 하고, 또 때로는 "John can sing."이라고 한다면 'cans'를 오류로 보아야 할지 아니면 실수로 보아야 할지 판단하기가 어렵다. 그런데 만약 학습자의 다른 발화를 관찰해 본 결과, "John wills go."나 "John mays come."와 같이 다른 조동사에도 3인칭 단수 어미를 계속해서 사용한다면 이는 조동사 사용과 관련된 오류로 간주되어야 한다.

따라서 단 하나의 발화로부터 오류와 실수를 구별하는 것보다는 여러 발화를 기준으로 하여 그것이 규칙적으로 나타나는지 아닌지를 보고 오류와 실수를 구별해야 한다. 즉, 잘못된 사용이 여러 환경에서 일관적으로 나타난다면 그것은 학습자의 기저 언어체계를 반영한 오류가 될 것이고, 학습자가 스스로 잘못을 깨닫고 이후의 발화에서는 수정된 형태를 사용한다면 이는 실수가 될 것이다. 그러나 앞서 언급했듯이 학습자 발화의 본질적인 변이성 때문에 기저 언어체계가 규칙적으로 작용을 하더라도 표면적으로는 불규칙성이 나타나는 경우도 많아 오류와 실수를 구별하는 것은 여간 어려운 일이 아니다.

한편, Brown(2000)은 오류의 원인으로 모국어 영향에 의한 언어 간 전이(interlingual error), 외국어 자체의 영향에 의한 언어 내 전이(intralingual error), 교사나 교재 같은 학습자를 둘러싼 외적 · 물리적 요인과 관련된 학습맥락(context of learning), 사회적 맥락에서 원어민과 의사소통 중에 발생하는 의사소통전략(communication strategy)의 네 가지를 꼽았다. 이와 같이 오류의 원인을 분류하는 기준이나 그 분류의 방법은 매우 다양하다. 따라서 오류의 특성을 규명하고 오류를 비 오류와 구분하여 그 대상을 선정하고 추출하는 일은 어렵고도 복잡한 과정이라 할 수 있다. 본 장에서 다루었던 오류의 원인들을 정리하여 나타내면 다음과 같다.

<표 9-1> 학습자 오류의 원인 분류

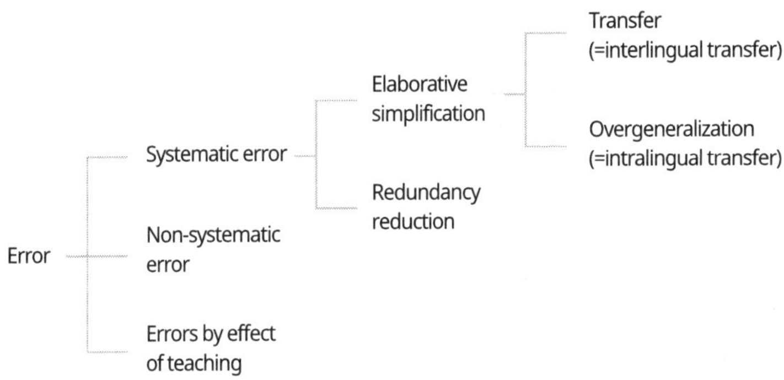

9.2 오류분석

9.2.1 오류분석의 절차

대조분석을 주장한 구조주의 언어학자들은 학습자들이 외국어를 학습하면서 발생하는 오류의 주원인을 모국어의 간섭 때문이라고 생각하였다. 따라서 이들은 모국어의 간섭요인을 제거하면 외국어를 성공적으로 학습할 수 있을 것이라고 생각하였다. 그러나 생성문법 학자들은 언어학습이란 단순한 반복과 연습을 통한 습관형성 그 이상이라고 생각하였다. 생성문법 학자들에 의하면, 외국어 학습은 학습자가 가지고 있는 모든 지식을 활용하여 외국어의 새로운 규칙을 이해하고 형성하는 창의적인 언어구성(creative construction)을 거친다는 것이다. 따라서 학습자가 발생하는 오류는 모국어 간섭에서뿐만 아니라 외국어 자체의 규칙을 잘못 이해했거나 적용하는 등의 다른 많은 원인에서 비롯된 경우가 더 많다. 학습자가 생성해 내는 많은 오류를 체계적으로 분석하여 이를 시정하는 노력이 오류분석(error analysis)이다.

따라서 생문문법 학자들이 바라보는 오류는 부정적이기보다는 학습자의 현재 언어 발단 단계를 보여주는 구체적인 증거가 된다. 또한, 학습자의 목표어 언어체계가 발전함에 따라 학습자들이 보여주는 오류는 점진적으로 사라지는 것이기 때문에 오류에 대해서 긍정적으로 접근하였다. 이러한 맥락에서 학습자가 보여주는 오류는 '중간언어(interlanguage)' 또는 '발전적 오류(developmental error)'로 인식되었다. 한편, Corder(1977)는 외국어 학습에서 학습자의 오류는 필연적으로 나타날 수밖에 없다고 주장하면서 그 오류를 체계적으로 분석한다면 학습자를 보다 체계적으로 가르칠 수 있는 교수기법 등을 고안해 낼 수 있다고 주장하였다. Gass와 Selinker(2001, p. 66)는 학습자 오류가 갖는 의미에 대해서 다음과 같이 주장하였다.

> Error provides evidence of a system, that is, evidence of the state of a learner's knowledge of the L2. They are not to be viewed solely as a product of imperfect learning, they are not something for teachers to throw their hands up in the air about. As with research on child language acquisition, second language errors are not a reflection of faulty imitation. Rather, they are to be viewed as indications of a learner's attempt to figure out some system, that is to impose regularity on the language the learner is exposed to. As such, they are evidence of an underlying rule-governed system.

따라서 오류분석은 학습자의 언어발달 단계를 파악하고, 그 과정을 이해하며, 그리고 학습자들이 왜 이러한 오류를 생성하게 되었는가를 분석하기 위한 방법이다. 이러한 오류분석의 목표를 달성하기 위해서 오류분석은 다음과 같은 절차에 의해서 이루어진다.

① 학습자가 생성한 오류를 수집한다.
② 학습자가 생성한 오류를 유형별로 분류한다.
③ 학습자가 생성한 오류를 발생 빈도에 의해서 난이도를 결정한다.

④ 학습자가 왜 이러한 오류를 발생하였는가에 대해서 설명한다.

한편, Richards(1974)는 학습자들이 생성해 내는 오류의 유형을 다음과 같이 4가지로 정리하였다.

① 규칙의 과잉일반화(overgeneralization)
학습자가 목표어 내에서 이미 습득한 언어규칙과 지식을 적용해서는 안 되는 언어적 항목까지 확대하여 적용하는 경우이다.
예) He goed to school yesterday.
He can plays the piano.
② 규칙 제한의 무시(ignorance of rule restriction)
학습자가 언어규칙이 갖는 사용상의 제약을 알지 못해서 일종의 일반화(generalization)에 의해서 언어규칙을 사용하는 가운데 오류가 나타나는 경우이다.
예) He explained me the book.
③ 규칙의 불완전한 적용(incomplete application of rules)
의사소통 상황에서 전달하고자 하는 의미에 너무 초점을 맞추다 보니 언어 형식의 정확성 측면에서 오류가 나타난 경우이다.
예) How long it takes to go the station?
Do you know who is she?
Do you know where is toilet?
④ 그릇된 가설의 설정(false hypothesis)
학습자가 목표어의 언어규칙을 잘못 오해하는데서 오류를 나타내는 경우이다.
예) He is looks like a queen.
He is speaks English like an American.

9.2.2 오류분석의 오류

외국어를 학습하는 학습자는 아직 완벽한 목표어 체계에 도달하지 않았기 때문에 언어사용에서 오류를 나타낼 수밖에 없다. 학습자가 보여주는 오류체계는 현재 학습자의 목표어에 대한 언어체계를 그대로 보여주는 중요한 증거가 된다. 실제로 언어교사는 학습자가 보여준 오류를 대상으로 오류분석을 수행하게 된다. 하지만 오류분석 그 자체가 암시하는 바와 같이, 학습자의 오류에 너무 집중하고 집착하다 보면 언어학습 과정 중 중요한 한 단면을 놓쳐버릴 수 있는 잘못을 범 할 수 있다. 즉, 오류분석을 통해서 학습자의 오류 수가 감소하고 있는지에 너무 집중할 수 있는 가능성이 높고, 또 이를 근거로 학습자의 언어 숙달도를 평가할 수 있는 가능성이 높다는 것이다. 실제로 성공적이고 유창한 외국어 학습을 위해서는 오류가 없는 올바른 발화에 대한 지속적인 반복과 연습, 그리고 강화가 필요하다. 학습자가 보여주는 오류는 언어적 사용의 결과물이기 때문에 단순히 학습자의 오류에 초점을 맞추어 분석하기 보다는 왜 이러한 오류가 나타나게 되었는지 등의 오류 발생을 둘러싼 다양한 배경과 과정에 대한 이해가 필요하다.

오류분석은 학습자가 생성한 오류를 근거로 해서 수행된다. 따라서 말하기 및 쓰기와 같은 생성적(productive) 언어 자료는 분석이 쉽고 가능하다. 하지만 읽기 및 듣기와 같은 수용적(receptive) 언어 자료는 관찰이 쉽지 않아서 분석이 여의치 않다. 그렇다고 해서 이들 수용적 언어 자료들이 언어학습에서 차지하는 중요도가 적은 것은 아니다. 따라서 잘 관찰이 되지 않는 언어적 자료에 대한 적절한 오류분석을 통해서 학습자의 언어체계를 정확하게 유추할 수 있는지에 대해서 고민이 필요하다.

앞서 언급한 바와 같이 오류분석은 학습자가 생성한 오류를 근거로 해서 수행되기 때문에 학습자가 만약 회피 전략(avoidance strategy)을 사용함으로써 오류를 보여주지 않는다면 실제 오류분석의 수행이 불가능해 진다. 예를 들어, 외국어를 학습하는 학습자가 자신이 없는 언어적 항목(음, 단어, 구문, 문법, 담화 등)에 대해서 회피 전략을 사용할 경우, 결과적으로는 오류가 나타나지 않는 것으로 되어 교사는 학습자의 언어발달 과정에 대해서 잘못된 해석을 할 수 있다. 표면적으로 학습자들이 오류를 보이지 않는다고 해서 원어민과 같은 언어적 능력을 갖고 있는 것으로 잘못 판단할 수 있는 가능성이 있다.

9.3 중간언어

9.3.1 중간언어의 특징

과거 구조주의 언어학자들은 외국어 학습은 계속적인 연습과 반복에 의한 습관형성을 통해 가능하다고 주장하였다. 반면, 생성문법 학자들은 외국어 학습을 학습자가 새로운 규칙을 배우고 형성해가는 창의적인 언어구성 과정으로 간주하였다. 따라서 생성문법 학자의 견지에서 볼 때 오류는 모국어의 습관, 즉 모국어의 전이에 의해서가 아니라 학습내용을 잘못 이해하거나 규칙을 잘못 적용함으로써 생겨나는 것이다. 또한, 학습자의 오류는 나름의 규칙성과 체계성을 가지며 완벽한 목표어 체계를 향해 수정과 재확립을 해나가는 발전적 과정을 보여주는 것이다. 이런 관점에서 생성문법 학자들은 학습자의 발화를 '언어'의 일종으로 격상시켜 관심의 대상으로 삼고자 하였다.

학습자의 언어를 설명하기 위해 다양한 용어들이 여러 학자에 의해 소개되었다. 이 용어들은 학습자의 중간 단계의 언어가 독자적인 규칙 체계를 가지고 있고, 또한 목표어의 언어 체계를 확립해 가는 발전적 단계에 있는 공통점이 있지만 각각이 강조하는 측면은 조금씩 다르다.

먼저, Corder(1967)는 외국어 학습자의 언어체계를 '과도기적 언어능력(transitional competence)'이라고 칭했다. 이는 학습자가 외국어의 지식을 발전시켜 나가는 과정 중에 있다는 사실을 강조한 것으로서 학습자의 불완전한 언어능력은 일시적인 것임을 함축하고 있다.

Corder(1971)의 '개인 특유방언(idiosyncratic dialect)' 역시 외국어 학습자가 독립

적인 언어체계를 가지고 있음을 인정한 점에서는 동일하다. 단, 일반적인 발화 공동체가 사용하는 방언과 비교해 볼 때 개별 학습자의 언어체계는 독특한 특성을 가진다는 점을 강조하고 있다. 학습자의 언어 규칙 체계는 그 학습자만의 특성이 반영되어 있어서 특유하다는 생각이 함축되어 있다.

Nemser(1971)는 '근사체계(approximative system)'라는 용어를 사용하여 외국어 학습자의 언어체계를 설명하였다. 이를 통해 학습자의 언어가 목표어에 계속적으로 가까워지고 발전하고 있다는 점을 강조하였다. 즉, 학습자의 발화는 모국어나 목표어와는 다른 언어체계, 즉 근사체계로 내재화된 구조를 가지고 있는 것으로 간주되었다.

Richards(1971)는 학습자 언어를 설명하기 위해 '학습자 언어체계(learner language system)'라는 용어를 사용하였다. 특히, 그는 오류분석과 중간언어 체계를 구체적으로 연구하여 대조분석의 한계를 지적하였다.

Selinker(1972)에 의해 쓰이기 시작한 '중간언어(interlanguage)'는 학습자의 언어를 설명하는데 가장 많이 사용되는 용어이다. 중간언어는 불완전한 과도기적 성격을 띤 언어체계로서 완전한 목표어 체계를 향해 계속적으로 접근해 나가는 중간단계의 언어체계이다. 따라서 모국어에서 목표어에 이르는 중간에 걸쳐 있어 두 가지 언어의 속성을 모두 가진 언어체계로 간주된다. 한편, Corder(1971, p. 17)는 아래의 그림을 통해 중간언어 개념을 설명하였다.

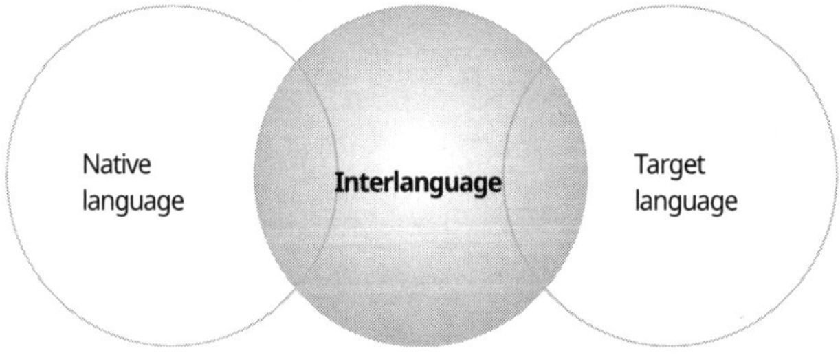

<그림 9-1> 중간언어

여러 학자들이 학습자의 언어에 대해 제시한 개념들을 정리하여 중간언어의 특징을 간추려 보면 다음과 같다(Selinker, 1972). 첫째, 중간언어는 체계성(systematicity)을 가지고 있다. 외국어 학습자는 내재화된 규칙 체계에 의해 언어 수행을 하며 이들의 목표어에 대한 지식은 하나의 전체적인 체계를 형성한다. 둘째, 중간언어도 다른 자연언어와 마찬가지로 변이성(variability)을 가지고 있다. 변이성이란 사회 · 언어학적 맥락과 주목의 정도 등에 따라 언어적 항목이 다양한 형태로 나타나는 것을 말한다. 셋째, 중간언어는 어느 한 단계에서 학습자의 지식이 고정되지 않고 계속적인 수정과 확장을 하며 정상적 어법을 향하여 변화하는 역동성(dynamicity)을 가지고 있다. 그러나 때로는 학습자의 언어가 진보하지 않고 그대로 굳어져 버리는 화석화 현상이 나타나거나 초기 중간언어 상태로 퇴행하기도 한다. 중간언어는 학습자의 오류로 나타나지만, Brown(2000)은 중간언어가 다음과 같은 발전적 과정을 거쳐 완전한 목표어 체계에 이른다고 보았다.

① 무작위적 오류(random error) 단계 : 일관적인 문법 체계가 생기기 이전 단계로 부정확한 추측에 기초하여 언어를 사용하는 단계이다.
② 중간언어 출현(emergent error) 단계 : 학습자가 규칙을 내재화하기 시작하는 단계로 점차적으로 일관성을 찾아볼 수 있다. 그러나 때로는 불안정하여 이전 구조로 돌아가는 퇴행(backsliding)이 일어나기도 하며 학습자가 자신의 오류를 스스로 수정하지 못하는 단계이다.
③ 체계적 오류(systematic error) 단계 : 중간언어가 더욱 일관성을 가지게 되는 단계로 오류를 지적받으면 학습자 스스로 수정할 수 있는 능력이 생긴 단계이다.
④ 안정(stabilization) 단계 혹은 후기 체계화 오류(post-systematic error) 단계 : 학습자가 주의를 기울이면 오류를 거의 범하지 않으며 유창성과 의미 전달에 아무런 문제가 없다. 학습자가 스스로 자신의 오류를 수정할 능력이 생기는 단계이다.

9.3.2 화석화 문제

학습자의 중간언어는 오류의 수가 점차 줄면서 목표어 체계를 향해 점점 더 가까워지는 발전적 과정을 겪는다. 그러나 어떤 오류는 영구적으로 사라지지 않고 부정확한 중간언어 형태가 학습자의 언어체계 속에 굳어져 버리는데 이를 화석화(fossilization) 현상이라고 한다. 화석화 현상은 학습자의 언어능력이 진보하면서 결국에는 사라지는 '전이적 오류(transitional error)'와는 달리 고칠 수 없는 상태로 고정되어 영원히 사라지지 않는 오류라는 점에서 문제가 된다.

화석화가 일어나는 이유에 대해서는 알려진 바가 적다. 그러나 화석화가 일어날 가능성이 높은 경우는 다음과 같다. 첫째, 전체 오류의 비율 중 모국어의 전이에서 비롯된 오류의 비율은 낮았지만 화석화되는 오류에 있어서만큼은 모국어의 영향이 크다. 앞서 스페인 영어 학습자의 부정문 습득 과정에서 살펴보았듯이 끝까지 사라지지 않고 남는 오류, 즉 화석화될 가능성이 높은 오류는 학습자 모국어의 영향을 크게 받는다. 둘째, 학습자의 의사소통 필요를 만족시키는데 오류가 방해를 주지 않는다는 것을 학습자가 잠재의식 속에서 깨닫는 경우에 오류가 화석화될 가능성이 높다. 셋째, 넓고 다양한 범위의 의사소통 필요가 아닌 단순하고 기본적인 의사소통 필요만을 느끼는 경우 학습자는 초기 단계에서 진보를 멈추고 따라서 오류도 굳어지게 된다.

한편, Vigil과 Oller(1976)는 화석화 현상의 원인을 정의적(affective) 피드백 및 인지적(cognitive) 피드백과 관련지어 설명하였다. 학습자가 잘못된 문장을 발화하였을 때 대화 상대자로부터 받는 지나친 긍정적인 인지적 반응 및 정의적 반응의 결과로 인해 화석화가 이루어진다는 것이다. 예를 들어, 학습자의 발화에 오류가 있더라도 상대방이 "I understand it."와 같이 긍정적인 인지적 반응을 보인다거나 "I like it."와 같이 긍정적인 정의적 반응을 보인다면 학습자는 자신의 발화를 교정할 필요를 느끼지 못하고 잘못된 언어 습관을 굳히게 된다는 것이다.

한편, Burt(1975)는 오류 수정을 할 때 전반적인(global) 오류와 국부적오류(local error)를 구별할 필요가 있다고 지적하였다. 학습자의 오류에 대해 일일이 교사가 피드백을 주는 것은 학습자의 의사소통 의욕을 떨어뜨릴 수 있고, 반대로 오류에 대한 지나친 긍정적인 반응은 오류의 화석화를 불러일으킬 수 있다. 따라서 "She have three sisters."처럼 의사소통에 지장을 주지 않는 국부적인 오류는 학습자의 의사소통 의욕을 높이기 위해 오류를 지적하지 않는 편이 바람직하다. 하지만 "My family is three."처럼 의사소통에 장애가 되는 전반적인 오류에 대해서는 적절한 교정을 통해 화석화를 막아야 한다.

화석화 현상의 대표적인 예는 발음과 관련된 오류이다. 성인 학습자의 경우 원어민 화자와는 다른 독특한 억양을 사용하는데 이와 관련된 오류는 학습자의 언어가 발달한다 하더라도 변하지 않고 그대로 굳어지는 경우가 많다. 또한, 이민 사회 집단의 언어에서 나타나는 독특한 양상도 화석화된 오류에서 비롯된다. 처음에는 개인 수준에서의 오류였던 것이 언어 집단 공동체 수준으로 확장되어 쓰이면 전체적인 이민자 방언으로 굳어져서 나타나는 경우도 있다.

피진어(pidgin)라 불리는 언어도 화석화 현상과 관련이 있다. 피진어는 특정 집단의 사람들이 모국어와 외국어를 의도적으로 서로 혼합하여 사용함으로써 언어에 오류가 내포된 경우를 가리킨다. 이는 사용의 편리를 위해 주로 간소화되고 단순화된 언어 형태를 사용하고자 하는 의도를 담고 있다. 피진어는 한 언어의 어휘와 음운 형태는 그대로 유지하지만 문법적인 성의 구분, 복잡한 동사 시제와 대명사 체계 등과 같은 형태론적인 것과 통사론적인 것을 단순화시키는 경향이 있다. 만약 피진어를 사용하는 사람들이 어떤 이유로 다른 언어 사회와 고립되어지는 경우 피진어를 모국어로 습득하는 새로운 세대가 생길 수 있다. 이렇게 피진어가 모국어가 되는 경우를 가리켜 혼성어(creole)라고 부른다.

9.4 생략에 의한 단순화

앞서 전이와 과잉일반화는 일종의 학습전략으로서 외국어 학습을 효과적으로 수행하기 위해 선행 지식을 이용한다는 공통점을 지니고 있다. 또한, 전이와 과잉일반화는 학습 과정을 단순화(simplification)시키는 과정이라는 공통점도 지닌다. 즉, 전이와 과잉일반화를 통해 학습자는 이미 알고 있는 범주와 규칙 속에 새로운 언어적 항목을 적용함으로써 혼란스럽게 느끼던 새로운 항목을 일목요연하게 만든다. 그러나 이를 통해 새로운 언어 항목의 처리가 단순히 간단해지는 것만은 아니다. 새로 정립된 범주와 규칙은 창의적인 발화를 생성하는데 이용이 되므로 경제적이고 생산적이다. 이처럼 단순화 과정은 학습자들이 언어에 대한 규칙을 발달시키고 내재화하는 것을 돕기 때문에 Meisel(1980)은 이를 '정교한 단순화(elaborative simplification)'라고 불렀다.

그러나 정교한 단순화와 구분되는 다른 종류의 단순화가 있다. 앞서 어린이의 언어 발달 단계의 하나로 살펴본 전보문식 발화가 그 예이다. 이 단계의 특징은 굴절과 기능어의 생략이었다. 이는 분명 단순화이기는 하지만 새로운 규칙을 창조함으로써 나타나기 보다는 언어능력의 부족에서 기인하는 것으로 보여 진다. 따라서 이 경우의 단순화는 생산적이거나 창의적이지 않기 때문에 정교한 단순화와는 구분되어야 한다. 이러한 종류의 단순화는 '잉여성 축약(redundancy reduction)'이라고 불린다. 왜냐하면, 의도된 메시지를 전달하는데 있어 의미전달에 꼭 필요하지 않은 잉여적인 항목을 없애기 때문이다. 예를 들어, 'daddy want chair'의 경우 동사의 굴절과 관사를 생략하여 단순화시켜도 전달하고자 하는 의미의 소통은 가능하기 때문이다.

9.5 간섭 오류와 발전적 오류

언어학습의 실제 경험에 의하면, 대조분석에서 주장하는 바와 같이 학습자들이 유발하는 오류들을 실제로 예측하기는 어렵다. 이는 외국어를 학습하는데 모국어의 간섭이 모든 오류의 원인이 아니라는 것을 의미해 준다. 이러한 점은 언어학습에 대한 행동주의적 접근 방식의 근간이라 할 수 있는 습관형성이 갖는 역할에 대해서 의문을 제기하도록 해준다. Dulay와 Burt(1974a)는 외국어 학습에서 간섭과 습관형성이 갖는 역할을 검증하기 위해서 스페인어를 모국어를 사용하면서 영어를 학습하고 있는 5세에서 8세 사이의 어린이 145명을 대상으로 영어와 스페인어 간에 서로 다른 6개의 언어항목에 대해서 어린이들이 어떻게 사용하는지에 대해서 조사를 하였다. 특히, Dulay와 Burt는 어린이들이 생성하였던 오류들의 유형과 이들 오류들의 생성 비율에 대해서 관심을 갖고 있었다.

① 간섭 오류(interference error): 스페인어가 갖는 문법적 구조의 영향을 받아서 오류가 생성됨. 예) They have hunger.
② 발전적 오류(developmental error): 영어를 모국어로 습득하는 어린이들이 생성하는 오류의 유형과 비슷함. 예) They hungry.

Dulay와 Burt의 분석에 의하면, 어린이들이 생성한 오류의 3% 만이 모국어의 간섭에 의한 오류로 분류되었으며, 반면에 어린이들이 생성한 오류의 85%가 발전적 오류로 분류되었다. 그리고 12%의 오류는 어느 쪽에 포함시킬지 결정하기가 어려운 것으로 분류되었다. 이런 연구 결과는 모국어 습득과 관련하여 언어학습이란 습관형성에 의해서 이루어지는 것이 아니라 창의적 언어구성에 의해서 이루어진다는 것을 강력하게 암시해 준다. 또한, 이러한 연구 결과는 외국어 또는 제2언어로서 영어학습의 경우에서도 그대로 적용된다. 그러므로 낮은 비율의 간섭 오류와 높은 비율의 발전적 오류는 다음을 증거해 준다.

> ① 습관형성은 모국어 습득 과정을 설명하는데 부적절한 것과 같이 외국어 학습 과정을 설명하는데도 부적절하다.
> ② 모국어 습득 과정과 마찬가지로 어린이들은 외국어 또는 제2언어로서 영어를 창의적인 언어구성 방식을 통해서 습득하게 된다.

Dulay와 Burt의 연구에서는 모국어의 전이에 의한 오류의 비율이 매우 낮게 나왔지만, 일반적으로 다른 연구에서는 오류의 30%에서 50% 정도가 모국어의 전이에 의해서 생성된 것으로 나타난다. 그러나 여기서 중요한 점은 전이가 꼭 행동주의에서 주장하는 습관형성이라는 이론의 전유물로 여겨질 필요가 없다는 것이다. 따라서 전이 역시 창의적 언어구성의 한 부분이 된다. 즉, 모국어의 규칙을 외국어 학습에 적용하여 활용하려는 노력은 외국어라는 언어 체계를 이해하려는 학습자의 적극적인 학습전략의 일환으로 이해할 수 있다.

본 장에서 외국어 학습이 단순한 습관형성 과정이 아닌 학습자의 창의적인 규칙 형성 과정임을 살펴보았다. 따라서 학습자들은 나름의 규칙 체계를 가진 중간언어를 사용하고, 또한 중간언어를 만들어내기 위해 여러 가지 전략을 사용하고 있었다. 그 중 대표적인 전략이 모국어 지식을 바탕으로 한 전이, 목표어 내의 지식을 바탕으로 한 과잉일반화, 잉여성 축약과 같은 단순화 등이었다. 그러나 오류는 이와 같은 학습자가 가진 기저 언어체계와 무관한 원인들, 예컨대 의사소통전략이나 수행 오류 등에 의해 비체계적으로 나타나기도 한다. 그런데 학습자가 이런 공통된 유사한 전략을 사용하여 언어를 배울 경우 유사한 경로를 따라 발전해 가리라는 추측이 가능하다. 학습자가 문법 구조를 습득할 때 일정한 예측 가능한 순서를 따라가고 있음을 알 수 있는데,

학습자의 내적교수요목(internal syllabus)은 아마도 이런 공통된 전략 사용의 결과를 설명할 때 유용한 개념이 된다.

10

학습자의 언어 숙달도 차이 규명

10

학습자의 언어 숙달도 차이 규명

앞서 이루어진 내적교수요목과 같은 주제에 대한 토론에서 우리가 내릴 수 있는 결론은 학습자들은 유사한 경로를 거쳐 언어적으로 발달해 나간다는 것이다. 하지만 학습자들은 개개인의 언어 숙달도에서 개인차를 보여주고 있다. 교실에서 외국어를 배우든지 아니면 교실 밖의 자연적인 언어학습 환경에서 외국어를 배우든지 간에 학습자들 사이에 언어 숙달도의 개인차가 존재하는 것은 사실로 받아들여진다. 본 장에서는 학습자들이 같은 환경에서 언어를 학습하더라도 그들이 보여주는 언어 숙달도의 차이에 영향을 미치는 여러 요인들에 대해서 논의하고자 한다.

10.1 학습자 개개인의 언어 숙달도 차이 의미

10.1.1 보편적인 언어 발달 단계와 학습자 개개인의 언어 숙달도

학습자들이 외국어를 학습하면서 유사한 언어 발달 단계를 거친다고 하여도 학습자 간에는 그들이 보여주는 언어 숙달도에서 많은 개인차가 존재한다. 어떤 학습자는 다른 학습자에 비해 더 높은 언어 숙달도에 도달하거나 또는 언어능력이 더 빨리 발달하기도 한다. 이러한 차이를 설명하기 위해 학습자와 관련된 여러 요인들이 제안되었고, 또한 이들 요인들과 외국어 발달 간의 상관관계를 밝히기 위해 많은 연구가 이루어지기도 하였다. 그러나 그러한 연구들은 학습자 간의 개인차가 갖는 특징을 명확하게 설명해 주지는 못하고 있는 실정이다. 특히, 다음과 같은 사항에서 아직도 명확하지 않다:

① 언어를 학습하면서 학습자들이 보여주는 보편적인 언어 발달 경로가 있다. 따라서 학습자들이 보편적인 경로를 따라 언어를 학습해 나가는 과정 중에서 보여주는 개인차는 다른 학습자에 비해 단순히 얼마나 빨리 또는 얼마나 많이 학습하였는지를 보여줄 뿐이다.
② 학습자들이 보여주는 개인차는 학습자들이 서로 다른 경로를 따라 언어를 학습하고 있다는 것을 보여 주는 것이다.

앞 장에서 기술된 여러 사항들은 위 ① 번 항목을 뒷받침해 주는 듯 보여진다. 즉, 언어 발달의 과정에는 전형적이고 보편적인 단계가 있는데, 학습자들이 보여주는 언어 발달의 변이성(variability)은 중요하게 여겨지지 않는다. 그러나 언어 발달의 보편적 순서와 관련된 증거들은 소수의 연구 결과에 근거를 두고 있으며, 또한 이들 연구들은 극히 제한된 언어 영역을 대상으로 이루어졌다는 사실을 기억할 필요가 있다. 물론, 학습자들이 특정 문법적 구조를 유사한 단계로 습득한다고 할지라도 이들 학습자들이 보여주는 언어 발달의 과정을 보다 광범위하고 심층적으로 살펴본다면 여전히 학습자들 사이에는 언어 발달의 차이가 존재하고 있다는 것을 알 수 있다. 예를 들어, 어떤 학습자는 'X'와 'Y'라는 문법적 구조를 동시에 습득하였지만, 다른 학습자는 'X'라는 문법적 구조를 'Y'라는 문법적 구조의 습득 이전에 습득할 수 있다.

하지만 언어학습에서 나타나는 학습자 개개인 간의 차이를 설명하기 위한 연구들은 대부분 이러한 개인차의 본질적인 특징을 다루지 못했다. 대부분의 연구들은 단순히 외국어 학습에서 학습자들이 보여준 다양한 언어적 숙달도에 대해서 언급을 하거나, 또는 학습자들이 보여준 다양한 숙달도와 동기, 지능, 인성 등과 같은 비언어적 요소들 간의 관계를 규명하는데 관심을 기울였다. 예를 들어, 어떤 연구자는 일련의 학습자들을 대상으로 다음과 같은 순서로 연구를 진행하였다.

(a) 지능 또는 동기 등과 같은 비언어적 요소를 측정하는 시험에서 학습자들이 얼마나 높은 점수를 획득하였는가를 조사한다.
(b) 외국어 학습에서 학습자 개개인들이 보여주는 언어적 숙달도를 조사한다.
(c) 위 (a)의 평가에서 높은 점수를 받은 학습자가 (b)의 평가에서도 역시 높은 점수를 획득하여 상호 상관관계가 있는지를 조사한다.

만약, 위 (c)에서 긍정적인 상관관계가 있다는 것을 발견하였다면, 우리는 높은 수준의 동기 또는 지능은 외국어 학습의 성공을 예측하거나 또는 성공적인 외국어 학습과 매우 밀접한 상관관계가 있다고 주장하게 된다. 하지만 지능이 높은 학습자 또는 높은 수준의 동기를 가진 학습자가 외국어 학습에서 꼭 성공할 것이라는 것을 단정하지는 않는다. 단지 그렇게 될 가능성이 많다는 것을 의미할 뿐이다.

10.1.2 학습자의 언어적 개인차를 규명하는데 따르는 어려움

어떤 요인이 보다 높은 수준의 언어적 숙달도에 영향을 미치는지에 대해서 어떤 확고한 결론을 내리기에는 많은 문제들이 내포되어 있다. 이를 보다 구체적으로 설명하면 다음과 같다.

1) 외국어 학습에서 우리는 숙달도(proficiency)를 어떻게 정의할 것이며 측정할 것인가?

언어적 숙달도를 의미하는 기준으로 영어과 관련 교과목의 학점, 선다형 시험에서의 수행 성적, 문법에 대한 지식, 듣기 및 읽기능력, 문장의 모방, cloze 평가, 구술능력 등이 사용될 수 있다. 하지만 우리가 언어 학습의 목적을 의사소통능력의 향상에 둔다면 위에서 언급한 기준들 중의 몇 가지는 그 타당성에서 문제가 될 수 있다.

2) 외국어 학습에 영향을 미치는 것으로 보이는 비언어적 요소들을 어떻게 정확하게 측정할 수 있는가?

이는 연구 방법상의 문제와 관련이 있다. 예를 들어, 자아존중(self-esteem)이나 감정이입(empathy)과 같은 학습자의 성격적 요인을 정확하고 신뢰성 있게 측정할 수 있는 방법은 존재하지 않는다. 또한, 학습자의 언어적 발달이 그가 노출된 언어 자료에 의해 영향을 받는다고 한다면 그가 받은 모든 언어적 입력을 완벽하게 기록하는 것 역시 불가능하다.

3) 다양한 측정 방법을 사용하여 학습자의 언어적 숙달도와 연관성을 갖는 비언어적 요인을 찾아냈다 하더라도 그 속에 직접적인 인과관계(causal-effect relationship)가 포함되어 있는지를 확인할 수 있는가?

예를 들어, 외향성(extroversion)과 숙달도 간에 상호 상관관계가 존재하고 있다는 것을 발견하였다면 학습자가 보여준 높은 언어적 숙달도의 원인은 그 학습자의 외향성 때문이라고 단정 지을 수 있는가? 그렇지 않다. 외향적인 학습자는 더 많은 사회적 상호작용에 참여하여 더 많은 학습 기회를 가졌기 때문에 언어적으로 더 높은 숙달도를 보여 준 것으로 해석될 수도 있다. 왜냐하면, '외향성→성공적인 외국어 학습'으로 공식화되는 인과관계가 아니라 '외향성→더 많은 사회적 상호작용→성공적인 외국어 학습'이라는 공식이 성립될 수도 있어서 외향성이 꼭 성공적인 외국어 학습의 원인으로 보기는 어렵기 때문이다. 또한, 측정된 두 요인 간에 긍정적인 상관관계가 존재하더라도 이를 인과관계로 단정지울 수 없다. 예를 들어, 적극적인 수업 참여와 숙달도 간에 긍정적인 상관관계가 발견되었다고 할 때, 적극적인 수업 참여가 높은 숙달도의 원인이 될 수도 있지만, 역으로 높은 숙달도가 적극적인 수업 참여의 원인이 될 수도 있다. 그 외에 동기와 같은 제3의 요인이 두 요인에 대해서 영향을 미칠 수 있다는 것을 기억할 필요가 있다.

4) 두 요인 간에 직접적인 인과관계가 존재하고 있다는 것을 확인하였다 하더라도 무엇이 원인이고 무엇이 결과인지를 확신할 수 있는가?
위 3)항에서 언급된 예와 관련이 있다. 높은 수준의 동기는 학습자들이 높은 숙달도에 도달하도록 도움을 줄 수 있으며, 또한 역으로 학습자들이 보여주는 높은 수준의 숙달도가 긍정적인 동기 형성에 도움을 줄 수 있다. 다른 예에서 보듯이, 불안감을 느끼는 학습자가 낮은 성취도를 보인다고 할 때 불안감이 낮은 성취도의 원인인지, 아니면 낮은 성취도가 불안감의 원인인지 확인할 수 없다.

앞서 언급된 예를 포함하여 많은 경우에 있어서 여러 요인들 간에 존재하는 관계를 단지 단방향(one-way) 관계로 바라보는 것은 우리를 잘못된 방향으로 인도할 수 있다. 왜냐하면, 각각 요인들은 상호 영향을 미치고 영향을 받을 수 있기 때문이며, 또 다른 제3의 요인들이 영향을 미칠 수도 있기 때문이다. 이런 문제점을 염두에 두고 다음 절에서는 학습자들의 성취도에 영향을 미치는 것으로 알려져 있는 몇 가지 비언어적 요인들을 중심으로 논의해 보고자 한다.

10.2 학습 동기

동기(motivation)란 어떤 목표를 달성하기 위하여 특정한 행동을 하도록 하는 내적 충동(inner drive)이나 욕구로 정의될 수 있다. 이러한 동기는 외국어 학습에 있어서 결정적인 힘을 발휘한다. Girard(1977)는 외국어 학습자의 성공과 실패의 정도는 적성 33%, 지능 20%, 동기 33%, 기타 요인 14%에 달려 있다고 하면서 동기의 역할을 중시하였다. Brown(2000)도 외국어 학습에 있어서 학습자가 적절히 동기화 될 때 학습이 성공적일 수 있다고 주장하였다. 동기는 복잡한 심리적인 현상이기 때문에 많은 구성 요소로 이루어져 있다. 여기서는 외국어 학습과 관련하여 중요한 요인으로 여겨지는 의사소통적 필요(communicative need)와 목표어 공동체에 대한 태도라는 두 가지 요소에 초점을 맞추어 동기를 설명하고자 한다.

10.2.1 의사소통적 필요

언어학습의 가장 주된 동기는 아마도 의사소통의 필요성을 충족시키기 위한 수단이라는 점일 것이다. 따라서 학습자는 목표어를 통해 의사소통해야 할 필요성을 인식하게 되면 목표어를 학습하고자 하는 동기가 생길 것이다. 언어학습과 관련하여 의사소통적 필요는 학습자가 속해 있는 사회적 공동체의 본질과 관련이 깊다. 여기서는 학습자를 둘러싼 사회적 공동체의 양상을 3가지 경우로 나누어 살펴보고자 한다.

첫째, 이중언어(bilingual) 혹은 다중언어(multilingual) 사회에서 학습자가 느끼는 의사소통적 필요성이다. 벨기에나 인도와 같은 다중언어 나라에서는 다양한 사회적 상황 때문에 한 가지 이상의 언어를 사용해야 할 필요성이 분명하게 나타난다. 그 결과, 제2외국어는 일상적인 생활을 영위하기 위한 필수적인 의사소통의 목록에 추가된다.

둘째, 언어적 소수민(minority)의 경우에도 의사소통적 필요에 의해 외국어 학습의 동기가 부여된다. 예를 들어, 유럽과 미국에 살고 있는 많은 언어적 소수민들은 더 넓은 사회, 즉 언어적 다수민(mainstream)과의 접촉을 위해 그들과 의사소통을 할 수 있는 외국어를 학습해야 할 필요성에 직면하게 된다.

셋째, SLL(Second Language Learning) 상황이 아닌 FLL(Foreign Language Learning) 상황에서는 외국어 학습에 대한 의사소통적 필요가 어느 정도 나타날까? 먼저 SLL과 FLL의 기준을 정의해보면 다음과 같다. SLL 상황이란 앞서 언급된 두 가지 경우에서처럼 학습자가 살고 있는 공동체 안에서 언어가 의사소통적 기능을 갖고 있는 경우이다. 반면에 FLL 상황은 외국어가 학습자가 살고 있는 공동체 안에서는 어떤 특정한 소통적 기능을 갖지 않고 대신 목표어가 외부인과의 의사소통 상황에서만 사용이 되는 경우이다. 예를 들어, 영국에서의 프랑스어 학습, 우리나라에서의 영어학습 등과 같은 상황이다. FLL 상황의 경우, 즉 목표어가 내부적(internal) 의사소통이 아니라 외부적(external) 의사소통을 위해 사용되는 경우 학습자는 의사소통적 필요를 덜 느끼게 될 것 같다. 영국 학교에서 프랑스어를 배우는 학습자의 경우를 다시 예로 들면 이들은 프랑스어로 의사소통할 필요를 전혀 느끼지 못한다. 이는 프랑스 사람들과 접촉할 기회가 거의 없다고 믿기 때문이기도 하지만 영어를 세계 공용어(lingua franca)로 인식하고 있기 때문이기도 하다. 그러나 반드시 FLL 상황이 SLL 상황에 비해 동기 유발이 불리한 것은 아니다. 우리나라 영어 학습자의 경우 FLL 상황이기는 하지만 상황은 앞서 영국의 경우와 정반대가 된다. 영어가 공동체 밖에서 의사소통의 중요한 수단이 되기 때문에 학습자들은 외국어에 대한 의사소통적 필요를 더 느낄 것이고 따라서 높은 동기 부여가 될 것이다.

지금까지는 주로 사회 공동체라는 넓은 관점에서 의사소통적 필요의 정도를 살펴보았다면 이제 관심을 공동체 안으로 돌려보자. 같은 공동체 안에서도 개인들 간에 변이가 다양하게 나타남을 알 수 있을 것이다. 예를 들어, 언어적 소수민의 경우 더 넓은 공동체 구성원과의 접촉을 위해 의사소통적 필요를 느껴 높은 동기 부여가 되겠지만 일부 구성원들은 그렇지 않을 수도 있다. 즉, 더 넓은 사회와 접촉하고자 하는 욕망이 적어서 언어를 단지 생존적 필요를 충족시켜 주는 도구만으로 인식하는 학습자들은 대체적으로 의사소통적 동기는 강하지 않고 대신 생존적 필요만을 충족시킬 정도의 외국어 숙달도를 갖게 되기도 한다. 또 다른 예로, 서독에 이민 온 근로자들 중에는 고국으로 돌아가고자 하는 강한 욕망을 지닌 사람들이 많았다. 따라서 이들에게는 의사소통적 필요보다는 생존적 필요에 의해 외국어 학습에 대한 낮은 동기만이 부여되었다. 같은 공동체 내에서도 학습자가 느끼는 의사소통적 필요가 다를 수 있다는 것은 Burstall 외(1974)의 연구에서도 입증이 되었다. 이 연구에 의하면, 노동자 계층 아동에 비해 중산층 가정의 어린이들이 외국어 학습에 더 성공적이었는데 이는 중산층 어린이일수록 공동체 밖과의 의사소통적 필요를 더 많이 느끼기 때문인 것으로 나타났다. 영국에서 어린이들로 하여금 외국어를 의사소통의 유용한 도구로 인식하도록 장려하고자 했던 것도 이러한 취지에서이다.

10.2.2 태도

언어학습에 있어 태도(attitude)는 목표어, 목표어를 사용하는 사람, 국가, 문화 등에 대해 학습자가 갖고 있는 정신적 자세를 뜻한다. 태도와 외국어 학습의 관계에 대한 일반적인 주장은 학습자가 학습하고 있는 외국어와 외국 문화에 대해 긍정적인 태도를 갖고 있는 경우에는 학습을 위한 높은 동기를 갖고 학습하게 되어 성공적인 학습이 이루어진다고 보았다. 그러나 목표어에 대해 부정적인 태도를 갖게 되면 학습의 동기를 감소시키고 따라서 외국어 학습이 성공적으로 이루어질 수 없다고 본다. 이에 대한 근거로 Littlewood(2001)는 다음의 2가지 관점에서 설명하였다.

첫째, 호의적인 태도를 지닌 학습자는 목표어 공동체와 더 많이 접촉하고자 하는 욕망을 갖게 될 것이고 따라서 그의 외국어 학습 동기는 높아질 것이다. 이는 앞서 동기의 한 요소로 설명한 의사소통적 필요와 관련이 있다. 즉, 호의적인 태도는 의사소통적 필요를 강화하는 역할을 하고 이것이 결국 높은 동기 부여 및 성공적인 언어학습으로 연결된다는 것이다. 실제 상황에서 학습자가 원어민과 의사소통해야 할 강제성이 없는 경우들에 있어서 학습자가 의사소통적 필요를 느끼는지 혹은 전혀 느끼지 않는지를 결정하는 것은 학습자의 태도일 것이다.

둘째, 언어는 그 언어 사용자의 정체성 및 세계를 인지하는 방식과 밀접한 관련이 있다. 따라서 새로운 언어를 배운다는 것은 자신의 정체성 및 세계관을 일부 포기하고 다른 문화적 집단의 정체성 및 세계관을 수용한다는 것을 의미한다. 이런 과정을 어떻게 받아들이느냐에 영향을 미치는 요인 중의 하나가 외국 문화에 대한 태도이다. 따라서 만약 이 태도가 부정적이라면 학습자는 목표어 학습에 대한 강한 심리적 장벽을 갖게 될 것이기 때문에 학습의 효과는 떨어질 수밖에 없다(Littlewood, 1989).

그러나 목표어 공동체에 대한 태도가 학습자의 언어 숙달도에 그리 큰 영향을 미치지 않는 상황들도 존재한다. 다음의 세 가지 경우를 살펴보자. 첫째, 학습자들은 목표어 공동체에 대해 긍정적이거나 부정적인 태도를 가질 만큼 목표어 사회에 대한 충분한 경험이 없는 경우가 많다. 이런 경우 학습자의 태도는 소통적 필요성에서 파생되는 동기와 비교해 볼 때 외국어 학습의 개인차를 설명함에 있어서 약한 요인이 될 것이다. 예를 들어, 영국에서 불어나 독일어를 배우는 학습자들은 주로 교실 상황에서 외국어를 경험하기 때문에 학습자가 가지게 되는 태도는 주로 학습 상황과 관련이 있을 가능성이 높다. 즉, 학습자는 교사나 교재로부터 목표어 공동체에 대한 이미지를 얻게 되는데, 이 간접적인 이미지가 목표어에 대한 태도로 작용하게 된다.

둘째, 외국어 학습자의 태도와 관련하여 Burstall 외(1974)는 학습자의 초기 태도는 학습자의 최종적인 언어 숙달도에 그다지 큰 영향을 미치지 않는다고 주장하였다. 대신에 성공적인 학습자는 학습이 진행됨에 따라 호의적인 태도를 발전시키고, 또한 학습자의 입장에서 이런 태도는 더 많은 성공을 장려한다고 보았다. 반대로 학습의 실패는 그 이후의 실패를 야기할 부정적인 태도를 만들어낸다고 하였다.

셋째, 목표어 공동체와의 의사소통을 위해서가 아니라 외국어를 배우는 다른 학습자들과의 의사소통을 위해 외국어를 학습하는 상황도 그러하다. 최근 국제어(international language) 혹은 세계 공용어로 쓰이고 있는 영어가 목표어인 경우를 예로 들어보자. 영어는 다중언어 국가나 혹은 상대방의 모국어를 사용하지 않는 서로 다른 나라 사람들끼리의 의사소통에서 흔히 쓰이고 있다. 영어를 이런 국제적인 의사소통의 기능으로 학습할 경우 영어를 모국어로 쓰는 사회에 대한 학습자의 태도는 그렇게 중요한 영향을 미치지 않으리라는 것을 짐작할 수 있다. 이상의 경우들에서 목표어 공동체에 대한 태도가 동기나 숙달도에 절대적인 것은 아니라는 것을 보여준다.

10.2.3 통합적 동기와 도구적 동기

동기나 태도가 목표어의 숙달도에 미치는 영향은 많은 학자들에 의해 연구되었다. 그 중 많은 연구들이 Gardner와 Lambert(1972)의 연구에 의해 영향을 받았다. 그들은 외국어 학습의 동기를 크게 통합적 동기(integrative motivation)와 도구적 동기(instrumental motivation)로 분류하였다.

먼저 통합적 동기란 원어민의 문화에 동화되고 싶은 욕구에서 비롯된 동기로서 원어민에 대한 관심과 긍정적 태도에서 출발한다. 여기에는 외국어에 대한 관심 및 호기심, 목표어를 사용하는 문화 집단에 대한 이해, 의사소통 욕구 등이 그 구성 요소가 된다. 반면, 도구적 동기는 실용적이고 기능적인 면이 강조되어 시험에서 좋은 성적을 받는 것, 좋은 직업을 얻는 것과 같이 개인의 목표를 달성하기 위해 외국어를 배우고자 하는 경우이다.

또한, 동기 이론에 있어서 통합적 동기와 도구적 동기의 구별과 더불어 가장 일반적으로 알려진 것이 내적 동기(intrinsic motivation)와 외적 동기(extrinsic motivation)의 구분이다. 내적 동기란 행동 자체를 제외하고는 어떠한 보상도 기대하지 않는 것을 말하며, 특별한 행동을 하는데서 오는 기쁨이나 자신의 호기심을 만족시키는 것과 같이 내적으로 보상받는 결과로 인해 나타나는 동기이다. 반면에, 외적 동기는 자기 자신보다는 외부로부터 오는 보상을 기대하거나 처벌을 피하기 위한 것이다.

그렇다면 외국어 학습에 효과적인 동기의 유형은 무엇일까? 외국어 학습 동기에 관한 초기 연구는 통합적 동기와 도구적 동기 중 어떤 동기가 외국어 학습에 더 효과적인지를 밝히고자 했는데 서로 상반된 결과들이 도출되었다. 먼저, Gardner와 Lambert(1972)는 북미 지역에 살면서 프랑스어를 공부하는 영어 화자를 대상으로 한 연구에서 통합적 동기를 가진 학습자가 도구적 동기를 가진 학습자보다 더욱 효과적으로 프랑스어를 습득한다고 주장하였다. 그러나 필리핀에 있는 영어 학습자를 대상으로 한 Gardner와 Lambert의 연구에서는 상반된 결과가 도출되었다. 즉, 도구적 동기가 높을수록 보다 성공적으로 영어를 습득하고 있다는 것을 발견하였다. Lukmani(1972)도 인도의 영어 학습자를 대상으로 cloze 테스트를 실시한 결과 도구적 동기를 가진 경우 더 높은 점수를 얻었다고 보고하였다.

한편, 외국어 성취도가 두 가지 유형의 동기 모두와 관련이 있다고 보는 견해가 있는가 하면(Burstall, 1975), 반대로 그 어떤 동기 유형도 외국어 성취도와 유의한 상관관계를 보이지 않는다는 견해도 있다(Chiara & Oller, 1978). 이러한 결과의 차이를 두고 여러 가지 해석이 제기되었다. 동기의 구분이 모호하여 동기 설정에 일관성이 없다는 점, 도구적 동기와 통합적 동기 두 가지만으로는 동기의 개념을 포괄하지 못한다는 점, 또한 서로 다른 학습 환경의 영향을 고려하지 못했다는 점 등이 그것이다. 따라서 외국어를 배우는데 있어 중요한 것은 어떤 종류의 동기를 갖느냐가 아니라 동기가 있느냐 없느냐, 그리고 그 동기가 강한지 아니면 낮은지 일 것이다.

10.3 학습 기회

10.3.1 외국어 사용의 기회

자연적인 언어학습 상황에서 이루어진 의사소통적 활동이 언어습득을 촉진시킨다는 점은 앞서 언급되었다. 따라서 외국어가 실제 의사소통의 수단으로 사용되는 환경에 학습자가 노출될 수 있다면 외국어 학습이 촉진되리라는 것은 분명하다. 앞서 살펴본 바와 같이, 대부분의 언어학습 상황에서 이루어지는 외국어 사용의 기회는 학습자들이 느끼는 의사소통적 필요와 무관하지 않다. 예를 들어, 이중언어 사회에서 다른 언어를 사용하는 집단과의 접근 용이성은 외국어를 통한 의사소통적 필요를 만들어 낼 것이고, 또한 동시에 언어 사용을 통한 학습의 기회도 창출해 낼 것이다.

그러나 어떤 환경에서는 의사소통적 필요와 언어 사용의 기회가 서로 다른 별개의 요인이 될 수도 있다. 예를 들어, 캐나다에서 프랑스어를 배우는 영어 화자는 프랑스어를 배울 강제적인 의사소통적 필요를 느끼지 못할 것이다. 그러나 이 때 프랑스어 화자의 접근 용이성, 즉 외국어(프랑스어) 사용의 기회는 언어학습에 있어 큰 이점으로 작용할 것이다. 같은 취지에서 영국 남부에서 프랑스어를 배우는 학습자는 북쪽 학습자에 비해 언어학습의 이점을 가진다고 볼 수 있다. 남쪽에서는 프랑스가 상대적으로 더 가까운 거리에 있기 때문이다.

학습자가 목표어를 사용하고 있는 나라를 방문한다거나 혹은 그 곳에 사는 것만으로는 외국어 사용의 기회, 더 나아가 성공적인 언어습득이 보장되지는 않는다. 개인적인 차원에서 원어민과 상호작용을 하는 것이 사실상 중요하며, 또한 원어민과의 접촉에 있어서 학습자의 태도가 호의적일 때, 그리고 학습자가 낯선 환경에서 자신감을 느낄 때 언어학습이 보다 성공적일 수 있다.

10.3.2 학습 상황의 정의적 영향

학습자가 불안감을 느끼는 환경은 의사소통에 있어서 심리적인 장애로 작용할 것이며, 불안이 일정 수준 이상이 되면 이 또한 학습의 장애가 될 것이다. 그러나 안타깝게도 외국어 학습이 일어나는 가장 대표적인 상황인 교실과 목표어 공동체 내 모두에서 학습자는 쉽게 불안감을 느끼게 된다.

먼저 전형적인 언어 교실 상황을 살펴보자. 학습자들은 목표어에 대한 그들의 지식이 부족한 상태에서 목표어에 관한 수행을 하도록 강요받는다. 만약 학습자의 수행이 올바르지 않은 경우에는 교정을 받게 된다. 또한, 대부분의 상호작용이 교사에 의해 지배되기 때문에 학습자는 상호작용을 주도할 기회가 거의 없다. 목표어 공동체 환경에서 학습자가 느끼는 불안감도 유사하다. 학습자는 자신의 부족한 의사소통능력 때문에 일상적인 대화에서조차 자신을 표현하는 일에서 어려움을 느낄 것이다. 자신의 발화가 오해를 불러일으키는 경우, 그리고 그로 인해 자신이 비웃음을 당하고 있다는 생각이 드는 경우 등 여러 상황에서 학습자는 소외 의식을 느끼고 위축감을 경험하게 된다.

MacIntyre와 Gardner(1991)는 외국어 학습과 관련하여 학습자가 느끼는 불안의 원인을 다음과 같이 3가지로 정리하였다. 첫째, 학습자들의 언어능력 부족 때문에 다양하고 성숙된 생각을 표현하지 못함으로써 생기는 의사소통에서의 두려움이다. 둘째, 긍정적이고 사교적인 인상을 주고 싶어 하는 학습자들의 바램에도 불구하고 이에 대해 부정적으로 나타날 수 있는 사회적 평가에 대한 두려움이다. 마지막은 학습 결과, 즉 평가에 대한 두려움이다. 그러나 학습자가 느끼는 불안은 상황 그 자체의 결과로 나타나기도 하지만 개인의 성격에 따라 불안의 수준이 달라지기도 한다. 예를 들어, 어떤 학습자는 다른 학습자보다 더 빨리 불안을 느끼게 만드는 교실 상황에서의 실패 경험을 가지고 있을 수 있다. MacIntyre와 Gardner는 상황 그 자체에 의해 생기는 불안을 상황적 불안(situational anxiety)이라 하고, 학습자의 성격적 요인에 따라 달라지는 불안을 전체적 불안 혹은 기질적 불안(global/trait anxiety)이라고 불렀다.

또한, Alpert와 Harber(1960)는 불안을 촉진적 불안(facilitative) 불안과 저해적(debilitative) 불안으로 나누었다. 촉진적 불안은 외국어로 의사소통하거나 수업을 하기 전에 긴장감이 연습과 준비를 하도록 유도함으로써 불안감이 긍정적으로 작용하여 언어학습을 촉진시키는 경우이다. 저해적 불안은 걱정이 너무 과도하여 문제해결을 위한 시도 자체를 포기하도록 만들어 언어를 학습하는데 부정적으로 작용하는 경우이다.

따라서 언어학습 상황에서 불안을 전적으로 제거할 필요는 없다. 도가 지나친 불안은 언어학습에 좋지 않지만 적절한 양의 불안은 효과적인 학습에 긍정적인 영향을 미칠 것이기 때문이다. 학습자가 우호적인 접촉을 할 수 있는 외국어 학습 환경을 조성해 주는 일, 공감적이고 협동적인 교실 분위기를 조성해 주는 일은 학습자의 저해적 불안을 완화시켜 언어학습에 도움을 줄 것이다.

10.3.3 언어입력의 본질

언어입력(linguistic input)이 언어학습에 미치는 역할에 대한 여러 학자들의 견해는 학파에 따라 달라진다. 먼저, 행동주의 언어학자들은 외부에서 주어지는 언어입력은 언어습득을 결정하는 가장 중요한 요인이라고 생각하였다. 이들은 학습자들이 언어입력을 연습, 모방, 암기, 반복함으로써 이러한 언어체계가 축적되어 궁극적으로는 언어출력(output)으로 나타난다는 입장을 견지하였다.

한편, 생득론자들은 인간이 태어날 때부터 언어습득장치(LAD)를 가지고 태어난다고 보았는데, 언어습득장치가 언어를 습득하는데 중요한 역할을 한다고 생각하였다. 인간의 언어습득은 이미 정해진 생득적 프로그램에 따라 진행되는데 이때 언어입력은 언어습득장치의 작동을 촉발(ignite)시키는 역할, 즉 언어습득의 방아쇠 역할을 하는 최소한의 역할만을 인정하였다. 따라서 Chomsky는 단지 학습자들이 언어에 노출되는 것만으로는 만족스러운 언어습득을 할 수 없다고 보고, 언어입력의 역할은 최소화하되 학습자 내부의 언어습득 메카니즘을 최대로 가동해야 성공적으로 언어를 습득할 수 있다고 주장하였다(Ellis, 1994).

그러나 상호작용론자(interactionalist)들은 언어습득을 언어입력과 언어습득장치 둘 모두의 상호작용 결과로 보았다. 이들에 의하면, 언어입력은 언어습득을 위한 필요조건이지만 충분조건은 아니며, 언어는 의사소통을 하는 과정에서 습득되는 것이기 때문에 상호작용이 없이는 성공적인 언어습득이 어렵다고 하였다. 이처럼 언어입력에 대한 견해는 시대에 따라 변해왔지만 언어입력의 중요성은 어느 시대에도 결코 부인되지 않았다.

따라서 학습자에게 제공되는 언어입력의 본질이 외국어 학습에 있어서 학습자의 성취도를 결정하는 중요한 요인이 되고 있는 것은 분명해 보인다. 이때 외국어 학습을 위한 이상적인 언어입력의 형태에 대해 가장 영향력이 있는 주장은 Krashen(1982)의 이해 가능한 언어입력(comprehensible input) 가설이다. Krashen은 모국어 학습자에 대한 '보모의 말(caretaker speech)', 외국어 학습자에 대한 '외국인 말(foreigner talk)', 외국어 학습자에 대한 원어민 '교사의 말(teacher talk)'에 관한 연구를 토대로 최적의 언어입력은 학습자 현재의 언어학적 발달 수준을 약간 넘어 서는 언어라고 주장하였다. 따라서 학습자의 현재 언어 발달 수준을 'i'라고 할 때 이해 가능한 언어입력을 'i+1'의 형태로 제시하면서, 학습자는 'i+1'의 언어입력을 이해함으로써 자연적 순서에 따라 언어를 발전시켜 나간다고 주장하였다.

한편, Long(1985)은 이해 가능한 언어입력이 외국어 학습에 도움이 된다는 Krashen의 입력가설을 인정하면서 여기에 상호작용(interaction)의 중요성을 추가하였다. 즉, 단순화된 언어입력(simplified input)이 중요한 역할을 담당하기는 하지만 상호작용을 통해 조절된 언어입력(modified input)이 언어습득을 위해서 더 유용하다는 것이다. 이는 상호작용 과정에서 소통에 문제가 발생하면 이것을 해소하기 위해 상호 의미 교섭을 하게 되고 이 과정에서 학습자의 현재 언어능력이 정확하게 파악되어 이해 가능한 언어입력이 제공될 수 있기 때문이라고 설명하였다. Long은 이 과정을 '의미 교섭(negotiation of meaning)'이라고 칭하였다.

학습자가 상호작용 과정에서 자신의 외국어 이해 수준을 넘는 입력에 접하게 될 때 이해하기 힘들다는 신호를 보내게 되고, 신호를 접한 원어민은 외국어 학습자의 이해를 돕기 위해 자신의 발화를 다양하게 조절한다. 이 과정이 의미 교섭이며 학습자는 이러한 의미 교섭 과정을 통해 이해 가능한 언어입력에 접할 수 있는 것뿐만이 아니라 '이해 가능한 언어출력'의 표출 기회도 가질 수 있게 된다.

그리고 Swain(1985)은 언어습득에서 이해 가능한 언어입력의 역할도 중요하지만 '강요된 발화(pushed output)' 혹은 '이해 가능한 언어출력(comprehensible output)'이 더 중요하다고 주장하였다. 즉, 학습자가 꼭 말해야만 하는 상황, 즉 상호작용 속에서 나타나는 학습자의 출력언어가 언어습득을 돕는다고 본 것이다. 이는 학습자가 원어민과 같은 언어능력을 습득하기 위해서는 이해 가능한 입력만으로는 충분하지 않으며, 학습자 자신의 언어능력을 바탕으로 의미 있는 언어를 사용할 기회가 많이 있어야 성공적인 언어습득이 가능하다는 것을 강조하는 입장이라고 하겠다.

그러나 Krashen의 입력 가설, Long의 상호작용 가설, Swain의 출력 가설 등 위의 각 학자들의 주장에 대한 반박이 제기되고 있어 어떤 유형의 언어입력이 언어 습득에 가장 효과적인지에 대해서는 아직까지 명확한 결론은 내려지지 않았다. 그러나 교사가 학습자에게 제공하는 입력이 학습자의 수준에서 이해가 가능하고 흥미로우며 학습자와 직접 관련된 것일수록 언어습득에 이점을 가질 것이라는 점에는 논란의 여지가 없다.

10.4 학습자 개개인의 학습능력

본 장에서는 언어학습에 영향을 미치는 학습자의 학습능력에 대해 알아보고자 한다. 그런데 본 장에서 뜻하는 학습능력은 일반적으로 생각하는 것보다 넓은 의미의 개념이다. 즉, 학습능력을 지능이나 언어적성과 같은 인지적인 측면을 가리키는 개념으로 한정시키지 않고, 유사한 동기와 학습 기회가 주어졌을 때 특정 학습자가 다른 학습자보다 더 잘 배울 수 있도록 하는데 영향을 미치는 모든 요인을 포괄하는 개념으로 사용하고자 한다. 본 장에서는 학습자의 인성과 나이, 학습자가 사용하는 학습전략(learning strategy)까지도 모두 학습능력에 포함시켜 이들이 외국어 학습에 미치는 영향에 대해서 알아보고자 한다.

10.4.1 지능(Intelligence)

지능은 무엇을 의미하는가? 일반적으로 지적 능력이 뛰어나면 학업 성취도가 높다고 인식되었다. 인간의 지적 능력을 수학적 수치로 나타낸 것이 지능지수(IQ: Intelligent Quotient)이다. 따라서 높은 지능 지수는 학업 성적과 인생의 성공에 지대한 영향을 미치는 주된 요인으로 인식되었다. 이런 맥락에서 과거 인간의 지적 능력을 측정하기 위한 주된 대상은 언어적 능력과 논리-수학적 능력에 국한되었다. 많은 학자들은 학습자의 지적 능력이 뛰어나면, 이는 많은 단어와 문장 그리고 문법 규칙들을 오랫동안 기억할 수 있기 때문에 외국어 학습에서 효과적이라고 생각하였다. 그러나 외국어 학습은 암기 이상의 복잡한 요인들이 상호 결부되어 있기 때문에 지능이 언어학습의 성공을 위한 유일한 요인은 아니며, 지능 역시 과거에 생각했던 것 보다 더 복잡해지고 있다. 이런 맥락에서 Gardner(1983)는 지능에 대해서 보다 종합적으로 접근하였는데, 다음 7개 항목이 모여 구성되는 소위 다중지능(multiple intelligence) 개념을 제시하였다.

① 언어 능력(linguistic ability)
② 논리-수학적 능력(logical-mathematical ability)
③ 공간적 능력(spatial intelligence) : 주변 환경에서 방향을 찾는 능력, 현실감의 심상을 형성하는 능력
④ 음악적 지능(musical intelligence) : 음조와 리듬을 감지하고 창조할 수 있는 능력.
⑤ 신체 동작 지능(bodily-kinesthetic intelligence) : 훌륭한 운동 동작, 운동 묘기를 부릴 수 있는 능력, 제스쳐 등을 효과적으로 사용하여 의사소통할 수 있는 능력
⑥ 대인관계 지능(interpersonal intelligence) : 남을 이해할 수 있는 능력, 상대방에게 동기를 부여하고 상호 접촉하는 능력
⑦ 인간 내부 지능(intrapersonal intelligence) : 자기 자신을 개관적으로 바라보고 평가할 수 있는 능력, 자기 인식을 감각케 하는 능력

전통적 의미의 지능은 위 ①항과 ②항에 근거하였는데, 그렇다면 이때 지능은 외국어 학습의 성공과는 그리 높은 상관관계는 없는 듯하다. 그 밖의 지능을 구성하는 다른 속성들이 오히려 외국어 학습의 성공에 많은 영향을 미치고 있다고 할 수 있다. 예를 들어, ③항의 공간적 지능은 새로운 외국 문화 환경에 잘 적응하는 능력과 관련이 깊으며, ④항의 음악적 지능은 언어의 음조형을 감지하고 생성하는 발음에 능숙해 질 수 있는 능력과 관련된다. 또한, ⑤항의 신체 동작 지능은 음조의 음운을 학습하는 것뿐만 아니라 비언어적

소통에도 능숙할 수 있는 능력과 관련된다. ⑥항의 대인 관계 지능은 사회적 맥락에서 의사소통에 능숙할 수 있는 능력과 관련이 깊으며, 마지막으로 ⑦항의 인간 내부 지능은 외국어 학습에 있어서 정의적 요인과 관련된 여러 장애물을 쉽게 극복할 수 있는 능력과 관련된다. 지능이 외국어 학습에 기여하는 정도에 대해서 여러 학자들의 견해를 소개하면 다음과 같다.

① Pimsleur(1968) : IQ가 외국어 학습에 차지하는 비율은 16% 정도이다.
② Asher & Gracia(1969) : IQ가 외국어 학습에 차지하는 비율은 20% 정도이다.
③ Jakobovits(1970) : IQ가 외국어 학습에 차지하는 비율은 20% 정도이다.
④ Mackey(1967) : 이해력 시험에서 IQ의 기능은 인정하나 다른 면에서는 무관하다.
⑤ Carroll(1968) : IQ가 낮으면 외국어 학습에 성공하기가 어렵고 시간이 많이 걸린다.
⑥ Chastain(1969) : 행동주의 학습에서는 IQ와 무관하지만 인지학습에서는 상관관계가 높다.
⑦ Genessee(1976) : 필답시험 성적은 IQ와 상관관계가 높으나 말하기 시험에서는 상관관계가 낮다.

지능이 외국어 학습에 있어서 성공의 주된 요인은 아니지만, 16% 내지 20% 정도 작용을 하고 있다. 특히, 지능은 독해, 문법, 어휘 등의 학문적 언어지식에 대해서는 상관관계가 매우 높은 반면, 구술표현에서는 그 상관관계가 낮은 것으로 보여진다. 따라서 지능이 언어학습 능력에 미치는 영향을 과대평가할 수 없지만 그렇다고 과소평가할 수도 없다.

10.4.2 언어적성

10.4.2.1 언어적성의 정의 및 구성 요인

적성(aptitude)이란 특정한 일에 대한 각 개인의 적응 능력을 뜻한다. 이러한 적응 능력이 특정 과제를 수행하면서 나타나는 능력을 소질이라고 하며, 특정한 일에 대해 어느 정도의 소질을 갖고 있는가를 측정하는 검사를 '적성검사'라고 한다. 이러한 적성과 소질은 외국어 학습에서 지능이나 개인적인 노력으로는 규명할 수 없는 부분을 설명해 준다. 즉, 높은 지능을 갖고 있으면서도 그리고 외국어를 학습하는데 많은 시간과 노력을 기울였음에도 불구하고 외국어 학습에서 효과를 거두지 못한 경우가 많다. 하지만 지능이 낮으면서도 그리고 그렇게 많은 시간과 노력을 하지 않았음에도 불구하고 외국어를 잘 학습하는 경우는 그 학습자가 가지고 있는 적성과 소질로 밖에 설명할 다른 방안이 없다.

그리고 소질이란 '같은 조건에서 특정 과제를 성취하는데 걸리는 시간'으로도 해석된다. 만약 어떤 일을 성취하는데 걸리는 시간이 짧으면 짧을수록 그 학습자는 그 일에 대해 소질이 있다고 할 수 있다. 어떤 학습자는 단 1개의 외국어를 학습하는데도 어려움을 겪는 반면, 어떤 학습자는 선천적으로 몇 개의 언어를 자유스럽게 구사할 줄 아는데, 이 경우 해당 학습자는 언어적 적성과 소질을 갖고 태어난 것이다. 그렇다면 적성과 소질이 외국어 학습에 미치는 영향은 얼마나 될까? Jakobovits(1970)는 지능, 소질, 동기 등의 여러 요인들이 외국어 학습의 성공에 미치는 정도를 다음과 같이 소개하였는데 그 정도가 작지 않음을 알 수 있다.

① 동기 : 33%
② 지능 : 20%
③ 적성(소질) : 33%

④ 기타 14%

한편, Carroll(1953)은 다음 4가지 요인이 적성을 구성하고 있다고 주장하였다.

① Phonetic coding ability : 음이나 말을 듣고 기억한 후 필요할 때 이들을 정확히 재현하는 능력을 의미한다.
② Grammatical sensibility : 문법을 이해할 수 있는 능력. 이런 능력이 높으면 문법을 중시하는 수업을, 이런 능력이 낮으면 실용적 언어사용을 중시하는 수업에서 높은 성취도를 보이는 경향이 있다.
③ Rote memorization ability : 문법 및 어휘를 이해하고 그것을 오래 기억할 수 있는 기계적 암기력을 뜻한다.
④ Inductive reasoning ability : 문법항목, 언어형태 등을 식별하여 이것들이 갖는 의미와 용법을 추리할 수 있는 언어학습 능력을 의미한다. 이 능력이 높으면 일일이 교과내용을 지도하지 않더라도 귀납적으로 언어규칙을 추리하여 이해가 가능하나, 이 능력이 낮은 학습자에 대해서는 교사가 일일이 지도해야 한다.

앞 절에서 살펴본 동기와 태도가 주로 대인 관계에서 의사소통을 위해 언어를 사용하는 능력과 관련이 깊다면, 지능과 언어적성은 독해나 문법처럼 교실 수업에서 강조되는 학문적 언어 능력과 상관이 높다. 따라서 여러 연구에서 가장 일관성있게 언어학습의 성공을 예측하기 위해서 사용된 두 변수, 즉 동기와 언어적성이 함께 고려된다면 언어학습 성공의 예측을 위한 설명력이 더 높아질 것이다. 한 예로, Gardner는 프랑스어를 배우는 학습자를 대상으로 한 실험에서 태도-동기 지수(Attitude-Motivation Index)와 MLAT(Modern Language Aptitude Test)의 결과는 각 각 언어 숙달도 변인의 14%와 17% 만을 설명할 수 있지만, 동기와 언어적성의 점수가 결합되면 언어 숙달도의 27%에 대한 설명이 가능하다고 밝혔다.

10.4.2.2 적성검사의 변천 과정

언어적성 검사는 외국어 학습을 시작하지 않았으나 앞으로 외국어를 배울 학습자들을 대상으로 그들의 외국어에 대한 소질을 알아보기 위해서 사용된다. 이러한 목적으로 Carroll과 Sapon(1958)에 의한 MLAT(Modern Language Aptitude Test), Pimsleur(1966)에 의한 PLAB(Pimsleur Language Aptitude Battery)라는 언어적성검사가 개발되었다. 이들 적성검사에는 숫자 배우기, 소리 구분하기, 철자의 힌트와 문법 형태 찾아내기, 단어의 의미 기억하기 등과 같은 과업들이 포함되었다. 따라서 MLAT와 PLAB는 특히, 평화 봉사단 지원자 훈련 프로그램과 군대 회화 프로그램 등에서 참여하고자 하는 사람들의 외국어에 대한 소질을 파악하기 위해서 오랫동안 사용되었다.

하지만 이들 두 적성검사는 학습자 내부의 언어적성이라는 요인을 적절하게 측정하고 있는가에 대한 질문과 함께 몇 가지 비판에 직면하게 되었다. 즉, 이들 두 검사는 표면적으로 언어적성을 측정하고 있다고는 하지만 실제로는 학습자의 일반적인 지적 능력이나 학습 능력을 측정하고 있는 것과 거의 다를 바가 없다는 것이다. 왜냐하면, 이들 검사지의 측정 방식이 전통적인 교실의 맥락에서 단지 형태 중심적이고, 분석적인, 또는 맥락이 결여된(context-reduced) 활동을 측정하는데 초점이 맞추어져 있다는 것이다. 따라서 실제 언어가 사용되는 상황, 그리고 이들 상황에서 언어를 적절하게 사용할 수 있는 다양한 전략 등의 사용 등에 대해서는 전혀 측정할 수 없어서 진정한 의미의 적성검사로서 효과가 있는지에 대한 비판이 나타나기 시작하였다.

이러한 맥락에서 언어적성의 구성 요인을 새롭게 제시하고, 이러한 구성 요소에 근거한 새로운 언어 적성검사 개발에 많은 학자들이 관심을 보이기 시작하였다. Skehan(1988)은 이전 적성검사의 취약점을 지적하고, 언어적성은 언어입력 과정, 귀납적 언어학습 과정, 언어출력 전략, 유창성, 그리고 다양한 인지적 전략의 사용 등과 관련이 있을 것이라고 주장하였다. 이후 Grigorenko, Sternberg와 Ehrman(2000)은 CANAL-F(Cognitive Ability for Novelty in

Acquisition of Language-Foreign)라는 새로운 언어 적성검사를 개발하였다. 이 검사는 다양한 맥락에서 언어가 학습되고 이러한 다양한 학습맥락에서 학습자가 참여하는 점들을 고려하고 있다는 점에서 이전의 언어 적성검사와는 다르다고 볼 수 있다.

한편, Dornyei와 Skehan(2003)은 외국어 학습과 관련된 언어적성은 일종의 언어학습 과정과 관련이 있다고 하면서, 주의집중, 단기기억 등은 언어입력을 처리하는 과정과 관련이 있을 수 있고, 음소 식별 능력은 음운 형태를 구분하는 과정과 관련이 있으며, 귀납적 학습, 덩어리로 듣기, 그리고 회상 능력 등은 학습자들이 문법적 형태를 파악하고 통합하는 과정에 기여할 수 있을 것이라고 주장하였다. 또한, 이들은 언어적성은 단순히 전통적, 명시적, 규칙 중심의 언어학습 맥락뿐만 아니라 자연적인 언어학습 맥락과도 밀접한 관련이 있다고 하면서 언어 적성검사는 이러한 점들을 반영할 필요가 있다는 것이다. 또한, Robinson(2005)은 언어 적성검사에 관한 연구를 수행하면서 언어적성은 수많은 요인들이 관련되어 있다고 하면서, 언어적성은 속도조절, 단기 및 장기기억 능력, 기계적 기억, 언어사용 계획, 화용적 능력, 상호작용 지능, 감성지능, 자아 효능감 등이 포함된 복합체라고 하면서 언어 적성검사 역시 이러한 복합적 능력을 측정할 수 있도록 개발되어야 한다고 주장하였다.

10.4.3 기타 인지적 요인들

외국어 학습에 영향을 미치는 또 다른 인지적 요인으로 경험을 범주화하는 학습자의 전략을 들 수 있다. 목표어를 학습한다는 것은 목표어 규칙에 대한 일반화 과정을 포함하므로 장독립형(FI: Field Independence)이나 장의존형(FD: Field Dependence)과 같은 학습자의 전략도 학습 성공을 설명할 수 있는 변수로 작용한다. 먼저, 장독립형(FI)이란 전체에서 필요한 부분을 따로 떼어내어 분석할 수 있는 능력으로 전체보다는 세부 사항에 집중하는 인지 유형이다. 반면에,

장의존형(FD)은 전체를 직감적으로 이해할 수 있는 능력, 그리고 부분보다는 전체 사항에 집중하는 인지 유형을 일컫는다. 장독립형은 형태에 관심을 갖게 되므로 교실에서의 학습에 유리하며 학업 성적도 우수한 편이다. 그리고 장의존형은 전체적인 의미 파악이 가능하므로 자연적인 환경에서의 언어습득에 유리하고 전반적인 의사소통 활동이 뛰어난 편이다.

한편, 성장과 함께 다양한 기능이 좌반구 혹은 우반구로 편중하는 반구편중현상이 일어남을 앞서 살펴보았다. 이러한 현상에 따라 좌반구 우위 학습자는 논리적, 분석적 사고를 잘 하며 언어적 자료에 더 의존하는 반면에, 우반구 우위 학습자는 총체적, 통합적 정보 처리에 능하며 시각・청각적인 면을 더 잘 감지한다. 따라서 좌반구 학습자는 규칙이 먼저 제시되고 이에 근거한 예를 연습하는 연역적 학습(deductive learning)에 유리할 것이고, 우반구 학습자는 여러 예에서 규칙을 발견해 내는 귀납적 학습(inductive learning)에 유리할 것이다. 그러나 언어학습을 학습자의 인지적 측면과 결부시킨 연구는 매우 한정되어 있어서 향후 추가적인 연구가 필요하다.

10.5 인성

인지적인 요인들과 함께 개인의 인성(personality)과 관련된 특징들도 외국어 학습에서 중요한 변수로 작용하는 것으로 보인다. 인성과 관련된 특징은 학습자가 자기 자신에 대해 느끼는 감정과 타인과 접촉할 때 느끼는 감정 등을 포함한다. 인성과 관련된 특징으로 본 장에서는 자아존중(self-esteem), 자아 효능감(self-efficacy), 외향성(extroversion)과 내향성(introversion), 모호성에 대한 관용(tolerance of ambiguity) 및 감정이입(empathy) 등을 중심으로 살펴보고자 한다.

10.5.1 자아존중(Self-esteem)

자아존중은 자신에 대한 지식, 자신의 능력에 대한 신뢰, 또는 자신감(self-confidence)이라고도 한다. Coopersmith(1967)에 의하면, 자아존중은 자신과 타인 간의 관계 속에서 자신의 가치에 대해 평가를 내리는 개인적인 판단을 의미한다. 자신의 능력에 대해 갖고 있는 신뢰감과 자신감은 개개인의 행동을 결정짓는 중요한 요인이 된다. 인간은 자신의 능력을 남에게 알리고 싶고, 또한 그러한 능력을 남으로부터 인정받고 싶어 한다. 따라서 자아존중이 강한 사람은 현실을 정확하게 판단하며, 그러한 현실 속에서 자신을 정확히 인식하여 자신감 있게 행동하며 당면 과제를 적극적으로 해결하려고 한다. 일반적으로 자아존중은 다른 사람과의 상호작용에 의한 경험의 축적으로 인해, 그리고 학습자 자신에 대한 외부 세계의 평가에 의해서 자아존중이 형성된다. 자아존중에는 크게 3가지 유형이 있다.

① 총체적(global) 자아존중
성숙한 성인에게서 찾아 볼 수 있는 비교적 안정적인 자아존중이다. 시간에 따라 또는 다양한 상황의 변화와는 무관하게 자신의 가치에 대해서 일반적이면서 일관되게 나타나는 평가를 지칭한다.
② 상황에 따른(situational) 자아존중
개개인이 갖고 있는 자아존중은 상황에 따라, 즉 사회적인 상호작용, 직업, 교육, 가정, 사회성, 감정이입 등과 같은 사회적 맥락에 따라 자신에 대한 평가가 달라진다. 이에 따라 자신에 대한 자아존중이 다르게 형성된다.
③ 과제적(task) 자아존중
구체적인 상황 속에서 행해지는 특정 과제에 따라 형성되는 자아존중이다. 외국어 학습과 관련된 다양한 활동, 또는 수업 중 이루어지는 학습 활동 등을 통해서 자신에 대해 이루어지는 평가에 의해서 형성되는 자아존중이다.

MacIntyre와 Gardner(1991)는 학습자가 가지고 있는 '의사소통을 하고자 하는 의지'와 자아존중 간에는 매우 밀접한 관련이 있다고 주장하였다. 자아존중은 학습자들의 자신감과 연계되는데, 자신감의 정도에 따라 의사소통 상황을 회피하기도 하고 아니면 의식적으로 의사소통 상황을 찾는 것과 관련이 있다는 것이다. 높은 수준의 언어능력이 항상 의사소통하고자 하는 강한 의욕과 밀접한 관련이 있는 것은 아니지만, 자아존중에서 비롯되는 자신감의 여러 요인들이 의사소통하고자 하는 의지를 결정하는데 중요한 역할을 한다고 볼 수 있다. 한편, Gardner와 Lambert(1972)는 자아존중과 외국어 학습의 성취도 간에 상관관계가 존재하는지를 조사하였는데, 자아존중이 높으면 외국어에 대한 자신감이 높아져서 외국어를 학습하는데 유리하다는 것을 발견하였다. 특히, 긍정적 자기 평가가 중요한 역할을 하는 구술 발표력에 있어서 높은 상관관계가 있다는 것을 발견하였다. 하지만, 교사들이 학생의 자아 존중감을 먼저 향상시켜야 하는지, 아니면 단순히 학생들의 언어 능숙도를 향상시킴으로써 자아존중이 저절로 나타나게 해야 하는지는 어려운 문제이다.

10.5.2 자아 효능감(Self-efficacy)

자아 효능감은 학습자 자신이 어떤 과업을 성공적으로 수행할 능력이 있다고 믿는 것을 의미한다. 학습자 자신이 자아 효능감이 있다고 생각한다면, 그는 성공적으로 과업을 완수하기 위해서 적절한 노력과 시간을 투자할 것이다. 일반적으로 자아 효능감이 높은 학습자는 어떤 과업의 실패 요인으로 자신이 충분한 노력을 기울이지 못한 것으로 여기지만, 과제를 수행하기에 외적 상황이 좋지 못했다든지 또는 운이 좋지 못했다든지 등의 변명은 하지 않는다. 따라서 어떤 과업을 성공적으로 수행하기 위해서는 자신의 과업 수행능력을 믿는 것이 중요하다. 외국어 학습 과정 중에서 학습자들이 자신의 능력을 믿고 외국어 학습의 지속적인 수행에 필요한 동력을 얻는 것은 매우 중요하다.

10.5.3 억압(Inhibition)

억압은 자기 방어의 개념으로 사용되며 앞서 설명한 자아존중과 연계하여 자주 언급되는 개념이다. 즉, 자아존중이 강한 사람은 자기 방어의 정도가 낮고 자아존중이 낮은 사람은 자기 방어의 정도가 높다. 사람은 욕구가 제지당하거나, 갈등의 상황 또는 불쾌한 상황에 봉착하게 되면 그런 상황에서 벗어나 심리적 안정을 찾기 위해 무의식적으로 자기 자신을 방어하려는 특성을 나타낸다. 자기 자신에 대한 열등감, 외국어 능력의 부족, 또는 외국어를 사용하면서 발생할 수 있는 실수에 대한 두려움 등은 학습자로 하여금 자신의 손상 받은 자아를 보호하기 위한 방어기제(defense mechanism)를 높인다. 억압은 결국 학습자의 말문을 닫게 하는데, 이런 경우 억압은 외국어를 효율적으로 학습하는데 장애 요인이 된다.

한편, Guiora 등(1980)은 억압과 관련하여 '언어자아(language ego)'라는 개념을 도입하였다. 언어자아란 성인 외국어 학습자가 새로운 외국어를 학습하면서 생겨나는 자기방어의 감정이다. 만약 새로운 외국어를 접하면서 그 위협이나 두려움을 느끼는 정도가 크다면 새로운 외국어나 이를 학습하는 학습 환경에 대해 쉽게 적응하지 못한다. 이때 학습자의 방어기제는 자신의 불안한 언어자아를 보호할 수밖에 없다. 따라서 학습자는 외국어를 사용함으로써 발생될 수 있는 실수, 걱정, 수치심을 피하기 위해 학습자 자신에게 편안한 모국어 사용에 더 매달리게 된다. 외국어 학습자는 외국어를 학습하면서 새로운 언어능력을 습득하면서 또한 모국어를 습득할 때와는 다른 새로운 정체감을 형성해 가는데 이러한 과정에서 어느 정도의 갈등은 필연적으로 발생할 수밖에 없다. 이러한 갈등에 잘 적응해 나갈 수 있는 언어자아는 학습자들이 외국어를 성공적으로 학습할 수 있도록 억압의 정도를 낮추는데 도움이 된다.

10.5.4 모험시도(Risk-taking)

억압이나 방어기제의 구축은 외국어 학습에 장애가 될 수 있다. 하지만 이러한 갈등 요인을 극복하고 외국어 학습을 위해서 적절한 모험시도를 한다면, 이는 성공적인 외국어 학습을 위해 중요한 특성이 될 수 있다. 수업 시간 중에 교사의 질문에 대해 어떤 학습자는 정확히 알지도 못하면서 짐작하여 쉽게 대답을 하는 경우가 있고, 반대로 어떤 학습자는 대답을 하지 않고 조용히 침묵을 지키는 경우가 있다. 대부분의 한국 영어 학습자들은 모험을 회피하여 소극적으로 대처하는 경우가 많다. 이에 Brown(2007)은 성공적인 외국어 학습을 위해 다소 '도박(gamble)'할 줄도 알고, 언어에 대한 육감을 기꺼이 시도해 보며, 실수에 대한 모험도 기꺼이 시도하여야 한다고 하였다.

하지만 학습자들은 나쁜 성적, 선생님의 비난, 동료 친구들의 조롱, 당혹감, 그리고 좌절감 등의 이유 때문에 모험시도를 할 때 두려움을 가지고 있다. 이에 대해 Dufeu(1994)는 학습자들이 편안함을 느낄 수 있는 수업 분위기를 만드는 것이 중요하다고 주장하였다. 학습자들이 당혹감을 느끼지 않는 우호적인 환경을 만들어 줌으로써 학습자들이 스스로 모험을 시도할 수 있도록 하는 것이 성공적인 외국어 학습을 위해서 매우 중요하다고 볼 수 있다.

한편, Beebe(1983)에 의하면 모험시도가 낮은 학습자는 너무 침묵을 지키며 실수로 말미암은 오류를 교정할 수 있는 기회가 결여되어 오류가 화석화(fossilization)될 수 있는 가능성이 높다. 따라서 학습자는 도박이 될 지어도 발화를 계속하여 나타낼 수 있도록 모험시도의 정도를 높일 필요가 있다. 반대로 모험시도가 높은 학습자는 정확한 표현을 사용하여 경박하고 엉뚱한 모험시도가 되지 않도록 길들여질(tamed) 필요가 있다. 따라시 훌륭한 외국어 학습자란 적극적이고 현명한 추측을 할 줄 알아야 하며, 동시에 적절한 정도의 모험시도를 하여야 한다.

10.5.5 감정이입(Empathy)

감정이입이란 타인을 보다 잘 이해하기 위해 자아에 대한 방어의 벽을 낮추고 자신의 인격을 타인의 마음속에 투영시켜 타인의 입장에서 사물이나 느낌을 바라봄으로써 타인의 생각과 느낌에 이르는 것이다(Brown, 2007). Guiora, Brannon 그리고 Dull(1972, p. 142)은 감정이입이란 "자신과 대상(self-object)과의 경계가 일시적으로 융합되며, 상대방의 정의적 경험을 감정적으로 이해하게 해주는 이해의 과정"이라고 정의하였다. Guiroa 등(1972)은 감정이입을 발전시키기 위해서는 먼저 자기 자신의 감정을 알고 의식하는 것이고, 그런 후 자신의 감정을 다름 사람의 감정과 동일시시키는 것이라고 하였다. 즉, 효율적인 의사소통을 하기 위해서는 다른 사람의 정서적, 인지적 상태를 이해할 수 있는 섬세한 감정이입이 필요하다.

언어를 통해 의사소통을 하지만 감정이입이 없으면 자신과 상대방의 의사, 느낌, 감정 등을 이해할 수 없고 때로는 오해를 불러올 수 있기 때문에 원활한 언어생활과 사회생활을 영위하는 것이 불가능하다. 특히, 감정이입은 문화적 차이와 매우 깊은 관련을 갖는다. 문화적 차이로 인해 학습자의 표현이 모국어 화자에게 제대로 전달되지 못하고 잘못 전달되어 오해를 불러일으킬 수 있기 때문이다. 의사소통을 위해서는 상대방의 반응을 미리 예측할 수 있고 짐작할 수 있는 정의적 이해가 필수적이다. 따라서 감정이입이 높으면 의사소통의 벽은 쉽게 극복된다.

10.5.6 외향성(Extroversion)과 내향성(Introversion)

일반적 의미의 외향성은 말수가 많고 적극적으로 자기 자신을 밖으로 드러내는 반면, 내향성은 소극적이고 말수가 적으며 실수하는 일 등을 잘 하지 않으려는 경향을 일컫는다. 그러나 꼭 그런 것은 아니며, 다른 각도에서 접근한 외향성은 자아존중, 타인과의 일체감, 전체감, 자아발전 등을 자신의 내부가 아니라 타인의 인정으로부터 찾으려는 성향이 강하다. 따라서 외향성을 지닌 학습자는 타인과 함께 협력하는 것을 좋아하는 성향이 강하며, 외적인 객관적인 기준에 따라 판단, 행동하기 때문에 새로운 상황에 잘 적응하는 장점을 지니고 있다. 한편, 내향성은 타인에 대한 직관적 이해와 애정을 갖는 등 높은 감정이입을 갖고 있으며, 자아존중과 일체감 등을 타인이 아니라 자신 내부로부터 찾으려는 경향이 강하다. 외향성을 지닌 학습자와는 달리 내향성을 지닌 학습자는 내적 가치기준에 따라 주관적으로 판단, 행동하는 경향이 강하기 때문에 융통성과 적응력이 부족한 단점이 있다.

한편, 외향성과 내향성은 문화적인 면과 밀접한 관련이 있다. 서구사회에서는 외향성이 바람직한 것으로 받아들여지지만 한국 사회에서는 오히려 내향성이 더 바람직한 것으로 받아들여지기도 한다. 외국어 학습에 있어서 외향성은 자신감, 모험심 등을 뜻하는 것으로 연습할 기회를 많이 갖기 때문에 성공적인 외국어 학습과 깊은 관련이 있어 보인다. 경험적으로 비추어볼 때, 외향성을 지닌 학습자는 면대면(face-to-face) 상황에서의 말하기 능력과 높은 상관관계가 있어 보인다. 그러나 외향성을 지닌 학습자는 말이 많고 유창하지만 정확성을 중요시하지 않는 경향이 강하다. Naiman과 그의 동료들(1978) 그리고 Busch(1982)의 연구결과를 보면, 외향성을 지난 학습자가 항상 높은 외국어 성취도를 보이지 않는다. 오히려 내향성을 지닌 학습자가 듣기, 읽기, 쓰기 등에서 더 월등한 점수를 얻었으며 발음도 더 정확하며, 구두 면접에서도 외향성 학습자와 별다른 큰 차이가 없었다.

지금까지 인성과 관련된 특징으로 외향성과 내향성, 자아존중, 모호성에 대한 관용 및 감정이입 등을 살펴보았다. 이런 요인들이 외국어 학습 성공을 결정하는 중요한 요인이 될 것이다. 그러나 이들 요인은 개별적으로 작용하기 보다는 여러 요인들이 혼합되어 더 큰 영향력을 행사할 수 있을 것이며, 또한 인성 이외의 다른 요인과도 복잡한 방식으로 상호작용하는 것으로 보여진다. 예를 들어, 외향성이라는 그 하나의 자체적인 요인이 외국어 학습의 성공과 관련이 있는 것이 아니라 장독립형이나 형식적 교수 등과 결합되어질 때 외국어 학습의 성공과 더욱 밀접한 관련을 맺게 된다.

10.6 학습자의 모국어

행동주의 관점에서 언어학습을 습관형성(habit-formation)으로 본다면, 모국어 학습은 옛 습관(old habit) 그리고 외국어 학습은 새로운 습관(new habit) 형성으로 이해된다. 따라서 새로운 습관을 형성하는데 있어서 가장 큰 장애가 되는 요인은 옛 습관이라 할 수 있는데, 옛 습관은 새로운 습관을 형성하는데 부정적인 영향을 미친다는 것이다. 이전에 학습된 지식이 후행 학습에 영향을 미치는 것을 전이(transfer)라 하고, 부정적인 전이가 일어나는 경우를 간섭(interference)이라 한다. 행동주의자들은 모국어와 외국어는 기본적으로 서로 다른 언어이기 때문에 모국어를 외국어 학습에서 가장 큰 장애가 되는 것으로 인식하였다. 이런 맥락에서 행동주의자들은 효과적인 외국어 교수 및 학습 방안으로 대조분석(contrastive analysis)을 제안하였다. 행동주의자들은 대조분석을 사용하여 모국어와 외국어의 언어체계 간의 차이점을 미리 파악해 오류를 예측하고자 하였다. 이들은 두 언어 간의 차이가 크면 클수록 학습자들은 외국어 학습에서 더 많은 오류를 발생한다고 믿었다. 그러나 실제의 경우 모국어와 외국어 간의 차이가 있는 경우에 오류가 발생되는 것이 아니라 두 언어 간의 유사한 항목에서 오류가 더 많이 나타나는 것을 알 수 있다.

한편, Chomsky를 비롯한 변형생성문법 이론이 대두됨에 따라 대조분석을 통해서 학습자의 오류를 예측하기 보다는 학습자가 왜 이러한 오류를 보여주었는가에 대한 그 원인을 설명하는 방향으로 관심을 기울이게 되었다. 이러한 맥락에서 오류분석(error analysis)이 대두하게 되었다. 행동주의에서는 학습자가 보여주는 오류에 대해서 부정적인 입장이었지만, 생성문법학자들은 학습자들이 보여주는 오류는 학습자의 현재 언어 발달 단계를 보여주는 중요한 단서이기 때문에 매우 긍정적으로 접근하였다. 이들이 바라보는 언어학습은 규칙형성(rule-formation) 과정으로서 학습자들은 가설검증(hypothesis testing) 과정을 거치면서 창의적으로 언어규칙을 형성해 나간다. 이러한 과정에서 발생하는 오류는 모국어로부터의 전이, 과잉일반화, 학습전략의 잘못된 사용, 학습상황과 관련된 오류, 또는 의사소통전략에서 비롯될 수 있지만, 이는 학습자들이 목표어에 접근하고자 하는 능동적인 학습 과정을 그대로 반영하고 있는 것으로 이해된다.

학습자의 모국어가 항상 외국어 학습에서 오류의 원천(resources)이 되는 것으로 이해하는 것은 적절하지 않다. 모국어와 외국어의 차이 때문에 학습자는 외국어의 특정 구문을 더 빨리 학습할 수 있으며, 특정 구문을 다른 구문에 비해서 더 많이 사용하도록 할 수 있고, 반대로 특정구문을 회피하도록 할 수도 있으며, 다른 언어적 발달 경로를 거치도록 할 수 있다. 또한, 의사소통전략의 한 방편으로 학습자의 부족한 언어능력을 보완하기 위해서 모국어를 적극 활용할 수도 있다. 따라서 학습자의 모국어가 항상 부정적으로 작용하는 것이 아니라는 점을 인식할 필요가 있다. Ellis(1994)는 외국어 학습에 미치는 모국어의 영향을 다음과 같이 정리하였다.

① Language level : 문법보다는 음운, 어휘, 화용적 측면에서 모국어의 전이가 더 많이 나타난다. 문법은 학습자들이 의식적으로 일종의 감시장치로 적용하고자 하기 때문에 전이가 잘 일어나지 않는다.
② Sociolinguisitic factors : 학습자들이 모국어와 목표어 간에 존재하는 문화적 차이를 명확히 인식하여 목표어의 사회적 규범을 잘 인식할 수 있는 경우에는 모국어의 전이가 잘 일어나지 않는다.
③ Markedness : 모국어의 무표적인(unmarkedness) 항목은 목표어에

잘 전이시키지만 유표적인(markedness) 항목에 대해서는 목표어에 잘 전이시키지 않는다.

④ Prototypicality : 가장 기본적이고 보편적인 의미를 가지고 있는 어휘들을 목표어에 전이시킨다.

⑤ Language distance and psychotypology : 학습자들이 자신의 모국어와 목표어가 서로 유사하다고(거리가 가깝다고) 느낄 때 모국어의 전이가 많이 나타난다.

⑥ Developmental factors : 학습의 초기 단계에서는 음운 영역에서 모국어의 전이가 많이 나타난다. 하지만 다른 영역에서는 학습자들이 어느 정도의 언어적 수준에 도달할 때 모국어의 언어적 규칙을 전이시키는 경우도 있다.

10.7 연령

연령이 언어습득에 미치는 영향에 대한 연구는 모국어 습득에 관한 연구로부터 시작되었다. 그러다가 Scovel(1969)을 비롯한 제2언어 습득 연구자들이 모국어의 습득 연령에 대한 가설을 제2언어에 확대 적용함으로써 연령이 제2언어 습득에 미치는 영향을 알아내고자 하는 시도가 본격적으로 이루어졌다. 일반적으로는 어른에 비해 어린이가 외국어를 더 성공적으로 배운다고 알려져 있다. 특히, 이민자 가정의 경우 이러한 사실은 더욱 분명해 진다. 이민자 가정의 어린이는 원어민이나 원어민 수준에 근접한 숙달도로 새로운 공동체의 언어를 배우는 반면, 성인의 발화에는 이질적인 요소가 남아 있다는 것을 쉽게 발견할 수 있다. 또한, 새로운 국가로 이주한 학습자의 나이가 어리면 어릴수록 언어습득이 용이하다는 증거들이 많은 연구를 통해서 보고되었다.

이러한 연구 결과를 설명하기 위해 가장 널리 인용되는 것이 결정적 시기 가설(critical period hypothesis)이다. 결정적 시기란 언어를 좀 더 쉽게 습득할 수 있는 시기이며, 생물학적으로 그 시기가 지나면 언어습득이 점차 어려워진다는 것이다. Lenneberg(1967)에 의하면, 반구편중현상(lateralization)이 완성되는 사춘기를 기점으로 하는 결정적 시기 이후의 학습자는 제2언어 혹은 외국어 습득에 있어 생물학적 제약을 받게 된다고 한다. 따라서 사춘기 이후의 청소년과 성인은 언어를 완전하게 배울 수 없을뿐더러 외국어 학습에 있어서도 모국어 습득과 같은 자동적인 습득이 어렵고 특히 외국인 엑센트(foreign accent)가 불가피하다고 보았다.

그러나 Lenneberg의 결정적 시기 가설은 다음의 여러 가지 관점에서 비판을 받고 있다. 먼저 Krashen(1973)은 반구편중현상이 사춘기 경에 종료되는 것이 아니라 그보다 훨씬 앞선 만 5세 경에 종료되는 것이며 5세 이후에도 언어 습득이 가능하다는 연구를 통해 반구편중 시기와 언어 습득 간에는 관련성이 없음을 주장하였다. 또한, 결정적 시기가 종료되면 언어습득 능력이 동시에 갑자기 떨어진다는 주장을 반박하는 의견들도 있다. Johnson과 Newport(1989)는 언어를 습득하는 능력은 갑자기 떨어지는 것이 아니라 점진적으로 떨어지는 현상이라고 주장하였다. 그리고 결정적 시기가 종료되기 전에 언어를 습득할 경우 일정한 발달 단계를 경험한다는 생물학적 일정표에 대한 주장은 언어습득에서 개인차를 무시한 것이라는 지적을 받고 있기도 하다. 또한, 논리적으로 볼 때 결정적 시기가 종료된 후 언어를 습득하면 일정한 발달 과정이 나타나지 않아야 하지만 그 시기가 종료된 후에도 일정한 언어 발달 순서가 나타나는 경우가 있다(Krashen, 1981; Schumann, 1976).

그러나 우리가 흔히 어린이와 성인의 언어학습 능력을 비교함에 있어 간과하기 쉬운 한 가지 문제점이 있다. 그것은 어린이가 성인에 비해 더 많은 시간과 주의, 의사소통적 필요와 언어 사용 기회 등 더 나은 학습조건을 가지고 있다는 점이다. 따라서 어린이와 성인의 언어학습 효과를 공정하게 비교하기 위해서는 성인도 어린이와 유사한 학습 기회가 주어진 상황에서 연구가 이루어질 필요가 있다. Fathman(1975)은 청소년기의 영어 학습자와 어린이를 똑같이 자연적인 언어 환경에 노출시킨 결과 청소년기의 영어 학습자에게서 발음을 제외한 문법 분야에서 더 빠른 습득 현상을 볼 수 있었다고 보고하였다. 자연적인 상황이 아닌 교실학습 상황을 대상으로 한 Burstall 외(1974)의 연구에서도 동등한 학습 기회가 주어진 경우 나이가 많을수록 외국어 학습의 효과가 높아짐을 알 수 있었다. 단, 어린이는 발음 기술을 습득하는 데만 우위를 점하였을 뿐이었다.

위에서 살펴본 바와 같이 나이가 들수록 언어학습의 효율성이 증가한다면 이민자 가정의 아이가 그들의 부모보다 더 빨리 새로운 언어를 배우는 현상을 어떻게 설명할 수 있을까? 그 원인은 본 장에서 논의된 다른 요인들의 관점에서 설명될 수 있을 것이다. 먼저, 학습 동기 및 태도와 관련하여 볼 때 어린이는 성인에 비해 타 언어 공동체에 대해 덜 부정적인 태도를 견지하는 것으로 보인다. 둘째, 학습 기회의 측면에서 어린이는 성인에 비해 더 긴 시간동안 언어에 노출되고, 원어민 화자로부터 더 집중적인 관심을 받으며, 언어처리와 이해가 더 쉬운 단순화된 언어입력에 노출되는 등 더 우호적인 학습 조건을 가지는 것으로 보인다. 마지막으로 학습능력과 관련지어볼 때, 어린이는 의사소통을 위한 상호작용을 하는 과정을 통해 목표어에 대한 지식을 무의식적으로 사용하는 습득(acquisition)에 의존하는 반면, 성인은 의식적인 학습(learning)에 지나치게 의존하기 때문이기도 하다. 즉, 목표어에 대한 지식을 근거로 이를 의식적으로 사용하면서 언어를 분석하고자 하는 성인의 경향이 오히려 새로운 언어규칙을 내재화시키는 내적 언어습득 기제의 작동을 방해하는 것으로 보인다. 따라서 효과적인 외국어의 학습과 연령 간에는 여러 요인이 개입되어 있다는 사실을 주지하여 이러한 요인들의 상호 복합적인 관계를 파악할 필요가 있다.

10.8 학습전략

학습에 있어서 개인 간의 차이는 학습전략의 사용 여부 및 사용하는 학습전략의 종류에 따라 달라지기도 한다. 여기서는 먼저 학습전략이 무엇인지를 살펴보고 여러 학자들이 제시한 전략의 종류에 대해 알아본다. 또한, 여러 가지 학습전략 중 성공적인 언어학습과 관련된 학습전략에는 어떤 것이 있는지를 살펴본 뒤 마지막으로 학습전략을 훈련시키는 것이 가능한 것인지를 알아봄으로써 성공적인 언어학습에 도움이 되는 방향을 모색해 보고자 한다.

첫째, 학습전략이란 언어의 입력과 출력 시 부딪히는 문제들에 대해 취하는 일련의 행동 양식을 가리킨다. 외국어 학습에서의 전략은 크게 학습전략(learning strategy)과 의사소통전략(communication strategy)으로 나뉠 수 있다. 학습전략이 언어입력(input)과 관련된 처리, 저장, 기억 등에 관한 것이라면, 의사소통전략은 언어의 출력(output)과 관련하여 발화 및 의미전달과 관련된 것이다. 언어학습과 관련된 학습전략에 대한 정의는 학자에 따라 다양하다. O'Malley와 Chamot(1990)는 학습전략을 개인이 새로운 정보를 이해하고, 배우고, 간직하는 것을 도와주기 위해 사용하는 특별한 생각 또는 행동이라고 정의하였다. 또한, Oxford(1990)는 학습전략이란 학습을 더 쉽고, 더 빠르고, 더 즐거우며, 더 자기 지식적이고, 그리고 새로운 상황에 더 진입할 수 있도록 학습자가 취하는 특별한 행동이라고 하였다. 학습전략은 학습자가 자신의 언어 기능을 발달시키기 위해 취하는 조치나 행동으로 학습자 스스로 학습 목표를 세우고 학습을 계획, 평가하여 자율적인 학습자로 만드는 데 공헌하기 때문에 학습자 중심의 교육을 중요시하는 요즘에 더욱 관심이 집중되는 분야이다.

둘째, 학습전략에 대해 가장 포괄적이고 체계적인 연구로 O'Malley와 Chamot(1990), 그리고 Oxford(1990)를 들 수 있다. 이들은 학습전략과 관련된 용어의 정의와 강조점에 있어서 차이가 있기는 하지만 내용 면에서는 서로 비슷한 학습전략을 제시하고 있다. 먼저, O'Malley와 Cahmot는 학습전략을 인지 전략(cognitive strategies), 초인지 전략(metacognitive strategies) 및 사회 · 정의적 전략(socio-affective strategies)의 3가지 범주로 구분하였다. 먼저, 인지 전략은 들어오는 정보에 대해 직접적으로 작용하여 학습 능률을 향상시킬 수 있도록 정보를 조작하는 기술이다. 초인지 전략은 학습을 계획, 감시, 평가하는 것을 포함하는 고차원적인 전략이다. 사회 · 정의적 전략은 사회적인 중재 활동 및 타인과의 상호작용, 감정의 효과적인 통제를 행사는 전략이다. 이 분류는 인지적 전략에 중점을 두며 사회 · 정의적 전략을 소홀히 다루고 있는 반면에, Oxford는 학습자가 인지적, 사회적, 정서적 그리고 신체적 수단을 모두 활용하는 하나의 전체적인 인간이라는 이론에 근거를 두어 구체적인 언어 기능과 관련된 전략들을 거의 포함하는 체계를 만들어 냈다. Oxford는 학습전략을 크게 목표어와 직접 관련이 있고 학습에도 직접적으로 영향을 미치는 직접 전략(direct strategies)과 목표어와 직접적인 관련은 없으나 효율적인 언어학습에 있어서 필수적인 간접 전략(indirect strategies)으로 나누었다. 그리고 각각의 전략을 다음과 같이 하위 항목으로 세분화하였다.

<그림 10-1> 학습전략의 유형

셋째, 성공적인 외국어 학습과 관련된 전략에는 무엇이 있는지를 알아보기 위해 Naiman 외(1978)는 '성공적인 외국어 학습자 연구(good language learner studies)'에서 교실 학습자에 대한 관찰과 인터뷰를 통해 어떤 전략이 외국어 학습에 효과적인지를 조사했다. 연구 결과에 의하면, 성공적인 언어 학습자는 그렇지 않은 학습자에 비해서 다양한 전략을 많이 사용하고 있었다. 이들이 주로 사용한 학습전략으로는 언어 형태에 대한 주의집중(attention to form), 의미에 대한 주의집중(attention to meaning), 언어학습에서의 적극적 참여(active involvement in language learning), 학습 과정에 대한 인식(awareness of learning process) 등을 들 수 있다. 그러나 교실 학습자뿐만 아니라 자연적 노출을 통해 외국어를 배우는 학습자들에게도 성공적인 학습전략은 존재한다.

마지막으로 학습전략과 관련하여 주의를 끈 분야는 학습전략의 훈련이다. 학습전략 연구의 목적 중 하나가 성공적인 외국어 학습자가 사용하는 전략을 비성공적인 학습자에게도 가르쳐 그 능력을 향상시키는 것이라고 볼 때 이 분야의 연구는 매우 중요한 의미를 갖는다. 대부분의 연구에서 학습전략의 훈련이 유의미한 효과를 갖는다는 결론을 내렸지만 아무런 효과도 거두지 못한 연구 결과도 보고되고 있다. Oxford 등(1990)은 학습전략 훈련이 성공적이지 못했던 연구를 검토한 후에 그 원인으로 추정할만한 몇 가지 방법론적 문제점을 발견하였다. 즉, 전략 훈련 기간이 너무 짧다거나, 훈련 과제가 학습자의 수준에 비추어 너무 쉽거나 어려웠고, 전략 훈련 전에 학습자의 현재 전략 사용 양상과 요구를 제대로 분석하지 못했다는 점을 발견하였다. 따라서 전략 훈련과 관련해서 어떤 전략을 가르칠 것인지, 개인마다 선호하는 전략을 어떻게 고려할 것인지, 학습자의 숙달도 수준에 따라 어떻게 전략 훈련을 달리할 것인지 등에 대한 추가적인 연구가 필요하다.

본 장에서는 학습자 간의 개인차를 설명할 수 있는 변인들, 즉 어떤 학습자가 다른 학습자보다 외국어 학습에서 더 성공적인 이유를 설명하는데 도움이 되는 몇 가지 요인들을 살펴보았다. 학습자 개인차의 원인을 규명하고자 할 때 학자에 따라 여러 가지 기준과 분류가 사용되고 있다. 그러나 서로 다른 분류에서 공통되는 것은 학습자의 내적 요인과 학습자를 둘러싼 외적 요인 모두를 고려하고 있다는 점, 따라서 내적 요인과 외적 요인은 서로 상호작용을 거쳐 학습자의 외국어 학습 과정에 영향을 미치고 있다는 사실을 인정할 필요가 있다. 학습의 주체로서 학습자의 중요성을 인정하고 또한 많은 관심을 가지고 있지만 현재까지 학습자의 개인차를 설명하는 요인들에 관한 연구는 확실한 결론을 얻고 있지는 못하다. 따라서 향후 학습자의 내·외적 요인들에 대한 추가적인 연구가 이루어질 필요가 있다.

11

언어의 실제적 사용과 사회적 요인들

11

언어의 실제적 사용과 사회적 요인들

우리가 외국어를 학습하는 가장 큰 목적은 사회적 맥락에서 그 사회의 구성원들과 의사소통을 하는데 있다. 따라서 실제 사회적 맥락에서 언어가 사용될 때 사회적 특성은 언어 사용에 영향을 미칠 수밖에 없다. 이러한 맥락에서 요즘의 외국어 교육은 목표 외국어에 대한 문법적 지식을 습득하는 것도 중요하지만 언어를 실제적 상황에서 적절하게 사용할 수 있는 의사소통능력의 배양을 강조한다. 또한, 실제 의사소통 상황에서 학습자들이 소통상의 어려움에 봉착하게 되었을 때 이를 위해서 학습자들이 사용하는 의사소통전략에 대한 관심도 높아지고 있다. 본 장에서는 사회적인 요인들이 언어의 실제적 사용에 어떻게 연관되어 있고, 또한 어떻게 영향을 미치고 있는지에 대해서 살펴보고자 한다.

11.1 언어의 실제적 사용에서 나타나는 학습자 발화의 변이성

Chomsky를 비롯한 생성문법 언어학자들은 동질적인 언어 공동체 사회의 이상적인 화자 및 청자가 자신의 모국에 대해서 갖고 있는 언어능력을 연구의 주된 대상으로 삼았다. 따라서 이들이 관심을 둔 것은 실제적인 발화(언어수행)가 아니라 내재화된 완벽한 언어규칙 체계(언어능력)였다. 즉, 자연적 상황에서 일어날 수 있는 방언에 따른 변이나 사회적 조건에 따른 변이, 그리고 언어 사용자의 심리적 작용에 따른 변이 등 모든 변이의 요소를 배제한 상태에서 표준적인 언어 규칙체계를 연구의 대상으로 삼았다. 그러나 많은 학자들은 학습자 언어에 존재하는 언어능력상의 체계적인 측면과 함께 언어수행 상의 변이적 특성을 찾아내는데 많을 관심을 보였다. 본 장에서는 학습자 발화의 변이성은 무엇을 가리키는지, 실제 발화에서 어떤 종류의 변이형이 나타나는지, 또한 변이형에도 어떤 규칙, 즉 체계성이 존재하는지에 대해서 알아보고자 한다.

앞서 우리는 외국어 학습자 역시 모국어 학습자들이 그러하듯이 유사한 경로를 거쳐 목표어를 습득하고 있음을 살펴보았다. 이러한 사실은 문법적 형태소 습득 순서, 목표어의 정확한 형태에 도달하기 전까지 학습자가 거쳐 가는 의문문이나 부정문, 관계절의 유사한 발달 단계에서 찾아볼 수 있었다. 또한, 학습자의 언어 사용에서 나타나는 오류는 창의적인 언어습득 과정에서 필연적으로 나타나는 산물임을 알 수 있었다. 이와 같이 모국어 배경이 다르고 또한 상이한 환경에서 언어를 학습하는 학습자들의 발화에서 공통적인 오류 유형이 발견되었다는 점은 내재적인 '언어 습득 메카니즘'에 의해 언어학습이 진행되고 있음을 보여주는 증거라 할 수 있다. 학습자 언어를 대상으로 한 연구들은 학습자의 창의적인 언어능력에서 비롯된 이런 '체계성(systematicity)'을 중요시하고 있다.

그러나 학습자는 그들의 언어수행에 있어서 항상 이러한 일관성을 보이지 않는다. 특정한 규칙을 숙달한 것처럼 보이던 학습자가 비슷한 시기의 다른 수행에서는 규칙을 잘못 적용하기도 하고, 혹은 특정 규칙을 모르는 것처럼 여겨지던 학습자가 때로는 올바른 수행을 보이기도 하는 것이다. 예를 들어, 문법을 평가하는 시험에서 3인칭 단수 동사형을 정확히 구사했던 학습자가 일상적인 회화 시험에서는 그렇지 않은 행동을 보여주는 것과 같은 경우이다. 언어 학습자가 보여주는 언어에는 이러한 특성이 반드시 나타나기 마련이다. Ellis(1994)는 이를 학습자 언어의 천부적인 변이성(variability)이라 칭하였는데, 이는 점진적이고 안정적으로 목표어 체계를 향해 발달해 가는 학습자 언어의 체계성과는 다르다고 하였다.

11.1.1 학습자 발화의 문체적 연속성

모든 화자는 언어가 사용되는 상황적인 맥락에 따라 의미를 표현하는 방식과 그 형태를 달리하여 사용한다. 학자들은 학습자 언어 역시 이와 같은 사회적인 측면을 고려하여 관찰할 필요가 있음을 주장하고 있다. 그 중 Labov(1970)는 화자의 언어는 사회적 상황(social context)에 따라 다양한 문체로 구분될 수 있다고 하면서, 학습자 언어에서 발견되는 변이 현상을 '맥락 변이(contextual variability)'와 '자유 변이(free variation)'로 구분하여 설명하였다. 그런데 실험적인 상황에서는 실제 상황에서 쓰이는 자연스런 발화를 얻을 수 없다는 문제점을 지적하면서 언어 연구의 한계와 모순을 지적하기도 하였다.

한편, Tarone(1983)은 상황 맥락에 따른 학습자 언어의 변이는 연속적인 문체의 이동 또는 변이(style shifting)라고 지적하면서, 다음과 같은 '학습자 언어의 연속체 모형(interlanguage continuum)'을 제시하였다.

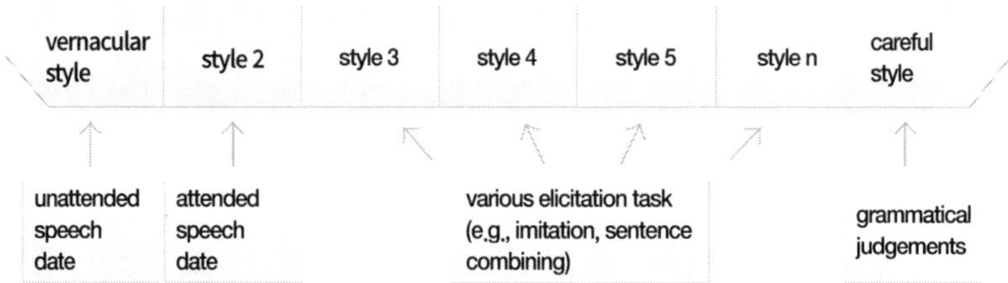

<그림 11-1> 학습자 언어의 연속체 모형

연속되는 문체의 한 끝에 위치한 '일상 회화체(vernacular style)'는 학습자가 언어에 주의를 기울이지 않는 상황에서 파생되는 발화로서 가장 자연스러운 학습자 언어에 해당된다. 그리고 또 다른 끝에 위치한 '주의를 기울인 문체(careful style)'는 학습자가 문법적 형태에 가장 의식적인 노력을 기울이는 상황에서 생성되는 발화이다. Tarone의 견해를 요약하면, 언어수행에 따라 서로 다른 주의집중이 요구되고, 그리고 서로 다른 주의집중의 정도에 따라 문체의 변화를 수반한다는 것이다. 그러나 주의를 기울인 문체 내에서도 언어수행 상황이나 활동에 따라 주의를 기울이는 정도에서 차이가 있을 수 있다.

한편, Joos(1967)는 형식성(formality) 기준에 따라 문체를 5가지로 분류하였는데, 주제, 청중, 그리고 상황에 따라 적절한 문체를 사용할 필요가 있다고 하였다.

① 연설조(oratorical)/동결된(frozen) 문체 : 많은 사람의 청중 앞에서 그리고 공공의 장소에서 말할 때 사용된다. 어휘는 신중하게 사전에 선택되며 음조는 다소 과장되며 수사적 표현이 많이 사용된다.
② 신중한(deliberate)/형식적(formal) 문체 : 대학 강의에 해당되며, 많은 청중 앞에서 말할 때 사용된다. 그러나 연설조 문체만큼 세련되어 있지 않다.
③ 상담조(consultative) 문체 : 어휘는 조심스럽게 선택되어 사용된다. 비교적 격식은 갖추어져 있지만 전형적인 대화에서 사용된다. 사업에

대한 조언이나 환자에 대한 의사의 조언 등은 상담조로 이루어진다.

④ 일상적(casual) 문체 : 친구 간, 동료 간, 가족 구성원 간에 사용되는데 사회적 장벽이 거의 없으며 어휘를 선택하는데 조심할 필요가 거의 없다.

⑤ 친밀한(intimate) 문체 : 연인 간의 대화나 가족 구성원 간의 대화로 자신 내부의 감정을 노출시킬 수 있는 등의 사회적 억압이 전혀 없는 문체이다.

Ellis(1994)는 사회학적인 견해를 학습자 언어에 적용하고자 하는 의도에서 자연적인 언어의 사용에서 발견되는 변이의 유형을 〈그림 11-2〉와 같이 구분하였다. Ellis는 학습자 언어의 변이 유형을 먼저 수평적, 공시적 변이(horizontal, synchronic variation)와 수직적, 통시적 변이(vertical, diachronic variation)로 구분하였다. 수평적 변이는 주어진 어느 한 시점에서 학습자 언어에 나타나는 변이 현상을 가리키는 것이고, 수직적 변이는 일정 기간에 걸친 변이를 가리키는 것이므로 앞서 살펴본 발달적 유형과도 유사한 개념이라 할 수 있다. 이 가운데 수직적, 공시적 변이는 다시 학습자 내 변이(intra-learner variation)와 학습자 간 변이(inter-learner variation)로 구분된다. 그리고 학습자 내 변이는 다시 체계적인 변이(systematic variation)와 비체계적인 변이(non-systematic, free variation)로 구분된다. 이 중 체계적 변이를 설명하기 위해 언어적 맥락(linguistic context), 상황적 맥락(situational context), 심리 · 언어학적 맥락(psycholinguistic context) 등의 세 가지 맥락이 고려된다.

<그림 11-2> 학습자 언어에서 언어 변이의 유형

1) 자유 변이와 체계적인 변이

변이에는 비체계적인 변이인 자유 변이뿐만 아니라 체계적인 변이가 모두 존재한다. 그러나 일부 학자들은 자유 변이는 실제로 존재하지 않으며 설사 존재한다 하더라도 매우 짧은 기간 동안에만 나타나기 때문에 주요 관심의 대상이 될 수 없다고 주장하였다. 그러나 여기서는 자유 변이 역시 언어발달의 중요한 기제를 구성하는 것으로 보고 논의의 대상으로 삼는다.

앞서 우리는 학습자의 발화에서 보여지는 변이형이 예외적인 사항이 아니라 보편적인 현상임을 알 수 있었다. 또한, 체계성이 전혀 없을 것처럼 보이는 학습자 발화의 변이형에도 대부분의 경우 나름의 규칙이 있음을 알 수 있었다. 즉, 언어적 문맥, 상황적 문맥, 심리 · 언어학적 문맥이라는 측면들을 고려하면 변이형 속에서도 체계성을 찾을 수 있었다. 이로 인해 학습자가 언제 A라는 형태를 사용하고 언제 B라는 또 다른 형태를 사용할지를 미리 예측할 수도 있다.

변이형 속에 보여지는 체계성과 관련하여, Tarone(1981, 1983)은 외국어 학습자가 목표어로 의사를 전달할 때 그들의 언어 표현에 변이성이 존재한다고 하였다. 그러나 이들의 변이성은 체계적인 규칙 내에서 발생하는 변이성이므로 이를 '체계적인 변이성(systematic variability)'으로 부를 것을 제안하였다. Ellis(1994) 역시 변이형들이 체계적이라는 점을 들어 '변이형의 체계성(systematicity of variability)'이라는 용어를 제시하였다. 따라서 언어습득에 대한 정확한 정보를 얻기 위해서는 학습자 언어의 체계성뿐만 아니라 체계적인 변이성까지도 연구할 필요가 있다(이기명, 2002). 즉, 변이형에 대한 연구는 중간언어 발달의 모습 및 학습의 과정을 파악할 수 있는 자료를 제공한다는 점에서 의의가 있다.

자유 변이란 두 개 이상의 언어적 형태가 불규칙하게 사용되는 것이다. 예를 들어, 부정문을 만들 때 'no+V' 형태와 'don't+V' 형태가 동시에 불규칙적으로 사용되는 것이다. 자유 변이는 언어발달의 초기 단계, 즉 '습득 단계(acquisition phase)'에서 나타났다가 '교체단계(replacement phase)'로 넘어가면서 학습자가 좀 더 발달된 외국어 규칙체계를 형성하게 되면 사라진다고 보았다(Gatbonton, 1978). 새로운 자질이 처음 습득되면 자유 변이를 경험하다가 이러한 변이는 점차 체계적으로 변해 간다고 볼 수 있다.

2) 언어적 맥락, 상황적 맥락, 심리 · 언어학적 맥락과 변이

학습자가 보여주는 변이형이 체계적임을 입증할 수 있는 3가지 맥락, 즉 언어적 맥락, 상황적 맥락, 심리 · 언어학적 맥락에서의 변이형을 구체적으로 살펴보고자 한다.

첫째, 언어적 맥락이 변이를 만들기도 한다. 예를 들어, 단문에서는 동사의 3인칭 형태 '-s'를 정확하게 발화하는 학습자가 종속절 내에서는 부정확하게 사용하는 현상이 나타나는 것이다(Ellis, 1985).

Mr. Smith *lives* in Gloucester.

Mr. Smith who *live* in Gloucester married my sister.

또 다른 예로, Lonna와 Dickerson(1978)은 영어를 배우는 일본인 학습자를 대상으로 /z/의 발음을 조사하였다. 일본인 학습자는 /z/가 모음 뒤에 따라올 때는 원어민 발음에 가깝게 /z/를 발음한 반면, 자음 뒤에서는 정확하게 발음하지 못함을 발견할 수 있었다.

둘째, 학습자들이 어떤 언어의 형태를 사용하기로 선택할 때는 언어적 맥락뿐만 아니라 상황적 맥락에 의해서도 영향을 받는다. Lonna와 Dickerson(1978)의 연구에서 학습자들은 단어 목록을 읽는 상황에서는 /z/를 목표어 규범에 근접하게 발음한 반면, 자유 대화(free speaking)에서는 규범에서 많이 벗어난 발음을 사용하였다. 이는 학습자들이 자유 대화에서는 내용(의미 전달)에 관심을 더 기울이게 되어 상대적으로 형태에는 관심을 덜 기울인 결과로 해석된다. 앞서 Krashen(1982)은 발화를 전후하여 학습자가 언어 형태를 계획하고 수정하는 의식적인 과정을 '감시장치(monitor)'라는 용어를 사용하였다. Krashen이 말한 감시장치 사용의 관점에서 볼 때 학습자는 형식을 갖춘 상황에서는 감시장치를 더 많이 사용하여 목표어에 맞는 발화(target-language variant)를 더 많이 사용하는 경향이 있고, 비격식적인 상황에서는 감시장치를 적게 사용하여 목표어의 규범에서 벗어난 발화(interlanguage variant)를 더 많이 사용하는 경향이 있는 것으로 해석된다. 즉, 상황적 맥락에 따른 변이는 학습자가 사용하는 감시장치의 양에 의해서 설명될 수 있다. 앞서 살펴본 바와 같이, Tarone(1983)은 상황적 문맥에 따른 언어의 변이를 연속적인 문체의 변이로 표현하고 학습자가 기울이는 감시장치의 양을 주의(attention)의 정도로 표시했다. 한편, Ellis(1985)는 언어적 맥락과 상황적 맥락이 서로 상호작용하여 학습자 언어의 변이가 나타난다고 보고 다음과 같은 언어의 변이 모형을 제시하였다.

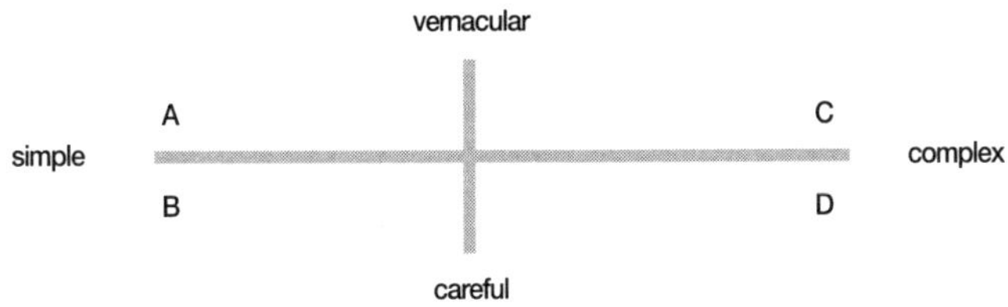

<그림 11-3> 중간언어의 변이 모형

B처럼 언어적 맥락이 단순하지만 주의를 요하는 상황 맥락인 경우 가장 정확도가 높은 언어 형태가 만들어지고, 반대로 C처럼 언어적 맥락은 복잡하면서 일상적인 대화 상황이라면 언어 형태의 정확도가 가장 낮게 나타난다.

셋째, 언어 변이는 심리 · 언어학적 맥락을 참고하여 설명될 수 있다. 의식적인 주의집중뿐만 아니라 외국어 학습자가 발화를 '계획하는 시간(planning time)'의 유무와 그 양에 따라서도 변이 현상이 초래되는 것이다. Beebe(1983)와 Tarone(1983)은 문법 테스트와 같이 학습자가 문법적인 형태에 온통 주의를 기울이는 경우 작문이나 대화와 같이 상대적으로 언어 형태에 대한 주의가 적게 사용되는 경우에 따라서 변이가 나타난다고 하였다. 또한, Ochs(1979)는 학습자의 발화를 사전에 계획된 담화(planned discourse)와 그렇지 않은 담화(unplanned discourse)로 구분하였다. 물론 이 때 두 종류의 담화에서 발견되는 변이성도 앞서 Tarone의 경우처럼 양분되는 것이 아닌 연속적인 성격을 띤다. 공적인 장소에서의 연설과 같이 계획성을 가진 발화에는 목표어에 가까운 변이가 나타날 것이고, 개인적인 대화와 같이 계획하는 시간이 짧은 발화는 목표어에서 벗어난 변이가 나타나는 경우가 많다.

11.1.2 외국어 학습과 사회적 동일성 문제

Peirce(1995)은 성공적인 외국어 학습을 설명하기 위해서 학습자는 '사회적 동일성(social identity)'과 '투자(investment)' 라는 개념을 제시하였다. Peirce에 의하면, 학습자는 단순히 언어입력을 처리하는 수동적 존재가 아니라, 자신의 생각을 적극적으로 표현하는 투쟁자이면서, 동시에 성공적인 외국어 학습을 위해서 노력과 투자를 하는 적극적인 주체자이다. 이런 맥락에서 Peirce는 학습자를 투자자(investor)로 묘사하면서, 성공적인 외국어 학습을 위해서 학습자 스스로 노력하고 투자할 필요가 있다고 하였다. 따라서 학습자들은 자신의 노력이 다양한 사회적 맥락에서 성공할 가능성이 있다고 믿을 때 노력과 투자를 보다 적극적으로 하게 된다. 그런데 이러한 노력과 투자는 학습자가 느끼는 사회적 동일성에 의해서 결정된다. 사회적 동일성은 외국어 학습자가 목표어가 의사소통 도구로 사용되는 사회적 구조 내에 존재하는 힘(권력)의 존재를 얼마나 잘 인식하고 있으며, 그러한 맥락 속에서 자신의 주장을 얼마나 잘 표현함으로써 대화의 주체가 될 수 있는가를 의미한다. Peirce는 학습자들이 대화의 주체가 될 때 성공적으로 외국어를 잘 학습할 수 있다고 주장하였다. 즉, 학습자들이 사회적 동일성을 강하게 느낄 때 성공적인 외국어 학습을 위해서 더 많은 노력과 투자를 하게 된다.

다음 대화의 예는 사회적 동일성이 성공적인 외국어 학습에 어떻게 영향을 미칠 수 있는지를 보여준다(박경자, 이희경, 2002, pp. 286-289).

A: The girl which is working with me pointed at the man and said

B: Do you see him? – I said.

Yes, why?

A: Don't you know him?

B: No, I don't know him.

A: How come you don't know him? Don't you watch TV?

That's Bart Simpson.

B: (It made me feel so bad and I didn't answer her nothing.)

위 대화에서 우리는 몇 가지를 유추해 낼 수 있다.

① 위 대화의 내용은 Bart Simpson에 관한 것이다.
② Bart Simpson은 TV에 나오는 인물이다.
③ Eva는 Bart Simpson이 누구인지 모른다.
④ Eva는 적극적으로 대화에 참여할 수 없어서 대화의 주체가 될 수 없다.
⑤ Eva는 위 대화에서 '이방인'이라는 굴욕감을 느낀다.
⑥ Eva는 자신이 TV를 보지 않아서 Bart Simpson이 누구인지 모른다고 이야기함으로써 대화가 계속되도록 그리고 대화의 주체가 되도록 할 수 있었다. 그러나 Eva는 스스로 그러한 사회적 동일성을 주장하지 않았다.

위 대화에서 Eva는 분명 대화를 지속할 수 없었던 것에 대해서 심리적으로 부정적인 느낌을 갖은 것은 분명해 보인다. 만약 Eva가 좀 더 적극적으로 자신의 주장을 표현하고 대화의 주체가 되었더라면, 즉 좀 더 사회적 동일성을 주장할 수 있었더라면 이러한 점은 그녀의 언어학습에 긍정적인 영향을 미쳤을 것으로 사료된다.

11.2 의사소통전략(Communication Strategy)

학습자가 실제 언어를 사용하는 과정 중에서 자신의 부족한 지식 등의 이유로 의사소통 상황을 지속하기 어려운 상황에 직면할 수 있다. 이러한 상황에서 학습자가 자신의 불완전한 언어 지식을 보충하면서 효과적으로 의사소통하기 위해 의사소통전략을 사용한다. 의사소통전략의 의미는 의사소통 상황에서 학습자가 사용하는 일반적인 소통 전략을 의미하지 않는다는 점을 기억할 필요가 있다. 의사소통전략은 소통상의 어려움을 극복하여 지속적이고 성공적인 의사소통을 위해서 학습자가 의식적으로 사용하는 전략을 의미한다. 본 장에서는 먼저 의사소통전략이 구체적으로 무엇을 말하는 것인지를 알아보고, 의사소통전략에는 어떤 것들이 있는지에 관한 여러 학자의 연구를 소개하며, 그리고 의사소통전략의 사용과 관련하여 아직 해결되지 않은 문제들에 대해서 살펴보고자 한다.

11.2.1 의사소통전략의 정의

의사소통전략(communication strategy)이라는 용어를 처음으로 언급한 사람은 Selinker(1972)이다. 그는 중간언어(interlanguage)에 관한 연구에서 제2언어 학습자들이 사용하는 의사소통전략을 성공적인 제2언어 학습과 관련된 중심적인 절차 중의 한 가지로 언급하였다. 1970년대 초의 언어학자들은 화자가 자신의 의사소통 의도를 충분히 전달할 수 있을 만한 언어적 자원(linguistic resources)을 가지고 있지 않기 때문에 발생하는 많은 언어적 현상들에 대해 주목하였다. 이런 현상들 속에서 의사소통의 어려움을 해결하기 위해서 학습자들이 어떤 수단들을 사용하는지를 알아보는 과정 중에서 자연스럽게 의사소통전략의 개념에 대한 연구가 시작되었다.

Tarone(1980)은 의사소통전략은 화자가 자신이 가지고 있는 현재의 언어적 자원을 활용하여 개인의 생각을 표현하는데 어려움을 겪게 될 때 이 위기를 극복하기 위해서 화자가 인위적으로 사용하는 전략이 바로 '의사소통전략'이라고 정의하였다. 의사소통전략에 대한 연구는 1980년대 초에 이르러 활발하게 전개되었다. Canale과 Swain(1980)은 의사소통능력(communicative competence)을 연구하면서 전략적 능력(strategic competence)을 한 요소로 부각시켰으며, Færch와 Kasper(1983)는 의사소통전략을 의사소통의 목표를 달성하는데 생기는 문제점을 해결하기 위한 의식적인 계획이라고 정의함으로써 외국어를 발화할 때 계획 단계에서 발생할 문제를 사전에 다루는 인위적인 노력으로 정의하였다.

위 학자들의 여러 견해에서 보았듯이, 의사소통전략은 의미 교섭(negotiation of meaning)을 위한 목적보다는 의사소통상의 오류를 피하고 소통 중에 발생하는 문제점을 해결하는데 그 목적이 있다. 만약 학습자가 그런 문제를 미리 예상할 수 있다면 그는 의사소통을 피하거나 말하고자 하는 내용을 수정함으로써 소통상의 문제를 미리 막을 수 있을 것이다. 혹은 학습자가 이미 대화에 참여하고 있는 동안에 문제가 일어난다면 학습자는 의사소통을 계속하기 위한 대체적인 방법을 강구하게 된다. 이 두 가지 상황 모두에서 학습자는 자신이 알고 있는 언어적 지식과 의사소통적 지식을 활용하여 상황을 처리하게 되는데, 이때 학습자가 사용하는 방법이 의사소통전략이라 할 수 있다.

따라서 학습자의 기저 언어체계에서 나온 즉각적인 출력 발화(output)와 의사소통전략을 사용하여 생성된 발화는 서로 구분이 된다. 의사소통전략 연구에서 일관되게 언급되는 의사소통전략이 갖는 주요 특징으로 3가지가 주로 언급 되는데, 문제 지향성(problem-orientedness), 고도의 의식성(consciousness) 및 비규칙성(irregularity)이다. 의사소통 의도와 언어적 자원 간의 부조화라는 문제가 발생할 때 사용되는 것이 의사소통전략이기 때문에 의사소통전략은 본질적으로 문제 지향적이다. 또한, 의사소통전략은 특정한 목적을 달성하기 위해 학습자가 의식적으로 사용하는 수단이기 때문에 학습자는 자신이 이러한 전략을 사용하고 있다는 것을 고도로 의식한다. 그리고 의사소통전략은 의사소통 상황의 문제를 임시방편으로 해결하기 위한 수단이므로 덜 규칙적으로 나타난다. 이는 때에 따라서 표준 언어 형식에서 벗어나는 경우가 많아서 오류 형태로 나타나는 경우가 많다. 그러나 학습자의 기저 문법체계에서 비롯된 즉각적인 출력 발화와 의사소통전략을 이용한 발화를 명확히 구분하기란 어렵다. 왜냐하면, 두 가지 모두 의사소통 문제에 대한 반응으로 나타나며 학습자가 가지는 인식도 그 정도가 다양하기 때문이다.

11.2.2 의사소통전략의 분류

11.2.2.1 회피 전략(Avoidance Strategy)

의사소통을 계속하기에 어려운 상황에서 벗어나기 위해 학습자 자신이 의도적으로 진행되고 있는 대화를 부분적으로 또는 전체적으로 회피하는 전략이다. 그러나 회피 전략의 궁극적 목적은 의사소통을 지속시키는데 있다.

① 화제 회피(topic avoidance): 의사소통을 하는데 어려움이 따를 것이라 예상되는 목표어의 특정 주제, 어휘 항목이나 문법 표현에 대해 그저 말을 하지 않으려고 하는 경우이다.
② 메시지 포기(message abandonment): 특정 개념에 대해 이야기를 하다가 의사전달이 너무 어려워 자신이 없을 경우 중간에서 대화를 포기해 버리는 경우이다.

11.2.2.2 보상전략(Compensatory Strategy)

1) 바꾸어 말하기(Paraphrase)

학습자가 전달하고자 하는 내용에 적합한 단어나 표현이 생각나지 않을 때 현재 학습자 자신이 가지고 있는 언어지식 내에서 다른 가능한 표현으로 바꾸어 전달하는 경우를 의미한다. 이를 위해 다음과 같은 세부 전략들이 있다.

① 근사어 사용(approximation) : silkworm을 worm으로 waterpipe를 pipe로 바꾸어 표현하는 것과 같이 부분적인 의미전달을 위해 학습자가 알고 있는 다른 어휘 항목이나 문장 구조를 선택하여 사용하는 경우이다. 그러나 근사 표현은 발화가 이루어진 문맥을 통해 화자가 의도한 의미로 적절하게 해석될 수 있다. 예를 들어, 'sailboat'라는 단어 대신 'ship'이라는 단어를 사용한 경우라도 대화의 주제가 요트 타는 방법이었다면 청자는 'ship'을 'sailboat'의 의미로 받아들일 수

있는 것이다. 그러나 이런 의사소통전략의 사용에는 오해를 불러일으킬 수 있는 위험적 요소가 내포되어 있다.

② 조어(word coinage) : 청자가 이해하기 쉽고 자신이 의도하고자 하는 개념을 전달하기 위해 신조어를 만드는 경우이다. 예를 들어, balloon을 air ball, 그리고 'bedside table'이란 단어를 모르는 독일인 영어 학습자가 이에 해당되는 독일어 단어인 'Nighttisch'를 영어로 그대로 번역하여 'night-table'이라는 신조어를 만들어 낸다. 그러나 학습자는 자신의 모국어로부터의 영향을 배제하고 목표어 자료만을 가지고 신조어를 만들어 내기도 한다. 예를 들어, 영어 학습자가 'bucket'를 표현하기 위해 'water-holder' 라는 단어를 만들어내는 경우이다. 이러한 전략을 통해 만들어진 단어는 만약 목표어가 단어 형성과 관련해 생산적인 규칙(productive rule)을 갖고 있는 언어라면 목표어에 실재 존재하는 단어가 될 수도 있다. 그러나 그렇지 않은 경우 발생하는 오류는 전이나 과잉일반화에 의한 오류와 겉으로 유사해 보이기도 한다.

③ 우회적 표현(circumlocution) : She is, uh, smoking something. I don't know what's its name.과 같이 합당한 목표어 항목이나 구조를 사용하지 못하고 물건이나 행동의 특징이나 요소를 묘사하여 의사를 전달하는 경우이다.

2) 언어전환(Code-switching)

화자가 모국어의 단어를 목표어 발화 속에 포함시키는 경우이다. 즉, 모르는 표현에 부딪혔을 때 외국어 자료로 새로운 단어를 만들려고 시도하지 않고 대신 모국어에서 단어를 빌려와 쓰는 것이다. 이 때 학습자는 모국어의 단어를 외국어의 발음과 형태론적 체계에 맞게 수정을 가하여 단어를 외국어화(foreignizing)한다. 이 전략은 청자가 화자의 모국어에 대한 지식을 갖고 있는 상황에서 특히 성공할 것으로 보인다. 또한 모국어와 외국어가 공통된 어원을 가진 단어나 혹은 다수의 차용어를 공유하고 있을 때도 역시 학습자는 언어 전환 전략에 많이 의지할 것으로 보인다. 그런데 때때로 청자가 학습자의 모국어를 전혀 모르는 상태에서도 성공적인 의사소통이 이루어지는 경우가 있는데 이는 인간 경험의 보편성 때문일 것으로 보인다. 어쨌든 이러한 사실은 의사소통 능력이 아주 낮은 학습자들에게도 의사소통에 대한 희망을 갖게 한다.

① 직역(literacy translation) : 생각나지 않은 목표어의 어휘나 표현을 모국어로 직접 전환하여 사용하는 경우이다. 예를 들어, 상점에서 의사소통을 하는데 제대로 안될 경우 답답하기 그지없는 상황에서 의식적이든 아니면 무의식적이든 화자의 모국어가 툭 튀어나오는 경우이다.

② 언어 전환(language switching) : 목표언어 문장 속에 다른 언어의 어휘를 삽입하여 사용하는 경우이다.

3) 도움을 호소함(Appeal for Assistance)

자신이 모르는 부분에 대해 다른 사람이 도와주기를 원하는 소망에서 사용하는 전략이다. 예를 들어, "What do you call~?" 이나 "How do you say~?"와 같이 직접적으로 질문을 하기도 하고 상승조 억양, 휴지(pause), 눈맞춤, 난처해하는 표정 등과 같은 다른 전략을 동시에 사용하여 간접적으로 도움을 요청하기도 한다. 학습자는 청자뿐만 아니라 이중 언어 사전을 찾아봄으로써 도움을 받을 수도 있다. 이 밖에도 'well', 'now let's see', 'uh' 등과 같이 시간 끌기 표현을 통해 의사소통 중에 휴지(pause)를 이용하는 방법도 의사소통전략이 될 수 있다.

4) 비언어적 자원에의 의존(Use of non-linguistic resources)

외국어로 의사소통을 하는데 해당 어휘나 표현을 모를 때 신체적인 부분을 활용하는 비언어적인 소통전략이다. 예를 들어 갈채를 보내기 위해 박수를 치는 행위도 여기에 속한다. 모국어로 이루어지는 의사소통 상황에서도 의미를 명확하게 하기 위해 무언으로 말하기(mime)나 제스처(gesture) 등과 같은 비언어적 자원이 동원된다. 외국어의 경우에도 학습자는 해당 어휘를 모르는 경우 의사 전달을 위해 비언어적 행위를 수반한다. 예를 들어, 무엇인가를 가리키면서 "Put it there"라고 말한다든가 혹은 동작을 하면서 "It was this kind of shape" 등과 같이 말한다. 이러한 비언어적 수단은 실제로 의사소통에서 놀랄만한 도움을 준다. 이 전략은 언어능력이 부족한 학습자가 외국어 학습 환경에서 반드시 살아남아야 하는 경우라면 필수적으로 쓰이게 될 전략일 것 같다. 그러나 이때는 사회적 문화적 차이가 내재되어 있어 때로는 상호 오해를 불러일으킬 수 있기 때문에 주의해야 한다.

5) 기타

① 수용적 인식전략(perception strategy) : 수용적 인식전략은 화자가 아닌 청자의 입장에서 화자의 말을 잘 듣고 이해하기 위해 단어의 끝 부분이나, 강세가 있는 부분, 혹은 잉여자질에 초점을 맞추어 듣는 것을 의미한다.

② 상투적 문구(routine formula) : *How much does it cost?, Where is the toilet?, I don't speak English well.* 등과 같이 특정 문장이나 구문을 단순히 암기해서 사용하는 전략이다. 특히 여행 안내자들이 많이 사용하는 전략이다. 언어규칙을 내재화하지 않고 단순히 표현을 암기하여 사용하기 때문에 정확성과 유창성을 나타낼 수 있는 전략이다.

③ 조립식 문형(Prefabricated Pattern) : 외국어 능력이 낮은 학습자들이 특정 상투적인 표현이 갖는 구조적인 이해 없이 이들 표현을 통째로 외어 그대로 사용하는 경우가 있는데, 이러한 덩어리로 암기된 언어묶음에 해당되는 표현들을 조립식 문형이라 한다. 예를 들어, *How much does it cost?, Where is the toilet?, I don't understand you., I don't understand what you are talking about., I don't know who you are.* 학습자의 현재 언어수준에서는 이러한 표현들을 사용하기가 어렵지만, 암기해서 잘 사용하기만 한다면 특정 상황에서 매우 유용하게 사용될 수 있는 이점이 있다.

11.3 의사소통전략과 관련된 문제들

의사소통 상의 특정한 문제를 해결하기 위해 학습자가 어떤 전략을 선택하는가와 관련된 요인에 대해서는 알려진 바가 거의 없다. 다만 학습자의 인성과 언어적 정확성에 대한 염려의 정도가 전략 선택에 영향을 미친다는 점은 앞서 살펴볼 수 있었다. 학습자가 의사소통전략을 적절하게 선택하여 적절한 환경에서 사용하면 외국어라는 언어적 자원에만 의존하는 학습자보다는 더 효과적으로 의사소통을 이룰 수 있을 것이다. 그렇다면 학습자의 효율적인 의사소통을 돕기 위해 의사소통전략은 과연 교수와 훈련이 가능한 것일까?

의사소통전략을 교수할 수 있느냐에 대한 연구는 현재까지도 찬 · 반론이 대립하고 있다. 많은 연구자들은 모국어를 습득할 때 자연스럽게 길러진 의사소통전략이 외국어 사용 시에도 전이된다고 보고 있다(Paribakht, 1985; Kellerman, Ammerlaan, Bongaerts & Poulisse, 1990). Canale과 Swain(1980)은 전략적 능력은 실생활에서 자연스럽게 습득되므로 교실에서 교수할 필요는 없다고 하였다. 또한, Bialystok(1990)도 의사소통전략은 심리적 과정의 반영이기 때문에 교수가 어렵고 대신 언어를 습득하는 과정에서 자연스럽게 습득되는 것이라고 주장했다. 의사소통전략을 분류하는 것조차 불필요함을 주장했던 Kellerman(1991)은 의사소통전략을 훈련시키는 것이 정당화될 수는 없으며 따라서 교실에서 언어는 가르치되 의사소통전략은 학습자 스스로 습득하도록 하는 것이 좋다고 주장하였다.

그러나 또 다른 많은 학자들이 의사소통전략의 훈련이 가능하며 동시에 바람직하다고 주장한다(Færch & Kasper, 1983; Haastrup & Phillipson, 1983; Savignon, 1972; Tarone & Youle, 1989). 이처럼 의사소통전략 훈련의 효과에 대해 의견이 대립하는 이유에 대해 Dörnyei(1995)는 다음 세 가지를 제시하였다. 첫째, 두 의견 모두 그들의 주장을 뒷받침하는 연구의 대부분이 간접적인 증거에 기초하고 있다는 것이다. 둘째, 의사소통전략에 관한 대부분의 연구는 전략 훈련의 교수 가능성에 대해 찬성 또는 반대 등과 같이 양분되어 있는 것과 같이 질문 자체가 너무 단순화되어 있기 때문에 답변에 논란이 발생하는 것으로 보았다. Dörnyei(1995)는 메시지 포기 전략을 비롯한 몇몇 전략은 훈련하는 것이 바람직하지 않지만 우회적 표현이나 도움 요청 등의 몇몇 전략은 핵심단어나 구조와도 관련이 있고 유용하여 교실에서 이루어지는 교수 및 훈련이 도움이 된다고 하였다. 셋째, 교수 개념에 대한 다양한 해석이 가능하다. 예를 들어, 교수를 새로운 정보 전달과 같이 좁은 의미로 해석할 경우와 모국어로 읽기 능력을 가진 학습자에게 외국어 읽기 기술을 가르치는 것처럼 보다 넓은 의미로 해석할 경우 전략 훈련의 교수 가능성에 대한 견해는 달라질 수 있다.

의사소통전략과 관련하여 이슈가 되고 있는 또 하나의 분야는 의사소통전략이 실제 외국어 학습에 어떤 영향을 미치는가이다. 의사소통전략의 성공적 사용은 학습자들로 하여금 정확한 목표 언어 형태를 배워야 할 필요성을 느끼지 못하게 할 것인가? 아니면 의사소통전략의 사용으로 인해 더 쉽게 자신의 발화와 목표어의 정확한 형태 사이의 차이에 대해 주목할 수 있게 되는 것일까? 그러나 이에 관해서도 역시 확실한 결론은 내려지지 않은 상태이다.

먼저, Corder(1977)는 모험 시도 회피(risk-avoiding)와 같은 축소 전략(reduction strategy)보다 모험 시도(risk-taking)와 같은 성취 전략(achievement strategy)이 언어 습득에 더 기여한다고 보았다. 또한, Tarone(1980)은 어떤 종류의 의사소통전략도 학습자가 적절한 목표어 형태에 이르는데 도움을 준다고 하여 의사소통전략과 언어습득과의 관계를 긍정적으로 보았다. 일반적으로 의사소통전략이 학습을 위한 입력이 일어날 수 있도록 채널을 지속적으로 열어두는 역할을 하기 때문에 언어습득에도 도움이 된다는 것이다. 그러나 Schmidt(1983)는 의사소통전략은 언어적 능력의 희생을 담보로 하여 발달한 것이기 때문에 언어습득을 방해한다고 생각했다. 한편, Littlewood(1987)는 일반적으로 볼 때 무언으로 말하기나 모국어로의 전환과 같은 전략은 학습으로 연결되지 않을 것 같다고 주장하였다. 그러나 바꾸어 말하기나 메시지 조정과 같은 전략은 학습자가 자신의 언어적 자원을 확장시키는 데 도움이 되지는 않지만 유창성 증가에는 도움이 될 것으로 보인다. 또한, 도움 요청이나 신조어를 만들어 내는 전략은 학습자가 외국어에 적절하거나 혹은 학습자가 새로운 정보를 얻는데 도움을 줄 수 있기 때문에 각각의 의사소통전략별로 언어습득에 미치는 영향을 따로 따로 설명하고자 하였다.

11.4 외국어 학습자 발화의 의사소통적 효과

지금까지 우리는 학습자의 실제 언어 수행과 관련하여 두 가지 측면, 즉 그들의 발화에서 보여지는 변이성 및 언어능력의 약점을 보안하기 위해 사용되는 의사소통전략을 살펴보았다. 그러나 본 장에서는 이러한 학습자의 실제 언어수행 시도를 원어민 청자 입장으로 관심을 잠시 옮겨 보고자 한다. 청자 입장에서 화자의 발화를 얼마나 이해하는가와 관련된 '이해 가능 정도(intelligibility)' 및 그로 인한 의사소통적 효과, 학습자의 발화에 대한 청자의 감정적인 반응 등을 중심으로 살펴본다. 학습자 발화의 의사소통적 효과에 대한 연구는 학습자가 언어 학습의 적합한 목표를 상정하는데 도움을 줄 수도 있고, 또한 그들의 언어수행을 평가하는 적절한 기준을 상정하는데 도움을 주기 때문에 관심을 끄는 연구라 할 수 있겠다.

학습자 발화가 의사소통에 미치는 효과를 살펴보기 위해 연구자들은 원어민 화자에게 여러 종류의 학습자 발화 유형을 보여주고 그것이 얼마나 수용가능한(acceptable) 것인지를 결정하도록 하는 연구 방법을 사용하였다. 이런 연구들에서 사전에 고려되어야 할 조건들이 있다. 그것은 첫째, 청자가 누구이냐에 관한 것이다. 청자가 원어민인지 아니면 비원어민인지, 언어와 관련된 전문가인지 전문가가 아닌지 등에 관한 것이다. 이는 청자가 누구냐에 따라서 학습자 발화의 소통적 효과에 대한 평가가 달리 나타날 수 있기 때문이다. 둘째, 학습자 발화의 어떤 측면을 중점적으로 살펴볼 것인가에 관한 것이다. 만약 학습자의 발화에 문제가 있다면 그것이 발음에 관련된 것인지, 아니면 문법에 관련된 것인지, 혹은 어휘에 관련된 것인지를 확실히 구분할 필요가 있다. 왜냐하면, 어떤 종류의 오류인지에 따라 역시 의사소통적 효과가 다르기 때문이다. 셋째, 학습자의 발화는 발화 그 자체만으로 의사소통적 효과가 결정되는 것이 아니라는 점을 고려할 필요가 있다. 왜냐하면, 발화의 의사소통적 효과는 언어적 맥락과 비언어적 맥락이 청자가 의미를 해석하는데 얼마나 많은 도움을 주는가에 따라서도 달라지기 때문이다. 따라서 이런 세 가지 사항을 염두에 두고 발화의 의사소통적 효과를 논해야 한다.

청자의 입장에서 볼 때 어떤 발화가 이해하기에 더 어려울까? Ellis(1994)는 청자의 이해 가능 정도, 즉 발화의 소통적 효과에 영향을 미치는 요인을 다음의 세 가지 기준으로 나누어 살펴보았다.

첫째, 청자의 입장에서 학습자의 발화를 이해할 때 영향을 미치는 학습자의 오류 는 무엇과 관련된 것인가? 즉, 오류가 가진 성격 그 자체의 본질에 따라 이해 가능 정도가 달라진다고 볼 수 있다. Burt(1975)는 학습자의 오류를 전체적 오류(global error)와 국부적 오류(local error)로 나눈 바 있다. 전체적 오류는 의사소통에 장애가 되는 중요한 오류로서 접속사의 잘못된 사용이나 주요 단어의 부적절한 순서 배열 등에 의해 생겨난다. 하지만 국부적 오류는 의사소통에는 지장을 가져오지 않는 오류로 굴절 어미의 생략이나 관사의 잘못된 사용처럼 문장의 부분적인 요소와 관련된 오류이다. 일반적으로 국부적 오류보다는 전체적 오류의 경우 청자의 이해 가능 정도가 더 낮아진다고 볼 수 있다. 또한, 문법적 오류보다는 어휘 오류가 의사소통에 더 많은 영향을 미치는 것으로 보인다. 그러나 발음과 관련된 오류는 그것들이 특별히 심각하지 않는 한 가장 적은 영향을 미치는 것으로 알려져 있다.

둘째, 청자가 누구인지에 따라서도 발화의 소통적 효과가 달라질 수 있다. 일반적으로 볼 때 원어민 화자는 비원어민 화자보다 오류에 있어 더 관용적이어서 이들은 화자의 발화의 소통적 효과를 더 높게 평가하는 경향이 있다. 실제로 몇몇 오류는 언어학자나 교사가 아닌, 즉 비전문가인 원어민 평가자에 의해서는 절대로 인식되지 못하는 경우도 있었다. 그러나 고등 교육을 받은 원어민 청자는 다른 원어민 화자보다 오류를 더 비판적으로 본다는 경향이 있다. 반면에 비원어민 교사는 특히 형태적(morphological) 혹은 기능적(functional) 오류를 더 가혹하게 판단하는 경향이 있다(Sheorey, 1986). 한편, 청자가 화자의 인성이나 지위를 어떻게 인식하는지 혹은 화자가 속한 공동체를 얼마나 호의적으로 간주하는지에 의해서도 발화의 소통적 효과는 달라질 것으로 보인다. 언어에 대한 강한 규범적인(prescriptive)인 태도를 가진 공동체 출신의 청자는 그들의 언어를 발화하는 외국인의 시도에 대해 좀 더 비판적일 것 같다. 원어민 청자의 특성을 한 가지 더 언급하자면 원어민 청자는 학습자의 언어능력이나 의사소통능력의 단점을 기초로 외국어 학습자의 지능과 인성에 대해서 부정적으로 판단하지 않는다는 점이다(Albrechtsen, Henriksen, & Hærch, 1980).

셋째, 발화의 소통적 효과는 화자의 발화에 대한 청자의 감정적 반응과도 관련이 있다. Khalil(1985)는 오류의 심각성을 판단하는 기준으로 이해 가능 정도(intelligibility), 오류의 심각성과 관련된 수용 가능 정도(acceptability), 그리고 화자의 감정적 반응과 관련이 있는 과민성(irritation) 정도를 들고 있다. 청자의 짜증은 주로 오류의 유형보다는 화자의 발화 속에 포함된 오류의 수에 의해 영향을 받는다(Albrechtsen 등, 1980). 오류의 수가 증가하면 할수록, 그리고 학습자가 사용하는 의사소통전략의 수가 많으면 많을수록 청자의 이해 가능성은 낮아질 것이고, 또한 이것은 청자의 감정적 반응에도 영향을 미칠 것으로 생각된다. 이 경우 의사소통전략 그 자체가 청자의 감정적인 반응에 직접적으로 부정적인 영향을 미친다고는 볼 수 없다. 청자의 반응에 부정적인 영향을 미치는 것은 의사소통전략을 사용해야만 하는 화자의 경우 그 화자의 능력이 불완전하다는 사실이고, 이로 인해 의사소통전략의 사용이 너무 많아 청자의 입장에서 화자의 발화를 이해하는데 어려움이 있는 경우이다.

그러나 위에서 살펴본 세 가지 요인 및 기준이 불명확하여 발화의 소통적 효과에 미치는 영향에 대해서 정확한 결론이 아직까지 없는 상태이다. 뿐만 아니라 발화가 이루어질 당시의 여러 가지 상황적 요인(contextual factors)도 발화의 소통적 효과에 영향을 미칠 수 있을 것으로 보인다. 따라서 상황적 요인을 포함한 기타 소통적 효과에 영향을 미치는 변수들에 대한 추후 연구가 필요하다.

본 장에서는 학습자가 외국어를 어떻게 사용하는가와 관련된 여러 가지 사회적인 측면들을 살펴보았다. 언어수행은 학습의 목표가 되면서 동시에 학습이 일어나는 방법이 된다. 언어 사용상의 변이성은 예외적인 현상이 아니라 어느 학습자에게도 나타날 수 있는 보편적인 현상이다. 변이성 속에 여러 가지 맥락을 고려한 학습자 나름의 체계가 숨겨져 있다는 사실도 알게 되었다. 그리고 불충분한 언어능력을 가진 학습자는 성공적인 의사소통을 꾀하기 위해 여러 가지 의사소통전략을 사용하고 있다. 의사소통전략이 언어습득으로 이어질 수 있는가의 문제와 의사소통전략의 교수 및 훈련이 가능한 것인가에 대해서는 아직까지 이견이 존재했지만 의사소통전략이 성공적인 의사소통에 기여한다는 점만은 분명해 보인다. 그리고 학습자의 언어 사용이 청자의 입장에서 어떻게 받아들여지고 있는지도 살펴보았는데, 이 때 오류의 항목이나 청자와 관련된 특성 등에 따라 청자의 이해 가능 정도와 정의적 반응이 서로 달라진다는 사실도 확인할 수 있었다. 의사소통전략과 관련하여 명확한 결론이 내려지지 않은 문제가 많이 있지만, 한 가지 분명한 것은 의사소통전략은 언어능력이 부족한 학습자가 성공적으로 의사소통을 할 수 있도록 도움을 주므로 중요한 의미를 갖는다는 것이다.

12

외국어 학습이론 탐색

12

외국어 학습이론 탐색

외국어 학습 과정을 일관되게 설명하고자 하는 노력은 계속되고 있지만 아직도 해답을 찾지 못한 문제점들이 많이 있다. 사실, 외국어 학습은 언어학습 과정 그 자체의 복잡성, 학습자 개개인의 복합성, 언어학습 상황의 다양성 때문에 일관되고 신뢰성 있는 설명이 불가능하다. 이러한 복잡한 현상 때문에 이를 설명하기 위한 많은 이론들이 생성되었고 이러한 이론들은 서로 경쟁하고 있다. 이는 외국어 학습과정에 대해서 많은 관심을 가지고 있는 우리들에게 이해력, 통찰력, 관심, 그리고 흥미를 유발시킨다. 본 장에서는 외국어 학습 과정을 설명하기 위한 최근 여러 학자들이 기울인 노력의 결과물이라 할 수 있는 몇 가지 이론들을 소개하고자 한다. 물론, 외국어 학습에는 많은 변수들과 요인들이 거미줄같이 얽혀 있어서 어느 한 이론으로 외국어 학습의 전 과정을 완벽하게 설명할 수 있을 것이라고 기대해서는 안 된다. 하지만 다양한 이론과 견해는 보다 체계적이고 일관된 어떤 체제(framework)를 통해서 외국어 학습에 내재된 여러 변수들을 설명하는데 도움을 줄 것이다.

12.1 보편문법과 외국어 학습

12.1.1 언어습득장치와 보편문법

Chomksy와 같은 생득론자들에 의하면, 어린이들은 태어나면서 언어습득장치(LAD: Language Acquisition Device)를 가지고 태어나며, 이 LAD가 어린이들로 하여금 4-6년이라는 짧은 시간 동안에 자신의 모국어를 완벽하게 습득할 수 있도록 해 준다. 어린이들은 LAD의 도움으로 자신의 모국어에 대한 일반적 지식뿐만 아니라 언어 사용의 다양한 제약성을 포함하여 모국어에 대한 완벽한 지식을 습득하게 된다. 그러나 LAD 모형은 그 안에서 어떤 구체적인 작용을 통해서 모국어를 완벽하게 습득할 수 있는지에 대해서는 증거를 제시하지 못하였다. 즉, LAD 자체가 일종의 블랙박스(black box) 상태로서 언어습득에 간여하는 과정이 너무 추상적이라는 지적이 대두되었다. 다음 제시된 LAD 모형에서 보듯이, LAD 안에는 구체적인 어떤 무엇이 아무것도 존재하지 않는다. LAD의 주된 기능이 언어 규칙을 형성한다고 알려져 있지만, LAD 안의 어떤 항목이 그 역할을 담당하는지에 대해서는 분명하지 않다.

<그림 12-1> LAD의 작동 원리

이러한 비평에 대해서, Chomsky(1965)는 보편문법(UG: Universal Grammar) 개념을 제시하고, 보편문법 안에는 원리(principles)와 매개변항(parameters)이라는 구

성요인들이 있어서 이들 요인들이 언어학습 과정에 보다 구체적으로 간여하고 있다는 증거를 제시하고자 하였다. 원리는 모든 언어에 공통적으로 나타나는 언어적 항목을 지칭하며, 매개변항은 언어들 간에 존재하는 다양성을 지칭하는 것으로 서로 다른 언어적 환경에 따라 매개변항의 가치(value)는 다양하게 설정된다. 보편문법의 작동 원리는 아래와 같다.

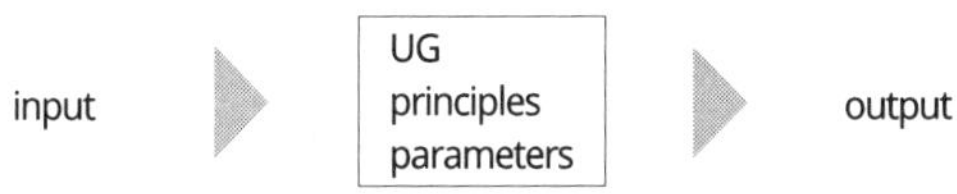

<그림 12-2> UG의 작동원리

한편, 어린이들은 생득적으로 가지고 태어나는 보편문법 안에 이미 언어에 대한 완벽하고 풍부한 지식이 내재되어서 모국어를 배우기 위해서는 단지 성장하고 특정 언어적 환경에 노출만 하면 되는 것인가? 그렇다면 생득적 요인을 중시하는 인지주의자들은 외부에서 주어지는 언어입력(input)이 언어학습 과정에 미치는 역할에 대해서는 어떤 입장을 취하는가?

보편문법 안에 언어에 대한 완벽하고 풍부한 지식이 내재되어 있더라도, 이제 막 태어난 어린아이가 언어적 체계를 곧바로 발화하는 것은 아니다. 갓 태어난 어린이는 바로 걷지 못하고 시간이 흐른 후 걸을 수 있듯이, 보편문법은 어린이들이 언어입력을 받아 들여 언어적 규칙을 찾아낼 수 있는 충분한 시간이 흐른 후에 말을 할 수 있도록 생물학적으로 프로그램(biological timetable) 된 것이라고 할 수 있다. 언어를 배울 수 있도록 생물학적으로 이미 프로그램화 되어 있다면, 그리고 언어적 환경에 노출되어 성장하면서 그 단계에 맞는 언어능력들이 시간에 맞추어 구현되는 것으로 생각된다면, 굳이 외부에서 언어입력이 주어지지 않더라도 어린이들이 언어를 배우는 것도 가능한가? 하지만 "늑대 소년"의 예에서 보듯이, 결정적 시기(critical period) 동안에 주어지는 언어입력은 어린이들의 언어 발달에 중요해 보인다. 결정적 시기 동안에 어린이들에게 주어지는 언어입력(input)은 보편문법의 작동을 촉발(ignite)시켜서 생물학적인 시간표(biological timetable)에 따라 이미 생득적으로 내재되어 있는 완벽한 언어 지식이 적절하게 구현될 수 있도록 해준다. 하지만 이러한 견해에 대해서는 많은 논의가 아직도 필요하다. 이러한 논란에 대한 답을 찾기 위해 많은 학자들이 연구를 진행하고 있다.

한편, 언어습득장치 대신에 제시된 보편문법은 모국어뿐만 아니라 이제는 외국어 학습 과정까지 설명이 가능하도록 그 역할이 확대되었다. '블랙박스'라는 종전의 언어습득장치 개념 대신에 제시된 보편문법은 원리(principles)와 매개변항(parameters) 이라는 2개의 구성요소로 이루어져 있다. 이는 수많은 언어 가운데 존재하는 공통적인 언어적 항목들, 그리고 각 언어들 간에 존재하는 차이를 '원리(principles)'와 '매개변항(parameters)'이라는 개념으로 설명할 수 있다. 원리는 모든 사람들이 모국어를 배우기 전에 생득적으로 가지고 태어나는 모든 언어의 보편적 특징을 의미하며, 반면에 매개변항은 언어 간에 나타나는 차이와 다양성을 설명할 수 있는 언어적 특징이라 할 수 있다.

언어의 원리에 해당되는 한 예를 살펴본다면, 모든 언어는 'Head System'을 가지고 있다는 점이다. 즉, 구(phrase)의 가장 핵심이 되는 단어의 품사(word class)에 따라 구 명칭이 결정된다. 동사구(verb phrase)에서 'head'는 동사가 되며, 명사구(noun phrase)에서는 명사, 그리고 전치사구(preposition phrase)에서는 전치사가 'head'가 된다. 하지만 'head'가 오는 위치는 언어마다 다를 수 있는데 이 경우가 매개변항에 해당된다. 영어의 경우는 'head'가 앞에 위치하는 'head-initial'이지만(예: on the desk), 한국어는 'head'가 뒤에 위치하는 'head-final'이다(예: 책상 위에).

그렇다면, 이러한 원리와 매개변항에 속하는 내용을 일종의 목록으로 만들어서 학습자에게 가르칠 수 있는가? 이게 가능하다면 학습자들은 모국어뿐만 아니라 외국어 학습도 성공적으로 수행할 것으로 보인다. 그러나 많은 학자들은 학습자들이 원리와 매개변항을 굳이 인위적으로 학습할 필요는 없다고 생각한다. 왜냐하면, 원리와 매개변항에 속하는 항목들은 생득적으로 이미 학습자의 두뇌 안에 내재되어 있기 때문이다. 단지 이러한 원리와 매개변항이 완벽하게 구현되기 위해서 단지 학습자의 성숙과 경험(언어입력에 노출)이 필요하다고 주장한다. 보편문법 안에는 여러 매개변항의 선택사항들이 내재되어 있어서, 어떤 언어입력을 받아들이느냐에 따라 매개변항에서 선택되는 가치는 달라진다. 즉, 어린이가 받아들이는 언어입력과 UG 안의 매개변항이 가지고 있는 여러 사항 중에서 서로 일치가 되는 것을 선택하는 과정에 보편문법이 간여한다는 것이다.

예를 들어, 어순(word order)과 관련하여 보편문법의 매개변항에는 SVO, SOV, VOS 등과 같은 선택사항이 내재적으로 존재한다. 그런데 어린이가 SOV 어순을 가지고 있는 한국어 언어입력을 받아들이면서 보편문법은 매개변항이 갖고 있는 선택사항 중에서 SOV를 선택하도록 영향을 미친다는 것이다. 한편, 어린이들이 모국어를 완벽하게 습득할 수 있는 이유가 생득적인 보편문법을 활용이 가능하기 때문이라면, 여기서 우리가 생각해 볼 수 있는 흥미로운 질문은 외국어를 학습하는 성인 역시 보편문법을 활용하여 외국어를 성공적으로 학습할 수 있는가 이다. 이에 대한 논의는 이어지는 다음 장에서 계속하고자 한다.

12.1.2 보편문법과 외국어 학습

보편문법이 모국어 습득 과정에 성공적으로 작용하는 것에 대해서는 대부분의 학자들이 동의하고 있다. 하지만 외국어 학습은 분명 모국어 습득 상황과는 다르기 때문에 모국어 습득을 위해서 설정된 보편문법의 원리와 매개변항이 외국어 학습을 위해서도 재설정될 수 있는지 여부는 많은 학자들의 관심과 논란을 일으키고 있다. 특히, 성인 외국어 학습자는 이미 모국어를 습득한 상태이고, 인지적으로도 성숙되어 있으며, 학습자의 태도 및 동기에 의해서 영향을 받기 때문에 보편문법이 외국어 학습에는 적용되지 않을 것이라는 주장과 함께, 작용을 하더라도 모국어의 경우와는 다소 다른 방식으로 영향을 미칠 것이라는 주장, 그리고 모국어가 외국어 학습에 어떤 방식으로든지 영향을 미칠 것이라는 다양한 주장이 있다.

한편, White(1996)는 외국어 학습과정에 간여하는 보편문법의 역할에 대해서 다음과 같이 4가지 입장을 정리하였는데, 황종배(2006, pp. 26-27)는 이 4가지 입장을 다음과 같은 그림으로 제시하였다.

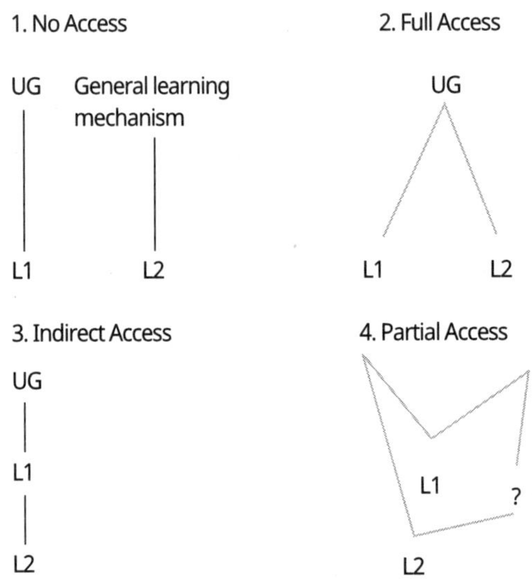

<그림 12-3> UG의 역할과 외국어 학습

1) 보편문법이 작용하지 않는다는 입장 (No access position)

이 입장은 근본적 차이 가설(fundamental difference hypothesis)에 근거하는 것으로 모국어 습득 과정과 외국어 학습 과정은 근본적으로 서로 다르기 때문에 보편문법이 외국어 학습에 영향을 미치지 않는다는 입장이다. 이 입장의 핵심 내용은 어린이의 모국어 습득의 경우에는 보편문법이 작용되지만, 성인의 외국어 학습은 먼저 어린이의 모국어 습득과는 근본적으로 다르기 때문에 보편문법의 도움을 받을 수 없다는 것이다. 따라서 성인 외국어 학습자는 주로 자신의 인지 능력, 문제 해결 능력에 의존하여 외국어 학습을 수행한다. 따라서 보편문법이 외국어 학습 과정에 아무런 영향을 미치지 않는다는 것이다. 또한, 이 입장은 결정적 시기(critical period) 가설과 밀접하게 관련되어 있다. 따라서 어린이의 경우에는 결정적 시기 동안에 외국어 학습이 이루어져서 외국어 학습이 용이하지만, 성인 학습자들은 주로 결정적 시기가 지난 후 외국어 학습이 이루어지기 때문에 보편문법의 도움을 받지 못한다고 생각한다.

2) 보편문법에 완벽하게 접근한다는 입장(Full access position)

모국어 습득의 경우와 마찬가지로 외국어 학습에서도 보편문법이 최초의 상태에서 출발하기 때문에 보편문법의 도움을 받아 외국어 학습 역시 완벽하게 학습할 수 있다고 생각하는 입장이다. 이 입장은 언어학습의 결정적 시기가 존재하지 않는다고 믿는다. 같은 외국어를 학습하는 어린이와 성인이 보여주는 언어 발달 단계, 그리고 그들이 보여주는 오류 유형들이 매우 유사하게 나타나는 것에 근거를 두고 있다. 이러한 유사한 발달 단계 및 오류 유형이 나타나는 것은 어린이나 성인 학습자 모두 보편문법의 도움을 받아서 언어를 창의적으로 학습하기 때문이다. 또한, 이 입장을 지지하는 증거는 주로 모국어에는 존재하지 않고 외국어에는 존재하는 언어적 항목을 성공적으로 습득할 수 있는지를 조사함으로써 찾을 수 있다. 예를 들어, 모국어에는 존재하지 않지만 영어에는 존재하는 head-initial, subjacency, 의문문 형성 규칙을 완벽하게 습득할 수 있다는 증거를 들어, 보편문법이 외국어 학습 과정에 완벽하게 작용할 수 있다고 주장한다.

3) 보편문법에 간접적으로 접근한다는 입장(Indirect access position)

보편문법의 작용은 단지 모국어를 통해서만 가능하다고 생각한다. 외국어 학습을 처음 시작하는 학습자는 원칙적으로 모국어의 원리와 매개변항에서 출발하지만, 학습이 진행되면서 학습자는 외국어의 매개변항을 다시 습득할 수 있다고 생각하는 입장이다. 외국어 학습자는 이미 모국어를 배운 경험이 있기 때문에 보편문법의 원리와 매개변항에 이미 적응(설정)이 되어 있는 상태이다. 따라서 학습자는 외국어를 학습하면서 모국어를 습득하면서 한번 적용해 본 경험이 있는 원리와 매개변항을 외국어 상황에 맞추어 다시 설정해 볼 수 있는 능력을 갖고 있다. 그러나 모국어와 전혀 관련이 없는 원리나 매개변항에 대해서는 보편문법이 전혀 영향을 미치지 못한다. 이 경우에는 학습자의 인지 능력에 근거한 문제 해결 능력을 발휘하여 외국어 학습이 이루어진다. 예를 들어, 한국어에는 존재하지 않는 wh-이동과 같은 규칙들의 경우, 한국인 영어 학습자들은 wh-이동 규칙을 그렇지 않은 다른 국적(예: 네델란드)의 영어 학습자에 비해서 학습하는 능력이 떨어진다.

4) 절충적 입장(Partial access position)

외국어 학습의 어떤 항목은 보편문법의 영향을 받기도 하고, 영향을 받지 않기도 하며, 또한 학습자에게 주어지는 언어입력과 학습자의 모국어 등의 여러 요인들이 외국어 학습에 영향을 미친다고 생각하는 입장이다. 즉, 보편문법, 언어입력, 모국어라는 여러 요인들이 상호 복합적으로 외국어 학습에 영향을 미친다고 생각하는 입장이다. 가장 많은 지지를 얻고 있는 입장으로서 모국어와 외국어에 존재하지 않는 어떤 언어적 항목은 학습자가 독자적으로 만들어내기도 하고, 모국어에 존재하는 어떤 원리나 매개변항은 외국어 학습에서 작동을 하는 것도 있지만 어떤 것은 전혀 작동이 되지 않는 경우를 설명할 때 매우 유용한 입장이다.

12.2 정보처리 이론

정보처리 이론에서 가장 중요하게 다루는 부분은 인간의 기억 장소이다. 인간의 기억 장소는 수동적으로 정보를 저장하는 것이 아니라 능동적으로 의미 있는 정보를 처리하고, 조직하며, 나중에 정보를 적절히 활용하기 위해 정보를 재생하는 기능을 한다. 따라서 인지주의자들은 인간의 기억이 능동적이며 복합적인 정보의 조직자이며 처리자라고 생각한다. 다음 〈그림 12-4〉는 우리가 정보를 어떻게 기억하고 사고하며 처리하는지를 보여준다.

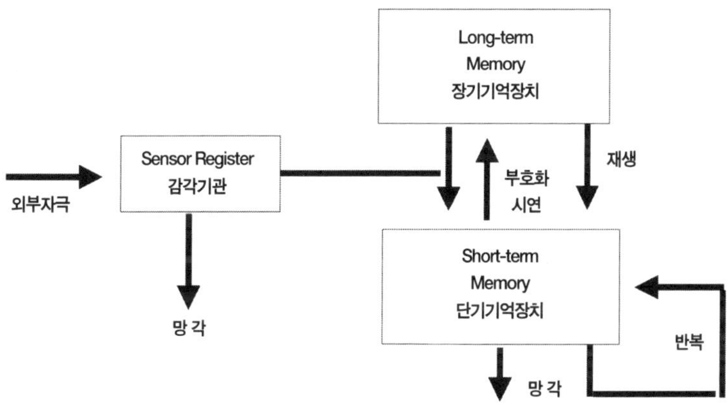

<그림 12-4> 기억의 정보처리과정 모형

위에서 보듯이 인간의 기억구조는 크게 감각 기관, 단기기억 장치, 장기기억 장치로 구분된다. 우리는 감각기관을 통해 정보를 받아들이며 일차적인 정보의 저장 장소가 된다. 그러나 감각기관에서 정보가 저장되는 시간은 단지 1-2초 미만이며 우리의 관심을 끌지 못하거나 의미 없는 많은 정보들은 감각기관을 거치면서 곧바로 망각하게 된다. 이때 살아남은 정보들은 단기기억

장치로 이동하게 되지만 매우 제한된 정보를 저장할 뿐이며 저장되는 시간 역시 3-4초에 불과하다. 단기기억 장치 역시 학습자의 관심을 끌지 못하는 무의미한 많은 정보들이 망각되기 때문에 학습자들은 정보를 보다 오랫동안 기억하기 위해 반복이라는 방법을 사용하게 된다. 이때 기억되는 정보는 부호화, 시연(리허설) 등의 기억을 촉진하는 방법을 통해 기존의 인지 구조와 통합하는 작업을 거치면서 장기기억 장치로 이동한다. 그리고 장기기억 장치에 저장된 정보는 필요에 따라 재생이 되는데 이러한 단계는 자동적으로 이루어진다.

정보처리 이론이 인간학습에 암시하는 바는 크게 인간의 기억 활동은 매우 능동적으로 일어난다는 점, 그리고 인간의 기억 능력은 컴퓨터와 같이 무한한 정보를 기억하고 저장하는 것이 아니라 매우 제한되어 있다는 점이다. 앞서 정보처리 모형에서 보았듯이 학습자의 관심을 끌지 못하거나 무의미한 많은 정보들은 망각된다. 따라서 인간의 제한적인 기억 능력을 극복하고 학습의 효율성을 높이기 위해서는 무엇보다도 학습자의 주의를 끌 수 있는 정보 그리고 새로운 학습 내용과 학습자가 가지고 있는 기존의 인지 구조와 적절히 연결시킬 수 있는 유의미한 학습 경험을 학습자에게 제공하여야 한다.

12.2.1 유의적 학습(Meaningful Learning)

Ausubel(1968)에 의하면, 학습이란 우리가 가지고 있는 기존의 명제 또는 인지 구조에 새로운 항목을 연결시켜 나가는 유의적인 과정이라고 하였다. 새로운 자료가 기존의 인지 구조 안에 들어오면서 그것보다 더 포괄적인 개념과 상호작용하여 어떤 개념 체계 안으로 포섭(subsumed)되어 진다고 보았다. 따라서 유의적 학습은 새로운 학습 자료가 기존의 인지 구조 속에 자리 잡고 있는 관련 항목과 연관되어 동화 또는 조절되어 가는 과정이다. 한편, Brown(2000)은 학습 내용이 학습자에게 의미가 있거나, 또는 학습자가 가지고 있는 기존의 인지 구조와 관련이 있을 경우 유의적 학습이 된다고 하였다. 유의적 학습(meaningful learning)은 기존의 인지 구조와 관련이 있기 때문에 학습자가 새로운 정보를 기억해야 하는 부담도 적을 뿐만 아니라 학습 문제도 수월하게 해결할 수 있는 이점을 제공한다.

그러나 기계적 학습(rote learning)은 따로 떨어진 고립되고 전혀 관련성이 없는 항목을 습득하는 것과 같다. 예를 들어, 전화번호부에서 특정 페이지에 수록되어 있는 사람 이름과 전화번호를 외운다는 것은 이들 정보를 자의적이고 인위적인 방법에 의해 기존의 인지 구조에 통합시키는 것이라 할 수 있다. 그럴 경우, 얼마나 많은 전화번호를 외울 수 있으며, 그리고 외운 전화번호는 얼마나 오래 동안 기억할 수 있겠는가? 이렇듯 기계적 학습은 현재의 인지 구조와 전혀 관계가 없는 무관한 항목을 암기하는 것과 같기 때문에 그 기억 역시 오래가지 못하여 학습자에게 유익한 학습경험이 되지 못한다.

학습이 영속적인 변화를 의미한다면 단지 단기간의 기억으로 끝나는 기계적 학습보다는 기억보존과 장기기억이라는 측면에서 유의적 학습이 보다 학습자에게 유익할 것이다. 다음 〈그림 12-5〉는 유의적 학습과 기계적 학습의 차이를 보여준다.

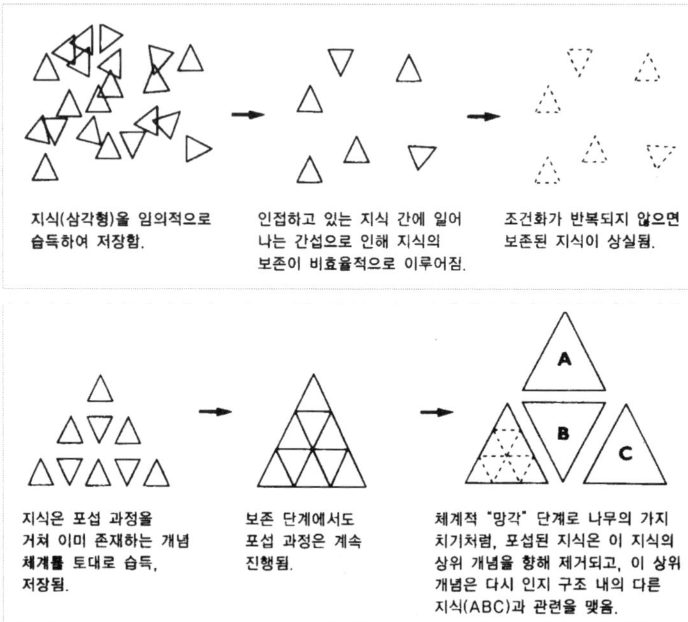

<그림 12-5> 기계적 학습과 유의적 학습

12.2.2 체계적 망각(Systematic Forgetting)

기계적 학습에 의해 학습된 내용은 단편적이고 고립되어 있어서 기존의 인지 구조와는 관련성이 없기 때문에 이런 자료의 기억 보존은 오래 가지 않는다. 반면, 유의적 학습으로 학습된 내용은 기존의 인지 구조와 관련성이 있을 뿐만 아니라 상호 관련있는 상위 개념에 포섭되면서 누적적으로 만들어진 관념 체계로 남아 있어서 기억 보존이 오래 갈 수밖에 없다. 그러나 유의적으로 학습한 자료 역시 시간이 흐르면 망각될 수밖에 없다.

유의적 학습에서의 망각은 자연적인 현상이기보다는 보다 더 많은 정보를 기억하기 위한 다분히 의도적이며 목적이 있다. Brown(2000)에 의하면, 망각은 학습을 행할 때 일어나는 포섭화의 한 과정이며 '기억의 최소 공배수 환산'

이라는 특징을 가지고 있다. 즉, 포괄적인 개념 하나를 기억하는 것이 구체적이고 개별적인 항목을 많이 기억하는 것보다 더 많은 정보를 기억하고 저장하는데 유리하다는 것이다.

또한, Brown은 '가지치기(pruning)'라는 개념을 소개하였다. 가지치기는 더 많은 유익한 정보를 기억하기 위해 상위 포괄적인 개념에 포섭될 수 있는 하위의 단편적인 정보들을 망각하는 것이다. 그러나 가지치기는 마구잡이식으로 일어나는 것이 아니고 체계적으로 일어난다. 가지치기의 궁극적 목적은 불필요한 기억들을 망각하고 인지적으로 가지치기를 함으로써 기억체계 속에 더 많은 공간을 확보하여 새롭게 포섭되는 새로운 정보들을 기억하고 저장하는데 있다.

12.3 Krashen의 이해 가능한 언어입력 가설

Krashen(1982a, 1982b)의 언어학습 모형에서 가장 특이한 점은 '학습(learning)'과 '습득(acquisition)'을 구별하고 있다는 점이다. '학습'을 의식적인 과정에 의해 이루어지는 것으로, '습득'을 무의식적인 과정에 의해 이루어지는 것으로 구별하였다. 그리고 외국어 학습에서 학습을 통해 얻어진 지식은 습득으로의 자동적인 전이가 일어나지 않기 때문에 외국어를 성공적으로 배우기 위해서는 학습이 아닌 습득이 일어나야 한다고 주장하였다.

12.3.1 학습과 습득의 비교

Krashen(1982b)은 외국어 학습을 위해서 '습득' 또는 '학습'이라는 두 가지 방법을 사용한다고 주장하면서 외국어 학습 과정을 설명하기 위해 습득과 학습의 차이를 구별하였다. 습득이란 어린이가 모국어나 외국어를 습득해 나가는 과정과 같이 자연스러운 언어학습 환경에서 의사소통을 위해 원어인과 상호작용을 하면서 목표어에 대한 지식을 알게 되는 무의식적이고 잠재적인 과정이다. 학습자는 해당 언어를 사용하여 무의식적으로 이루어지는 자유스런 의사소통을 통해 말의 형태보다는 전달되는 의미에 관심을 갖는다. 학습자는 언어를 사용하여 의사소통을 하고 있다는 사실만을 의식할 뿐이며 언어습득이 진행되고 있다는 사실을 항상 감지하고 깨닫는 것은 아니다. 따라서 습득은 잠재적인(unconscious) 학습, 묵시적인(implicit) 학습, 비공식적인(informal), 그리고 자연적인(natural) 학습으로 불리기도 한다. 반면, 학습이란 학교나 교실에서 정규 교육을 통해 의식적으로 목표어에 대한 지식을 알게 되고 이를 근거로 말할 수 있는 과정이다. 학습자는 의식적으로 언어규칙을 사용하고 발생되는 오류에 대해 오류 수정을 할 수 있으며 언어의 올바른 형태에 대해 연역적으로 학습이 이루어진다. 따라서 학습은 명시적인(explicit) 학습, 공식적인(formal) 학습, 그리고 의식적인(conscious) 학습으로 일컫어 진다. Ellis(1985)는 학습과 습득의 차이를 다음과 같이 구별하였다.

> The term 'acquisition' is used to refer to picking up a second language through exposure, whereas the term 'learning' is used to refer to the conscious study of a second language. (p. 6)

한편, Krashen은 외국어를 습득한 사람은 언어 규칙보다는 언어의 의미 전달이라는 기능적인 측면을 더 중시하며, 외국어를 학습한 사람은 자신이 알고 있는 언어 규칙이 문법적으로 제대로 반영되어 발화되었는지를 알기 위해 감시장치(monitor)를 사용하게 된다고 하였다. 학습과 습득의 차이는 다음에 언급되는 감시장치 가설 모형을 통해 구체화되는데, Krashen은 의식적으로 이루어진 학습을 통해 얻은 언어 지식은 감시장치 역할로서만 유용하고 정상적이고 유창한 발화를 위한 시동 장치는 바로 무의식적으로 습득된 언어 지식이라고 하면서 형식적인 규칙 또는 의식적인 학습은 외국어를 발화하는데 제한적인 역할만을 담당한다고 하였다.

습득된 언어 지식은 언어의 형태가 아닌 의사소통을 통해 전달하고자 하는 의미에 집중하기 때문에 유창성 및 의사소통의 목적을 달성할 수 있다. 그러나 학습된 언어 지식은 언어가 실제로 사용되는 환경과는 유리되어 있어서 문법적 정확성은 있을 수 있으나 유창성 및 의사소통의 목적을 달성하는 데는 한계가 있다. Krashen은 성공적으로 외국어를 배우기 위해서 학습보다는 습득이 이루어져야 한다고 하였다. 하지만 학습된 지식이 자동적으로 습득으로 전이되지는 않는다고 하였다. 따라서 외국어 학습은 습득 위주로 이루어져야 한다.

12.3.2 언어입력 가설(The Input Hypothesis)

Chomsky의 LAD와 UG 이론은 언어습득을 위한 생득적인 면을 강조하기 때문에 LAD와 UG의 작동을 위한 언어입력의 최소한의 역할만을 인정한다. Krashen의 언어입력 가설은 Chomsky의 LAD와 UG 이론(언어학습의 선천성)에 근거를 두고 있다. 하지만 Krashen은 성공적인 외국어 학습에 있어서 언어입력의 중요성을 강조하면서 외국어 습득 과정을 보다 구체적으로 규명하려고 하였다. Krashen에 의하면, 외국어를 보다 효율적으로 습득하기 위해서는 학습자가 현재 가지고 있는 언어적 수준(i)보다 한 단계(+1) 높은 수준의 언어입력(i+1), 즉 이해 가능한 언어입력(comprehensible input)이 학습자에게 제공되어야 한다. 학습자의 현재 수준보다 너무 높은 단계의 언어입력은 학습자에게 좌절감을 안겨줄 수 있다. 따라서 한 단계 높은 수준의 언어입력이 제공될 때 학습자는 이를 이해할 수 있을 뿐만 아니라 발화를 생성하기 위한 도전 의식을 유발시킨다. 또한, 이러한 한 단계 위의 언어입력을 학습자에게 인위적으로 제공하기보다는 일상적인 대화 상황을 통해서 자연스럽게 제공되어야 한다는 것이 Krashen의 주장이다. 언어입력 가설의 주요 내용을 정리하면 다음과 같다.

① 입력가설은 학습이 아닌 습득과 관련이 있다.
② 학습자가 가지고 있는 현재의 수준보다 한 단계 위(i +1)의 언어를 이해함으로써 언어를 습득하게 된다. 학습자의 현 수준에서 이해가 어려운 한 단계 위의 언어적 정보는 당시 의사소통이 이루어지는 상황 및 외적인 정보에 의존하여 이해할 수 있다.
③ 의사소통을 하는 가운데 충분한 언어입력이 주어져야 하며 학습자가 그 입력을 이해할 때 자동적으로 i +1 이 된다.
④ 언어 사용의 유창성은 자연적으로 나타나는 것이지 직접 가르쳐서 나타나는 것은 아니다.

또한, 외국어 학습자는 외국어에 노출된 후 일정 시간이 지나야 발화를 하게 되는 침묵의 시기(silent period)를 갖는다. 이 기간 동안 외국어 학습자는 주어진 언어입력을 이해하고 규칙을 발견하며 발화를 위한 준비를 하게 된다. Krashen은 이 침묵의 시기가 없이는 언어습득이 불가능하다고 하였는데 이러한 맥락에서 이해 가능한 언어입력(i + 1, comprehensible input)은 외국어를 습득하는데 매우 중요하다.

그러나 Van Patten과 Cardierno(1993)는 언어입력 그 자체만으로 성공적인 외국어 습득을 보장할 수 없다고 주장한다. 그들에 따르면, 성공적인 외국어 습득은 주어진 언어입력을 학습자가 얼마나 자신의 것으로 흡입(intake)하였는가에 달려있는데 그들이 제시한 모형은 다음과 같다.

<그림 12-6> 언어흡입 모형

일반적으로 학습자에게 제공되어 이용 가능한 모든 언어적 자료를 '언어입력(input)'이라고 하며, 학습자가 생성하는 문어적, 구어적 표현 모두를 '언어출력(output)'이라고 한다. 그러나 현실적으로 언어입력 모두가 그대로 언어출력으로 나타나는 것은 아니다. 위 모델에 의하면 언어출력까지 3가지 과정이 일어나는데, 첫째는 언어입력이 학습자 내면에 흡입되는 과정, 둘째는 흡입된 언어입력이 보다 발전된 언어 체계로 전환되는 과정, 그리고 마지막으로 완전한 발화가 나타나는 과정이다. 일반적으로 언어입력과 언어출력이 서로 다르게 나타나기 때문에 학습자 내면에서 일어나는 흡입 과정에 보다 많은 관심을 기울일 필요가 있다.

Chaudron(1985)은 언어흡입(intake)이란 학습자 내면에 실제로 흡입된 언어입력이라고 하면서 이 흡입 과정은 주어진 언어입력 가운데 규칙을 발견하고, 부호화하고, 특정한 언어적 특징에 주의를 기울이며, 이를 보다 더 발전시키기 위한 전략을 구사하는 매개 과정이면서 올바른 언어습득을 위한 가설 검증 과정이라고 하였다. 따라서 학습자에 따라 주어진 언어입력이 언어흡입되는 정도는 다르다고 볼 수 있으며, 모든 언어입력이 자동적으로 언어흡입으로 전환되는 것은 아니다. 하지만, 중요한 점은 학습자 내면에서 언어흡입이 잘 일어나기 위해서는 Krashen이 주장했듯이 학습자가 이해 가능한 범위 내에서 언어입력(comprehensible input)이 제공되어야 한다.

12.3.3 자연 순서 가설(The Natural Order Hypothesis)

많은 학자들은 어린이들이 모국어를 배우는데 있어서 예측 가능한 일정한 순서가 있다고 주장한다. Brown(1973)에 의하면, 어린이들은 먼저 기능어(function word)를 배운다. 예를 들어, 진행형의 'ing'(예: He is playing baseball)와 복수를 나타내는 어미인 '-s'(예: two dogs) 등과 같은 특정 문법적 형태소 및 기능어를 먼저 배우고, 삼인칭 단수 어미인 '-s'(예: He lives in New York)와 소유격 의미의 '-'s'(예: John's hat) 등은 나중에 배운다는 것이다. 이렇듯 Krashen은 어린이들이 모국어를 습득하는데 있어서 어떤 항목은 좀 더 일찍 배우고 어떤 항목은 나중에 습득하는 것과 같이 일정한 순서가 있다고 하면서 외국어를 습득하는데 있어서도 일정한 순서가 있다고 주장하였다. Dulay와 Burt(1974a), Ervin-Tripp(1974), 그리고 McLaughlin(1985) 등은 학습자의 모국어가 무엇이든지 간에 영어를 제2외국어로 학습하는 습득 순서와 영어를 모국어로 학습하는 습득순서 간에 똑같지는 않지만 유사한 점이 많다는 것을 발견하였다. Krashen(1977)은 아래와 같이 영어를 제2외국어로서 학습하고 있는 성인 및 어린이들의 평균적인 습득 순서를 조사하여 모국어 습득 순서와 외국어 습득 간에 어느 정도 유사성이 있다는 것을 발견하였다.

<표 12-1> 영어의 문법적 형태소의 평균 습득 순서 비교

모국어로서의 영어 형태소 습득순서	외국어로서의 영어 형태소 습득순서
1. -ing (진행형)	1. -ing (진행형)
2. -s(복수형 어미)	2. -s (복수형 어미)
3. 불규칙 동사 과거형	3. 연계사 (be동사)
4. 소유격 어미 -s	4. 보조동사
5. 연계사(be동사) (예: She is a teacher)	5. 관사
6. 관사	6. 불규칙 동사 과거형
7. 규칙동사 과거형	7. 규칙동사의 과거형
8. 3인칭 단수 -s	8. 3인칭 단수 어미 -s
9. 보조동사(예: She is going)	9. 소유격 어미 -s

또한, 자연 순서 가설을 뒷받침해주는 한 예로 목표어의 완벽한 언어 체계에 이르기 전에 학습자들은 중간 단계를 거치는데 모국어 습득자와 외국어 습득자 모두 유사한 오류를 보여준다는 것이다. 이 중간단계에서 모국어와

외국어 습득자들이 보여주는 언어 체계를 '중간언어(interlanguage)'라고 하는데, 이 언어체계는 완벽한 언어 체계를 향해 계속적으로 발전해 나간다는 의미에서 학습자들이 만들어내는 오류를 '발전적 오류(developmental error)'라고도 한다. 예를 들어, 모국어이든 아니면 외국어이든 영어의 부정문을 학습하는 학습자들은 다음과 같은 단계를 거치는데 약간의 차이는 있지만 많은 유사점이 있다는 것을 발견하게 된다.

<표 12-2> 영어 부정문의 습득 순서 비교

	모국어로서의 영어 부정문	외국어로서의 영어 부정문
1 단계	No singing song. No the sun shining.	They no have water. I no sing it.
2 단계	I no want envelop. He no bite you.	He don't like it. I don't can explain.
3 단계	He don't want it.	Somebody is not coming in.
4 단계	He doesn't want it. Paul didn't laugh.	It doesn't spin. He didn't found it. She doesn't wants it.

일반적으로 부정문을 만들기 위해서 크게 3단계를 거치는데, 첫 단계에서 학습자는 부정을 나타내는 단어를 문두에 또는 문중에 위치시킨다. 이때 모국어 습득에서는 부정을 의미하는 단어를 문장의 구성 요소로 보지 않기 때문에 문두에 위치시키지만, 외국어의 경우에는 문장의 구성 요소로 인식하여 문장 중에 위치시킨다는 점에서 서로 차이가 있다. 두 번째 단계는 부정어를 주어와 동사 사이에 위치시키게 되는데, 이때는 학습자들이 부정을 나타내는 단어를 문장의 구성 요소로 인식하지만 인칭과 시제에 따른 굴절은 사용하지 못한다. 그런 후 마지막 단계에서 이제 학습자들은 do 동사, be 동사 그리고 수와 시제에 따라 적절하게 부정어에 굴절 변화를 일으킨다.

외국어 학습에 있어서도 이러한 자연적인 순서와 교사에 의한 의식적인 문법 체계의 학습순서 간에 충돌이 일어날 수 있다. 따라서 가능하다면, 외국어 학습에서 모국어 습득에서와 마찬가지로 자연적인 순서에 따라 습득이 이루어질 수 있도록 지도한다면 학습자의 외국어 학습이 보다 효과적으로 일어날 수 있도록 도움을 줄 수 있을 것이다.

12.3.4 감시장치 가설(The Monitor Hypothesis)

감시장치 가설은 Krashen이 언급한 학습과 습득이 담당하는역할의 차이를 잘 보여 준다. 학습자들은 습득한 언어 체계(acquired language system)를 활용하여 일상적인 발화를 표현하며, 자신의 발화에서 오류를 발견하고 이를 개선하거나 수정을 하기 위해 학습을 통해서 획득한 지식을 감시장치로 사용한다. 즉, 의식적인 학습으로 얻은 언어지식을 활용하여 언어수행 시 사용된 발화가 문법적으로 옳은 문장인지를 판단하는 감시장치 역할을 한다는 것이다. 감시장치 가설의 모형을 그림으로 나타내면 다음과 같다(Krashen, 1981, p. 2).

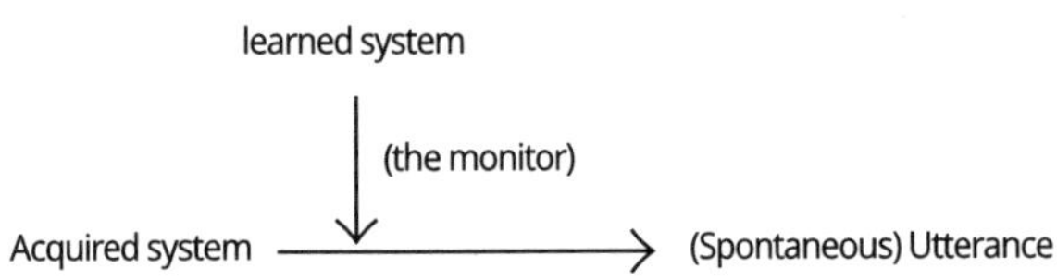

<그림 12-7> 감시장치 모형

한편, Krashen은 학습이 이루어지기 위해서 다음 3가지 조건이 충족되어야 한다고 하였다.

① 충분한 시간이 주어져야 한다. 학습자가 언어 규칙을 실제 상황에 적용하여 적절한 발화를 나타내기 위해서는 충분한 시간이 주어져

야 하는데 언어가 사용되는 실제 환경은 학습자에게 충분한 시간을 주지 못한다.

② 언어의 형태에 초점이 맞추어질 때 학습이 이루어진다. 의미 전달 위주의 의사소통적 기능보다는 언어의 문법적 형식에 더 많은 관심을 갖게 되는 것이 학습의 역할이라고 할 수 있다.

③ 학습자가 언어의 규칙을 알고 있어야 한다. 학습자가 언어의 규칙을 알고 있어야 문법적 오류를 지적하고 수정할 수 있다.

그러나 앞에서 살펴본 바와 같이, 학습이란 의식적인 과정으로 언어의 문법적 정확성에는 어느 정도 도움이 될 수 있지만 유창성을 보장해 주지는 않는다. 실제로 의사소통이 이루어지는 환경을 볼 때 학습이 이루어지기 위한 위 3가지 요건이 충족되지 않기 때문에 학습은 습득을 돕지 못하며 또한 학습된 지식이 자동적으로 습득으로 전이되지 않는다. Krashen에 의하면, 목표어의 언어적 체계를 불완전하게 습득할 경우 학습자는 오류를 나타낼 수밖에 없는데, 이러한 오류를 교정하는 방법은 의식적인 학습을 통해 얻은 지식을 감시장치로 사용함으로써 가능하다. 외국어 학습에서 학습의 역할은 완전하게 습득하지 못한 언어적 항목에 대해 의식적인 감시장치 역할을 통해 극복하도록 해준다. 즉, 습득을 중심으로 외국어 학습이 이루어지되, 학습은 습득의 미비한 부분을 감시하고 이를 의식적인 과정을 통해 보완하는 주변적 개념으로 이해된다.

그런데 이런 감시장치의 사용도 학습자 개개인에 따라 달라진다. 감시장치를 너무 많이 사용하는 학습자가 있는 반면, 감시장치를 너무 사용하지 않는 학습자가 있기 마련이다. 감시장치를 너무 많이 사용하는 학습자는 그들의 발화(output)가 문법적으로 옳은지 그 여부를 항상 점검하는 과정 중에서도 계속적으로 수정을 하는데 집중하기 때문에 유창하게 말을 하지 못한다. 또한, 자신의 발화에 대해 너무 의식하기 때문에 자신이 표현하고자 하는 말을 제대로 하지 못하게 된다. 그러나 감시장치를 너무 사용하지 않는 학습자는 자신이 가지고 있는 언어적 지식을 의식적으로 사용하지 않으며 그들이 유발하는 오류에 대해서도 그다지 신경을 쓰지 않는다. 이 경우 거리낌 없이 말을 하게 되어 유창성 개발에는 도움이 될 수 있으나 너무 지나치면 잘못된 언어 체계가 고정되는 화석화 현상을 유발할 수 있다. 따라서 우리의 교육적 목표는 학습자들이 감시장치를 적절하게 사용할 수 있도록 하는데 있다.

12.3.5 정의적 여과기 가설(The Affective Filter Hypothesis)

정의적 요인은 학습자가 학습하고자 하는 목표어에 대한 태도를 포함하여 동기, 자신감, 불안 등의 요소와 매우 밀접한 관계를 맺고 있다. Krashen은 학습자가 학습에 대한 높은 정도의 동기와 자신감을 가지고 있을 때, 그리고 학습에 대한 불안 정도가 낮을 때 학습자가 받아들이는 언어입력의 양은 증대한다고 하였다. 반면에 학습에 대한 불안 정도가 높을 경우 학습자가 받아들이는 언어입력의 양은 감소하는 상관관계가 있다는 것을 보여 주었다. 정의적 여과기 가설 모형을 그림으로 나타내면 다음과 같다.

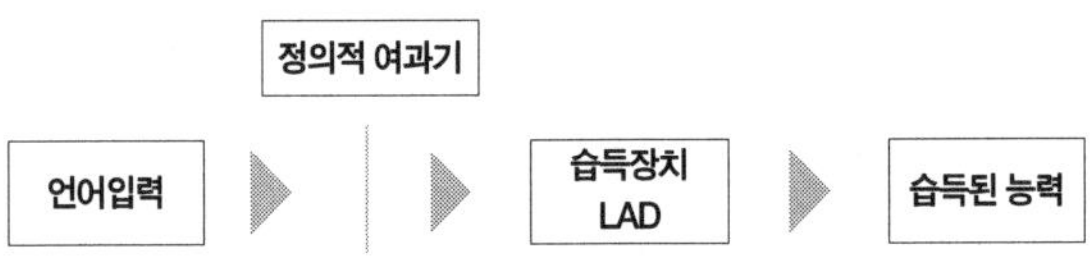

<그림 12-8> 정의적 여과기 작동원리

위 모형에서 본 바와 같이, 언어습득을 위해서 최적의 태도를 갖는 학습자는 정의적 여과기가 낮을 것이라고 가정한다. 정의적 여과기가 낮게 설정된 언어학습 환경은 학생들을 불안감이 낮은 상태로 유지시켜 주며, 이런 경우 학습자들의 방어적 심리는 이완된다. 따라서 정의적 여과기의 수준이 낮으면 언어습득장치에 도달하는 언어입력의 양은 증가하고, 반면에 정의적 여과

기의 수준이 높으면 언어습득장치에 도달하는 언어입력의 양은 감소된다. 그런데 정의적 여과기의 작동을 결정짓는 요인은 학습자 내부에 존재하는 것이 아니라 학습자 외부에 존재한다는 것이다. 외국어 습득을 위한 일차적인 변수는 언어입력이지만 정의적 여과기는 이러한 언어입력이 언어습득장치에 도달하는 것을 촉진시키거나 방해하는 역할을 한다. 따라서 언어학습 환경에서 학습자들이 낮은 수준의 정의적 여과기를 작동할 수 있도록 학습자의 자아를 위협하지 않는 학습 환경을 창출하는 것이 매우 중요하다.

12.4 VanPatten의 언어입력 처리 이론

Van Patten(1995)의 언어입력 처리 모형은 Chomsky의 언어습득장치 모형에 근거를 두고 있지만 Chomsky 모형과 비교해서 몇 가지 차이점이 있다. Chomsky 모형에서 언어입력은 모두 언어습득장치를 거쳐서 언어출력으로 전환되어 나타나는 것으로 이해된다. 하지만 Van Patten의 모형에서는 모든 언어입력이 자동적으로 언어출력으로 전환되지 않는다는 것을 함축하고 있다.

Van Patten의 언어입력 처리 모형의 몇 가지 특징을 나열해 보면 다음과 같다.

첫째, 정보처리 모형에 근거하고 있다. 외부로부터 주어지는 언어입력(정보)은 학습자 내부에서 처리하게 된다. 이때 정보를 처리하는 인간의 정보처리 용량은 한정되어 있다. 한정된 정보처리 용량으로 인해서 결국 학습자는 모든 언어입력에 주의를 기울일 수 없다는 것을 의미하며, 학습자는 언어입력의 형태와 자신의 필요에 따라 선택적으로 주의를 기울이게 된다.

둘째, 외부에서 주어지는 언어입력은 내부 처리를 거쳐서 언어출력으로 나타나게 되는데, 항상 'Input = Output'는 아니라는 점이다. 그렇다면 정보를 처리하는 과정 중에서 중요하게 작용하는 어떤 메카니즘이 있다는 것인데, Van

Patten은 이 과정을 '언어흡입(intake)'이라는 용어를 사용하였다. 언어흡입은 주어지는 언어입력을 자신의 것으로 내면화 시킨 정도를 나타낸다.

셋째, 학습자의 주의력을 매우 중시한다. 여기서 언어입력과 언어출력이 항상 같지 않다는 점과 인간의 정보처리 용량은 제한되어 있다는 점에 유의할 필요가 있다. 따라서 인간은 특정 정보를 받아들이는데 있어서 주의력을 발휘하게 된다. 학습자는 자신의 관심을 끌 수 있는 특정 정보 또는 학습자가 정말로 필요로 하는 정보에 주의력을 발휘하게 된다.

Van Patten은 자신의 모형을 다음과 같이 제시하면서 언어입력은 다음 3단계를 거친다고 하였다(Van Patten, 1995, p. 154).

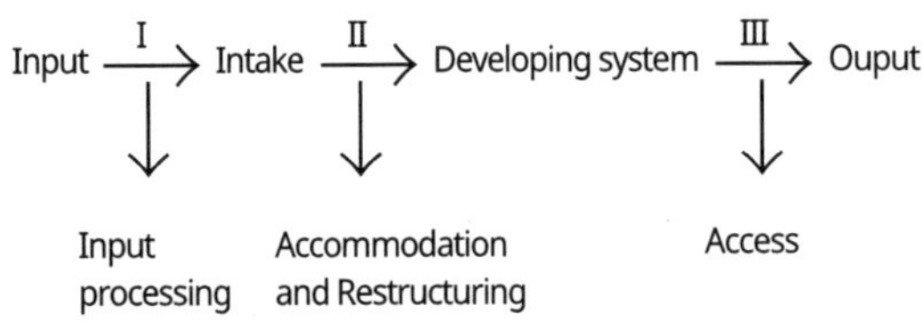

<그림 12-9> Van Patten의 언어입력처리 모형

① 첫 단계 : 외부에서 주어지는 언어입력에 대해서 주의력과 관심을 기울이는 단계이다. 이때 중요한 용어는 주의(attention)와 탐색(detection) 이다. 언어를 잘 배울 수 있는 한 가지 조건은 언어입력에 대해서 학습자들이 주의력을 발휘해야 한다는 점이다.

② 두 번째 단계 : 언어흡입 단계 후 정보들이 내재화되는 단계인데, 수용(accommodation)과 재구조화(restructuring) 단계를 거친다. 이는 기존의 인지 구조에 정보를 저장하는 측면과 매우 밀접한 관련이 있다. 학습자의 기존 정보에 체계성, 위계성, 관련성에 따라서 새로운 정보들이 저장된다. 또한, 더 많은 정보와 중요한 정보를 저장하기 위해서 필요하다면 인지적 가지치기(cognitive pruning)가 일어나면서 새로운 정보를 저장하기 위한 공간을 만들어낸다.

③ 세 번째 단계 : 언어흡입과 수용, 재구조화 과정을 통해서 내재화

> 된 언어입력 체계는 학습자들이 실제 언어사용을 위한 자료의 저장고가 된다. 언어출력의 이전 단계로서 학습자들은 저장고에서 접근(access)하여 원하는 언어출력의 자료를 선택하여 사용하게 된다.

그렇다면, 실제 외국어 학습에서 Van Patten의 언어입력 처리모형은 어떻게 응용될 수 있는가? Van Patten은 무엇보다도 외부에서 주어지는 언어입력을 언어흡입으로 전환시키는 효과적인 방법이 매우 중요하다고 생각하였으며, 또한 이들 전환시키는 방법에 대해서 많은 관심을 갖고 있었다. 외국어 학습을 위해서 그가 제시한 모형은 다음과 같다.

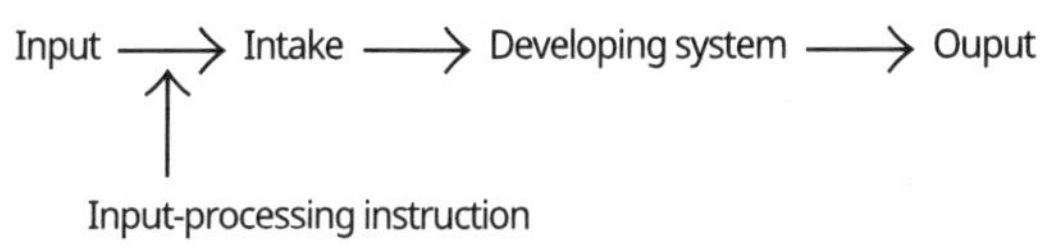

<그림 12-10> 외국어 학습에서 언어입력 처리 모형 응용

위 모형의 핵심은 학습자 스스로 자신의 현재 언어능력(중간언어)과 목표어 간의 차이점을 인식하여 목표어 처리 과정의 조정을 유도하는데 있다. 학습 활동의 모든 단계에서 학습자들의 어려움을 야기시키는 특정 언어 형식이 있다면, 교사는 직접 이에 대한 설명을 하거나 충분한 예들을 입력 쇄도(input flooding) 또는 입력 강화(input enhancement)를 통해서 학습자들이 특정 언어적 항목에 주의력을 발휘하여 학습하게 할 수 있다. 이를 통해서 학습자들은 목표어 언어 형식에 대한 명시적인 설명과 규칙 제시를 통해 자신들에게 제공되는 언어입력을 체계적으로 받아들이며, 자신의 중간언어 처리 과정을 수정할 필요가 있음을 깨닫게 된다. 이는 언어 형식에 대한 일방적 규칙 설명이 이루어지는 기존의 문법 번역식 수업과는 다른 성격을 띠며, 학습자들의 의사소통 활동 중에 나타나는 발화에 대해 교사가 적극적으로 반응하는 유형이라 할 수 있다. 이 과정에서 교사들이 사용하는 몇 가지 원칙은 다음과 같다.

첫째, 언어흡입으로 전환시킬 수 있도록 언어입력을 조작한다. 앞서 언급한 바와 같이, 입력 쇄도와 입력 강화 방식을 사용하여 학습자들의 주의력을 특정 언어 항목에 기울이도록 유도한다.

둘째, 문장(sentence) 중심의 연습보다는 담화(discourse)중심의 연습이 이루어지도록 하며, 언어의 형식적인 면보다는 언어의 의미 중심으로, 그리고 표현(expression) 중심으로 연습이 이루어지도록 한다.

셋째, 학습자들이 준비되어 있지 않다면 강제적으로 말을 하도록 유도하지 않는다. 필요하다면 학습자들이 침묵의 시기(silent period)를 갖도록 하며, 학습자들이 스스로 언어의 규칙을 찾을 수 있는 기회를 제공한다.

넷째, 참조 지향 활동(referentially oriented activities)과 정서 지향 활동(affectively oriented activities)을 병행하여 실시한다. 참조 지향 활동은 단순히 학습자가 Yes/No 답변을 하도록 하는 것이 아니라 Wh-질문을 사용하여 학습자의 의견을 제시할 수 있도록 활동을 하는 것이다. 그리고 정서 지향 활동은 학습자들이 특정 사항에 대해서 동의한다면 왜 그러한지, 동의하지 않는다면 왜 그러한지에 대해서 설명하도록 요구하는 활동이다.

12.5 Gass의 언어입력 처리 이론

Gass(1998)는 앞서 언급한 Van Patten의 모형보다는 다소 복잡한 모형을 다음과 같이 제시하였다.

Input ⟶ Apperceived Input ⟶ Comprehended Input ⟶ Intake ⟶ Integration ⟶ Output

<그림 12-11> Gass의 언어입력 처리모형

이 모형을 이해하기 위해서는 다음 용어들을 이해할 필요가 있다.

1) 인식된 언어입력(perceived input) : 학습자에게 주어지는 모든 언어입력이 학습자의 언어발달에 기여하는 것은 아니다. 어떤 언어입력은 언어 발달에 도움이 되지만, 어떤 언어입력은 그렇지 못하다. 왜 이런 결과가 나오는 것인가? 이때 고려되는 첫 개념이 인식된 언어입력이다. 학습자에게 새롭게 제공되는 언어입력의 여러 특징들은 학습자가 가지고 있는 기존 선험 지식들과 연관되면서 이해의 과정을 거치게 된다. 이렇듯 인식된 언어입력은 학습자에게 제공되는 언어입력이 갖는 몇 가지 특징을 학습자가 기존 선험 지식과의 연계 등의 일정한 방식을 통해서 인식하는 언어라 할 수 있다. 학습자가 특정 언어적 자질을 인식하는데 영향을 미치는 요인으로 빈도(frequency), 정의적 여과기(affective filter), 주의력(attention), 선험 경험 등이 있다.

- 빈도 : 매우 빈번하게 반복되는 것은 학습자들이 인식하기 쉽다. 또한, 학습자에게 익숙한 특정 맥락에서, 새로운 단어나 구절은 학습자들이 보다 쉽게 인식할 수 있어서 학습자의 언어 체계에 영향을 미친다.
- 정의적 여과기 : 사회적 거리감, 지위, 동기, 태도 등의 요인들이 포함된다. 학습자가 심리적으로 또는 사회적으로 목표어 집단과 어떤 거리감을 느낀다면 학습자는 목표어 원어민으로부터 멀어지기 때문에 언어입력을 활용할 수 없다.
- 주의력 : 주의력은 학습자가 목표어에 대해서 아는 것과 실제로 목표어를 사용했을 때 나타나는 불일치를 인식하게 해 주는 역할을 한다. 우선 학습자는 이런 불일치를 인식하고 조정을 하고자 원한다면, 그는 어떤 언어적 항목에서 변화가 있어야 하는지를 결정하기 위해서 선택적 주의력(selective attention)을 발휘하게 된다.
- 선험 경험 : 학습은 결국 새로운 지식과 기존의 선험 지식 간의 연결 또는

통합의 결과라 할 수 있다. 따라서 학습자에게 제공되는 언어입력이 유의미한지의 판단 여부는 학습자의 선험 지식이 그 역할을 하게 된다. 선험 지식은 크게 모국어에 대한 지식, 세계에 대한 지식, 언어에 대한 일반적 지식 등이 포함된다. 일반적으로 학습자들이 새로운 언어 자료를 성공적으로 해석하거나 실패하는데 가장 중요한 역할을 담당하는 것은 선험 지식이라 할 수 있다.

2) 이해된 입력(comprehended input) : 우선 이해된 언어입력과 이해 가능한 언어입력(comprehensible input) 간의 차이를 이해할 필요가 있다. 이해 가능한 언어입력은 언어입력을 제공하는 외부 사람에 의해서 통제될 수 있는 반면에, 이해된 언어입력은 학습자 자신이 이해하기 위해서 어떤 노력을 하기 때문에 학습자에 의해서 통제된다는 점에서 차이가 있다 또 다른 차이점은 의미론적 차원에서 이해 가능한 언어입력은 이해가 가능하거나 이해가 안 되는 이분법적 차원에서 이해된다. 하지만 이해된 언어입력은 잠재적으로 다양한 이해가 일어날 수 있다는 점을 전제로 한다는 점에서 차이가 있다. 그렇다면 지각된 언어입력과 이해된 언어입력은 어떤 차이가 있는가? 지각된 언어입력은 일종의 초벌 장치로서 후속 분석을 위해서 학습자를 준비시키는 역할을 한다. 하지만 이해된 언어입력은 학습자가 언어입력에 대해서 이해하고자 노력하는 과정이며 궁극적으로 언어흡입(intake)으로 귀결될 지 그 여부를 결정짓는 역할을 한다. 왜냐하면, 이해된 모든 언어입력이 언어흡입으로 전환되지는 않기 때문이다.

3) 언어흡입(intake) : 언어흡입은 언어 재료를 동화시키고 학습자 자신의 것으로 내재화시키는 과정이다. 언어적 항목이 선험 지식에 일치하는지, 기존의 내면화된 문법 규칙에 부합하는지 그 여부를 결정짓는 단계이다. 일반화(generalization)와 과잉일반화(overgeneralization)가 일어나고, 또

한 최종적으로 화석화(fossilization)가 일어나는 단계라 할 수 있다. 언어흡입을 위해서 일어나는 몇 가지 현상은 가설 형성(hypothesis formation), 가설 검증(hypothesis testing), 가설 기각(hypothesis rejection), 가설 조정(hypothesis modification), 가설 확증(hypothesis confirmation) 등이 있다.

4) 통합(integration) : 통합은 언어 관련 정보를 안정적으로 저장하는 것을 의미한다. 정보의 저장은 단 한번만 일어나는 것이 아니라 오히려 다른 단계의 분석과 재분석, 그리고 통합의 일부로서의 분석이 이루어진다. 중요한 점은 저장된 정보만이 학습자의 언어 지식 체계로 불리는 것이 아니라, 처리 과정을 거치고, 언어 발달을 위해 적절하다고 생각되지만 아직 저장 상태에 있지 않은 언어 정보 역시 학습자의 지식 체계, 문법의 일부가 될 수 있다는 점이다.

Gass의 모형은 대화(conversation)을 통해서 이루어지는 상호작용을 중시한다. Gass에 의하면, 학습자가 받아들이는 언어입력은 대화를 통한 상호작용을 통해서 이해된 언어입력으로 전환된다. 하지만 이해된 언어입력 모두가 언어흡입으로 전이되지는 않는다. 즉, 대화를 통해서 이루어지는 상호작용이 매우 중요한 역할을 하는 것은 분명하지만, 단지 대화만을 위해 사용되는 언어입력은 언어흡입 단계까지는 도달하지 못한다는 것이 Gass의 생각이다. 대화중에 이루어지는 의미 교섭(negotiation of meaning), 외국인 말(foreigner talk) 등은 언어입력을 이해된 언어입력으로 전환하는데 매우 효과적이다.

하지만 외국어 학습에서 Gass가 취하는 대화의 위치에 대해서는 많은 비평이 따른다. Gass는 이전에 이해된 언어입력이 언어흡입으로 전이되기 위해서는 주의력의 활용이 중요하다고 언급하였지만, 대화에서 이루어지는 주의력의 활용에 대해서는 그다지 높은 가치를 두지 않았다. 그래서 그는 대화만을 위한 대화는 외국어 학습에 도움이 되지 않는다고 했지만, 실제로 대화만을 위한 대화가 외국어 학습에 유익하지 않는지에 대해서는 명확한 언어적 증거를 제시하지 못했다. 대부분의 외국어 학습이 자연적인 맥락(natural context)에서 이루어지지 않고, 인위적인 맥락에서 인위적인 유형의 상호작용을 통해서 이루어지고 있다는 점을 인정한다면, 그리고 실제로 이러한 활동이 성공적인 외국어 학습으로 일어나고 있다는 점을 인정한다면, 대화만을 위한 대화는 외국어 학습에 도움이 되지 않는다는 Gass의 주장은 전적으로 받아들이기 어려워진다. 결국 어떤 유형의 대화가 외국어 학습에 도움이 되는가의 문제인데, 대화중에 일어나는 상호작용이라고 해서 모든 상호작용이 외국어 학습을 위한 필요-충분조건이 되는 것이 아니라는 점은 분명해 보인다.

Gass에 의하면, 언어흡입은 언어 정보를 동화시키고 학습자 자신의 것으로 내재화시키는 과정이며, 통합은 언어출력 이전에 언어 관련 정보를 안정적으로 저장하는 것이다. 이에 대해서 Johnson(2004)은 언어흡입 단계와 통합 단계의 구분이 불명확하여 굳이 통합 단계가 필요한지에 대해서 의문을 제기하였다. 또한, Gass는 통합 단계에 대해서 저장된 정보만이 학습자의 언어 지식 체계로 불리는 것이 아니라, 처리 과정을 거치고, 언어 발달을 위해 적절하다고 생각되지만 아직 저장 상태에 있지 않은 언어정보 역시 학습자의 지식 체계, 문법의 일부가 될 수 있다고 주장하였다. 이에 대해서도 Johnson은 모형 상에서 오류가 나타난다고 주장하였다. 모형 상에서 오직 이해된 언어 정보만이 저장될 수 있으며, 이해되지 않은 정보는 언어출력 이전의 단계인 통합 단계에서는 저장되기가 어렵다는 것이 그의 주장이다. 특히, 언어흡입 단계에서 가설의 설정, 기각, 수정 등의 단계를 거치는 것이 사실이라면, 이해되지 않은 언어 정보들은 잠정적으로 통합 단계가 아닌 언어흡입 단계에 저장되는 것이 더 적절하다고 주장하였다.

지금까지 살펴본 언어입력처리 모형을 정리해 보면 다음과 같다.

Krashen 모형

Input ⟶ LAD ⟶ Output

Van Patten 모형

Input ⟶ Intake ⟶ Developing system ⟶ Output

Gass 모형

Input ⟶ Apperceived Input ⟶ Comprehended Input ⟶ Intake ⟶ Integration ⟶ Output

<그림 12-12> 언어입력 처리모형 비교

12.6 이해 가능한 언어출력 가설

Krashen(1985)의 언어입력 모형, 그리고 Van Patten과 Gass(1998)의 언어흡입(intake) 모형은 학습자 내면에서 일어나는 과정에 대해 너무 집중하기 때문에 외국어 학습에서 언어출력이 담당하고 있는 역할에 대해서는 그다지 중요성을 두지 않다. 그러나 Swain(1985) 그리고 Swain과 Lapkin(1996)은 그들의 이해 가능한 언어출력 가설에서 학습자들이 만들어내는 언어출력 역시 외국어 학습에 일익을 담당하고 있다고 주장하였다. 그렇다면, 실제로 말을 많이 하는 학습자는 외국어 학습에서 어떤 이점이 있는가? 이해 가능한 출력 가설에서는 학습자들이 가능한 말할 수 있는 기회를 많이 갖는 것이 중요하다고 강조한다. 왜냐하면, 학습자들이 받아들이고 이해하는 언어입력 만으로는 외국어를 완전하게 학습할 수 없다고 생각하기 때문이다. 즉, 언어적 항목의 완전한 습득이 되지 않은 상태에서도 상대방의 말을 이해하는 것은 가능하지만, 언어적 표현을 사용하여 자신이 전달하고자 하는 의미를 표현하기 위해서는 언어적 항목에 대한 완전한 습득이 요구된다.

따라서 이해 가능한 언어출력 가설이 갖는 가장 직접적인 이점은 학습자가 말을 많이 함으로써 궁극적으로는 자신에게 돌아오는 언어입력의 양을 증대시킬 수 있다는데 있다. 이를 좀 더 구체적으로 표현하면 다음과 같다.

① 언어습득이 진행되고 발전하는데 이해 가능한 언어입력이 큰 비중을 차지한다.
② 습득된 언어능력의 결과로서 언어출력이 가능하다.
③ 언어 수행자가 말을 할 때 사람들은 언어 수행자에게 다시 말을 하는 언어입력을 장려한다. 이것이 바로 '대화'이다

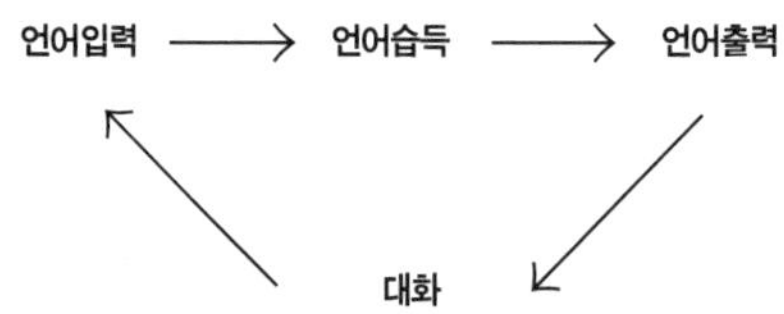

<그림 12-13> 언어출력이 언어습득에 기여하는 방법

언어출력의 또 다른 이점은 학습자들이 다양한 방식으로 생성된 자신의 발화를 살펴보고 수정함으로써 스스로 자신의 발화에 대해서 오류를 수정할 수 있는 기회를 갖을 수 있다는데 있다. 언어출력은 학습자들이 자신의 내면에 잠정적으로 설정한 언어 규칙에 대한 가설이 올바른지를 시험할 수 있도록 해준다. 언어 규칙을 활용하여 발화를 함으로써 상대방으로부터 긍정적인 피드백을 받든지 아니면 부정적인 피드백을 받음으로써 가설 검증의 옳고 그름을 확인할 수 있다. 그러나 이 가설에서 중요한 점은 언어입력 없이 언어출력만을 중요시하지 않는다는 점이다. Swain(1985, p. 128)는 이해 가능한 언어출력이 갖는 언어적 이점에 대해서 다음과 같이 주장하였다.

Output may stimulate learners to move from the semantic, open-ended, non-deterministic, strategic processing prevalent in comprehension to the complete grammatical processing needed for accurate production. Output, thus, would seem to have a potentially significant role in the development of syntax and morphology.

한편, Gass와 Selinker(2001)는 이해 가능한 언어출력이 외국어 학습 과정에서 수행하는 역할에 대해 다음 4가지를 제시하였다.

① 가설 검증 과정(hypothesis testing) : 학습자는 언어출력을 통해서 학습자가 형성하고 있는 언어적 가설을 시험하기 위해서 자신의 언어를 사용하게 되는데, 언어출력은 목표 언어에 대한 가설 검증의 구체적인 결과물로서 나타난다.

② 피드백 수용(receiving feedback) : 언어출력은 가설 검증의 타당성에 대해 피드백을 받을 수 있는 근거를 제시한다. 목표 언어를 사용하는 과정 중에서 학습자는 자신의 언어에서 나타나는 오류를 인식할 수 있고, 또한 자신의 언어적 약점에 대해서 외부에서 피드백을 받을 수 있는 구체적인 근거가 된다.

③ 자동화 발달(developing automaticity) : 학습자 자신의 언어적 가설의 결과물에 대한 피드백을 받으면서 학습자 자신의 수준에 맞추어 특정 문장 구조나 발음, 어휘 등을 계속적으로 연습해 나가면 궁극적으로는 자동화에 이르게 된다.

④ 의미 중심에서 통사적 구조 중심으로 전이(sifting from semantic syntactic processing) : 학습자가 전달하려는 의미는 학습자 내부에서 일어나는 언어적 현상과 관련이 있다. 이러한 의미는 구체적인 언어 형식을 띈 형태로 실제 언어 사용 맥락에서 구현된다. 언어 출력은 통사적인 형식을 띄기 때문에 학습자는 언어 형식이라는 통사적인 면에 더 초점을 맞추게 된다.

언어출력은 학습자들이 이미 배웠던 내용을 보다 생산적이고 구체적인 방법으로 나타내는 역할을 한다. 또한, 언어출력은 목표 언어에 대한 가설 검증의 구체적인 결과물로서 나타나며, 가설 검증의 타당성에 대해 피드백을 받을 수 있는 구체적인 근거를 제시한다. 특히, 학습자 자신의 수준에 맞추어 특정 문장 구조나 발음, 어휘 등을 계속적으로 연습하고 이에 대한 피드백을 받아 자신이 설정한 가설을 검증해 나가면서 궁극적으로는 자동화에 이르게 된다. 이러한 과정을 거치면서 학습자들은 현재 자신의 목표어 수준을 인식하고 자신의 목표어 언어 체계를 지속적으로 수정하고 보완해 간다면 궁극적으로 완전한 목표어 언어 체계에 도달하는 것으로 이해된다. 이러한 맥락에서 본다면, 언어입력은 단순히 언어출력을 위한 전제 조건이기 보다는 언어출력이 나타내기 전에 학습자 내면의 언어적 체계를 변화시키기 위한 방편으로 인식될 필요가 있다.

12.7 McLaughin의 자동화 이론

McLaughlin(1987)과 McLaughlin 등(1983)은 Krashen이 구별하였던 학습과 습득의 개념을 통제(controlled)와 자동(automatic)의 개념으로 설명하였다. 일반적으로 통제적인 학습은 학습 양에 있어서 한계가 있고 일시적이지만 자동적인 학습은 학습양도 많고 영구적이다. 자동과 통제의 개념은 다시 선언적 지식(declarative knowledge)과 절차적 지식(procedural knowledge)으로 연관시켜 볼 수 있다. 예를 들어, 처음 테니스를 배우는 경우에 비유하여 설명할 수 있다. 초기 단계에서는 라켓 잡는 법, 라켓으로 공을 치는 법, 공을 네트 너머로 넘기는 법, 서브를 넣는 법, 공을 받는 법 등등 모든 동작은 개별적인 항목으로 통제적인 학습에 속하며, 이들 테니스에 대한 개별적인 지식들은 선언적 지식이라 할 수 있다. 그러나 테니스 게임을 진행하기 위해서는 이런 통제 학습의 개별적인 항목들이 잘 조화되어 동시에 그리고 자동적으로 일어나야 한다. 일반적으로 통제적인 학습으로 배운 선언적 지식들은 적절한 연습 과정을 거치지 않는다면 상호 조화되지 않고 통합되지 않는다. 따라서 개별적인 선언적 지식들이 잘 조화되어 모든 데이터들이 자동적으로 처리될 수 있도록 절차적 지식으로 전이될 필요가 있다. 이때 선언적 지식이 절차적 지식으로 전환되는 과정을 '자동화(automization)'라고 한다.

통제와 자동, 이때 중요한 개념이 '채널 역량(channel capacity)'이다. 채널 역량은 학습자들이 특정 과제를 수행하면서 얼마나 많은 양의 의식적인 주의 집중을 할 수 있는지 그 역량 상태를 의미한다. 예를 들어, 처음 운전을 한다고 할 경우, 기어 하나를 바꾸는데도 온 주의 집중이 이루어져 앞을 본다든지, 앞차와 적절한 거리를 유지한다든지, 또는 교차로의 보행자를 주시한다든지 등의 안전과 직결된 다른 사항에 대해서는 주의를 기울일 여유가 생기지 않는다. 또한, 영어 학습에서 처음으로 시제(tense)라는 문법적 항목에 대해서 배운다고 가정할 때 학습자는 올바른 시제를 사용하는 규칙을 학습하기 위해 모든 주의력을 집중시킨다. 그러나 시간이 지나고 학습자들이 어느 정도 시제라는 문법적 항목에 대해서 익숙해진다면 학습자들이 초기에 기울였던 만큼의 주의 집중은 기울이지 않아도 된다. 이제 학습자들의 채널 역량은 다른 문법적 항목에 주의를 기울일 수 있는 주의력의 여유가 생긴 것이라 할 수 있다.

채널 역량과 관련하여, 학습 과제는 하위 수준의 기술과 상위 수준의 기술로 구분될 수 있다. 앞서 언급한 시제와 같은 문법적 항목은 하위 수준의 기술에 속한다면, 상호 의사소통을 하면서 메시지를 이해하는 것은 상위 수준의 기술에 속한다. 초기 학습 상황에서는 하위 수준의 기술에 채널 역량이 집중되기 때문에 의사소통 상에서 주고받는 메시지를 이해하는데 주의를 기울일 만한 여유가 생기지 않는다. 그러나 학습이 진행되면서 하위 수준의 언어적 항목에 대해서 어느 정도 자동화가 이루어진 후에는 주의력의 여유가 생겨서 이제는 상위 수준의 기술, 즉 상대방과 주고받는 메시지를 이해하는데 주의력을 집중시키게 된다.

하지만, McLaughlin(1987)은 자동화 그 자체만으로는 복잡한 인지 기술을 습득하는데 한계가 있다고 주장하였다. 학습자들이 보다 복잡한 인지 기술을 습득하기 위해서 통제된 학습을 통해 얻은 선언적 지식들을 절차적 지식으로 전이시키는 자동화 과정 중에서 '재구조화(restructuring)'라는 과정이 일어나야 한다. 그런데 재구조화는 기존의 자동화 경로와는 다른 경로의 자동화가 일어나는 것을 의미한다. 즉, 재구조화는 자동화를 달성해 나가는 과정에서 학습자 내부의 인지 구조에서 일어나는 질적인 변화를 의미한다. McLaughlin(1990, p. 152)은 재구조화 개념에 대해서 다음과 같이 언급하였다.

> Restructuring refers to the changes made to internalized representations as a result of new learning. Changes that reflect restructuring must be discontinuous or qualitatively different from a previous stage. .... Integrating new information into one's system necessitates changes to parts of one's existing system, thereby restructuring, or reorganizing, the system.

예를 들어, 숫자 2를 다섯 번 합산하여 그 합은 얼마인지를 계산하는 경우(예: 2+2+2+2+2=10), 이 과정은 연습이 동반된 자동화를 통해서 합산에 걸리는 시간을 단축시킬 수 있다. 그러나 학습자들은 숫자를 더해가는 과정이 유일한 학습의 해결 방법이 아니라는 것을 곧 깨닫게 된다. 즉, 곱하기 공식을 이용하여 '2 X 5=10'이라는 사실을 발견하게 되고 이 방법이 이전 방법보다 훨씬 빠르고 효과적이라는 것을 알게 된다. 이렇게 학습 과제(문제)를 해결하기 위해 접근하는 방식을 기존 방식과는 다르게 바라보는 것을 재구조화라고 한다. 이렇듯 재구조화는 새로운 지식이 들어오면서 학습자가 가지고 있는 기존의 지식 체계가 재조직되어 새로운 모습이 되어가는 과정이라 할 수 있다.

행동주의와 구조주의 언어학에서 바라본 언어 발달 또는 지식 습득이란 단지 학습자들이 새로운 지식을 들어오는 순서대로 벽돌을 쌓듯이 단순히 차곡차곡 쌓아두는 과정으로 이해하였다. 이 시기에는 어떤 지식이 먼저 들어오고 나중에 들어오는지에 관심이 많았다. 그렇지만, 인지주의에서는 우리가 받아들이는 새로운 정보, 지식, 기술 등을 단순히 우리들의 인지 구조에 쌓아 두면 인간이 갖는 기억 용량의 한계에 곧 도달하게 된다고 생각되어, 새로운 지식, 정보, 기술 등이 들어오면 기존의 지식체계와 통합되어 전혀 다른 구조로 재탄생되는 재구조화 과정이 필요하다고 생각하였다. 그 이러한 재구조화 과정을 거치면서 학습자들은 보다 복잡한 인지 기술을 습득하게 되고 학습의 효율성을 높이게 된다.

그렇다면 언어학습에서 재구조화 개념을 어떻게 설명할 수 있는가? Lightbown(1985, p. 175)는 재구조화 과정과 그 필요성에 대해서 다음과 같이 언급하였다.

> Restructuring occurs because language is a complex hierarchical system whose components interact in nonlinear ways. Seen in these terms, an increase in error rate in one area may reflect an increase in complexity or accuracy in another, followed by overgeneralization of a newly acquired structure, or simply by a sort of overload of complexity which forces a restructuring, or at least a simplification, in another part of the system.

Lightbown은 외국어 학습 과정에서 나타나는 재구조화 현상의 증거로서 *U-shaped behavior* 개념을 제시하였다. *U-shaped behavior*의 한 예로 영어를 외국어로 배우는 프랑스의 6학년, 7학년, 8학년 학생들이 진행형인 -ing 형태를 배운 후 그들이 만들어내는 문장을 살펴보면 그 의미를 보다 정확하게 이해할 수 있다.

Grade 6: He is taking a cake
Grade 7: He take a cake.
Grade 8: He is taking a cake.

6학년 학생들은 진행형인 -ing를 배워서 오류 없이 잘 사용하였다. 그러나 7학년에서는 -ing 형태를 제대로 만들어내지 못하고 다시 현재형으로 사용하는 경우를 보여주다가 다시 8학년에서는 진행형을 정확하게 사용하는 것을 보여준다. 이렇듯, 1단계(6학년)에서는 학습자들이 오류를 나타내지 않고 정확하게 목표어 구조를 나타낸다. 하지만 2단계(7학년)에서 갑자기 잘못된 목표어 구조를 보여주다가, 다시 3단계(8학년)에서 목표어 구조를 정확하게 사용하게 된다. 이를 도식으로 나타내면 다음과 같다.

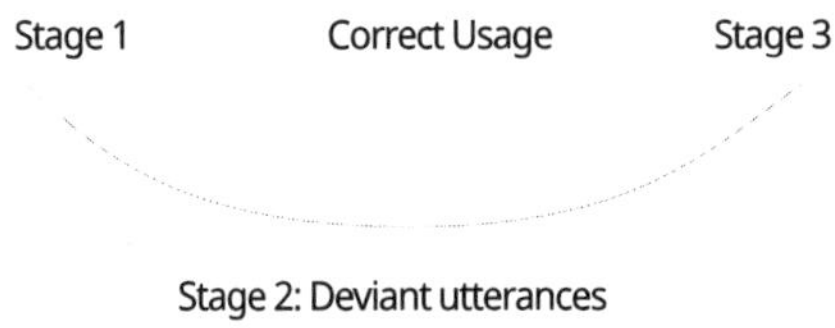

<그림 12-14> U-shaped Behavior 도식표

언어습득은 쉬운 규칙에서 시작하여 어려운 규칙의 방향으로 습득해 나가는 단계적 축적 과정, 또는 선형적인 발달 단계를 거치는 것이 아니다. 오히려 언어 각 부분 사이의 단순화와 복잡화의 과정을 나선형 방식으로 반복하면서, 그리고 점차 언어의 부족한 부분을 채워가면서 언어의 전체를 습득해 나가는 과정이라 할 수 있다. 또한, 학습자 내부 인지 구조의 복잡한 질적인 변화 과정을 통해서 외국어 습득과정이 일어나는데, 이러한 과정이 재구조화 과정을 통해서 가장 잘 구현된다고 볼 수 있다.

12.8 경쟁(Competition) 모형

MacWhinney(2001)는 언어의 기능적 접근 방식(functional approach)에 의해서 경

쟁 모형(competition model)을 제시하였다. 경쟁 모형에 의하면, 모든 언어적 수행은 언어의 외적인 형식(form)과 이들 외적인 언어 형식이 수행하는 내적인 기능(function)을 상호 일치(matching)시키는데 있다. 외적인 언어 형식은 주로 음성적 속성에 의해서 표시되며, 언어의 기능은 주로 의미에 의해서 표시된다. 예를 들어, 'Horses eat hay.'라는 문장에서 어순(word order), 즉 동사 뒤에 위치한 'hay' 등과 같은 정보는 언어 형식에 해당되며, 기능적인 면에서 본다면 'horses'는 주어가 되고 'hay'는 목적어가 된다는 점을 알려준다. 또한, 'horses'의 복수형은 언어 형식에 속하고, 기능적인 면은 2마리 이상의 말을 의미한다는 것을 알려 준다. 이렇듯 경쟁 모형은 언어 형식과 이들 언어 형식이 수행하는 언어 기능을 서로 일치시키면서 언어를 배울 수 있다고 생각한다.

그런데 언어 형식과 언어 기능과 일치시키는데 몇 가지 실마리(clue)를 사용한다. 사용 가능한 여러 가지 실마리 중에서 어느 실마리에 더 무게(clue strength)를 둘 것인지가 언어학습 과정에서 중요하다. 위 예문에서 'horses'가 주어의 기능을 수행하고 있다는 것을 어떤 실마리로 알 수 있는가? 바로 어순(word order)인데, 이는 동사 앞에 위치하고 명사는 주어 기능을 담당한다는 점 때문이다. 한국어의 경우에서도 어순이라는 실마리를 통해서 특정 어휘가 주어라는 점을 알 수 있는가? 그렇지는 않다. 한국어의 경우에는 '격 표시(case marker)'가 어순보다 더 중요한 실마리가 된다. 예를 들어, '나는 밥을 먹었다.' 라는 문장에서 주격 조사 '는' 때문에 '나'가 주어 기능을 수행하고 있다는 사실을 알 수 있다. 따라서 경쟁 모형은 주어진 언어입력을 통해서 언어 형식과 그 기능을 일치시키는 데는 여러 실마리를 사용할 수 있는데, 언어학습 과정은 이들 다양한 실마리들 간에 경쟁이 이루어진다는 점에 초점을 맞추고 있다. 가장 대표적인 실마리로는 다음 4가지를 들 수 있다.

① 어순(word order)

② 격 표시(case marker)

③ 일치(agreement)
④ 생물성(animacy (volitional action))

다음 문장을 살펴보면서 각 실마리들에 대해서 중요도가 어떻게 다르게 부과될 수 있는지 살펴보고자 한다(Saville-Troike, 2006, p. 79).

① The cow kicks the horse.
② The cow kick the horse.
③ Him kicks the horse.
④ The fence kicks the horse.

②번 문장의 경우, 'The cow'와 'the horse' 중 어느 것이 주어가 될 수 있는가? 어순에 의해서 'The cow'가 동사 앞에 위치하기 때문에 주어가 된다는 점을 알 수 있다. 하지만 주어와 동사 간의 일치(agreement)라는 실마리를 사용한다면 이 문장은 비문법적인 문장이 된다는 점을 알 수 있다. ③번 문장은 격 표시(case marker)에 의해서 비문법적인 문장을 된다는 점을 알 수 있다. 'Him'은 목적격으로서 동사 앞의 주어 위치에 올 수 없다. 그렇다면 ④번 문장은 어떻게 해결할 수 있는가? 'The fence'는 왜 주어가 될 수 없는가? 바로 주체적인 행위를 할 수 있는가를 의미하는 '생물성(animacy)'이라는 실마리를 사용해야 한다. 'The fence'는 생명력이 없는 사물이기 때문에 주어 위치에 올 수 없다. 이렇듯 서로 다른 문장에 서로 다른 실마리에 무게를 두면서 언어 형식과 그 기능을 일치시킬 필요가 있다.

12.9 문화이식(Acculturation) 가설

1970년대 후반 Schumann(1978a, 1978b)은 외국어를 학습하고 있었던 Alberto

라는 성인을 대상으로 사례 연구를 근거로 해서 사회 언어학적인 관점에서 '문화이식(acculturation)'이라는 외국어 습득 이론을 발전시켰다. Schumann은 성인 외국어 학습자였던 Alberto의 사례 연구를 통해 피진어가 가지고 있는 언어적 체계와 Alberto가 보여 주었던 중간언어 체계 간에 매우 유사한 점이 많다는 것을 발견하였다. Schumann은 이를 근거로 모든 성인 외국어 학습자가 외국어 학습 초기에 피진어와 비슷한 중간언어 단계를 거치는 것은 매우 보편적인 현상이라고 주장하였다. 그러나 Schumann의 연구 결과가 보여주듯이, Alberto의 언어적 체계는 가장 기본적인 피진어 단계에서 더 이상 발전하지 못하고 불완전한 상태에서 화석화(fossilization)되었다. Schumann은 왜 Alberto의 언어 체계가 더 이상 발전하지 못하였는가에 대한 원인을 파악하기 위해 사회 · 심리학적으로 접근하게 되었다. 그 결과, Alberto가 목표어에 대해 가지고 있었던 사회 · 심리적 거리, 즉 목표어 문화권에 대해서 동화할 의지가 약했던 점이 화석화 현상의 가장 큰 원인이 되고 있음을 발견하였다.

따라서 Schumann은 성인 학습자가 외국어를 보다 성공적으로 습득하기 위한 조건으로 '문화이식(acculturation)'이라는 개념을 소개하였다. 즉, 성인 외국어 학습자가 초기의 피진어 단계를 뛰어넘어 외국어를 성공적으로 습득할 수 있는 여부는 학습자가 목표어 집단과 어느 정도로 동화될 수 있는지 그 정도에 달려있다는 점이다. Shumann은 학습자가 목표어에 대해 갖는 사회 · 심리적 접촉 정도에 따라 외국어 학습이 촉진될 수도 있고 장애가 될 수도 있다고 주장하면서, 성공적인 외국어 학습은 곧 문화 학습이라고 주장하였다. 만약 학습자가 목표어에 대해 느끼는 사회적 거리가 멀다면 이는 심리적 요인이 병행되어 외국어를 학습하는데 장애 요인이 된다.

12.9.1 문화충격(Culture Shock)

문화이식(accurlturation)은 제2언어 학습자가 목표언어의 문화권에 적응 또는 동화해 가는 과정을 의미한다. 언어에는 그 언어가 속한 문화적인 요소들이 내재되어 있기 때문에 언어를 배운다는 것은 곧 문화를 배우는 것과 같다. 이런 맥락에서 외국어 학습은 곧 문화 학습이라고도 한다. 언어와 문화는 불가분의 관계이기 때문에 목표 언어의 문화를 제대로 이해하지 않고는 목표어를 제대로 학습할 수 없다. Lambert(1967)에 의하면, 일반적으로 새로운 문화 속에 들어가서 새로운 문화와 언어를 배우는데 다음과 같이 전형적인 4가지 단계를 거치게 되는데, 외국어 문화와 언어를 학습하는데 가장 중요한 단계는 2단계와 3단계라 할 수 있다.

1단계 : 행복단계(euphoria)
2단계 : 문화충격(culture shock)
3단계 : 점진적 회복단계(gradual recovery)
4단계 : 완전 회복단계(full recovery)

한편, Lambert(1967)는 문화 충격의 현상을 '아노미 현상(anomie)'이라는 개념을 이용하여 설명하고자 하였다. Lambert에 의하면, 아노미 단계는 3단계인 점진적 회복 단계의 첫 단계로서 문화 충격 단계와 연결시켰다. 이 단계는 학습자가 자신의 모국어 문화에 얽매여 있지도 않고 그렇다고 목표어 문화를 완벽하게 학습하여 적응한 단계도 아니다. 이러한 중간 단계가 바로 학습자들이 인지적, 정의적 긴장감과 압박감을 같이 느낄 수 있는 두 문화 간의 적절한 거리(optimal distance)가 되어 외국어 학습이 가장 잘 일어나는 시기가 된다.

12.9.2 사회적 거리(Social Distance)

개인, 집단 및 국가 간의 거리감이나 실제적인 사회적 거리의 정도, 집단 간 또는 계층 간의 사회적 거리가 멀면 멀수록 상호 간의 이해도 및 친근감 등이 낮아진다. 사회적 거리는 같은 집단 내의 계층 간 또는 다른 집단 간에 느껴지는 심리적 관계를 설명하는데 효과적인 개념이다. 외국어 학습을 하면서 학습자는 이질적인 두 문화를 접하게 되는데 동질적인 문화는 별로 문제시 되지 않으나 이질적인 문화를 접하게 되면 그만큼 사회적 거리는 멀어진다. 이때 멀어진 사회적 거리는 심리적 요인이 병행되어 외국어 학습에 나쁜 영향을 끼치게 된다. Schumann(1976)은 외국어를 배우고 있는 사회집단(L₂ Group)과 목표언어를 사용하고 있는 사회집단(TL Group)과의 관계에서 사회적 거리라는 개념을 이용하여 외국어 학습의 성패 요인을 설명하고자 하였다.

일반적으로 좋은 언어학습 상황(good language learning situation)은 두 집단 모두가 동등한 위치에서 적극적인 태도를 가지고 외국어 학습에 임하는 경우이다. 따라서 사회적 거리가 멀수록 외국어 학습에서 어려움이 예상된다. 좋은 언어학습 상황과 나쁜 언어학습 상황에 관한 Shumann의 모델(1976, pp. 139-141)에 의하면, 학습자가 목표어에 대해 갖는 사회·심리적 접촉 정도에 따라 외국어 학습이 촉진될 수도 있고 장애가 될 수도 있다. 만약 학습자가 목표어에 대해 느끼는 사회적 거리가 멀다면 이는 심리적 요인이 병행되어 외국어를 학습하는데 장애 요인이 된다. Schumann이 제시한 학습자와 목표어 집단의 관계에 따라 외국어 학습에 촉진 및 장애가 될 수 있는 요인을 정리해 보면 다음과 같다.

① 사회적 우위성(social dominance) : 외국어 학습자 집단이 목표어 집단에 비해 정치적, 사회적, 경제적으로 우위의 위치에 있을 때 외국어를 학습하는데 장애가 될 수 있다. 반대로 목표어 집단이 더 우위에 있을 때도 외국어 학습에 장애 요인이 될 수 있다. 따라서 서로 동등한 위치에 있을 때 외국어 학습이 보다 효율적으로 이루어진다.

② 융합전략(integration strategies) : 동화(assimilation) 또는 보존(preservation)을 지칭하는 것으로 목표어 집단에 동화되고자 한다면 외국어 학습이 보다 용이할 수 있다. 그러나 학습자 집단이든 목표어 집단이든 자국의 문화를 보존하고자 하는 생각이 강하면 사회적 거리가 멀어져 외국어 학습에 장애가 될 수 있다.

③ 폐쇄성(enclosure) : 학습자 집단과 목표어 집단이 학교, 교회 등의 사회적 시설물을 서로 공유하면 외국어 학습이 촉진될 수 있다.

④ 응집성(cohesiveness)과 규모(size) : 각 집단내의 결속이 강하고 어느 한 집단이 다른 집단에 비해 상대적으로 커지면 타 집단과의 관계가 멀어져 외국어 학습에 장애가 될 수 있다.

⑤ 일치(congruence) : 양 집단 간의 문화가 서로 유사하면 상호 접촉이 용이하여 외국어 학습에 도움이 된다.

⑥ 거주기간(length) : 목표어 집단에 거주하는 기간이 길수록 외국어를 배우는데 유리해 진다.

12.9.3 인식된 사회적 거리와 최적 거리 모형

앞서 제시된 사회적 거리 개념은 일반적 의미의 두 문화 간의 차이가 큰지, 아니면 작은지에 따라 언어학습에 미치는 영향을 결정하는데 사용되는 개념이다. 그렇다면, 두 문화 간의 사회적 거리를 어떻게 측정할 것인지에 대한 실제적인 문제가 제기된다. 두 문화 간의 차이를 객관적으로 계량화할 수 있는 수단이 있는가? 그리고 두 문화 간의 사회적 거리감은 일반적 의미에서 접근하기 보다는 외국어 학습자 개개인이 느끼는 거리감에서 접근하는 것이 더 타당해 보인다. 왜냐하면, 그 거리감은 학습자 개개인마다 다르게 나타날 수 있기 때문이다.

이러한 문제를 해결하기 위해서 Action(1979)은 '인식된 사회적 거리(perceived social distance)' 개념을 제시하였다. 우리 인간은 자신의 세계관 및 세계를 바라보는 여과기를 통해서 문화적 환경 및 문화적 차이를 인식하고 행동하는 경향이 있다. 따라서 두 문화 간의 차이를 포괄적 그리고 일반적 의미에서 바라보는 사회적 거리 개념보다는 개인적 의미에서 접근하는 인식된 사회적 거리가 더 적절하다고 볼 수 있다. Action에 의하면, 학습자들은 외국어 학습 과정에서 목표어 문화와 자국의 문화 간의 차이를 자신의 가치관, 세계관 등에 근거하여 인식하게 되는데, 이러한 점이 외국어 학습 과정에 미치는 영향은 학습자 개개인마다 다르게 나타난다.

Action은 PDAQ(Professed Difference in Attitude Questionnaire) 검사지를 개발하여 학습자 개개인이 느끼는 사회적 거리감을 계량화하여 우수한/나쁜 언어 학습자의 전형을 보여주고자 하였다. PDAQ는 크게 3가지 영역에서 학습자 개개인이 느끼는 거리감을 측정하고자 하였다.

① 자기 자신과 자기 나라 사람과의 거리감
② 자기 자신과 목표어 국가 사람들과의 거리감
③ 자기 나라 사람과 목표어 국가 사람들과의 거리감.

Action은 PDAQ 검사지를 사용한 연구를 통해서 우수한 언어 학습자들은 전형적으로 적절한 사회적 거리감이 있다는 것을 발견하였다. 학습자들이 자신의 문화 또는 목표어 문화에 너무 가깝거나 또는 멀리 있는 것으로 인식되는 경우, 나쁜 언어 학습자 범주에 속하게 된다.

Action의 인식된 사회적 거리는 앞에서 Lambert(1967)가 제시한 아노미 현상과 연결시켜서 설명할 수 있다. 외국어 학습의 성공 또는 능통한 유창성은 외국어를 학습하면서 학습자가 느끼는 아노미 현상, 즉 무소속감을 느끼는 것과 함께 나타난다. 학습자는 외국어를 학습하기 위해서 자신의 문화로부터 어느 정도 떠나 있으며, 그렇지만 아직 목표어 문화에 완전하게 동화되지 못한 단계, 즉 회복기가 시작되는 문화 이식 단계의 3단계에서 언어학습의 성공 및 언어의 유창성이 이루어진다는 점이다. 따라서 문화충격의 3단계는 성공적인 언어학습을 위한 적정 거리를 제공할 뿐만 아니라 언어학습에 필요한 적정 수준의 인지적, 정의적 긴장감을 제공해 주는 이점이 있다. 따라서 언어를 완전히 학습하지 못하고 3단계를 지나게 되면 성공적으로 외국어를 배울 수 있는 기회는 그만큼 낮아진다.

한편, Brown(1980)은 성인 외국어 학습자가 언어와 문화 발달 간의 균형을 이루지 못해 성공적으로 외국어를 학습하지 못한 점을 설명하기 위해서 '최적 거리 모형(optimal distance model)' 개념을 제시하였다. 세련된 언어적 수단을 획득하기 전에 비언어적 수단을 포함하여 문화적으로 미리 동화된 성인 학습자들은 더 이상 언어능력이 발달하지 못하여 화석화 현상이 나타나는 경우가 많다. 이는 세련된 언어적 능력의 터득 없이도 아무런 불편 없이 살아갈 수 있는 방법을 터득했기 때문이다. 따라서 최적 거리 모형은 어쩌면 '문화적 결정적 시기(cultural critical period)'로 볼 수 있다. 결국 목표어 문화와 언어를 학습해 나가는 혼란스러운 상황 속에서도 계속 학습해 나가는 동기 부여가 중요한데, 이를 위한 적절한 긴장감이 필요하다. 따라서 목표어 문화에 대한 무비판적 동경심보다는 균형 잡힌 비판적 태도가 성공적인 언어학습으로 연결된다는 점을 보여준다.

12.10 Gardner의 사회-교육적 모델

사회-교육적 이론은 Gardner(1985)에 의해서 제안되었으며, 이 이론은 사회적 요인과 개인적 요인이 어떻게 상호 융합되어 학습자의 외국어 학습에 영향을 미치는가를 규명하는 데 그 목적이 있다. 외국어 학습 과정에서 학습자가 갖는 개인적인 요인들, 즉 외국어 학습에 대한 동기와 적성을 중시하는데, 이들 요인들은 사회적 요인에 의해서 영향을 받는다. 개인적인 요인에 영향을 미치는 사회적 요인에는 크게 통합성—학습자가 L2 학습에 내재된 목표어 관련 문화를 어떻게 받아들일 것인가와 관련된 요인들—과 학습 상황에 대한 태도—교사 및 교과과정에 대한 학습자의 태도—가 있다. 개인적인 요인과 사회적인 요인이 외국어 학습 과정에 영향을 미치는 과정을 모형으로 나타내면 다음과 같다.

<그림 12-15> Gardner의 사회-교육적 모형

Gardner에 의하면, 통합성과 태도가 학습자의 동기 부여와 적성에 영향을 미치고, 학습자의 동기 부여와 적성의 결과로 성공적인 외국어 학습 여부가 결정된다. 그렇다면 통합성과 태도와 같은 사회적 요인은 어디에서 형성되는 것인가? Gardner는 이러한 사회적 요인은 학습자가 경험하는 사회적 환경에서 비롯된다고 믿는다. 예를 들어, 학습자가 속해있는 사회는 외국어 학습 그 자체, 원어민, 또는 목표어 문화에 대한 어떤 가치 체계를 갖고 있는데, 이들 가치 체계는 그 사회 구성원들의 시각과 가치관에 영향을 미친다. 따라서 성공적인 외국어 학습은 학습자 자신의 태도보다는 부모를 포함하여 학습자를 둘러싼 다른 사람들의 외국어 학습에 대한 태도에 의해서 외국어 학습의 성공 여부가 결정된다.

어느 한 사회가 갖는 외국어 학습에 대한 사회적 가치는 학습자가 속해 있는 사회적 공동체의 본질과 관련이 깊다. 예를 들어, 벨기에나 인도와 같은 나라에서는 다양한 사회적 상황에서 한 가지 이상의 언어를 사용해야 할 필요성이 분명하게 나타난다. 그 결과 제2외국어는 일상적인 생활을 영위하기 위한 필수적인 의사소통의 수단이 되고, 유럽과 미국에 살고 있는 많은 언어적 소수민들은 더 넓은 사회, 즉 언어적 다수민과의 접촉을 위해 해당 제2외국어를 학습해야 할 필요성에 직면하게 되어 외국어 학습에 대한 사회적 가치는 높을 수밖에 없다. 그러나 영국에서의 프랑스어 학습, 우리나라에서의 영어 학습 등과 같은 상황은 목표어가 내부적(internal) 의사소통이 아니라 외부적(external) 의사소통을 위해 사용되기 때문에 학습자는 의사소통적 필요를 덜 느끼게 될 것 같다. 하지만 우리나라의 영어 학습 상황은 앞서 영국의 경우와 정반대가 된다. 영어가 공동체 밖에서 의사소통의 중요한 수단이 되기 때문에 외국어에 대한 의사소통적 필요를 더 느낄 것이고 따라서 높은 동기 부여가 되며, 궁극적으로 영어 학습에 대한 사회적 가치는 높게 나타난다.

12.11 학습이론 요약

지금까지 살펴본 외국어 학습의 기본 원리들을 정리하면 다음과 같다.

<표 12-3> 학파 별 언어학습 원리

행동주의자	·백지상태 ·자극-언어적 반응 ·조건화, 반복, 연습	·강화 ·문형연습 ·습관형성
생득론자 (LAD, UG)	·LAD, UG 생득적 언어습득 ·체계적이고 규칙의 통제를 받는 언어습득	·창의적 구성 ·추축문법의 사용 ·규칙형성
Krashen 모형	·학습보다는 습득 ·무의식적 습득 ·습득의 자연적인 순서	·낮은 정의적 여과기의 사용 ·이해 가능한 언어입력(i+1)
인지론자 (McLaughlin)	·통제된, 자동화된 과정 ·중점적,주변적 집중 ·암시적 vs. 명시적 지식	·분석된 vs. 분석되지 않은 지식 ·형태중심의 지도 ·채널 역량
상호작용 모형	·구성주의자 ·사회적 상호작용 ·언어의 기능 ·사회적 상호작용을 통한 intake	·실제성 ·사회적 맥락 ·과제중심의 지도법 ·출력가설

사회적 모형	·피진어 ·중간언어 ·문화동화 ·사회적 거리 ·사회 · 심리적 접촉 ·목표어에 대한 태도	·동기 ·문화충격 ·사회-교육적 모델 ·인식된 사회적 거리 ·문화적 결정적 시기 ·최적 거리 모형
경쟁모형	·언어형식-언어기능 일치 ·실마리(clue)	·strength clues

학습자들이 외국어를 어떻게 학습/습득해 나가는지에 대해서는 많은 학자들이 관심을 가지고 지속적으로 연구를 진행하고 있다. 앞서 본 장에서도 외국어 학습의 과정을 보다 체계적으로 이해하기 위해 많은 이론들을 살펴보았으며, 또한 많은 학자들마다 그 주장이 약간씩은 서로 다르다는 것을 알 수 있었다. 하지만 학자들의 서로 다르고 다양한 이론과 주장들이 서로 개별적이기 보다는 서로 간에 밀접한 관련을 맺고 있으며, 이러한 조합 가운데서 외국어 학습의 과정을 보다 신뢰성 있게 설명할 수 있을 것으로 생각된다.

13

형태 초점 외국어 교수와 학습

13.1 형태 초점 교수법(FFI: Form-Focused Instruction)의 등장 배경
13.2 형태 초점 교수법의 역사적 변천 과정
13.3 형태 초점 교수법의 최근 경향
13.4 교실에서 이루어지는 외국어 교육

13

형태 초점 외국어 교수와 학습

교실이라는 언어학습 환경에서 이루어지던 형식적 교수(formal instruction)는 오랫동안 문법 교육을 지칭하는 용어로 사용되었다. 그런데 만약 학습자가 적절한 자연적인 노출(natural exposure) 상황에 놓이게 된다면 SLL(Second Language Learning)을 위해 형식적 교수가 반드시 필요하지 않다는 사실을 앞서 살펴보았다. Krashen(1985)도 문법을 교수하는 것이 학습자들의 언어능력 습득에 거의 효과를 미치지 못하기 때문에, 대신에 학습자들이 성공적인 외국어 습득을 위해서는 이해 가능한 언어입력에 노출될 필요가 있다고 주장하였다. 그러나 White(1987)는 이해 가능한 언어입력을 통해 습득할 수 있는 문법적 형태는 일부에 불과하기 때문에 학습자가 습득해야 할 언어 요목을 제대로 습득하기 위해서는 형식적 교수가 필수적이라고 하였다. 본 장에서는 형태 초점 교수가 어느 정도로 그리고 어떤 방식으로 외국어 학습에 도움이 되는지에 대해서 알아보고자 한다.

13.1 형태 초점 교수법(FFI: Form-Focused Instruction)의 등장 배경

1980년대 후반에 들어서면서 의사소통 교수법(CLT: Communicative Language Teaching)이 언어의 기능과 내용적인 면에 관심을 기울일 즈음에, 상대적으로 언어의 형태에 대한 관심이 캐나다의 프랑스어 몰입 프로그램(Immersion Program)과 영어 집중 프로그램(Intensive ESL)에서 강조되기 시작하였다. 또한, 언어 형태 초점 교수법이 외국어 학습에 미치는 긍정적 효과를 검증하는 연구 결과들을 통해서 의사소통 교수법의 새로운 방향을 제시하게 되었다.

프랑스어 몰입프로그램과 프랑스어가 모국어인 캐나다 어린이들을 대상으로 하는 영어 집중 프로그램은 충분한 양의 의미 있는 언어입력이 주어지면 외국어 습득이 가능하다는 Krashen(1985)의 언어입력 가설에 근거를 두고 있다. 그러나 언어 형태는 무시하고 언어의 내용에만 관심을 두는 언어학습은 학습자의 유창성 개발에는 유리하나 정확성을 기르는 데는 충분하지 않다는 우려가 이 프로그램의 연구 결과를 통해서 나타났다. 프랑스어 몰입프로그램에서 모든 교과의 교수와 일상적인 의사소통은 제2언어(프랑스어)로 진행되었고, 이러한 점은 어린이들이 제2언어를 의미 있는 상황에서 자연스럽게 쓸 수 있는 기회를 제공하였다. 그러나 이들 학습자들의 발화에 대한 체계적인 오류 수정은 거의 없었다(Swain & Lapkion, 1982). 영어 집중 프로그램에 대한 연구에서도 학생들에게 언어 형태보다는 내용을, 정확한 발화보다는 이해와 유창성을 강조하였고, 학생들의 발화에 대한 오류 수정은 없었다(Lightbown & Spada, 1994, 1997; Spada, 1990a, 1990b). 이러한 점은 학습자들이 언어 형태를 정확하게 획득하고 사용하는데 어려움으로 작용하였다.

몰입 프로그램에 참여한 어린이들은 다른 교과목과 모국어에서, 그리고 다른 영어 학습 프로그램에 참여한 어린이들만큼의 학업 성취도를 보여 주었으며, 특히 제2언어에서도 높은 수준의 성취도를 보여주었다(Swain & Lapkin,

1982; Day et at., 1984). 그러나 외국어 학습과 관련하여, Day 등(1984), Harley(1998), Harley와 Swain(1984), Swain(1985)의 연구에서 어린이들은 높은 수준의 유창성, 문장 구조의 복합성, 그리고 자신감을 보였지만, 성(gender assignment), 조동사 선택 등 구문과 언어 형태의 정확성에서 성취도가 매우 낮게 나타났다.

이에 따라 캐나다에서는 구어의 문법적 정확성을 향상시키는 것이 몰입 프로그램의 우선 과제가 됨을 인식하고 문법적 정확성을 높일 목적으로 많은 연구들을 실행하였다. 이들 연구들의 공통적 특징은 의사소통과 의미에 중점을 두고 외국어를 가르치되, 언어 형태에도 주의를 기울일 수 있는 과제의 제공, 학습자들이 빈번히 범하는 오류에 대한 수정 및 피드백 제공 등에 관심을 갖게 되었다(Day et a., 1984; Harley & Swain, 1984; Lyster, 1998). 영어 집중학습 프로그램에서도 의사소통 교수법이라는 큰 틀 안에서 외국어 수업을 진행하되, 언어 형태에 중점을 두는 교수법을 진행하면서 학습자들이 언어 형태에서 정확성을 획득하도록 하였다(Lightbown, 1991; Lightbown & Spada, 1997). 이는 제2언어 습득에서 언어에 대한 노출만으로는 언어적 정확성을 기르는데 한계가 있다는 점을 전제로 하고 있다. 이러한 맥락에서 의사소통 교수법의 테두리에서 언어 형태에 초점을 맞추어서 유창성과 정확성을 함께 개발하도록 하는 활동, 즉 형태 초점 교수법(FFI)이 등장하게 되었다.

먼저 Ellis(1994)가 제시한 형태 초점 교수법의 여러 가지 분류 유형 및 그 특징을 살펴보면 다음과 같다.

① 암시적 교수(implicit instruction) vs. 명시적 교수(explicit instruction)
② 연습(practice) vs. 의식 상승(consciousness raising)
③ 문법 초점(focus on forms) vs. 형태 초점(focus on form)

먼저 형태 초점 교수법은 문법을 직접적으로 가르치는지의 여부에 따라 암시적 교수와 명시적 교수로 나뉜다. 암시적 교수는 주어진 예시를 통해 학습자가 직접 규칙을 도출해 내도록 하는 교수 유형이고, 명시적 교수는 규칙을 먼저 제시하고 그 쓰임을 연습해 보도록 하는 교수 유형이다.

둘째, 특정 언어 형태에 대한 학습자의 의식(consciousness) 정도에 따라 교수의 유형이 연습과 의식상승으로도 분류될 수 있다. 의식 상승이란 형태적 교수의 역할에 관심을 가졌던 제2언어 습득 연구자들에 의해 널리 사용된 용어로서 특정 목표의 언어적 구조에 학습자의 관심을 집중시키려는 시도를 지칭한다. 따라서 연습은 규칙에 대한 명시적 지식을 습득하는 것을 목표로 하는 반면에, 의식 상승은 규칙에 대한 암시적 지식을 습득하는 것을 목표로 한다. Sharwood와 Smith(1991)는 의식 상승을 '입력 강화(input enhancement)'라고 칭하기도 했다.

셋째, 형태 중심의 교수가 지향하는 학습 활동 방향에 따라 문법 초점과 형태 초점으로 나뉠 수 있다. 문법 초점은 과거의 전통적 문법 교수 방법에서처럼 의사소통 활동과 무관한 문법 설명이나 오류 수정에 초점을 맞추는 경우이다. 반면에 의사소통 활동 중에 의사소통적 필요에 의해 학습자의 관심을 언어 의미에서 언어 형태로 바꾸는 것, 특정한 언어 자질에 집중하도록 하는 것이 형태 초점이다. 형태 초점으로 구성된 수업은 형태 초점 수업(form-focused instruction 혹은 focus-on-form instruction, FFI)으로 불린다.

그렇다면 형태 초점 교수법은 외국어 학습에 어떤 영향을 미칠까? Ellis(1994)는 형태 초점 교수법이 외국어 학습에 미치는 영향을 다음의 네 가지 측면으로 나누어 고찰하였다.

① 형태 초점 교수가 전반적인 언어 숙달도에 미치는 영향
② 형태 초점 교수가 발화의 정확성(accuracy)에 미치는 영향
③ 형태 초점 교수와 습득의 순서
④ 형태 초점 교수 효과의 지속성

위 네 가지 측면에 대한 연구 결과들이 서로 상반되고는 있지만 일반적인 결론을 정리하면 다음과 같다. 첫째, 학습자의 숙달도는 형태 초점 교수와 자연적인 언어학습 상황에의 노출 두 가지 모두를 경험할 때 더욱 높아진다. 즉, 성공적인 언어 학습자는 외국어를 사용할 기회를 가지면서 동시에 언어 형태에 초점을 두는 교육의 기회도 갖는 학습자이다. 둘째, 학습자의 발달 단계에 맞는 형태 초점 교수가 주어진 경우 발화의 정확성을 향상시킬 수 있다. 셋째, 습득의 순서는 대체로 형태 초점 교수와 관계없이 일정한 양상을 나타낸다. 마지막으로 형태 초점 교수가 갖는 효과의 지속성과 관련해서도 지속적인지 아니면 한시적인지에 대해 의견이 분분하나 의사소통을 위해 지속적으로 사용하고 있는지의 여부와 학습자의 동기에 따라 교수의 지속 효과는 달라진다.

앞서 설명된 바와 같이, 가장 이상적인 단 하나의 형태 초점 교수의 유형을 결론짓기란 불가능하다. 왜냐하면, 형태 초점 교수의 효과는 교사의 능력, 학습자의 동기, 시간과 자원의 이용가능성 등에 따라 달라지기 때문이다. 그러나 분명한 점은 형태 초점 교수가 다른 요인과 더불어 언어학습을 설명할 수 있는 중요한 변수 중 하나라는 점이다. 또한, 형태 초점 교수가 외국어 학습에 미치는 효과가 어느 정도인지를 단언할 수는 없었지만, 형태 초점 교수가 학습자의 유일한 언어 경험의 원천일 때는 결정적인 변수가 될 수 있다는 점은 분명해 보인다.

한편, Ellis(1985)는 교실에서 이루어지는 상호작용에 근거하여 외국어 학습에 관한 이론을 수용(reception-based) 이론과 발화(production-based) 이론으로 나누었다. 이를 모형으로 정리해 보면 다음과 같다.

<표 13-1> 형태 초점 교수에 의한 외국어 학습 이론

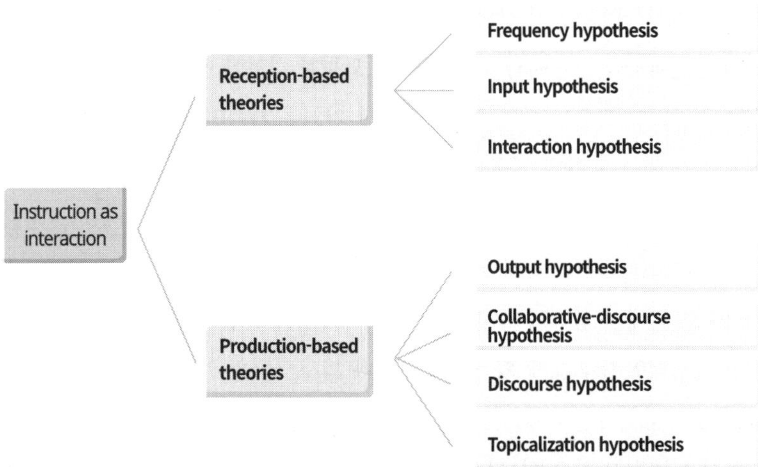

1) 수용 이론(Reception-based theories)

(1) 빈도 가설(frequency hypothesis) : 학습자가 학습하는 문법적 항목의 습득순서는 이러한 문법적 항목들이 언어입력 속에 나타나는 빈도에 의해서 결정된다. 즉, 빈도가 높은 문법적 항목들은 그렇지 않은 항목들에 비해서 좀 더 일찍 습득된다.

(2) 입력 가설(input hypothesis) : 학습자들이 이해 가능한 언어입력을 많이 받아들일 때 외국어를 보다 성공적으로 습득할 수 있다.

(3) 상호작용 가설(interaction hypothesis) : 언어적 항목의 습득을 촉진시킬 수 있는 상호작용의 방식에 초점을 맞춘다. 주어진 언어입력은 다음과 같은 상호작용 방법을 통해서 이해 가능한 언어입력으로 변형된다.

① 언어입력을 학습자 수준에 맞도록 단순화시킨다.

② 언어적 또는 비언어적 의사소통 상황을 만든다.

③ 교실에서 이루어지는 대화의 구조를 학습자에 맞도록 조정한다.

2) 발화 이론(Production-based theories)

(1) 출력 가설(output hypothesis) : 입력 가설과 상호작용 가설에 대한 보완적인 성격을 띈다. 즉, 성공적인 외국어 학습을 위해서 이해 가능한 언어입력만으로는 충분하지 않다는 것이다. 원어민 수준의 문법적 정확성에 도달하기 위해서는 언어적 자료를 의미 있게 사용할 수 있는 기회가 충분히 제공되어야 한다.

(2) 담화 가설(discourse hypothesis) : 비형태적이고 계획되지 않은 담화와 형태적이고 계획된 담화가 있다. 발화 상황에 따라 그리고 수행하는 과제의 성격에 따라 두 가지 부류의 담화를 사용하게 된다. 학습자는 자신들이 통상적으로 참여하는 담화 속에서 자신들이 사용한 언어 사용의 형태와 관련된 문법 구조를 습득한다.

(3) 협력 담화 가설(Collaborative-discourse hypothesis) : 학습자는 양방향(two-way) 상호작용을 통하여 담화를 만들어가는 과정에서 새로운 문법 구조를 습득해 나간다. 협력 담화 가설은 학습자의 언어 구조적인 측면보다는 화용론적인 지식을 발달시키는데 유익하다.

(4) 화제 가설(topicalization hypothesis) : 학습자가 주도적으로 대화의 주제(topic)을 결정하고 변경할 수 있을 때 언어습득이 더 촉진된다. 또한, 학습자가 화제를 결정하고 변경함으로써 생성해 내는 발화의 출력을 매우 중요하게 여긴다.

그렇다면 형태 초점 교수는 외국어 학습에 어떤 영향을 미칠까? 교실 상황에서 이루어지는 형식적인 교수(formal instruction)에 관심이 많았던 Ellis(1985, p. 170)는 형태 초점 교수가 외국어 학습에 미치는 효과에 대해서 다음과 같이 주장하였다.

> To sum up, there are grounds for believing that form-focused instruction

does help the acquisition of linguistic competence. Instruction can work directly; that is, it can have an immediate effect on the learner's ability to perform the target structures in natural communication. However, not all structures are teachable. Also teachable structures have to be taught at the right time. It is likely, therefore, that instruction works directly in the main; that is, it has a delayed effect. According to this interpretation, instruction contributes to declarative rather than procedural knowledge. Declarative knowledge serves as a facilitator of ultimate procedural knowledge by helping to make forms salient that would otherwise be ignored by the learner. Conscious knowledge of marked forms may help to accelerate learning and may also be necessary to prevent fossilization.

13.2 형태 초점 교수법의 역사적 변천 과정

Long(1997)은 형태 초점 교수의 유형을 토대로 교수 방법의 역사적 변천을 아래와 같이 개관하였다.

<표 13-2> 형태 초점 교수 방법의 역사적 변천 과정

Option 1	Option 2	Option 3
Focus on FormS	Focus on Meaning	Focus on Form
GTM, ALM	Natural approach	Task-based language learning

1) Focus on FormS

Focus on FormS(Option 1)는 외국어 교육에서 전통적으로 사용해 오던 방법으로 주어진 상황에서 사용되는 표현의 의미를 총체적으로 이해하기보다는 언어 형태에 대한 단편적인 지식을 학습하는데 대부분의 수업 시간을 할애하던 방법이다. 구조적 교수요목(structural syllabus)에 의해 교수가 이루어졌으며, 문법 번역식 교수법(GTM)과 구두 청각식 교수법(ALM)이 이에 해당된다. Focus on FormS는 명시적인 문법 교수를 중시하며, 언어를 각 요소로 분리시켜서 개별 요소를 먼저 학습한 후 의사소통 목적을 위해서 각 구성 요소를 통합해 나가는 접근방식을 택한다. 개별적인 언어적 요소에 대한 충분한 연습을 하게 되면 전체적인 언어 체계에 대한 습관을 형성하게 되어 자연스럽게 언어 능력이 배양되는 상향식(bottom-up) 방법을 택하고 있다. 하지만 이러한 방법은 개별 문법 항목의 분석과 기계적인 반복 학습을 강조하고, 문법적인 능력을 너무 강조하고, 또한 탈맥락적(de-contextual)이기 때문에 의사소통 목적을 달성하기 위한 유의적인 언어학습이 불가능하다는 결점이 있다.

2) Focus on Meaning

Focus on Meaning(Option 2)은 단편적인 언어 항목에 대한 지식보다 언어가 사용되는 상황에 맞게 의미를 이해하거나 발화하는 능력의 습득을 중요한 것으로 간주했으며, 자연적 접근 방법(Natural Approach)이 대표적인 예이다. 학습자들은 언어 각각의 요소보다는 언어 표현의 습득을 목표로 하며, 또한 문화와 같은 언어 외적인 요소를 습득하고 학습한다는 점에서 하향식(top-down) 방식을 택하고 있다. Focus on Meaning의 또 다른 특징은 학습자들은 문맥에서 사용되는 언어적 표현 그 자체를 습득하는데 초점을 둔다. 하지만 학습자들은 언어 표현 전체를 받아 들여서 결국 어휘, 구조, 소리 등의 각각의 언어적 구성 요소를 분석하여 그 지식들을 축적하는 것이라 할 수 있기 때문에 언어를 습득해 나가는 과정이 분석적(analytic)이다. Doughty와 Williams(1998)의 연구에 의하면, 외국어 학습이 전적으로 경험적이고 의미 중심으로 이루어지는 몰입 수업에서 발음과 듣기 분야는 짧은 시간에도 많은 발전을 이루었지만, 특정 언어적 항목들의 정확성은 모국어 수준까지 발전하지 못하고 있다는 점을 발견하였다. 즉, Focus on FormS는 너무 언어적 항목의 정확성에만 초점을 맞추고 있고, Focus on Meaning은 너무 언어 사용의 유창성에 초점을 맞추고 있어서 이들 모두 어느 한쪽으로 치우친 나머지 언어 교육의 방향을 너무 극단화시키고 있다는 비판을 받았다.

3) Focus on Form

Foucs on FormS와 Focus on Meaning이 갖는 문제점을 극복하기 위한 방법으로 학습자를 의미 중심으로 가르치면서 동시에 언어 형태에도 관심을 갖도록 유도하는 소위 Focus on Form(Option 3)이 대두되었다. Focus on Form은 Focus on Meaning에 기반을 두고 있지만, Focus on Meaning이 문제가 있다고 해서 다시 Focus on FormS로 다시 돌아갈 수 없고, 따라서 이들 문제점을 개선하는 방향으로 제시되었다. 즉, 의사소통 위주의 수업을 진행하면서 학습자가 어려워하는 특정 언어적 항목에 대해서 학습자의 주의력이 의식적으로 집중될 수 있도록 하는 방법이 Focus on Form이라 할 수 있다. 아무리 이해 가능한 언어입력이 많이 주어진다 하더라도 학습자가 주어진 자료에 주목(noticing)하지 않거나 의식적으로 인지하지 않는 한 이를 내재화시키는 것은 어렵다는 점을 기본 전제로 하고 있다. 따라서 의사소통 활동을 수행할 때 학습자로 하여금 언어 형태를 의식할 수 있도록 학습 상황을 만들어 주고자 하였는데, 과업중심 언어 교수법(Task-based Language Teaching)이 그 대표적인 예가 된다.

13.3 형태 초점 교수법의 최근 경향

12.3.1 최근 형태 초점 교수법의 유형

Long(1988), Long과 Robinson(1998)은 Focus on Form에 대해서 다음과 같이 정

의를 내렸다.

> Focus on form... overly draws students' attention to linguistic elements as they arise incidentally in lessons whose overriding focus in on meaning or communication. (pp. 45-46)

> Focus on Form refers to how focal attention resources are allocated. .... during an otherwise meaning-focused classroom lesson, focus on form often consists of an occasional shift of attention to linguistic code feature - by the teacher and/or one or more students - triggered by perceived problems with comprehension or production. (p. 23)

Long과 Robinson은 의사소통 활동을 진행하는 가운데 의사소통적 필요에 의해서 학습자의 관심이 언어의 의미에서 언어 형태로 전환되는 것을 Focus on Form이라 하였다. 구문적 요소에만 초점을 맞추는 과거의 전통적 문법 교수 방법을 Focus on FormS라 한다면, Focus on Form은 기본적으로 의사소통 위주의 활동으로 수업이 진행되지만 학습자에게 문법 설명이나 오류 수정은 제공되지 않는다. 중요한 점은 Focus on FormS는 목표언어의 형태를 익히기 위해서 언어 형태를 고립된 항목으로 취급하여 언어가 사용되는 맥락을 고려하지 않지만, Focus on Form은 의사소통 활동이라는 기본적인 틀 안에서 학습자들로 하여금 언어 형태에 주의를 기울이게 하는 점에서 차이가 있다.

따라서 Focus on Form 수업의 궁극적인 초점은 의미나 의사소통에 두는 가운데 학습자들이 문법규칙, 어휘, 음운, 형태 등 언어적 요소들에도 주목하게(noticing) 하는 것이다. 의미와 의사소통 위주의 수업을 하는 중에 의미를 이해하거나 표현을 하는데 있어서 어려움이 있는 언어 형태들을 인식하고 주목하게 함으로써 언어입력 자료의 이해를 돕고 발화의 정확성을 얻도록 하는 것이다. 만약, 학생들이 제대로 이해하지 못하는 특정 언어 형태가 전체 맥락에서 중요한 부분일 때 교사는 수업을 계획하면서 이러한 언어 형태들을 미리 조작하여 언어입력 형태로 학습자들에게 제공한다. 그리고 Loewen(2011)은 Focus on Form을 Extensive Focus on Form과 Intensive Focus on Form으로 구분하였다. Extensive FonF는 한 가지 언어 형태를 목표로 하기 보다는 다양한 언어적 구조에 대해서 제한된 주목이 가해지는 것을 의미하며, Intensive FonF는 의사소통 활동 중에 오직 하나 또는 두 가지의 언어 형태에 초점을 맞추는 것이라고 하였다.

Ellis(2001)는 다음과 같이 Focus on Form을 수업 전에 특정 언어 형태를 가르치기 위해서 계획적으로 이루어진 형태 초점 교수법과 수업이 진행되는 과정 중에 학습자들의 필요에 따라 언어 형태를 가르치는 비계획적 형태 초점 교수법으로 분류하였다.

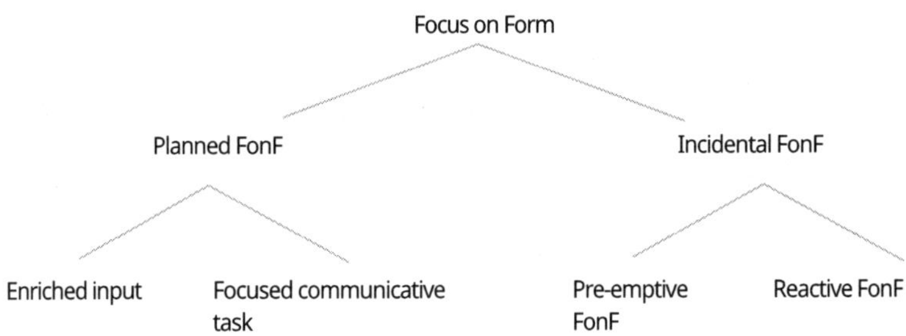

<그림 13-1> Focus on Form의 유형

1) Planned Focus on Form

수업 시작 전에 어떤 언어적 항목을 학습자들에게 가르칠 것인가를 미리 결정한 후, 교사가 미리 만든 수업 자료를 가지고 수업을 진행하는 형태이다. Enriched input와 Focused communicative task 방식 2가지가 있으며, Enriched input는 학습자에게 강조하거나 가르칠 특정 언어적 항목, 어휘, 문법 등을 변형시켜서 보통의 경우보다 더 풍부하게 언어입력을 제공하는 형태이다. 예를 들어, 가르치고자 하는 특정 언어적 항목이 포함된 표현을 여러 번 반복하여 질문하거나 답변하도록 유도하는 방식을 택하게 된다. 또한, 시각적으로 특정 언어적 항목에 대해서 학습자의 시각적 주의를 이끌어내기 위해서 '입력 쇄도(input flooding)' 기법을 많이 사용하기도 한다. 한편, Focused communicative task 방식은 과업 중심 교수법에서 많이 사용하는 방식으로서 특정 문법 구조를 사용하여 달성할 수 있는 의사소통 과제를 학습자에게 제공하는 것이다. 교사는 학습자들에게 과업을 달성하기 위해서 사용해야 하는 특정 언어적 항목을 학습자들에게 설명을 하고, 학습자들은 과업을 수행하기 위해서 특정 언어적 항목만을 사용하고 연습하는 기회를 통해서 이들을 습득하게 된다.

2) Incidental Focus on Form

교사는 수업 중에 어떤 언어적 항목을 가르칠 것인지에 대한 계획이 없다. 단지 수업이 진행되면서 학습자들이 어려움을 겪는 특정 언어적 항목 또는 교사가 필요하다고 생각되는 언어적 항목에 대해서 학습자의 주의를 유도하는 방식이다. Pre-emptive Focus on Form과 Reactive Focus on Form 2가지 방식이 있다. Pre-emptive Focus on Form은 의사소통 중심의 수업 중에 학습자가 어려움을 겪을 것으로 예상되는 특정 언어적 항목에 대해서 미리 학습자의 주의를 해당 언어적 항목으로 유도하는 활동이라 할 수 있다. 다음 예(Ellis, 2001)에서 본 바와 같이, 학생들이 alibi라는 단어의 의미를 정확하게 이해하고 사용할 필요가 있는데, 교사는 학습자들이 alibi를 잘 모르고 있을 것이라는 생각에서 그 어려움을 없애주기 위해서 alibi의 의미를 미리 설명하는 경우이다.

T: What's an alibi?

——— (no answers)

T: John has an alibi.

———

T: Another name for girlfriend?

(laughing)

T: An alibi is a reason you have for not being at the bank robbery.

Okay.

Not being at the bank robbery.

반면에, Reactive Focus on Form은 수업이 진행되는 중간에 학습자들이 실제로 어떤 오류를 발생하거나 특정 언어적 항목 때문에 어려움을 겪을 때 문제점을 해결하기 위해서 사용하는 방식이다. 따라서 Reactive Focus on Form은 학습자의 발화에 대해서 어떤 문제점이 있다는 것을 알려 주는 일종의 부정적인 피드백이라 할 수 있다. 피드백의 명시성 정도에 따라 암시적인 피드백과 명시적인 피드백으로 나누어질 수 있는데, 암시적인 피드백 중에서 가장 많이 사용하는 피드백의 유형은 Recast이이다. Recast의 경우, 학습자 스스로 자신의 발화에 문제가 있다는 것을 인식하도록 함과 동시에 학습자 스스로 잘못된 부분을 고칠 기회를 제공하기 위해서 사용된다. Recast는 학습자가 생성한 오류 부분을 직접적으로 수정하도록 요구하지 않고, 대신 교사 또는 동료 학습자가 전부 또는 일부분을 반복함으로써 학습자 스스로 오류를 인식하고 고치도록 하는 기법이다. 한편, 명시적인 피드백은 학습자가 어디서 왜 틀렸는지를, 그리고 어떻게 수정해야 하는지를 분명하게 알려주는 방식이다. 명시적인 피드백은 학습자가 직접 오류를 수정하도록 설명하기 때문에 앞서 살펴본 Focus on FormS와 비슷해 보이나, 근본적인 차이점은 수업의 기조가 의사소통 중심에 있다는 것이다.

13.3.2 형태 초점 교수법에서 사용되는 최근 기법들

Focus on Form에서 사용되는 중요한 개념 중의 하나는 학습자들이 특정 언어 형태에 주목(noticing)하기 위해서 어느 정도의 명시성(explicitness)을 사용하는

가이다. 의사소통 활동의 흐름을 방해하지 않기 위해서 암시적(implicit) 유형의 FonF가 필요하다고 생각되지만, 다른 한편으로는 학습자의 주목을 이끌어내기 위해서는 명시적인 조정(explicit intervention)이 더 효과적이라는 주장이 있다. 암시적 기법에는 입력 쇄도(input flooding), 입력 강조(input enhancement), 개작하기(recast) 등이 있으며, 명시적 기법에는 메타-언어적 피드백(meta-linguistic feedback), 의식상승 과제(conscious-raising task), 구조적 입력(structured input) 등이 있다.

1) 입력 쇄도(Input Flooding)

'입력 쇄도'는 특정 목표어 구문에 대하여 여러 가지 방법으로 많은 입력을 주는 방법이며, 학습자들은 언어적 설명이나 수정 없이 특정 언어입력만을 충분히 받음으로써 언어 형태를 습득할 수 있도록 하는데 그 목적이 있다. 예를 들어, 학습자에게 부사의 사용법을 가르친다고 가정할 때 교사는 정상적인 텍스트에서 부사가 나타나는 빈도보다 의도적으로 더 많이 넣어서 만든 텍스트를 사용하여 수업 자료로 사용한다면, 학습자들이 부사의 사용법을 더 효과적으로 학습할 수 있을 것으로 생각한다.

Trahey와 White(1993)는 입력 쇄도로 주어지는 긍정적인 입력만으로도 성공적인 언어습득이 가능한지를 알아보기 위해서 제2언어로 영어를 학습하는 11세 프랑스인 학습자에게 2주 이상 부사를 포함한 문장들을 입력 쇄도 방식으로 제공하여 가르쳤다. 부사가 있는 문장에 대한 상세한 정보나 어떤 부정적인 피드백, 즉 오류수정을 학습자들에게 제공하지 않았다. 연구 결과에 의하면, 학습자들은 S+A+V+O로 구성된 문장들을 많이 사용하였다는 것을 발견하였다. 그럼에도 불구하고, 학습자들은 동사와 직접목적어 사이에 부사를 삽입시킴으로써 S+V+A+O의 어순을 사용하는 실수를 반복하는 것으로 나타났다. 이러한 실험 결과는 입력 쇄도만으로는 언어습득이 충분하지 못하다는 것을 보여준다. 물론 모국어 상황과 같이 아주 많은 긍정적 입력을 제공되는 경우에는 습득이 가능할지도 모른다. 그러나 피드백이 병행되지 않은 상태에서 제공되는 입력 쇄도는 S+V+A+O와 같은 형태가 비문법적이라는 사실을 학습자들에게 직접적으로 설명해 주지 않는다는 단점이 있다. 즉, 입력 쇄도의 긍정적 측면은 학습자들이 어려운 형태를 사용하기 시작할 때는 도움을 줄 수 있지만, 반대로 학습자가 보여주는 불안정한 오류 체계를 지체시켜서 화석화를 초래할 수 있다는 우려가 있다.

2) 언어 필수 과제(Task-Essential Language)

'언어 필수 과제'란 과제를 수행할 때 특정 목표어 형태를 정확하게 사용해야만 과제를 제대로 수행할 수 있는 기법을 뜻한다. 이 기법 또한 암시적 성격을 띠고 있어서 교사는 수업 중간에 목표어 형태에 대한 명시적인 설명을 제공하지 않는다. 하지만 학습자들은 주어진 의사소통적 과제를 해결하기 위해서 특정 목표어 형태를 빈번하게 사용해야 한다. 이러한 과제 수행을 통해 교사는 학습자들이 목표어의 정확한 언어 형태에 주의를 기울이도록 유도한다. 언어 필수 과제의 예로 그림 짝 맞추기(match-the-picture) 과제가 있다.

3) 입력 강조(Input enhancement)

'입력 강조'는 '입력 쇄도'를 통해서는 학습자들이 목표 언어입력을 흡입할 수 없다는 점을 보완하기 위하여 사용되는 기법이다. 입력 강조는 학습자들에게 제공되는 다양한 언어입력 가운데 특정 언어 형태에 대한 학습자의 주의 집중을 유도하기 위하여 언어입력의 특징적인 부분을 조작하여 제시하는 기법이다. 입력 강화 방식은 언어 자료에 따라 시각적 입력 강조(visual input enhancement)와 청각적 입력 강조(aural input enhancement)로 분류된다. 시각적 입력 강조 기법은 목표어 언어 형태에 대해서 화살표를 이용하여 문장 구성 요소들의 관계를 보여주거나, 굵은 글씨체, 밑줄, 컬러 글씨 등을 통해서 이루어지는 시각적 강화를 포함한다. 다음은 White(1998)가 문맥 중에 사용된 인칭대명사에 대해서 학습자의 주의를 끌기 위해서 굵은 글씨체, 이탤릭체를 사용한 입력 강조의 한 예이다.

Once upon a time there was a king. ***He*** had a beautiful young daughter. For ***her*** birthday, the king gave ***her*** a golden ball that ***she*** played with everyday.

The king and ***his*** daughter lived near a dark forest. There was a deep well near the castle. Sometimes, the princess would sit by the well and play with ***her*** ball. One day, the princess threw ***her*** golden ball in the air but it did not fall into ***her*** hands. It fell into the well. Splash! The well was deep and the princess was sure ***she*** would not see ***her*** ball again. So ***she*** cried and could not stop.

"What's the matter?" said a voice behind ***her***. The girl looked around, and ***she*** saw a frog. ***He*** was in the well, ***his*** head sticking out of the water.

"Oh, it's ***you***." said the girl. "My ball fell into the well."

"***I*** can help," said the frog. "***I*** can get ***your*** ball. What will ***you*** give ***me*** if ***I*** do?"

"Whatever ***you*** want," said the princess. "***I***'ll give ***you*** my beautiful gold ring. ***I***'ll give you ***my*** flowers from ***my*** garden."

"***I*** do not want ***your*** beautiful....."

White(1998)는 영어 집중 프로그램에서 학습자들에게 제공하는 언어입력 자료 중 특정한 부분의 글씨체를 진하게 한다거나 크게 또는 밑줄 치는 방법이 인칭대명사 습득에 효과가 있는지를 알아보기 위해서 문자적 입력 강조 방법을 사용하였다. White는 문자적 입력 강조가 학습자로 하여금 언어입력 자료에서 특정 구문에 주목하게 하여 습득을 이끈다고 생각하였다. 하지만 연구 결과에 의하면, 초기의 유의미한 효과는 검증되었으나 지속적인 효과는 없는 것으로 나타났다.

4) 개작하기(Recast)

개작하기(recast)는 학습자들이 범한 언어적 오류에 대하여 교사가 그 문장 전체나 문장의 일부를 다시 말해주는 것으로 의사소통의 흐름을 방해하지 않으면서 학습자들이 정확한 목표어를 구사할 수 있도록 유도하는 것이다. 이 기법은 암시적인 정도가 매우 높은 방법으로 의사소통적 교실 수업 상황에서 가장 바람직한 오류 수정 방식으로 여겨진다. 하지만 교사는 활동 중에 일어나는 학습자들의 오류에 대해서 세심하고 민첩하게 반응을 보여야 하는 유형이다. 학습자 스스로 교사의 개작 의도를 파악하지 못하면 화석화 현상을 일으킬 수도 있는 단점이 있다. 개작하기의 예를 들면 다음과 같다.

Jose: I think that the worm will go under the soil.
Teacher: I think that the worm will go under the soil?
Jose: (no response)
Teacher: I thought that the worm would go under the soil.
Jose: I thought that the worm would go under the soil.

5) 문법 의식 상승 과제(Consciousness-Raising Tasks)

문법 의식 상승 과제는 의사소통 활동 중에 학습자의 초점이 특정 언어 형태에 의식적으로 초점이 맞추어지게 하는 과제라고 볼 수 있다. 하지만 학습자들이 직접적으로 문법적 요소를 다루게 된다는 점에서 다른 유형의 방식과는 차이가 있다. Fotos와 Ellis(1991)는 성인 ESL 학습자를 대상으로 학습자가 언어 내용과 형태에 대해서 동시에 초점을 맞출 수 있는 과제를 고안하여 문법 의식 상승 과제의 효과를 검증하고자 하였다. 수업 시간 중에 학습자들에게 문법 문제를 주고 학습자 간에 목표어로 상호작용을 통하여 주어진 문법 문제를 해결하도록 하였다. 연구 결과에 의하면, 학습자들은 언어 형태에 초점 두고 있지만 실제적인 의사소통을 하고 있는 양상을 보여주었으며, 학습자 간에 상호작용을 통해서 문법적 지식도 갖게 되었다는 것을 발견하였다.

Focus on FormS와 Focus on Form은 학습자들이 의식적으로 언어적 항목에 주의를 기울이도록 하면서, 동시에 명시적인 설명도 주어진다는 점에서 공통적이라 할 수 있다. 하지만 이들 두 방법의 근본적인 차이는 명시적인 설명을 하느냐 아니면 하지 않느냐에 있는 것이 아니라 전반적인 수업의 기조가 의사소통 위주인지 아닌지에 달려 있다. Focus on Form에서는 언어적 항목에 대한 명시적인 설명이 주어질 수 있지만, 전체적인 수업 기조는 의사소통 중심이면서 잠시 학습자의 주의력을 언어적 항목으로 돌리고, 그런 후 다시 의사소통 수업을 계속하도록 하는 특징이 있다. 황종배(2004, p. 170)는 형태 초점 교수법에서 다루어지는 여러 기법을 명시성의 정도에 따라 다음과 같이 분류하였다.

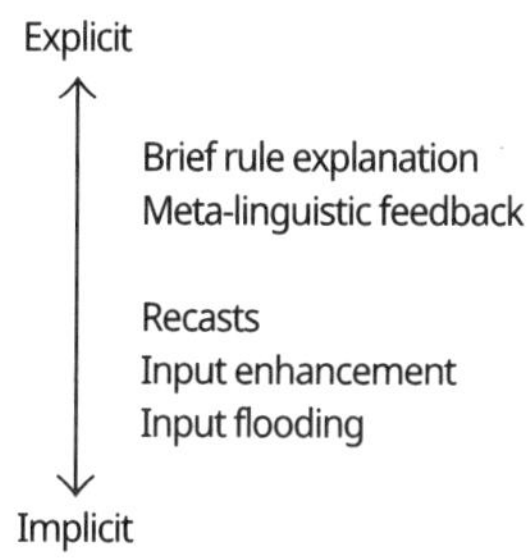

<그림 13-2> Focus on Form 기법에서 나타난 명시성 정도

13.4 교실에서 이루어지는 외국어 교육

13.4.1 교사 말(Teacher Talk)과 외국어 학습

교실이라는 언어학습 환경에서 이루어지는 수업에서 교사는 외국어 학습자에게 어떤 말을 사용하는가? '외국인 말(foreigner talk)'과 같이, 교사가 외국어 학습자에게 수업을 진행하는 말을 할 때도 평소 하던 말과는 다르게 자신의 말을 조정하여 말을 하게 되는데, 이때의 말을 '교사 말(teacher talk)'이라고 한다. 일반적으로 모국어를 사용하는 학습자들에게 교사가 말을 하는 경우와 비교해 볼 때, 교사가 외국어 학습자와 대화를 할 때 교사는 문법적으로 더 단순하고, 더 느리고, 휴지가 더 많이 그리고 길게 나타나며, 많은 반복이 나타나는 특징이 있다.

하지만 교사의 주된 언어적 항목은 수업의 내용 및 주제를 공유하고 전달하는데 맞추어져 있기 때문에 주요 어휘 선택 및 그 사용에 있어서는 조정의 폭이 다양하게 나타나지 않는다. 그리고 외국인 말은 일대일 상호작용 상황에서 상대방의 반응 및 이해도에 따라 외국인 말의 조정 정도가 결정되지만, 교사 말씨는 주로 교실에서 다수의 학습자를 대상으로, 또한 언어적 수준의 정도가 다양한 학습자를 대상으로 이루어진다는 점에서 차이가 있다. 따라서 교사는 그들이 가르치는 학습자들의 전체적인 이해를 돕기 위해서 자신의 말씨를 학생들 전체의 수준에 맞추어 평균적 의미에서 조정하면서 성공적인 수업을 이끌어 가려고 노력한다. 특히, 초보적인 학습자들의 이해를 돕기 위해서 교사 말씨의 조정이 많이 일어는 것은 분명해 보인다.

실제 교실에서 교사들은 자신들이 가르치는 학습자들을 대상으로 어떤 말씨를 사용하고, 이러한 말씨들은 학습자들의 외국어 학습에 어떤 영향을 미치는가? 여러 학자들의 연구 결과들을 요약하여 제시하면 다음과 같다(Ellis, 1985, p. 145 요약).

① 교사가 학습자들과 대화를 할 때는 통사적 복잡성의 정도가 단순화되는 등의 모든 언어적 단계에서 언어 형태의 조정이 일어난다. 특히, 언어적 숙달도가 다른 학습자들과 대화를 할 때에도 발음, 어휘, 문법 측면에서 어느 정도 조정이 일어난다. 언어적 숙달도가 낮은 학습자에 대해서 교사는 보다 정확하고 표준적인 발음을 사용하며, 어휘의 사용에 있어서도 일반적인 어휘보다는 보다 구체적인 어휘

를 사용하며, 그리고 문장의 길이에 있어서 좀 더 짧게 조정하여 사용하는 것으로 나타났다.

② 일반적으로 교실 수업에서는 정확성이 요구되기 때문에 표준 언어에서 벗어난 학습자들의 비언어적 표현에 대한 발화의 수정은 빈번하게 일어난다. 하지만 자유 토론과 같이 유창성이 요구되는 상황에서는 표준 언어에서 벗어나고 지나치게 단순화된 언어 표현이 빈번하게 나타나기도 한다.

③ 교사의 말씨 역시 학습자와 상호작용하는 과정에서 반복, 설득, 재촉, 확장 등과 같은 언어적인 조정 특성이 나타난다. 하지만 그 특성에 있어서 보모의 말과는 차이가 있다. 일반적으로 교실 수업에서 교사는 “Are you a student?”, “Is the clock on the wall?” 등과 같은 질문을 사용하면서 대화를 지배하고 일방적인 의사소통 상황을 이끌어 가는 경향이 많이 나타난다. 따라서 자연적인 상황에서 대화가 이루어지는 것과는 다소 다른 인위적인 상호작용이 일어날 수밖에 없다. 교사는 자연적인 대화 상황에서 주로 나타는 재확인(confirmation check)과 요청(request) 보다는 교과 내용에 대한 이해 확인(comprehension check)을 위한 질문을 많이 하게 된다. 진정한 의미의 의사소통 상황이 만들어지지 못하기 때문에 학습자들은 교사의 질문에 단지 수동적으로 간단하게 답하게 되고, 자신의 의견을 말할 기회가 제한되기 때문에 대화 상황에서 적극적이고 동등한 참여가 어렵다.

12.4.2 교실에서 이루어지는 효과적인 외국어 교육 방안 논의

사회적 맥락 안에서의 상호작용이 외국어 학습에 유리한 것이 일반적인 현상이기는 하지만 교실에서 이루어지는 언어 형태에 대한 교수가 외국어 습득에 유익하지 않은 것은 아니다. 때로는 시간을 절약하고 학습자의 이해를 돕기 위해 언어 형태에 대한 집중적인 교수가 필요하다(Larsen-Freeman & Long, 1991). 그런데 이 때 자연적인 언어습득 상황이 아닌 교실 수업의 효율은 성인으로 올라갈수록 높아진다. 그 이유는 성인이 어린이에 비해 형식적 교수를 이해하는데 필요한 더 높은 인지력과 분석력, 사고력을 가지고 있기 때문이다. 그렇다면 교실의 언어학습 상황에서 수업을 어떻게 진행하는 것이 학습자들의 언어학습에 효과적인가?

과거의 형태 초점 교수법(Focus on FormS)에서는 대치 훈련, 빈칸 채우기, 대화의 반복과 암기 등을 활용하여 언어의 발화 연습 중심의 기법을 활용하여 언어 형태를 명시적으로 가르치고자 하였다. 하지만 이러한 교수방법은 학습자들로 하여금 언어 형태에 집중하게 만들어서 언어의 실제적 사용에는 효과적이지 못하다는 비평을 받았다. 이에 의미 초점 교수법(Focus on Meaning)에서는 학습자들의 언어 사용을 돕기 위해서 의미 중심의 언어 표현을 가르치는데 중점을 두었다. 그런데 너무 의미 중심의 표현 학습에 초점을 맞추다 보니, 학습자들이 언어 형태를 적절하게 학습하지 못한다는 문제점이 다시 부각되었다. 따라서 언어 형태를 학습자들에게 다시 가르칠 필요성이 대두되었다. 학습자들에게 언어 형태에 대한 교수가 필요하다는 것은 공감하지만, 옛날처럼 명시적이고 기계적인 방법으로 가르칠 수 없다는 공감에서 의사소통적 활동이라는 수업의 기조를 유지하면서 특정 언어 형태에 대해서 학습자들의 주의를 유도하는 수업 방식에 대해서 관심을 갖게 되었다.

많은 SLA(Second Language Acquisition) 이론들이 성공적인 언어습득은 언어출력에 의한 명시적인 설명과 연습보다는 언어입력 처리에 더 근거를 두고 있다고 주장을 하고 있다. 따라서 최근 형태 초점 교수법(Focus on Form)은 언어입력 처리에 중심을 두면서, 언어 형태에 대한 명시적인 설명을 하지 않더라도 개작하기(recast), 입력 쇄도(input flooding), 또는 입력 강조(input enhancement) 등의 기법을 활용하여 학습자들의 의식 상승(consciousness-raising)과 인식하기(noticing) 등을 끌어냄으로써 특정 언어 형태를 효과적으로 가르칠 수 있다고 생각한다. 의식상승과 인식하기 등은 학습자로 하여금 목표어의 특정 언어적 항목에 대해서 주의를 기울이고 인식하도록 돕는데 있다. 하지만 분명하는 것은 최근의 형태 초점 교수법이라 할지라도 학습자들의 중간언어(오류)를 완전하게 제거하지는 못한다는 사실을 인정할 필요가 있다.

교실의 언어학습 환경에서 모든 학습자가 유익을 얻을 수 있는 교수 방법이 존재할까? 앞서 12장에서 제시된 이해 가능한 언어입력 가설과 언어출력 가설에서 보듯이 언어입력 처리와 의도된 출력 연습(pushed output)이 같이 병행될 때 보다 성공적인 언어학습을 기대할 수 있다. 하지만 언어입력 처리 모형이든, 언어출력 모형이든 동일한 교수 · 학습 방법이 모든 학습자에게 효과적이지 않다는 점을 인식할 필요가 있다. 학습자 개개인이 매우 복잡한 유기체라는 점을 인정해야 하며, 그렇다고 본다면 학습자 개개인이 갖고 있는 성향들, 예를 들어 인지적, 정의적, 언어적성, 학습전략 등이 매우 다르다. 따라서 이러한 다양한 능력을 갖고 있는 학습자들을 대상으로 이루어지는 교실에서의 외국어 수업이 성공을 거두기 위해서는 이러한 학습자의 다양성이 고려될 필요가 있다.

14

외국어 교수·학습 과정의 주요 특징

14.1 언어학습은 자연적 상황에서 일어날 때 효과적인가?
14.2 발화 활동이 없어도 외국어 학습이 일어날 수 있는가?
14.3. 언어 발달 단계는 보편적인 순서를 보여주는가?
14.4 단순화된 언어입력은 외국어 학습에 도움이 되는가?
14.5 언어적 요인 이외에 언어학습 과정에 영향을 미치는 다른 요인들이 있는가?
14.6 성공적인 외국어 학습을 위한 함축성: 관련 연구를 통해 발견한 점

14

외국어 교수·학습 과정의 주요 특징

외국어 학습 과정에 대한 연구가 많이 이루어지고 있지만, 실제 우리들이 갖고 있는 지식들은 제한적이다. 하지만 우리가 갖고 있는 이런 제한적인 지식은 외국어 학습 과정에 대한 보다 체계적이고 심층적인 연구를 하도록 동기 부여를 해준다. 또 다른 한편으로는 우리들에게 외국어 학습이 보다 효과적으로 이루어지는데 영향을 미치는 여러 요인들에 대한 탐색과 이해를 요구한다. 외국어 학습 과정에 대한 연구는 현재 우리가 갖고 있는 이해와 경험에 추가할 수 있는 새로운 통찰력과 아이디어들을 얻을 수 있는 원천이 되며, 이는 궁극적으로 학습자들을 효과적으로 교수할 수 있는 보다 나은 교수법을 찾도록 해 준다. 하지만 어떤 교육학적인 아디이어를 받아들일 것인지를 결정짓는 가장 중요한 기준은 이들 아이디어들이 실제 수업 현장에서 교수와 학습의 효율성을 생성해 내는 정도에 따라 결정될 것이다. 본 장에서는 학습자들에게 외국어를 가르칠 때 교사들이 주의 깊게 고려할 필요가 있는 몇 가지 질문에 대해서 논의하고자 한다.

14.1 언어학습은 자연적 상황에서 일어날 때 효과적인가?

학습자가 외국어 학습 과정에서 무엇인가를 의식적으로 배우고자 할 때에 학습이 일어나는 것인가? 아니면 학습자들이 자연적인 의사소통 상황에 접할 때 활발하게 작동된다고 믿어지는 '내적 언어습득 메카니즘(internal processing mechanism)'의 결과로서 외국어 학습이 효과적으로 일어나는 것인가? 이러한 두 질문이 전혀 새로운 것은 아니지만 외국어 학습 과정에 미치고 있는 그 중요성에 대해서는 다시 인식할 필요가 있다.

전통적인 외국어 교수 상황에서 의식적인 요인들이 갖는 영향력은 매우 강력하였다. 예를 들어, 교사는 학습자들이 학습할 대화를 구체적으로 제시하고, 학습자들은 문장 구조를 연습하며, 그리고 대화중에 제시된 어휘들을 기계적으로 암기하는 방식으로 수업이 진행되었다. 이와 대조적으로 의사소통 상황 속에서 이루어지는 무의식적인 언어습득 환경은 종전의 의식적으로 행해진 학습 활동과는 다른 수업 활동을 필요로 한다. 즉, 학습자들은 언어의 형태에 초점을 맞추기 보다는 소통상에 전달하고자 하는 의미에 초점을 맞추게 된다. 이러한 무의식적인 언어습득 환경에서 학습자의 언어능력은 내적 언어처리 메카니즘에 의해서 발달하게 된다.

따라서 효과적인 외국어 학습이 이루어지기 위해서 학습자들은 의사소통적 상호작용에 노출될 필요가 있는데, 최근의 외국어 학습과 관련된 연구들은 영어수업 현장에서의 이러한 의사소통 중심의 경향을 뒷받침해 주고 있다. 과거 구두-청각식(audio-lingual) 교수법에 익숙하였던 교사들도 습관형성을 위한 언어 교수법으로는 자유롭게 의사소통할 수 있는 언어사용 능력을 개발하는데 한계가 있다는 것을 인식하고 있다. 학습자들은 의사소통의 목적으로 언어를 사용할 수 있는 기회를 갖는 것이 필요한데, 소통상에 필요한 의미를 적절하게 전달하기 위해서 학습자들은 언어의 개별적인 각 요소들을 창의적이고 전체적인 언어체계 내로 통합할 수 있어야 한다.

최근 연구 경향에 의하면, 학습자들은 의사소통적 상호작용을 통해서 그들에게 제공되는 언어입력(input)을 대상으로 언어 규칙을 창의적으로 구성할 수 있는 기회를 갖는다. 과거 기능습득 위주의 언어학습 모형(skill-learning model)에서는 외국어를 가르치기 위해서 의식적인 학습 활동을 매우 즐겨 하였지만, 최근 강조되고 있는 의사소통적 상호작용은 학습 과제의 구성 요인에 대한 부분적인 연습보다는 주어진 학습 과제에 대해서 전체적인 연습을 추구한다고 할 수 있다. 이러한 의사소통적 상호작용은 학습자의 내적 언어처리 메카니즘의 작동을 촉진시켜 주며, 이는 교사의 통제와 학습자의 의식적인 면을 초월해서 지식을 창출하고 통합할 수 있는 상황을 만들어 준다.

일부 교사와 연구자들은 학습자가 자유롭게 의사소통할 수 있는 언어능력 발달은 전적으로 의식적인 학습보다는 무의식적인 습득이 일어날 때 더 효과적이라는 입장을 취하고 있다(앞 장에서 Krashen은 이를 습득(acquisition)이라고 하였다). 이러한 믿음은 외국어 학습의 대부분이 비록 인위적인 교실 상황에서 이루어진다 할지라도 교사는 듣기, 읽기, 토론, 의사통적 과제, 그리고 역할극 등과 같은 의사소통 중심의 활동을 통해서 학습자들이 언어를 사용할 수 있는 상황을 가능한 많이 만들어 내는데 초점을 맞출 필요가 있다는 것을 암시해 준다. 의사소통적 상황에서 학습자들은 전달하고자 하는 의미를 이해하고 나타내는데 주의를 기울이기 때문에 가능한 의식적인 연습과 수정 같은 언어 형식에 초점을 기울이는 학습 활동을 지양하게 된다. 이러한 의사소통 중심의 학습 맥락은 학습자들이 무의식적이고 자연적으로 언어의 규칙 체계를 내재화시킬 수 있도록 해준다. 이러한 방식으로 언어가 습득될 때 학습자들은 보편적이고 유사한 언어 발달 단계를 나타낸다.

교사와 연구자들은 습득 위주의 교수법이 다양한 외국어 학습 과정에서 어느 정도 효과가 있고 실제로 실행 가능한지를 탐색하고 있다. 이러한 맥락에서 교사들이 취할 수 있는 현실적인 방안은 다양한 종류의 의사소통적 활동들을 보다 광범위한 방법론적인 체제 내의 주요 구성 요소로 포함시키는 것이다. 이를 위해서 '소통 전(pre-communicative) 활동'과 '소통(communicative) 활동'으로 구분하여 학습 활동을 진행할 수 있다. 소통 전 활동은 학습자들이 실제로 언어를 사용하는데 필요한 하위 기술들을 갖추는데 초점을 맞추고 있다. 하지만, 소통 전 활동에서는 학습자들이 실제로 의사통적 상호작용에 참여하지는 않는다. 소통 전 활동과 소통 활동을 좀 더 자세하게 설명하면 다음과 같다.

① 소통 전 활동(pre-communicative activities) : 외국어를 사용하는데 필요한 부분적인 기능들을 훈련하는 활동으로 구성된다. 학습자들은 설명 또는 문법 연습과 같은 인지적 기법을 통해서, 그리고 반복, 모방, 암기 등과 같은 습관형성에 관련된 기법을 통해서 발음이나 문형 등을 연습하게 된다. 학습자들은 의식적으로 학습할 언어적 항목에 주의력을 기울이게 된다.

② 소통 활동(communicative activities) : 학습 과제를 전체적으로 연습하는 형태를 띠게 된다. 학습자들은 이전에 개별적으로 학습한 언어 항목들을 의미 전달에 필요한 전체적인 체계 내로 통합시킨다. 창의적 언어구성이라는 관점에서 소통 활동의 목적은 자연적인 언어학습 과정을 통해서 언어를 습득할 수 있는 학습자의 능력을 개발시키는데 있다. 따라서 학습자의 주의력은 언어 형태보다는 의사소통에 필요한 의미에 초점을 맞추게 된다.

이들 두 활동은 일종의 연장선에서 양 끝에 위치한다고 할 수 있다. 소통 전 활동은 동사의 변화를 암기하는 것과 같이 언어의 형태에 초점을 맞춘 활동이라 할 수 있고, 소통 활동은 흥미로운 토론에 참여하는 것과 같이 언어의 의미에 초점을 맞춘 활동이라 할 수 있다. 하지만 어떤 활동이 소통 전 활동 또는 소통 활동에 속하는지에 대해서는 명확한 구분이 어렵다. 하지만 이들 두 활동이 언어학습 현장에 적절히 사용된다면 학습자의 외국어 학습에 도움이 되는 것은 분명해 보인다.

14.2 발화 활동이 없어도 외국어 학습이 일어날 수 있는가?

학습자들에게 외국어를 가르치기 위해 가장 널리 사용되는 교수법 중의 하나는 학습자들에게 외국어로 말을 하게 하거나 작문을 하도록 요구하는 것이다. 수업 현장에서 교사는 기계적인 반복에서부터 다른 한편으로는 자유토론에 이르기까지 학습자들이 언어를 생성하도록 다양한 정도의 통제력를 발휘할 수 있다. 이러한 발화 중심 활동에 내재된 중요한 요점은 학습자들이 외국어를 생성해 내는 연습을 통해서 언어 규칙 체계를 내재화시킨다는 것이다.

하지만 자연적이고 무의식적으로 이루어지는 외국어 학습 과정을 관찰하다보면 학습자들로 하여금 외국어를 의도적으로 생성하게 하는 연습이 언어를 배우는데 가장 중요한 요인이 되는지에 대해서는 의문을 갖게 한다. 자연적으로 이루어지는 외국어 학습 과정을 관찰함으로써 우리가 얻은 증거에 의하면, 학습자의 내적 언어처리 메카니즘은 언어를 외적으로 발화하지 않을 때 더 효과적으로 작동하고 있다는 것이다. 예를 들어, 외국어를 배우는 첫 단계에서 종종 침묵의 시기(silent period)가 발견되는데, 일반적으로 이 시기의 학습자들은 외국어를 발화하지 않는다. 학습자들이 발화를 하지 않는 침묵의 시기이지만, 학습자들은 언어 규칙 체계를 내재화시키고 있으며, 그리고 그들이 말할 준비가 된다면 발화를 할 수 있도록 해준다. 학습자들이 언어 규칙을 내재화시킨 후 이러한 규칙 체계를 반영하여 발화를 한다는 사실은 창의적 언어구성이 발화의 생성보다 선행한다는 점을 암시해 준다. 왜냐하면, 발화를 생성할 수 있도록 해주는 언어의 규칙 체계가 없다면 발화 그 자체가 불가능하기 때문이다.

따라서 우리가 만약 의도적이고 의식적인 발화 연습을 하지 않더라도 창의적 언어구성이 일어날 수 있다는 점을 받아들일 수 있다면, 우리는 수용적 활동(receptive activities)들이 갖는 실제적인 역할을 보다 많은 영역에 적용시켜 볼 수 있다. 그렇게 함으로써 우리는 언어를 이해하는데 도움이 되는 특별한 기술뿐만 아니라 언어를 사용하는데 내재된 일반적인 언어능력을 보다 쉽게 이해할 수 있다. 이런 맥락에서 우리는 교수법과 관련해서 매우 유용한 결론을 도출해 낼 수 있는데, 왜냐하면 듣기와 읽기와 관련된 수용적 학습 활동들은 교실에서 많은 이점들을 제공해 주기 때문이다. 예를 들어, 이러한 활동들은 학습자 자신의 관심에 부합할 수 있는 흥미와 동기를 부여할 수 있는 학습 자료들을 접할 수 있도록 해주며, 학습자들에게 명확한 학습 목표를 설정하는데 도움이 되는 광범위하고도 다양한 학습 과제를 고안할 수 있도록 해준다. 또한, 대단위 수업이지만 학습자들이 동시에 학습 활동에 참여할 수 있는 이점을 제공해 준다.

침묵의 시기 동안에 학습자들이 계속적으로 언어 규칙을 내재화시킨다는 점은 대단위 수업에서 이루어지고 있는 말하기 활동에 대해 우리들이 취할 수 있는 교수 방법적 측면에서 매우 중요하다. 예를 들어, 50분 외국어 수업에서 교사 한 사람이 40여명의 학습자를 대상으로 말하기 활동을 한다고 가정할 때, 50분 모두를 말하기 활동 시간으로 사용한다 하더라도 학습자 개개인들은 충분히 말할 수 있는 기회를 갖지 못한다. 통상적으로 주요 학습내용을 전달하고 설명하는데 수업시간의 반을 사용하고 나머지 시간 동안에 말하기 연습을 할 경우, 학습자에게 질문을 하고, 질문에 대한 학습자의 답변에 대해서 반응을 보이고 수정한다고 할 때 실제로 학습자 개개인들이 말할 수 있는 시간은 30여초 정도에 불과할 것이다. 만약, 교사가 외국어 학습의 성공여부는 학습자들이 얼마나 많은 시간 동안에 발화 연습을 하였는가에 달려 있다고 믿고 있다면, 앞에서 제시한 수업 상황에서 학습자 개개인들이 갖는 말하기 시간은 언어학습을 위해서 충분하지 못하다는 좌절감에 사로잡히게 될 것이다. 하지만 학습자들이 침묵하는 가운데에서도 그들의 언어능력을 개발시키고 있다는 점을 받아들일 수 있다면 앞에서 언급한 좌절감은 줄어들게 될 것이다. 따라서 외국어 학습에서 중요한 점은 학습자들이 얼마나 많이 발화를 하였는가에 달려있지 않다. 오히려, 외국어 학습의 성공 여부는 학습자들이 받아들이는 언어입력에 대해서 상호작용하면서, 그리고 내면적으로 언어 규칙을 발견하는데 얼마나 많은 주의력을 기울이는가에 달려 있다고 할 수 있다.

일부 교사들과 언어학자들은 교실 상황에서 영어를 배우고 있는 학습자들도 자연적인 상황에서 외국어를 배우고 있는 학습자들과 같이 침묵의 시기가 필요하다고 주장한다. 이 시기 동안에 학습자들은 외국어로 말해야 하는 어떤 부담도 갖게 해서는 안 된다는 것이다. 오히려, 침묵의 시기 동안에 교사는 학습자들이 이해 가능한 언어입력(comprehensible input)에 노출될 수 있도록 해 주어야 한다. 예를 들어, 교사는 시각적인 또는 구체적인 상황을 통해서 학습자들이 전달하고자 하는 의미를 분명하게 이해할 수 있도록 해주며, 또한 학습자들이 비언어적인 방법으로, 필요하다면 모국어로 반응을 보일 수 있도록 해 주어야 한다. 이러한 방식은 학습자들이 언어 규칙을 내면에 내재화시킬 수 있는 기초를 놓게 되며, 발화를 할 준비가 되어있지 않음에도 불구하고 발화를 해야 하는 불안감과 부담감에서 해방될 수 있도록 해준다. 만약 학습자들이 내재화된 언어 규칙을 활용하여 발화할 준비가 되었다면, 이제는 그들이 발화를 할 수 있도록 권고해야 한다.

14.3. 언어 발달 단계는 보편적인 순서를 보여주는가?

일반적으로 공식적인 교육기관에서 외국어를 가르치는 교육 과정에는 외적교수요목(external syllabus)이 존재하는데, 이는 교사 또는 교재의 내용에 따라 학습해야 할 언어적 항목을 제시하는 것을 의미한다. 외국어 학습에 관한 최근 연구에 의하면, 외국어 교사들은 내적교수요목(internal syllabus)에 대한 이해가 필요하다는 것을 암시해 주고 있다. 내적교수요목은 학습자들의 내적 언어처리 메카니즘에 의해서 언어적 항목과 규칙들을 습득할 때 거치는 습득 단계를 의미한다. 따라서 내적교수요목과 외적교수요목 간에는 충돌이 일어날 수 있다. 그 결과로서, 학습자들이 교실에서 배우는 언어항목의 습득 순서는 자연적인 상황에서 학습자들이 외국어를 배울 때 보여주는 보편적인 발달 순서와 맞지 않을 수 있다. 이들 두 교수요목 간의 충돌을 보다 분명하게 보여주는 가장 보편적인 방식은 학습자들이 보여주는 오류를 비교함으로써 가능해진다.

학습자들이 보여주는 보편적인 언어습득 순서에 대해서 이야기할 때 다음 2가지 중의 하나를 의미한다.

> ① 학습자는 언어적 항목 B(예를 들어, 3인칭 단수 뒤에 붙는 -s)를 습득할 준비가 되기 전에 언어적 항목 A(예를 들어, 복수를 나타내기 위해 명사 뒤에 붙는 -s)를 먼저 습득할 필요가 있다.

만약 우리가 이러한 습득 순서에 대해서 충분한 지식을 갖고 있다면, 우리는 외적교수요목을 적절하게 수정함으로써 학생들에게 가르치는 언어적 항목의 순서가 자연적인 습득 순서를 그대로 반영할 수 있도록 할 수 있다. 그러나 우리는 이러한 방식이 학습자의 발화에서 오류를 완전히 제거할 수 있을 것이라고는 기대하지 않는다. 왜냐하면, 자연적인 언어습득이란 어느 단계에서 특정 언어적 항목을 완벽하게 학습을 한 후 다음 단계로 이동해 가는 것이 아니라 언어학습이 진행되면서 특정 언어적 항목에 대한 정확성이 점차 증대되는 점증적이고 나선형 방식의 발달 과정을 거치기 때문이다.

② 특정 문장의 변형(예를 들어, yes/no 답변을 요구하는 의문문, 또는 부정문)을 학습하는데, 보편적인 습득순서는 일반적으로 A, B, C... 단계를 거친다.

이러한 습득 순서가 외적교수요목에서 그대로 구현될 수 있도록 조정하는 것은 매우 어렵다. 교실이라는 수업 현장에서 교과 내용을 학습자에게 전달하는 역할은 교사가 담당하게 되는데, 초기 자연적인 학습 상황에서 생성된 언어적 항목을 교실에서 가르친다고 할지라도 서로 다른 교사가 그리고 서로 다른 수업 현장에서 가르치는 언어적 항목은 다소 다를 수 있다. 그러나 보편적인 습득 순서에 대한 지식은 어떤 오류가 발생할 것인지에 대해 예측을 하는데 도움을 준다.

따라서 외국어를 학습하면서 학습자들이 보여주는 보편적인 습득 순서에 대해 교사 입장에서 취할 수 있는 방법은 다음 3가지가 있을 것 같다.

첫째, 학습자에게 가르치는 교수 항목의 순서는 가능하다면 학습자들이 보여주는 습득 순서를 반영하도록 함으로써 외적교수요목(external syllabus)과 내적교수요목(internal syllabus) 간에 나타나는 차이로 인해 충돌을 일으키기 보다는 오히려 상호간에 보완하도록 하는 것이다.

둘째, 앞에서 언급한 첫째 사항이 여의치 않다면 학습자들이 외국어를 학습하면서 생성해 낼 수 있는 오류들을 예측해 보는 것이다. 그리고 이러한 오류들은 외국어 학습 과정 중에서 필연적으로 나타나는 것으로 여길 것인지, 아니면 추가적인 교수를 통해서 이들 오류들은 제거될 수 있는 것인지를 결정해야 한다.

셋째, 교과 과정에 의해 정해진 순서에 따라 학습자에게 언어 항목을 가르쳐야 한다는 생각을 포기하는 것이다. 대신에 외부에서 제공되는 언어입력을 처리하면서 학습자 자신이 선호하는 경로에 따라 학습자의 내적교수요목이 그대로 따라 가면서 외국어를 배우도록 하는 것이다.

앞에서 언급한 바와 같이, 외국어 학습에서 학습자들이 보여주는 보편적 습득 순서에 대한 지식은 교실에서 이루어지는 상호작용 가운데 나타나는 오류를 어떻게 다룰 것인지에 대한 우리들의 인식 변화에 많은 영향을 미치게 되었다. 과거에는 오류란 교사와 학습자 모두에게 학습의 실패 또는 잘못된 학습의 결과를 나타내는 것으로 인식되었다. 오류는 바람직하지 않은 것이기 때문에 즉각적으로 수정 또는 제거되어야 한다는 생각이 지배적이었다. 따라서 오류는 교사와 학습자 모두에게 좌절감을 안겨줄 수밖에 없었다. 그러나 최근에는 학습자들이 보여주는 오류는 더 이상 부정적인 것으로 인식되지 않고 외국어를 학습하면서 나타날 수밖에 없는 필연적인 것으로 인식된다. 또한, 학습자들은 외국어를 학습해 나가면서 언어능력을 발달시켜 나가는데, 이때 학습자들이 보여주는 오류는 학습자의 현재의 언어 발달 단계를 보여주는 매우 중요한 증거로 인식되고 있다.

따라서 학습자들이 어느 과제에서는 언어 규칙을 올바르게 활용하여서 오류를 보여주지 않지만, 다른 과제에서는 언어 규칙을 잘못 활용하여 오류를 발생할 수 있다. 하지만 이러한 현상을 매우 자연스러운 것으로 인식한다는 것이다. 따라서 과거 오류에 대해 부정적인 입장이 최근에 들어와서는 매우 긍정적인 면으로 변화되고 있음을 알 수 있다. 이러한 오류에 대한 인식의 변화는 교실에서 이루어지는 학습 활동 가운데 학습자들이 보여주는 오류에 대해 교사는 수정을 요구할 것인지 아니면 그대로 무시할 것인지에 대해 선별적으로 접근하게 된다. 이전에 학습자들이 습득한 지식과 관련이 없거나 의사소통 상에 치명적인 장애를 가져오지 않는 학습자의 오류에 대해서 교사는 수정을 요구하지 않아도 된다. 또한, 교사의 수정으로 인해서 학습자들이 의사소통을 하면서 전달하고자 하는 의미에 집중할 수 없다면, 이 경우에도 역시 교사는 학습자의 오류에 대해서 수정을 하지 않는 것이 교육적으로 더 효과가 있다.

14.4 단순화된 언어입력은 외국어 학습에 도움이 되는가?

의사소통을 위한 수단으로서 학습자들이 외국어를 어떻게 사용하는가에 대한 연구를 살펴보면, 학습자들은 언어 체계에 대한 불완전한 지식을 활용함에도 불구하고 의사소통의 목적을 충분히 달성하고 있다는 것을 발견하게 된다. 이러한 사실은 학습자들이 보여주는 오류에 대해서 보다 관용적인 입장을 취하도록 해준다. 그러나 외국어를 가르치는 교사의 입장에서 몇 가지 고려해야 할 사항이 있다.

대부분의 외국어 관련 교과목에서 갖고 있는 교수 목적은 특정 언어 항목을 완벽하게 학습하는 것으로 설정되어 있다. 공식적인 교육기관에서 사용하고 있는 교육 과정의 특징은 외국어의 구조적인 문형들 그리고 의사소통적 기능을 구성하고 있는 여러 언어적 목록들을 제시하기 위한 순서가 단계적으로 정해져 있다는 것이다. 이들 각각의 언어적 항목은 건물을 짓는데 사용되는 벽돌과 같은 것으로 건물을 짓기 위해 벽돌 하나씩 쌓아 올리는 것과 같이 학습자들은 외국어 학습을 진행하면서 점차 언어 체계에 대한 총체적 지식을 구성해 나간다. 이상적인 학습자는 다음 언어적 항목으로 옮겨가지 전에 이전 언어적 항목에 대해서는 완벽한 정확성을 획득할 정도로 학습하게 된다.

하지만 자연적이고 무의식적으로 이루어지는 외국어 학습 과정을 관찰함으로써 우리는 외국어 학습 과정에 대해서 다른 방식으로도 설명이 가능하다는 것을 알게 된다. 자연적인 방식으로 외국어를 학습하는 학습자들은 언어 체계의 각 부분을 차례대로 학습해 나가는 단계별 발달 과정(step-by-step progression)을 거치지 않는다. 학습자들은 처음 시작 단계에서 의미 전달에 차이를 가져올 수 있는 기본적인 언어적 요소들을 제외한 나머지들은 생략하고 보다 단순화된 언어 체계를 사용하면서 외국어를 학습하기 시작한다. 하지만 언어 체계가 발달해 나가면서 학습자들은 의미 전달에 섬세한 차이를 가져오는데 필요한 언어적 요소들을 점차 채워나가게 된다. 이런 과정을 통해서 외국어 학습의 초기에 사용되었던 단순화된 언어 체계는 궁극적으로 의사소통을 위한 수단으로서 보다 정교화하게 된다.

이러한 사실을 교실에서 이루어지는 학습 활동과 연계시켜 본다면 교사들의 수업목표를 보다 단순하게 설정할 필요가 있다는 것을 암시해 준다. 즉, 교사는 학습자들이 각각의 언어적 항목들을 완벽하게 학습하는 방식으로 수업 목표를 설정할 필요가 없다는 것이다. 대신에 전체적인 언어 체계가 점증적인 단계를 거치면서 보다 더 정교화되고, 의사소통적인 잠재력을 증대시켜 나갈 수 있는 방향으로 수업 목표를 설정할 필요가 있다. 이를 위해서 교사가 취할 수 있는 교수 전략은 다음과 같다.

① 교사는 외국어 학습의 초기 단계에서부터 학습자들이 그들의 언어 체계에 대해서 자신감을 가지도록 하며, 그들의 언어 체계가 의사소통적 목적을 위해서 사용될 수 있도록 권고해야 한다. 이를 위해서 교사는 난이도 정도에 따라 정선된 의사소통적 활동과 관련된 광범위한 목록들을 선별하여 제시할 필요가 있다.

② 교사는 학습자들이 외국어를 사용하여 의사소통을 하는 가운데 어려움에 직면하였다면 의사소통전략(communication strategies)을 사용하도록 권고해야 한다. 물론 학습자들이 의사소통전략을 많이 사용한다면 그들의 발화는 이국적인 면(foreignness)을 증대시킬 수 있지만, 의사소통상의 목적을 잘 실현시킬 수 있는 방법이 된다. 또한, 교사는 서로 다양한 상황에 맞추어 효과적으로 사용될 수 있는 여러 의사소통전략의 이점을 학습자들에게 안내할 필요가 있다.

③ 학습자들의 언어수행 정도를 평가하는데 있어서, 교사는 언어 형태의 정확성보다는 의사소통적 효과성을 더 중요하게 다루어야 한다. 그렇다고 해서 언어적 형태의 정확성이 중요하지 않다는 것을 의미하는 것은 아니다. 외국어 학습자들의 발화가 갖는 소통적 효과를 살펴본 여러 연구들의 결과는 교사들이 교실 상황에 적용할 때 사용할 수 있는 평가 방향의 표준을 제공해 준다. 교사는 교실 상황에서

학습자들에게 전반적인 의사소통 체계에 대해서 평가를 할 때 사용될 수 있는 기법들의 목록들을 지속적으로 개발하고 확장시킬 필요가 있다.

앞에서 언급한 두 가지의 언어 발달 단계가 상호 배타적이라고는 생각하지 않는다. 교사는 효과적인 외국어 학습을 위해서 학습자들은 언어의 각 항목을 단계적으로 학습해 나가야 한다는 전통적인 생각을 자신이 실행하는 교과 과정의 주 체제로서 사용할 수 있을 것이다. 이와 동시에 학습자들의 전반적인 의사소통능력이 발달될 수 있도록 부수적인 학습 활동의 기회를 제공할 수 있을 것이다. 이는 앞에서 언급한 의사소통 전 활동(언어적 항목의 단계별 발달 단계 중시)과 의사소통 활동(전반적인 의사소통을 위한 맥락 제공)이라는 체제 내에서 실현될 수 있다.

14.5 언어적 요인 이외에 언어학습 과정에 영향을 미치는 다른 요인들이 있는가?

동일한 조건에서 외국어 학습을 시작하였더라도 학습자들이 도달하는 숙달도에 있어서 차이가 나타나게 된다. 학습자들이 보여주는 숙달도의 차이를 설명하는데 있어서 전통적으로는 주로 지능(intelligence)과 적성(aptitude)이 중요한 요인이 된다고 생각하였다. 분명 어떤 학습자들은 다른 학습자들보다 외국어를 보다 잘 학습한다. 그리고 Gardner와 Lambert(1972)는 태도(attitude)와 동기(motivation) 역시 학습자들이 보여주는 숙달도의 차이를 설명할 때 매우 중요한 요인이 될 수 있다고 주장하였다. 그 이후로 많은 연구들의 결과는 다양하고 복합적인 심리적인 요인들이 외국어 학습 과정에 지대한 영향을 미치고 있다는 것을 보여 주었다.

하지만 이러한 심리적 요인들에 대한 우리들의 지식은 충분하지 않기 때문에 교수 목적을 위해서 너무 성급하고 비현실적인 결론을 도출하지 않도록 주의해야 할 필요가 있다. 예를 들어, 심리적 요인들에 대한 우리들의 지식이 충분하여 학습자들의 인성(personality) 또는 인지적 스타일(cognitive style)에 대한 측정을 제대로 할 수 있다면, 그 측정 결과에 따라 각각의 학습자에게 적합한 교사를 배정하고 적절한 교수법을 활용함으로써 외국어 학습의 효과를 극대화시킬 수 있다. 그러나 이러한 상황은 이론적으로 가능할 뿐 가까운 미래에도 가능할 것 같지는 않다. 따라서 우리는 보다 일반적인 측면에서 도출할 수 있는 몇 가지 결론의 예를 들면 다음과 같다.

① 외국어를 학습하는 가장 중요한 목적은 의사소통의 필요성을 충족시키는데 있다. 따라서 교사는 학습자들이 현재 배우고 있는 언어를 사용하여 의사소통을 할 때 갖게 되는 소통적 가치가 매우 크다는 사실을 인식시켜 주어야 한다. 예를 들어, 학습자들이 학습하고 있는 언어와 그 언어가 사용되는 사회적 맥락이 서로 관련이 될 수 있도록 해주며, 교실에서도 언어가 사용될 수 있는 의사소통적 상황을 만들어 준다. 또한, 학습자들은 자신의 인성적 성향과 개인적인 필요성을 언어로 표현하기 위해 필요한 도움을 받을 필요가 있다. 그리고 가능하다면, 교사는 학습자들이 원어민과 자주 접촉할 수 있도록 일정을 조정할 수 있다.

② 대부분의 상황에서 학습자들이 원어민 공동체 사회에 대해서 긍정적인 태도를 갖고 있을 때 외국어 학습을 보다 효과적으로 할 수 있다. 따라서 교사는 원어민 공동체 사회에 대해서 학습자들이 막연하게 갖고 있는 편견들이 제거될 수 있도록 도움을 제공해야 한다. 학습자들이 갖고 있는 보편적인 관심사와 원어민 공동체 구성원들이 갖고 있는 보편적인 관심사 또한 상호 관련이 있고 공통점이 있다는 것을 알려줄 필요가 있다. 이는 적절한 교재를 활용함으로써 또는 원어민과 직접 접촉을 함으로써 성취될 수 있다.

③ 대부분의 외국어 학습자들은 목표어 국가를 처음 방문하였을 때 소위 문화충격(culture shock)이라는 불편하고 불안한 느낌을 경험하게

된다. 가능하다면 원어민과 첫 접촉에서는 이러한 느낌들을 경험할 수 있다는 것을 학습자들에게 교육시키고, 따라서 이러한 상황에 대해서 적절하게 대처할 수 있도록 적절한 교재와 전략 훈련을 통해서 학습자들을 준비시킬 필요가 있다.

④ 교실에서 학습자들이 갖는 불안감은 목표어를 사용하여 자신을 표현하는데 주저하도록 만들기 때문에 외국어 학습에 대해서 부정적인 영향을 미친다. 따라서 학습자들이 보여준 언어수행에 대해서 너무 지나친 비평은 삼가는 것이 좋다. 또한, 학습자 개개인들이 스스로 발화하고 연습할 수 있는 사적인 공간을 마련해 주는 것도 효과적이다. 하지만 지나치게 발화 위주에 초점을 맞추고 있는 학습 활동은 지양하는 것이 좋으며, 학습자의 자아를 보호하고 동료 친구들과 서로 협력할 수 있는 우호적인 학습 분위기를 만드는 것도 매우 중요하다.

⑤ 외국어를 성공적으로 학습하는 학습자들은 종종 자신에게 맞는 학습전략을 적절하게 사용한다. 예를 들어, 언어 항목을 연습하고, 실제로 사용할 수 있는 기회를 찾는다든지, 또는 다른 학습자에게 주어진 질문에 대해서 가능한 답변을 미리 입안에서 중얼거려 본다든지 등의 학습전략을 사용하게 한다. 따라서 교사는 외국어 학습자들이 이러한 학습전략을 사용할 수 있도록 격려해야 한다.

앞에서 언급한 5가지 결론은 교사들이 외국어 학습에 영향을 미치는 다양한 심리적 요인들을 인식하도록 하며, 그리고 이러한 심리적 요인들이 그들의 교수 방식에 영향을 줄 수 있다는 점을 부각하기 위해서 제시되었다. 물론 교사 개개인마다 위에서 제시된 내용과는 서로 다른 결론을 도출시킬 수 있을 것이고, 개개인마다 서로 다르게 교수 방식을 적용시킬 것이다. 심리적인 요인들이 외국어 학습에 어떻게 영향을 미치는지에 대한 교사의 지식은 학습자의 필요에 부합한 언어 항목을 선택하고, 동료 친구들과 상호 협력할 수 있는 학습 활동들을 계획하고 준비할 수 있는 구체적인 절차에 근거하여 교수 방식을 실행하는데 도움이 될 수 있다. 한편, 교사는 오류에 대한 태도 변화 또는 학습자의 주도적인 참여 등과 같은 간접적인 변경을 통해서 교수 방식을 실현시킴으로써 보다 효율적인 외국어 학습을 유도할 수 있다.

14.6 성공적인 외국어 학습을 위한 함축성: 관련 연구를 통해 발견한 점

외국어를 어떻게 학습/습득해 나가는지에 대해서 많은 학자들이 관심을 가지고 지속적으로 연구를 진행하고 있다. 앞서 본 교재에서도 외국어 학습 과정을 보다 체계적으로 이해하기 위해 많은 요인들을 살펴보았으며, 또한 많은 학자들마다 그 주장이 약간씩은 서로 다르다는 것을 알 수 있었다. 하지만 학자들의 다양한 이론과 주장들이 서로 개별적이기 보다는 서로 간에 밀접한 관련을 맺고 있으며 그러한 조합가운데서 외국어 학습 과정을 보다 설득력 있게 설명할 수 있을 것으로 생각된다.

한편, Lightbown(1985, pp. 176-180)은 외국어 학습 과정에 대한 연구를 통해 얻은 일반적인 결론들을 다음과 같이 제시하였다.

① 성인과 청소년들도 어린이들과 마찬가지로'습득'할 수 있다.
② 학습자는 자신의 모국어 간섭으로 인해서 오류를 유발할 뿐만 아니라 모국어로서 영어를 습득하는 어린이들이 보여주는 것과 유사한 오류를 유발한다. 이는 체계적인 중간언어 형성이라는 점을 뒷받침해 준다.
③ 언어습득에는 예측 가능한 순서가 존재한다. 따라서 어떤 언어적 항목은 다른 언어적 항목이 습득되기 전에 반드시 먼저 습득되어야 한다.
④ 단순히 연습을 많이 한다고 해서 언어를 성공적으로 습득하는 것은 아니다.
⑤ 언어 규칙을 안다는 것과 실제 의사소통 상황에서 언어를 적절하게 사용하는 방법을 아는 것과는 별개의 문제이다.

⑥ 학습자가 보여준 오류에 대해서 개별적으로 분리하여 명확하게 수정해 주는 것은 학습자의 언어 행위를 변화시키는데 별다른 영향을 미치지 않는다.

⑦ 대부분의 성인 학습자들은 원어민과 같은 수준의 언어 체계에 도달하기 전에 언어 발달이 중단되어 화석화되는 경향이 많다.

⑧ 하루에 1-2 시간 정도의 학습으로는 원어민과 같은 수준의 언어 체계에 도달하는 것은 불가능하다.

⑨ 언어는 매우 복잡한 현상이기 때문에 실제로 성공적인 외국어 학습을 위해서 언어학습 과정 중에서 학습자들이 해야 할 일은 매우 많다.

⑩ 유의적인 맥락에서 언어를 이해하고 사용할 수 있는 능력은 그렇지 않은 맥락에서 언어를 사용하는 능력, 또는 복잡하고 정확한 언어를 사용하는 능력보다 훨씬 더 우수하다.

외국어 학습에 대한 지속적인 연구는 성공적인 외국어 학습에 영향을 미치고 있는 여러 요인들에 대한 이해들을 넓혀 준다. 그러나 많은 연구 결과에도 불구하고 외국어 학습의 전 과정을 이해하려는 우리들의 지식은 매우 제한적이라 할 수 있다. 왜 우리들의 지식이 제한적인지 몇 가지 예를 들면 다음과 같다. 첫째, 외국어 학습은 어떤 보편적인 순서에 따라 일어난다고 하지만 이에 대한 증거는 언어의 한 단편적인 부분만을 설명하고 있다. 둘째, 학습자들이 사용하는 전이(transfer), 일반화(generalization), 또는 과잉일반화(overgeneralization)와 같은 학습전략은 어떤 언어 규칙에는 적용이 되지만 다른 언어 규칙에는 적용이 되지 않는 경우가 많다. 셋째, 외국어 학습 과정 중에 많은 영향을 미치고 있는 비언어적인(non-linguistic) 요인들에 대해서 우리들이 갖고 있는 지식은 극히 막연하고 불완전하다. 넷째, 무의식적인 습득 또는 의식적인 학습과 같은 개념 뒤에 내재되어 있는 심리적인 실체들, 그리고 이들 실체들 간의 관계들에 대해서 우리들은 어떤 명확한 이해를 갖고 있지 못하다. 위에서 언급한 이러한 요인들은 우리가 학습자들에게 외국어를 교수할 때 교사들이 신중하게 고려해야 할 매우 중요한 부분이 될 것이다.

본 장은 교재의 마지막 장이기 때문에 이곳에서는 외국어 학습에 대한 선험 연구결과를 근거로 도출될 수 있는 몇 가지 아이디어들 그리고 통찰력에 대해서 논의를 해 보았다. 그리고 교사들이 실제로 외국어를 교수하는데 있어서 도움이 될 수 있는 몇 가지 함축적인 점을 제안하였다. 본 장에서 제시된 몇 가지 아이디어들과 통찰력들은 학습자들이 외국어 학습을 보다 성공적이고 효과적으로 수행할 수 있도록 교사들이 참조하고 사용할 수 있는 처방전 역할을 담당하리라 생각된다. 현재 우리의 지식은 제한적이지만 앞으로 이루어질 많은 연구를 통해서 외국어 학습 과정에 대한 우리들의 지식은 점차 증대되어질 것이며 이는 궁극적으로 교사들의 교수 방식을 개선시키는데 긍정적인 영향을 미칠 것으로 생각된다. 이는 결국 학습자의 외국어 학습을 촉진시킬 것이다.

참고문헌

참고문헌

강인애. (1995). 구성주의 학습 원리와 적용: 조교 교육프로그램의 개발. *교육공학연구, 11*(1), 5-26.

김정렬. (1999). 멀티미디어를 통합한 초등학교 수업모형 개발연구. *Multimedia-Assisted Language Learning, 2*(1), 74-99.

김태영. (2004). Vygotsky 사회.문화 이론과 영어교육에의 시사점. *Journal of English Learning and Linguistics, 4*(3), 293-323.

나일주, 정인성. (1996). *교육공학의 이해*. 서울: 학지사.

박경자, 이희경. (2002). *영어습득의 이해*. 서울: 우용출판사.

배두본. (1997). *초등학교 영어교육*. 서울: 한국문화사.

박기표. (2000). 언어습득의 결정적 시기 가설. *영어교육, 55*(2), 179-200.

신성철, 박의재, 이정원. (1999). *현대영어교육*. 대전: 문경출판사.

이기명. (2002). *EFL 환경에서의 학습자 언어 변이와 학습유형 분석*. 미출간 박사학위 논문. 부산: 동아대학교.

이혜란. (1995). 영어 조기교육 현황조사 및 앞으로의 방향. *응용언어학, 8*, 3-35.

한영목. (1992). *언어와 사회*. 서울: 한신문화사.

황종배. (2006). *제2언어 습득론*. 서울: 경진문화사.

Action, W. (1979). *Second language learning and perception of difference in attitude*. Unpublished Ph.D dissertation. University of Michigan.

Adams, M. A. (1978). Methodology for examining second language acquisition. In A. Hatch (Ed.), *Second language acquisition: A book of readings*. Rowley, MA: Rowley Housing.

Albrechtsen, D., Henriksen, B., & Færch, C. (1980). Native speaker reactions to learners' spoken interlanguage. *Language Learning, 30*, 365-396.

Alpert, R., & Harber, R. (1960). Anxiety in academic achievement situations. *Journal of Abnormal and Social Psychology, 61*, 207-215.

Asher, J. J. (1977). *Learning another language through actions: The complete teacher's guidebook*. Los Gatos, CA: Sky Oaks Prodcution.

Asher, J. J., & Gracia, R. (1969). The optimal age to learn a foreign language. *Modern*

Language Journal, 53, 334-341.

Ausubel, D. A. (1968). *Educational psychology: A cognitive view.* New York: Holt, Rinehart & Winston.

Bachman, L. (1990). *Fundamental considerations in language teaching.* Oxford: Oxford University Press.

Bailey, C. J., Madden, C., & Krashen, S. (1974). Is there a "natural sequence" in adult second language learning? 235-243.

Banarthy, B. H., Trager, E. C., & Wa*Language Learning, 24,*ddle, C. D. (1966). The use of contrastive data in foreign language course development. In A. Valdman (Ed.), *Trends in language teaching.* New York: McGraw-Hill Book Company.

Beebe, L. M. (1983). Risk-taking and the language learning. In H. W. Seliger & M. H. Long (Eds.), *Classroom oriented research in second language acquisition.* Rowley, MA: Newbury House Publisher.

Bialystok, E. (1990). The competence of processing: Classifying theories of second language acquisition. *TESOL Quarterly, 24*, 635-648.

Bialystok, E., & Sharwood, S. (1985). Interlanguage is not a state of mind: An evaluation of the construct for second language acquisition. *Applied Linguistics, 6*, 101-117.

Birdsong, D. (1999). Introduction: Whys and why nots of the critical period hypothesis for second language acquisition. In D. Birdsong (Ed.), *Second language acquisition and the critical period hypothesis* (pp. 1-22). Mahwah, NJ: Lawrence Erlbaum Association.

Bohn, O. (1986). Formulas, frame structures, and stereotypes in early syntactic development: Some new evidence from L2 acquisition. *Linguistics, 24*, 185-202.

Brown, H. D. (1973). Affective variables in second language acquisition. *Language Learning, 23*, 231-244.

Brown, H. D. (1980). The optimal distance model of second language acquisition. *TESOL Quarterly, 14*, 157-164.

Brown, H. D. (2000). *Principles of language learning and teaching* (4th ed.). Englewood Cliffs, NJ: Prentice Hall Regents.

Brown, H. D. (2007). *Principles of language teaching and learning* (5th ed.). Englewood Cliffs, NJ: Prentice Hall Regents.

Burstall, C., Jamieson, M., Cohen, S., & Hargreaves, M. (1974). *Primary French in the balance*. Slough: NFER.

Burt, M. K. (1975). Error analysis in the adult EFL classroom. *TESOL Quarterly, 9*, 53-63.

Busch, D. (1982). Introversion-Extroversion and EFL proficiency of Japanese students. *Language Learning, 32*, 109-132.

Canale, M., & Swain, M. (1980). Theoretical base of communicative approaches to second language teaching and testing. *Applied Linguistics, 1*, 1-47.

Cancino, H., Rosansky, E. J., Schumann, J. H.(1978). The acquisition of English negatives and interrogatives by native Spanish speakers. In E. M. Hatch (Ed.), *Second language acquisition: A book of readings*. Rowley, Mass.: Newbury House.

Carroll, J. B. (1953). *The study of language*. Cambridge: Harvard University Press.

Carroll, J. B. (1968). The psychology of language testing. In A. Davies (Ed.), *Language testing symposium: A psycholinguistic perspective* (pp. 46-69). London: Oxford University Press.

Carroll, J. B., & Sapon, S. M. (1958). *Modern language aptitude test*. NY: The Psychological Corporation.

Chamot, A. U. (1987). The power of learning strategies. *Ohio Bilingual-Multicultural Update, March 4*, 6-11.

Chastain, K. (1969). Prediction of success in audio-lingual ad cognitive classes. *Language Learning, 19*,

Chaudron, C. (1985). Intake: On models and methods for discovering learners' processing of input. *Studies in Second Language Acquisition, 7*, 1-14.

Chiara, T., & Oller, J. W. (1978). Attitudes and attained proficiency in EFL: A sociolinguistic study of adult Japanese speakers. *Language Learning, 28*, 55-68.

Chomsky, N. (1964). *Current issues in linguistic theory*. The Hague: Mouton.

Chomsky, N. (1965). *Aspects of the theory of syntax*. MIT Press.

Chomsky, N. (1989). Some notes on economy of derivation and representation. *MIT*

Working Papers in Linguistics, 10, 43-74.

Comrie, B., & Keenan, E. (1979). Noun phrase accessibility revisited. *Language, 55*, 649-664.

Coopersmith, S. (1967). *The antecedents of self-esteem.* San Francisco: W. H. Freeman & Company.

Coppieters, R. (1987). Competence differences between native and non-native speakers. *Language, 63*, 544-573.

Corder, S. P. (1967). The significance of learners' errors. *International Review of Applied Linguistics, 5*(4), 161-170.

Corder, S. P. (1971). Idiosyncratic dialect and error analysis. *International Review of Applied Linguistics, 9*, 147-159.

Corder, S. P. (1977). *Error analysis and interlanguage*. Oxford: Oxford University Press.

Cromer, R. F. (1974). The development of language and cognition: The cognition hypothesis. In B. Foss (Ed.), *New perspectives in child development*. Harmondsworth: Penguin Books.

Cunningham, D. J. (1991). In defense to extremism. Educational Technology, September, 26-27.

Day, R., Chenoweth, N., Chun, A., & Luppescu, S. (1984). Corrective feedback in native-nonnative discourse. Language Learning, 34, 19-45.

Dechert, H. (1985). How a story is done in a second language. In C. Færch & G. Kasper (Eds.), *Strategies in interlanguage communication* (pp. 175-195). London: Longman.

de Villers, J. G., & de Villers, P. A. (1973). A cross-sectional study of the acquisition of grammatical morphemes in child speech. *Journal of Psycholinguistic Research, 2*(3), 267-278.

Dornyei, Z. (1995). On the teachability of communication strategies. *TESOL Quarterly, 29*(1), 55-85.

Dornyei, Z., & Scott, M. (1997). Communication strategies in a second language: Definition and taxonomies. *Language Learning, 47*, 173-210.

Dornyei, Z., & Skehan, P. (2003). Individual differences in second language learning.

In C. Doughty and M. H. Long (Eds.), *The handbook of second language acquisition* (pp. 589-630). Oxford: Blackwell.

Duffy, T. M., & Bednar, A. K. (1991). Attempting to come to grips with alternative perspectives. *Educational Technology, September*, 12-45.

Duffy, T. M., & Jonassen, D. H. (1991). Contructivism: New implication for instructional technology? *Educational Technoloy, May*, 9-11.

Dufeu, B. (1994). *Teaching myself.* Oxford: Oxford University Press.

Dulay, H. C., & Burt, M. (1973). Should we teach children syntax? *Language Learning*, 23(2), 245-57.

Dulay, H. C., & Burt, M.(1974a). Natural sequence in child second language acquisition. *Language Learning, 24*, 37-53.

Dulay, H. C., & Burt, M. (1974b). Natural sequences in child second language acquisition. *Language Learning, 24*, 37-53.

Elliot, A. J. (1981). *Child language.* New York: Cambridge University Press.

Ellis, R. (1985). *Understanding second language acquisition.* Oxford University Press.

Ellis, R. (1994). *The study of second language acquisition.* Oxford: Oxford University Press.

Ellis, R. (2001). Introduction: Investing form-focused instruction. *Language Learning, 5*, 1-46.

Ervin-Tripp, S. M. (1974). Is second language learning like the first? *TESOL Quarterly, 8*, 111-127.

Faerch, C., & Kasper, J. (1983). *Strategies in interlanguage communication.* London: Longman.

Fathman, A. (1975). The relationship between age and second language productive ability. *Language Learning, 25*, 245-253.

Felix, S. (1985). More evidence on competing cognitive system. *Second Language Research, 1*, 42-72.

Fillmore, W. (1976). *Individual difference in second language acquisition.* Paper presented at a conference in California, November 9-11.

Fillmore, W. (1991). Second language learning in children: A model of language learning. In E. Bialystok (Ed.), *Communicative strategies: A psychological analysis of second language use*. Oxford: Blackwell.

Gardner, R. C. (1983). *Frames of mind: The theory of multiple of intelligence*. NY: Basic Books.

Gardner, R. C. (1985). *Social psychology and second language learning*. London: Edward Arnold.

Gardner, R. C., & Lambert, W. E. (1972). *Attitudes and motivation in second language learning*. Rowley, MA: Newbury House Publisher.

Gass, S. M. (1998). Apples and oranges: Or, why apples are not orange and don't need to be: A response to Firth and Wagner. *Modern Language Journal, 81*, 83-90.

Gass, S. M., & Selinker, L. (2001). *Second language acquisition: An introductory course (*2nd ed*.)*. Hillsdale, NJ: Erbaum Assoicates.

Gatbonton, E. (1978). Patterned phonetic variability in second language speech: A gradual diffusion model. *Canadian Modern Language Review, 34*, 335-347.

Genesse, F. (1976). The role of intelligence in second language learning. *Language learning, 26*, 267-280.

Girard, D. (1977). Motivation and young foreign language learner. *English Language Teaching Journal, 31*(2), 109-112.

Grigrenko, E., Sternberg, R., Ehrman, M. (2000). *A theory-based approach to the measurement of foreign language learning ability: The CANAL-F theory and test*. Modern Language Journal, 84, 390-405.

Guiora, A. Z., Action, W. R., Erard, R., & Strickland, F. W. (1980). The effects of bezodiazepine (valium) on permeability of ego boundaries. *Language Learning, 30*, 351-363.

Guiora, A. Z., Brannon, R. C., & Dull, C. Y. (1972). Empathy and second language learning. *Language Learning, 22*, 111-130.

Haastrup, K., & Phillipson, R. (1983). Achievement strategies in learner/native speaker interaction. In C. Færch & G. Kasper (Eds.), *Strategies in interlanguage communication* (pp. 140-58). Harlow, England: Longman.

Hakuta, K. (1974a). A report on the development of grammatical morphemes in a Japanese girl learning English as a second language. *Working Papers in Bilingualism* (Toronto), 3, 18-44. Reprinted in Hatch, (1978a).

Hakuta, K. (1974b). Prefabricated patterns and the emergence of structure in second language acquisition. *Language Learning, 24*(2), 287-297.

Halliday, M. A. K.(1975). *Learning how to mean.* London: Edward Arnold.

Harley, B. (1998). The role of focus-on-form tasks in promoting child L2 acquisition. In C. Doughty and J. Williams (Eds.), Focus on form classroom second language acquisition (pp. 156-174). Cambridge: Cambridge University Press.

Harley, B., & Swain, M. (1984). The interlanguage of immersion students and its implications for second language teaching. In A. Davis, C. Cripper, and A. Howatt (Eds.), Interlanguage (pp. 291-311). Edinburgh: Edinburgh University Press.

Hatch, E. (1983). *Psycholinguistics: A second language perspective*. Rowley, MA: Newbury House.

Hill, J. (1970). Foreign language acquisition and cerebral dominance revisited. *Language Learning, 20*, 237-248.

Honebein, P. C. (1996). Seven goals for the design of constructivist learning environment. In B. G. Wilson(Ed.), *Constructivist learning environment: Case studies in instructional design.* Englewood Cliffs, NJ: Educational Technology Publication.

Huang, J., & Hatch, E. M. (1976). A Chinese child's acquisition of English. In Hatch, (1978a.)

Hyltenstam, K. (1984). The use of typological markedness conditions as predictors in second language acquisition: The case of pronominal copies in relative clause. In R. Andersen (Ed.), *Second Languages: A cross-linguistic perspective* (pp. 39-58). Rowley, MA: Newbury Housing.

Hymes, D. (1972). On communicative competence. In J. B. Pride and J. Holmes (Eds.), *Sociolinguistics.* Harmondsworty: Penguin.

Jakobovits, L. A. (1970). *Foreign language learning: Psycholiguistic analysis of the issues*. Cambridge, MA: Newbury House Publisher.

Johnson, M. (2004). *A philosophy of second language acquisition.* Yale University Press.

Johnson, J. S., & Newport, E. L. (1989). Critical period effects in second language learning: The influence of maturational state on the acquisition of English as a second language. *Cognitive Psychology, 21,* 60-99.

Jonassen, D. H. (1991). Objectivism and constructivism: Do we need a new philosophical paradigm? *ETR & D., 39*(3), 5-14.

Joos, M. (1967). *The five clocks*. New York: Harcourt, Brace and World.

Kellerman, E., Ammerlaan, T., Bongaerts, T., & Poulisse, N. (1990). System and hierarchy in L2 compensatory strategies. In E. Scarcella, S. Andersen & S. D. Krashen (Eds.), *Developing communicative competence in a second language* (pp. 168-178). New York: Newbury Housing.

Khalil, A. (1985). Communicative error evaluations: Native speakers' evaluation and interpretation of written errors of Arab EFL learners. *TESOL Quarterly, 19,* 225-351.

Klein, W. (1995). Language acquisition at different ages. In D. Magnusson (Ed.), *The lifespan development of individuals': Behavioral, neurobiological, and psychological perspectives* (pp. 244-264). New York: Cambridge University Press.

Klima, E., & Bellugi, U. (1966). Syntactic regularities in the speech of children. In J. Lyons & R. Wales (Eds.), *Psycholinguistics papers*. Edinburgh: Edinburg University. Press.

Krashen, S. D. (1973). Lateralization, language learning and the critical period: Some new evidence. *Language Learning, 23*, 63-74.

Krashen, S. D. (1977). The monitor model for adult second language performance. In M. K. Burt, H. C. Burt & M. Finocchiaro (Eds.), *Viewpoints on English as a second language*. New York: Regents Publishing Company.

Krashen, S. D. (1981). *Second language acquisition and second language learning*. Oxford: Pergamon Press.

Krashen, S. D. (1982a). *Principles and practice in second language learning*. Oxford: Pergamon Press.

Krashen, S. D. (1982b). Accounting for child-adult differences in second language rate and attainment. In R. C. Scarcella & M. H. Long (Eds.), *Child-adult differences in second language acquisition* (pp. 202-226). Rowley, MA: Newbury

House Publisher.

Krashen, S. D. (1985). *The input hypothesis: Issues and implication.* London: Longman.

Krashen, S., & Scarcella, R. (1976). On routines and patterns in language acquisition and performance. *Language Learning,* 28, 283-300.

Krashen, S., Seliger, H., & Hartnett, D. (1974). Two studies in adult second language learning. *Kriticon Literarum, 3,* 220-228.

Krashen, S. D., & Terrell, T. D. (1983). *The natural approach: Language acquisition in the classroom.* The Alemany Press.

Labov, W. (1970). The study of language in its social context. *Studium Generale, 23,* 30-87.

Lado, R. (1961). *Linguistics across culture.* Ann Arbor: University of Michigan Press.

Lambert, W. E. (1967). A social psychology of bilingualism. *The Journal of Social Issues, 23,* 91-109.

Lambert, W. M. (1967). A social psychology of bilingualism. *The Journal of Social Issues, 23,* 91-109.

Larsen-Freeman, D. E. (1975). The acquisition of grammatical morphemes by adults ESL students. *TESOL Quarterly, 9*(4), 409-420.

Lebow, D. (1993). Constructivist values for system design: Five principles toward a new paradigm. *ETR & D., 41*(3), 4-16.

Lenneberg, E. (1967). *The biological foundations of language.* New York: John Wiley & Sons.

Leont'ev, A. N. (1979). The problem of activity in psychology. In Wertsch, J. V. (Ed.), *The concept of activity in Soviet psychology* (pp. 37-71). Armonk, NY: E. M. Sharpe.

Levelt, W. J. M. (1978). Skill theory and language teaching. *Studies in Second Language Acquisition, 1*(1), 53-70.

Lightbown, P. M. (1985). Great expectations: Second language acquisition research and classroom teaching. *Applied Linguistics, 6,* 173-189.

Lightbown, P. M. (2000). Classroom SLA research and second language teaching. *Applied Linguistics, 21,* 431-462.

Lightbown & Spada, (1997). *How languages are learned.* Oxford: Oxford University

Press.

Littlewood, W. (1987). *Foreign and second language learning: Language acquisition research and its implications for the classroom.* Cambridge: Cambridge University Press.

Littlewood, W. (2001). *Foreign and second language learning.* Cambridge: Cambridge University Press.

Loewen, S. (2011). Focus on form. In E. Hinkel (Ed.), Handbook of research in second language teaching and learning: Volume II (pp. 576-592). New York: Routledge.

Long, M. H. (1985). Input and second language acquisition. In S. Gass & C. Madden (Eds.), *Input in second language acquisition.* Rowley, MA: Newbury House.

Long, M. H. (1988). Instructed interlanguage development. In L. M. Beebe (Ed.), *Issues in second language acquisition: Multiple perspectives.* New York: Newbury House Publisher.

Long, M. H. (1990). Maturation constraints on language development. *Studies in Second Language Acquisition, 12,* 251-285.

Long, M. H. (1996). The role of the linguistic environment in second language acquisition. In W. C. Ritchie & T. K. Bhatia (Eds.), *Handbook of second language acquisition.* San Diego: Academic Press.

Long, (1997). Construct validity in SLA research. *Modern Language Journal, 81,* 318-323.

Long, M. H., & Robinson, P. (1998). Focus on form: Theory, research, and practice. In C. Doughty & J. Williams (Eds.), Focus on form in classroom second language acquisition (pp. 15-41). New York: Cambridge University Press.

Lukmani, Y. (1972). Motivation to learn and language proficiency. *Language Learning, 22*(2), 261-273.

Lyons, L. (1968). *Introduction to theoretical linguistics.* New York: Cambridge University Press.

Lyster, R. (1998). Recasts, repetition, and ambiguity in L2 classroom discourse. *Studies in Second Language Acquisition, 20,* 51-81.

MacIntyre, P. D., & Gardner, R. C. (1991). Methods and results in the study of anxiety and language learning.: A review of the literature. *Language Learning, 41*, 85-117.

Mackey, W. H. (1967). *Language teaching analysis.* Bloomington: Indiana University Press.

Macnamara, J. (1975). *Comparison between first and second language learning.* Working Papers in Bilingual.

MacWhinney, B. (2001). The competition model: The input, the context, and the brain. In P. R. Robinson (Ed.), *Cognition and second language instruction* (pp. 69-90). Cambridge: Cambridge University Press.

McLaughlin, B. (1985). *Second language acquisition in childhood, Vol. 2: School-age children.* Hillsdale, NJ: Lawrence Erlbaum.

McLaughlin, B. (1987). *Theories of second language learning.* London: Edward Arnold.

McLaughlin, B. (1990). "Conscious" versus "subconscious" learning. *TESOL Quarterly, 24*, 617-634.

McLaughlin, B., Rossman, T., and McLeod, B. (1983). Second language learning: An information processing perspective. *Language Learning, 33*, 135-158.

McNeill, D. (1970). *The acquisition of language: The study of developmental psycholinguistics.* NY: Harper.

Meisel, J. (1980). Linguistic simplification: A study of immigrant workers speech and foreigner talk. In S. W. Felix (Ed.), *Second language development: Trends and issues.* Tubingen: Gunter Center.

Naiman, N., Frohlich, M., & Chamot, A. U. (1978). The good language learner. *Research in Education Series 7.* Toronto: Ontario Institute for Studies in Education.

Nattinger, J., & DeCarrico, J. (1992). *Lexical phrases and language teaching.* Oxford: Oxford University Press.

Nemser, W. (1971). Approximative systems of foreign language learners. *International Review of Applied Linguistics, 9*, 115-123.

Neufeld, G. (1978). On the acquisition of prosodic and articulatory features in adult language learning. *Canadian Modern Language Review, 34*, 164-174.

Newmark, L., & Reibel, D. (1968). Necessity and sufficiency in language learning. *IRAL, 6,* 145-164.

Ochs, E. (1979). Planned and unplanned discourse. In Givon (Ed.), *Syntax and semantics, 12: Discourse and semantics*. New York: Academic Press.

Oller, J. W., & Ziahosseiny, S. M. (1970). The contrastive analysis hypothesis and spelling errors. *Language Learning, 20,* 183-189.

O'Malley, J. M., & Chamot, A. U. (1990). *Learning strategies in second language learning.* NY: Cambridge University Press.

Omaggio Hardley, A. (1993). *Teaching language in context* (2nd ed.). Boston, MA: Heinle & Heinle.

Oxford, R. L. (1990). *Language learning strategies: What every teacher should know.* New York: Newbury House/Harper & Row.

Oyama, S. (1976). Sensitive period for the acquisition of a non-native phonological system. *Journal of Psychological Research, 5,* 261-284.

Paribakht, T. (1985). Strategic competence and language proficiency. *Applied Linguistics, 6,* 132-146.

Patkowski, M. S. (1980). The sensitive period for the acquisition of syntax in a second language. *Language Learning, 30,* 449-472.

Peirce, B. (1995). Social identity, investment, and language learning. *TESOL Quarterly, 29,* 15-17.

Piaget, J. (1952). *The origins of intelligence in children.* New York: International University Press.

Pica, T. (1987). Second language acquisition, social interaction, and the classroom. *Applied Linguistics, 8,* 3-21.

Pica, T. (1988). Interlanguage adjustments as an outcome of NS-NNS negotiated interaction. *Language Learning, 38,* 3-21.

Pica, T., Young, R., & Doughty, C. (1987). The impact of interaction on comprehension. *TESOL Quarterly, 21,* 737-758.

Pienemann, M. (1985). Learnability and syllabus construction. In K. Hyltenstam and M. Pienemann (Eds.), *Modelling and assessing second language acquisition.* Clevedon, Avon: Multilingual Matters.

Pimsleur, P. (1968). Testing foreign language learning. In A. Valdman (Ed.), *Trend in language teaching*. NY: McGraw Hill Book Co.

Porter, J. H. (1977). A cross-sectional study of morpheme acquisition in first language learners. *Language Learning, 27*(1), 47-62.

Prator, C. H. (1967). *Hierarchy of difficulty*. Unpublished classroom lecture. LA: University of California.

Ravem, R. (1974). The development of Wh-questions in first and second language learners. In J. Richards (Ed.), *Error analysis: Perspectives on second language acquisition* (pp. 134-155). London: Longmann.

Richards, J. C. (1971). Error analysis and second language strategies. *Language Learning, 17*, 12-22.

Richards, J. C. (1974). *Error analysis: Perspectives on second language acquisition.* Longman: Longman Group, Ltd.

Rivers, W. (1981). *Teaching foreign language skills* (2nd ed.). Chicago: The University of Chicago Press.

Robinson, P. (2005). Aptitude and L2 acquisition. *Annual Review of Applied Linguistics, 25*, 46-73.

Rogers, C. (1977). *Carl Rogers on personal power.* New York: Delacorte.

Rosansky, E. (1975). The critical period for the acquisition of language: Some cognitive developmental considerations. *Working Papers on Bilingualism, 6*, 10-23.

Savery, J., & Duffy, T. (1995). Problem based learning: An instructional model and its contructivist framework. *Educational Technology, 35*(5), 31-38.

Savignon, S. J. (1972). Communicative competence: An experiment in foreign language teaching. *Language Learning, 26*, 135-143.

Saville-Troike, M. (1984). *The ethnography of communication.* Oxford: Basil Blackwell.

Saville-Troike, M. (2006). *Introduction to second language acquisition.* Cambridge: Cambridge University Press.

Scarcellar, R. C. (1983). Discourse accent in second language performance. In S. Gass & L. Selinker (Eds.), *Language transfer in language learning* (pp. 306-322). Rowley, MA: Newbury Housing.

Schachter, J. (1988). Second language acquisition and its relationship to Universal Grammar. *Applied Linguistics*, 9, 219-235.

Schumann, J. (1976). Social distance as a factor in second language acquisition. *Language Learning, 26*, 135-143.

Schumann, J. (1978a). T*he pidginisation process: A model for second language acquisition*. Rowley, MA: Newbury House.

Schumann, J. (1978b). The acculturation model for second language acquisition. In R. Gingras (Ed.), *Second language acquisition and foreign language teaching* (pp. 27-50). VA: Center for Applied Linguistics.

Schumann, J. (1980). The acquisition of English relative clauses by second language learners. In R. Scarcella & S. Krashen (Eds.).

Scovel, T. (1969). Foreign accents, language acquisition, and cerebral dominance. *Language Learning, 19*, 245-254.

Seah, H. (1980). *Contrastive analysis, error analysis and interlanguage in relation to adult Chinese speakers learning English as a second language*. Unpublished doctoral dissertation. Simon Fraser University.

Seliger, H. W. (1978). Implications of a multiple critical period hypothesis for second language learning. In W. Richie (Ed.), *Second language acquisition research* (pp. 11-19). New York: Academy.

Seliger, H., Krashen, S. D., & Ladefoged, P. (1975). Maturational constraints in the acquisition of second language accent. *Language Science, 36*, 2-22.

Selinker, L. (1972). Interlanguage. *International Review of Applied Linguistics, 10*, 201-231.

Sheorey, R. (1986). Error perceptions of native-speaking and non-native speaking teachers of ESL. *English Language Teaching Journal,* 40, 306-312.

Skehan, P. (1988). Language testing: Part I. *Language Teaching, 21*, 211-221.

Slobin, D. I. (1973). Cognitive prerequisites for the development of grammar. In C. Ferguson and D. I. Slobin (Eds.), *Studies of child language development*. New York: Holt, Rinehart & Winston.

Slobin, D. I. (1979). *Psycholinguistics* (2nd ed.). Glenview: Scott, Foresman.

Snow, C. (1987). Relevance of the notion of critical period to language acquisition.

In M. Bernstein (Ed.), *Sensitive period in development: An interdisciplinary perspectives* (pp. 183-209). Hillsdale, NJ: Erlbaum.

Spada, N. (1997). Form-focused instruction and second language acquisition: A review of classroom and laboratory research. *Language Teaching, 30,* 73-87.

Stern, H. H. (1984). *Fundamental concepts of language teaching.* Oxford: Oxford University Press.

Stevick, E. W. (1989). *Success with foreign language.* NY: Prentice-Hall.

Swain, M. (1985). Communicative competence: Some roles of comprehensible input and comprehensible output in its development. In S. Gass & C. Madden (Eds.), *Input in second language acquisition* (pp. 235-253). Rowley, MA: Newbury House.

Swain, M. (2000). The output hypothesis and beyond: Mediating acquisition through collaborative dialogue. In J. Lantolf (Ed.), *Sociocultural theory and second language learning* (pp. 97-114). Oxford, UK: Oxford University Press.

Swain, M., & Lapkin, S. (1998). Interaction and second language learning: Two adolescent French immersion students working together. *Modern Language Journal, 82,* 320-337.

Swain, M., & Lapkin, S. (1996). Problems in output and the cognitive process they generate: A step towards second language learning. *Applied Linguistics, 16,* 371-391.

Tarone, E. (1980). Communication strategies, foreign talk, and repair in interlanguage. *Language Learning, 29.*

Tarone, E. (1981). Some thoughts on the notion of communication strategy. *TESOL Quarterly, 15,* 285-295.

Tarone, E. (1983). On the variability of interlanguage system. *Applied Linguistics,* 4, 143-163.

Tarone, E., & Yule, G. (1989). *Focus on the language learner.* Oxford: Oxford University Press.

Taylor, B. (1975). The use of overgeneralization and transfer learning strategies by elementary and intermediate students of ESL. *Language Learning, 25,* 73-108.

Trahey, M., & White, L. (1993). Positive evidence and preemption in the second language classroom. *Studies in Second Language Acquisition, 15,* 181-204.

Van Patten, B. (1995). Input processing and second language acquisition: On the relationship between form and meaning. In P. Hashemipour, R. Maldonado, & M. van Naerssen (Eds.), *Festschrift in honor of Tracy D. Terrell* (pp. 170-183). New York: Mcgraw-Hill.

Van Patten, B., & Cadierno, T. (1993). Explicit instruction and input processing. *Studies in Second Language Acquisition, 15,* 225-243.

Vilgil, A., & Oller, W. (1976). Rule fossilization: A tentative model. *Language Learning, 26,* 281-295.

Vygotsky, L. S. (1986). *Thought and language* (2nd ed.). Cambridge, MA: MIT Press.

Wells, G. (1981). Becoming a communicator. In G. Wells et al. (Eds.), *Learning through interaction: The study of interaction development.* Cambridge: Cambridge University Press.

White, L. (1996). *Universal grammar and second language acquisition: Current trends and new direction.* In W. Ritchie & T. Bhatia (Eds.), Handbook of second language acquisition (pp. 85-120). New York: Academic Press.

White, J. (1998). Getting the learners' attention: A typological input enhancement study. In C. Doughty & J. Williams (Eds.), *Focus on form in classroom second language acquisition* (pp. 85-113). New York: Cambridge University Press.

Whitman, R. (1970). Contrastive analysis: Problems and procedures. *Language Learning, 20,* 191-197.

Whitman, R., & Jackson, K. L. (1972). The unpredictability of contrastive analysis. *Language Learning, 22,* 191-197.

Widdowson, H. G. (1979). *Exploration in linguistics.* Oxford University Press.

Wilds, C. (1962). *Time requirement for foreign language achievement.* Washington D.C.: Foreign Service Institute.

Wilson, B. G. (1996). What is a constructivist learning environment? In B. G. Wilson(Ed.), *Constructivist learning environment: Case studies in instructional design.* Englewood Cliffs, NJ: Educational Technology Publications.

Wode, H. (1976). Developmental sequences in naturalistic L2 acquisition. *Working Papers in Bilingualism* (Toronto), 11, 1-31.

Young, (1998). Input and interaction. *Annual Review of Applied Linguistics, 9,* 122-134.

색인

ㅁ

ㅂ

ㅅ

ㅇ

ㅈ

ㅊ

ㅌ

ㅍ

ㅎ